En couverture :
Herminette cérémonielle lele (Kuba Kasai)
Collection Charles Ratton - Dessin de Corinne Venot

LE PIDGIN BISLAMA(N)

ET LE MULTILINGUISME AUX NOUVELLES-HEBRIDES

LANGUES ET CIVILISATIONS A TRADITION ORALE
35

Jean-Michel CHARPENTIER

LE PIDGIN BISLAMA(N)
ET LE MULTILINGUISME AUX NOUVELLES-HÉBRIDES

Préface de CLAUDE HAGÈGE

Publié avec le concours du
CENTRE NATIONAL DE LA RECHERCHE SCIENTIFIQUE

1979

ISBN : 2-85297-059-7

RÉSUMÉS

Jean-Michel CHARPENTIER - Le pidgin bislama(n) et le multilinguisme aux Nouvelles-Hébrides
1979, Paris, SELAF (Tradition orale 35).

Le Bislama(n), pidgin à base lexicale anglaise, est la langue véhiculaire des Nouvelles-Hébrides.

Au cours de l'introduction, parmi les théories linguistiques sur l'origine des pidgins et créoles, l'auteur s'est attaché à montrer laquelle lui semblait être la plus probable pour le Bislama(n).

Dans la première partie "étude sociolinguistique", le Bislama(n) est présenté en fonction de la place qu'il occupe dans les institutions (Administrations, Eglises etc) et au sein des sociétés autochtones.

Dans ce territoire officiellement bilingue (anglais-français), le statut du Bislama(n), son rôle futur, son éventuelle promotion comme langue nationale d'union sont décrits et analysés dans cet ouvrage. L'auteur termine cette première partie en proposant un plan d'éducation tenant compte de la composition sociolinguistique fort complexe de ce territoire.

Dans la seconde partie intitulée "pidgin et substrat", l'empreinte des langues autochtones sur le pidgin est mise en évidence. Cette influence se situe à différents niveaux : phonologique, morphologique et syntaxique.

Jean-Michel CHARPENTIER - Le pidgin bislama(n) et le multilinguisme aux Nouvelles-Hébrides
The Bislama(n) Pidgin and Multilingualism in the New Hebrides.
1979, Paris, SELAF (Tradition orale 35).

Bislama(n), a pidgin language with an English lexical base, is the trade language of the New Hebrides.

In his introduction, the author explains which of the theories concerning the origin of pidgin languages seems to him most adequate to handle the case of Bislama(n).

There follows a "Socio-linguistic Study", in which the role of Bislama(n) in the local institutional (administrative, religious, etc.) and social frameworks is described.

The position of Bislama(n) in this officially bilingual (English-French) territory, its future, and the possibility of converting it into a national language are described and analyzed. The author concludes this part with a proposal for an educational program adapted to the extremely complex socio-linguistic structure of this territory.

A second part entitled "Pidgin and Substrate" describes the influence of the local languages on Bislama(n), with regard to phonology, morphology and syntaxe.

Jean-Michel CHARPENTIER - Le pidgin bislama(n) et le multilinguisme aux Nouvelles-Hébrides.
El "pidgin" bislama(n) y el multilingüismo en las Nuevas Hebridas.
1979, Paris, SELAF (Tradition Orale 35)

El bislama es un "pidgin" basado en el léxico del inglés y sirve de lengua vehicular en las Nuevas Hébridas.

En una introducción, el autor se dedica a mostrar cuál de las teories lingüísticas acerca del origen de los "pidgins" y de las lenguas criollas le parece más adecuada para el caso del bislama.

En la primera parte de la obra (Estudio sociolingüístico), se presente el bislama con referencia al lugar que ocupa en las instituciones (administraciones, iglesias, etc.) y dentro de las sociedades autóctonas.

El estatuto del bislama en este territorio oficialmente bilingüe (inglés-francés), su papel futuro y su eventual promoción como lengua nacional de unión son objetos de descripción y análisis en esta obra. El autor acaba esta primera parte con una proposición para un plan educativo que respetaría la composición sociolingüística enormemente compleja de este territorio.

En la segunda parte, intitulada "Pidgin y sustrato", se describe la huella dejada por las lenguas autóctonas en el "pidgin". Esta influencia opera a varios niveles : fonológico, morfológico y sintáctico.

Jean-Michel CHARPENTIER - Le pidgin bislama(n) et le multilinguisme aux Nouvelles-Hébrides.
1979, Paris, SELAF (Tradition orale 35)

Das Bislama(n), ein auf englischer Lexik basierendes Pidgin, ist die Verkehrssprache der Neuen Hebriden.

In der Einleitung unternimmt es der Autor zu zeigen, welche der linguistischen Theorien über die Entstehung von Pidgin- und Kreolsprachen ihm für das Bislama(n) als die angemessenste erscheint.

Im ersten Teil, der der soziolinguistischen Untersuchung gewidmet ist, wird das Bislama(n) im Zusammenhang mit den öffetlichen Institutionen (Verwaltung, Kirchen usw.) und mit Bezug auf die einheimischen Gesellschaftsformen behandelt. Der gegenwärtige Status des Bislama(n) in dem offiziell zweisprachigen (englisch-französischen) Gebiet, die Rolle, die es in Zukunft spielen wird sowie seine eventuelle Aufwertung zur Nationalsprache werden beschrieben und analysiert. Der Verfasser schliesst diesen ersten Teil mit dem Vorschlag eines Erziehungsplans ab, bei dem die überaus komplizierte soziolinguistische Situation Berücksichtigung finden muss.

Im zweiten Teil, "Pidgin und Substrat", wird der Anteil, den die einheimischen Sprachen auf die Entstehung des Pidgin gehabt haben, nachgewiesen. Es handelt sich dabei um Einflüsse im phonologische, morphologischen und syntaktischen Bereich.

Жан-Мишель ШАРПАНТЬЕ - Пиджин бислама(н) и мультилингвизм в Гебридских Осторовах
1979, Paris, SELAF (Tradition orale 35)

Язык бислама(н) , пиджин с английской лексической основой является способом общения между различными народами Гебридских Остров.

В введении автор стремился показать какая среди лингвистических теорий о происхождении пиджинов и креольских языков является найболее вероятной для языка бислама(н).

В первой части "социолингвистический очерк" язык бислама представлен в функции своего места в учреждениях (управлениях, церкви и.т.д.) и среди коренних населений.

Данная работа описывает и анализирует статут языка бислама(н), его будущую роль, его возможное повышение как национальный язык общения в официально двуязычной территории. В конце этой первой части предлагает автор план просвещения которое принимал бы в рассчете очень сложный социолингвистический состав этой территории.

В второй части названной "пиджин и субстрат" показывается влияние коренних языков на пиджин на различных уровнях : фонологическом, морфологическом и синтаксическом.

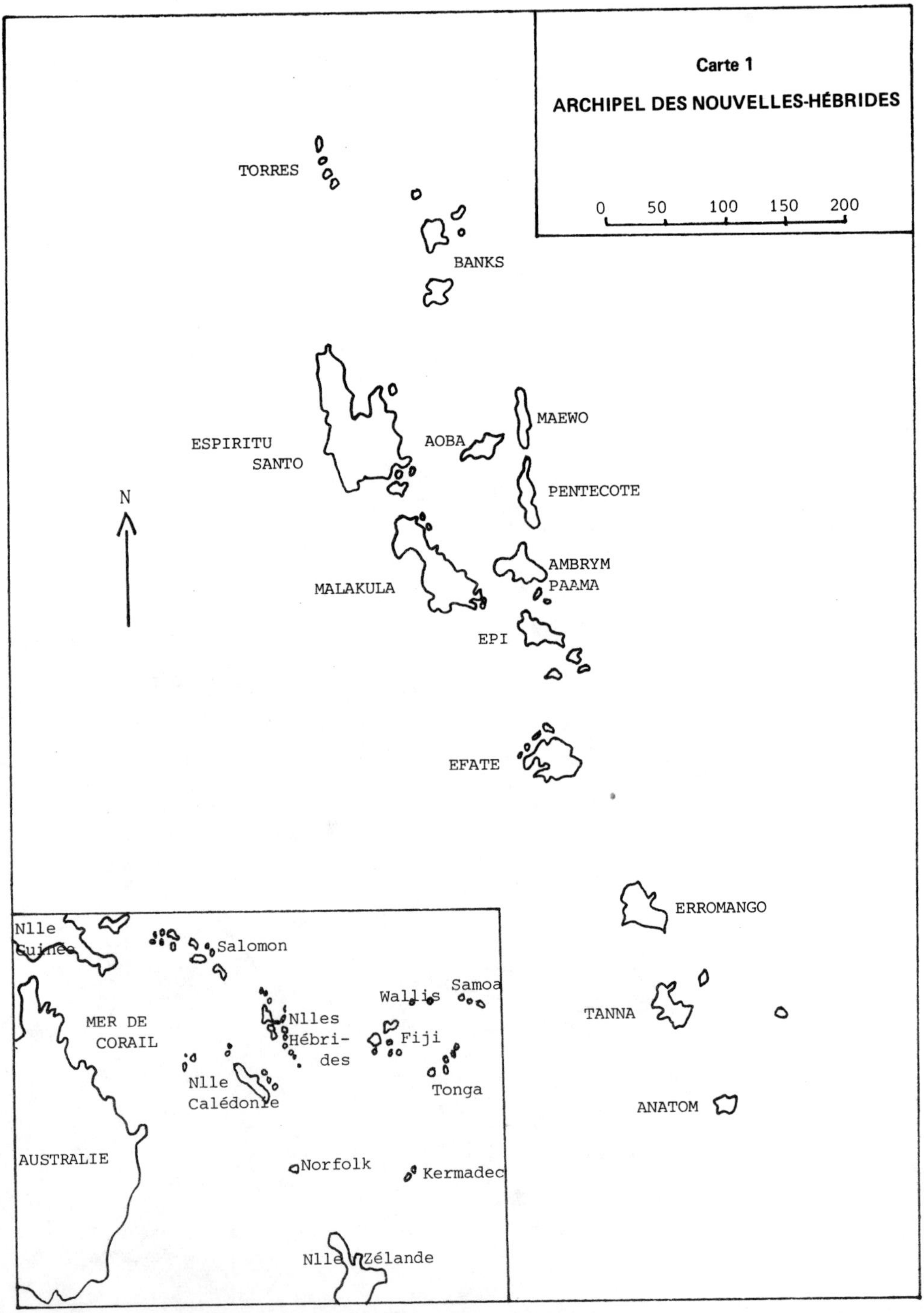

Carte 1

ARCHIPEL DES NOUVELLES-HÉBRIDES

LE PIDGIN BISLAMA(N)

ET LE MULTILINGUISME AUX NOUVELLES-HÉBRIDES

SOMMAIRE

Carte 2

PARLERS DU SUD-MALAKULA
(répartition des dialectes en 1977)

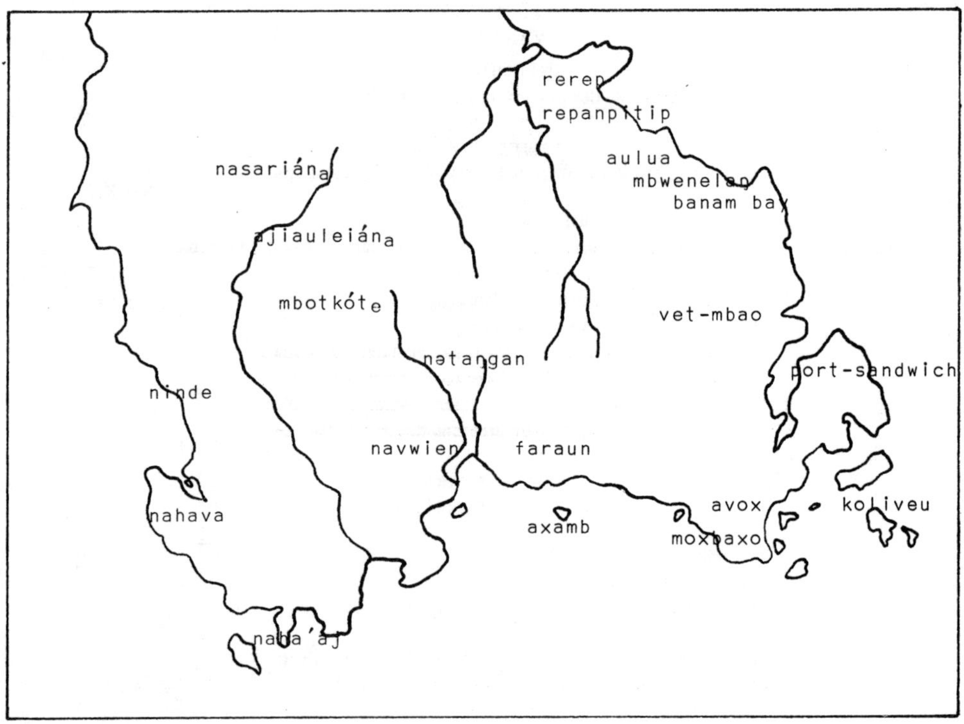

PRÉFACE

Diverses circonstances, comme l'entrée en scène politique de pays du Tiers Monde dans lesquels sont nées et/ou se parlent des langues hybrides, et par suite l'intérêt accru qu'elles ont suscité chez les spécialistes, ont, depuis une trentaine d'années, contribué à promouvoir au rang d'une discipline de pointe, dans la recherche linguistique contemporaine, l'étude des pidgins et créoles. Dans ce domaine privilégié, la monographie sur le bichelamar que présente ici Jean-Michel Charpentier est appelée à occuper elle-même une place de choix, à la fois par ses qualités propres et par l'intérêt du sujet. Au risque de réduire, pour en mettre en pleine lumière les traits les plus saillants, la richesse de matière et de réflexion qui apparaîtra à l'évidence tout au long des pages qui suivent, on peut en regrouper en trois points les apports qui paraissent les plus originaux et qui, par leur véritable nouveauté dans la discipline, méritent le plus sûrement de retenir l'attention des créolistes, et plus généralement des lecteurs, linguistes, sociologues, ethnologues, spécialistes d'autres sciences humaines, qui s'intéressent à la riche et féconde problématique de la naissance d'une langue hybride : ces trois points sont d'une part les conditions de naissance d'un pidgin, d'autre part les "universaux" de pidginisation, enfin la dialectique de la simplicité et du substrat.

Condition de naissance d'un pidgin

Le bichelamar est un pidgin à base lexicale anglaise, qui

sert d'instrument de communication entre les usagers de langues mélanésiennes d'un bout à l'autre de l'archipel des Nouvelles-Hébrides, lequel, en ce moment même, accède par étapes à l'indépendance politique, après quatre vingts ans environ, d'administration franco-britannique sous forme de condominium. J.M. Charpentier, linguiste professionnel, a passé de nombreuses années dans ce pays, enquêtant, le plus souvent en bichelamar, sur les langues de nombreuses communautés mélanésiennes qui l'habitent. Il connaît fort bien le pays, ses habitants et le pidgin parlé par tous selon diverses variantes justement liées à la diversité des langues autochtones dont il garde les traces. En outre, l'auteur a étudié de près toutes les sources aujourd'hui disponibles sur le bichelamar et sa genèse, insérant cette étude dans une soigneuse enquête documentaire sur les pidgins des autres parties du monde et la problématique de la pidginisation. Tout cela nous vaut un long chapitre qui est un des très rares, dans la littérature sur le sujet, à présenter une enquête aussi précise et aussi exacte que possible sur les circonstances historiques et sociolinguistiques qui ont déterminé la genèse d'un pidgin. Certes, l'auteur bénéficiait d'une situation favorable, puisque le bichelamar n'a pas cent ans, et que, sa formation pouvant le plus souvent être retracée dans le détail, il offre les éléments d'une véritable expérience en laboratoire naturel. Mais quand on sait combien est grande, et fréquemment satisfaite, la tentation du comparatisme appliqué à une série de pidgins dont on isole artificiellement les formes en examinant leurs correspondances, on doit considérer comme exemplaire, et souhaiter retrouver dans des travaux futurs sur d'autres pidgins encore mal connus, le type d'étude sociolinguistique très fouillée qui est offert ici. En effet, sur une telle base du moins, il est possible de départager clairement ce qui est attribuable à des faits historiques et ce qui ne l'est pas.

Du même coup, cette étude apporte de nouvelles lumières au problème de la définition même du terme "pidgin". Il ne s'agit ni d'une variante locale non (encore) émancipée de la langue source, comme on en connaît de nombreux exemples dans le monde anglophone (anglais d'Inde, de Birmanie, du Nigéria, etc.) ou francophone (cf., par exemple, pour le Cameroun, Hagège 1968), ni d'une langue mixte comme celles des communautés juives mi-assimilées mi-attachées à l'hébreu (yiddisch, judéo-espagnol, judéo-arabes, etc.), ni d'un créole. Et cependant, le bichelemar, tout en ne possédant pas le trait fondamental retenu comme discriminant d'un créole par opposition à un pidgin, à savoir le fait d'être une langue transmise par l'éducation familiale (maternelle), possède pourtant certaines propriétés considérées comme typiques des seuls créoles. Une des plus remarquables est l'existence de morphèmes d'aspect-temps totalement parvenus au terme du processus de grammaticalisation. S'il est vrai que "les pidgins ne fournissent pas tous les traits dont les locuteurs natifs semblent exiger la présence dans une langue" (Labov 1971, 29), et que, par ailleurs, "quand les pidgins deviennent des créoles, le système des adverbes facultatifs fait place à une marque obligatoire de temps juxtaposée au verbe" (ibid.), alors on peut se demander où ranger le bichelamar, qui en termes "externes", ne saurait être considéré comme un créole, alors que du point de vue "interne", il a développé les marques d'aspect-temps suivantes : à partir de l'anglais *just*, un morphème *tes* marquant le passé proche, à partir de *maybe*, un morphème de dubitatif *mebi* et à partir de *by and by* un morphème de futur ou d'irréel (pour Malakula), *bambae*, le premier de ces trois étant seul juxtaposé au verbe, alors que les deux autres ne le sont pas et même, que *bambae* est en tête d'énoncé, comme dans les langues mélanésiennes du substrat. En outre, le bichelamar a développé, non plus à partir d'adverbes de la langue source, mais à partir de verbes en fonction circonstancielle (c'est-à-dire encore "adverbiale") au sein de séries verbales du type connu pour un grand nombre de pidgins, une marque d'accompli postposée, *finis* (angl. *finish*), et deux marques préposées, l'une de duratif, *stap* (angl. *stop*), l'autre de futur proche, *go* (angl. *go*). Il faut rappeler que d'autres pidgins présentent des faits semblables : ainsi le pidgin (à base anglaise) du Cameroun a développé un passé proche *dɔn* et un passé lointain *bin*, tous deux antéposés au verbe et respectivement à partir de *done* et *been*, cependant qu'un pidgin à base arabe, le parler véhiculaire du Tchad, dit "tourkou", a développé une marque d'accompli postposé *χalas* à partir de l'arabe *χalas* "finir" (cf. Hagège 1973, 68-71). A l'opposé, une langue dont le processus de créolisation paraîtrait achevé, le sango de Centrafrique, présente pourtant pour l'expression du futur, selon W.J. Samarin (1975), non pas une marque unique, explicite et obligatoire, mais au moins deux constructions concurrentes. Dans ces conditions, on voit que le bichelamar apporte un témoignage en partie nouveau au débat illustré par d'autres pidgins, et qu'à la lumière de ce témoignage, il peut devenir nécessaire de remettre en question les critères couramment utilisés pour distinguer créoles et pidgins.

Les "universaux" de pidginisation

En ces temps de restauration de l'antique quête des universaux, les études créoles et pidgins ont, elles aussi, alimenté la recherche de traits dont on considère, à titre d'hypothèse à vérifier, qu'ils se retrouvent dans tout le domaine. Il est intéressant de noter que le bichelamar en confirme certains, mais en infirme d'autres. J.M. Charpentier montre bien, par exemple, au début de l'ouvrage, que l'hypothèse de la relexification, essentiellement due à K. Whinnom et selon laquelle les pidgins se forment les uns à partir des autres selon un processus de transfert du stock lexical sur fond de conservation des caractéristiques sémiosyntaxiques, semble plus explicative pour le bichelamar que celle du "baby talk" et autres conceptions plus ou moins incertaines. Du portugais dont le bichelamar a sans doute été d'abord une forme pidginisée, il ne reste plus que quatre mots. Il est important de noter que deux au moins se retrouvent dans d'autres pidgins relexifiés à partir d'un premier (?) processus d'hybridation sur base de portugais, langue des premiers navigateurs, ces pidgins pouvant être fort éloignés géographiquement du Pacifique sud, où se situent les Nouvelles-Hébrides : il s'agit de *pikinini* "enfant", et de *save* "savoir", que l'on retrouve, par exemple, en pidgin du Cameroun avec des sens semblables, et sous les formes *pikin* et *savi* (*save* et ses variantes étant même, selon certains, un universal pidgin). On retrouve ces mêmes cas de bribes d'une première base avant relexification dans d'autres pidgins, comme le negerangels ("anglais des Noirs") de la côte sud-ouest de l'Afrique, dont le lexique est passé du néerlandais à l'anglais. Une autre caractéristique des pidgins que l'on retrouve en bichelamar et qui est sans doute liée à l'exiguïté du fonds lexical est l'importance des composés descriptifs. Le bichelamar vérifie également d'autres traits généraux des pidgins, comme la limitation de l'arbitraire par remotivation du signe. On en trouve une illustration dans l'importance des procédés comme la reduplication, qui sont à inscrire au dossier de ce que l'on pourrait appeler le morphosymbolisme, puisque le phénomène formel de reprise d'une ou de plusieurs syllabes est directement lié au phénomène sémantique qui lui correspond : sens intensif, itératif, progressif, pluriel, diminutif, etc. Mais il pourrait s'agir aussi d'une influence des langues mélanésiennes de substrat, de sorte qu'ici comme dans le cas des reduplications qui marquent le lexique et la syntaxe d'un créole à base néerlandaise, l'afrikaans, né dans un contexte de langues bantoues à usage extensif de la reduplication, il faut éviter la circularité en délimitant soigneusement, si faire se peut, la part du substrat et celle des processus généraux produits par des conditions socio-historiques semblables.

Sur d'autres points, l'ouvrage de J.M. Charpentier n'offre pas de validation des hypothèses reçues. Ainsi, on parle souvent d'une marque universelle de possession dans les pidgins et créoles, illustrée par l'afrikaans *ma se hoed* ou le papiamentu *mama su sombre*, l'un et l'autre signifiant "le chapeau de maman" (cf. Wood 1973, 5-7). Or le bichelamar ne présente ni cette forme, ni ce type de séquence. La marque de possession y est *blong*, et elle suit le nom de l'objet possédé et précède celui du possesseur. J.M. Charpentier propose une explication intéressante, la première à notre connaissance pour ce fameux *belong* attesté dans la quasi-totalité des pidgins océaniens, toujours cité, jamais expliqué : les maîtres anglophones, pour se faire comprendre, devaient gloser *your knife* "ton couteau" par *knife belong to you* "le couteau (qui) appartient à toi". Le verbe *belong*, sans équivalent dans les langues mélanésiennes, était alors, dans un contexte où il marquait la possession, interprété comme l'instrument de cette marque, puisque les morphèmes possessifs de ces langues apparaissent exactement dans les mêmes contextes. Ainsi, la séquence qui, dans ces langues, caractérise le syntagme possessif a été conservée, et c'est un terme qui, dans la langue source, a le statut de verbe que le pidgin a transféré en morphème de possession. Autrement dit, il apparaît qu'une étude sérieuse du phénomène de pidginisation doit prendre en compte le substrat.

La dialectique de la simplicité et du substrat

L'auteur a tiré tout le parti possible d'une situation éminemment favorable : la jeunesse du bichelamar, qui n'a pas cent ans, de sorte que les langues mélanésiennes de substrat, même absentes sur le plan lexical, y laissent de manière encore visible l'empreinte de leur syntaxe. L'hypothèse du substrat africain des langues créoles n'est pas nouvelle chez les spécialistes, et elle est récurrente, par exemple, dans l'important ouvrage édité par D. Hymes (Hymes 1971). Elle s'y trouve associée à une autre, celle de la simplification, ce qui implique qu'en simplifiant par créolisation les langues sources européennes, les créoles seraient allés dans le sens des substrats africains, lesquels correspondraient donc à des langues simples. Il est inutile de démontrer combien cette vue elle-même est simplificatrice. Mais surtout, elle perd une partie de son intérêt du fait même qu'elle n'est pas vérifiable. En effet, on ignore quelles sont les langues africaines concernées, puisque le déracinement des locuteurs a bien plus d'un siècle, et que les négriers prenaient soin de brouiller les pistes et de regrouper des Africains d'origines très diverses. Il s'ensuit que les tentatives faites pour assigner à telle langue africaine, généralement le yoruba, l'éwé ou une autre langue kwa, tel trait d'un pidgin en voie de créolisation demeurent incertaines. Elles sont nombreuses cependant, qu'il s'agisse de la topicalisation dans les créoles anglais des Caraïbes (cf. Allsopp 1977), de la sérialisation en haïtien (cf. Wingerd 1977), du palenquero, curieux créole espagnol de Colombie ou même du gullah, langue des Noirs américains de la côte de Caroline du Sud et de Géorgie, dont on a cessé de croire, depuis la publication d'un important article (Turner 1949), qu'elle résulte de la combinaison de dialectes britanniques du XVIIe siècle et de parler enfantin.

Par opposition à ces tentatives, méritoires mais vouées, faute d'information sûre, à ne pouvoir être sérieusement contrôlées, la présente monographie de J.M. Charpentier sur le bichelamar pousse à son extrême limite l'hypothèse d'une omniprésence du substrat dans les structures syntaxiques. Elle peut d'autant mieux le faire que l'immense majorité des Néo-Hébridais sont au moins bilingues, parlant d'une part leur langue vernaculaire, mélanésienne, qui est leur langue maternelle, d'autre part le pidgin bichelamar, langue véhiculaire. Dans ces conditions, l'hypothèse du substrat reçoit une confirmation immédiate de faits directement observables, au point que les variantes mêmes qui s'observent dans le bichelamar selon les divers points de l'archipel où il est parlé sont expliquées sans difficulté dès lors qu'on les relie aux différences entre les langues vernaculaires utilisées en chacun de ces points. C'est pourquoi l'auteur avait tout loisir de radicaliser l'hypothèse du substrat, quitte à susciter des réserves qui peuvent du moins occasionner un débat sérieux, puisqu'ici, à l'inverse de ce qui se passe pour les créoles d'origine africaine, les langues dans le moule syntaxique desquelles le lexique d'origine anglaise a été coulé sont des langues maternelles, en usage courant, des bilingues qui connaissent aussi le pidgin, et que dès lors elles sont immédiatement disponibles pour la vérification de l'hypothèse. J. M. Charpentier a donc considéré que le substrat était constitué principalement par les langues côtières (excluant donc quelques langues de la montagne) et, ne se contentant pas de le supposer, il a puisé dans ses connaissances de linguiste spécialiste des Nouvelles-Hébrides un nombre considérable d'exemples qui, pour tous les aspects de la grammaire bichelamar, peuvent alimenter le débat sur le substrat (cf. ci-dessus à propos des morphèmes d'aspect-temps et de la marque de possession).

Dans ces conditions, la notion de simplification, qui, depuis L. Bloomfield repris par R. Hall, pèse sur les études créoles et pidgins de tout le poids de son ambiguïté, peut être différemment située. Si c'est "économie" qu'on veut dire par "simplicité", alors quoi de plus simple que la conservation de structures syntaxiques, et par conséquent des mécanismes mentaux qui les sous-tendent, sous la forme qui est la leur dans les langues vernaculaires auxquelles les locuteurs sont habitués ? Cela n'est-il pas préférable à l'hypothèse qui lie le substrat à la simplicité en aboutissant à considérer comme simples les hypothétiques langues africaines, aujourd'hui hors d'usage chez les créolophones et pidginophones, qui pourraient avoir, autrefois, servi de substrat ? Une telle conception de la simplicité ne peut qu'être aventureuse, puisqu'elle s'appuie sur des considérations générales et sur des comparaisons, alors que la première exigence de méthode est de replacer chaque fait apparemment "simple" dans le cadre général du système de langue où il fonctionne. On peut donc avoir quelque raison d'approuver la démarche de J.M. Charpentier, qui étudie très soigneusement ici, sous le titre "la pidginisation ou la tentative d'alignement des catégories grammaticales de la langue-source sur celles du substrat", les transferts catégoriels qui donnent un contenu objectif à la notion de simplicité. On a des raisons de croire que la conservation des structures vernaculaires était une sérieuse économie pour ces locuteurs d'un pidgin né dans les plantations du Queensland, ramené aux Nouvelles-Hébrides lors du rapatriement des autochtones qu'on y avait recrutés, et dès lors soumis pendant quelque 80 années à la pression permanente des langues mélanésiennes. Cette influence prolongée d'idiomes familiers aux locuteurs paraît plus explicative qu'une "simplicité" mal définie, dont on voudrait retrouver les indices dans les langues vivantes, et qui, en dernière analyse, relève du même arsenal conceptuel et de la même attitude d'esprit que la notion de parler enfantin, transmis aux descendants avant d'avoir atteint "l'âge adulte", et donc passant de l'état de pidgin à celui de créole par cette même pédogenèse selon laquelle de rares espèces vivantes, comme l'axolotl, se reproduisent à l'état pré-adulte.

*

Dans les circonstances actuelles, l'ouvrage que présente J. M. Charpentier mérite le plus franc succès, non seulement auprès des linguistes spécialistes des créoles et pidgins, pour lesquels il doit apparaître comme un travail novateur, mais encore auprès de la population et des autorités néo-hébridaises. En effet, en un moment où des choix importants vont être faits, elles pourront tirer le plus grand profit d'une étude exhaustive et ingénieuse, dans laquelle un linguiste familier des Nouvelles-Hébrides et de leur situation linguistique met sa compétence au service d'un pays qu'il a vu vivre durant de nombreuses années. La précision avec laquelle il situe le bichelamar par rapport à l'anglais d'une part, au français d'autre part et enfin par rapport aux langues locales, les suggestions nombreuses qu'il fait en cours de route et le plan d'enseignement qu'il esquisse et qui apparaît plein de bon sens, tout cela peut servir ceux qui l'ont aidé dans ses recherches et à qui il doit lui-même sa formation sur le terrain.

Claude HAGEGE
Ecole Pratique des Hautes Etudes
Paris

Références

- Allsopp, Richard, 1977, "Africanisms in the idiom of Caribbean English" in *Language and linguistic problems in Africa*. Proceedings of the VII Conference on African Linguistics, ed. by P.F. A. Kotey and H. Der-Houssikian, Hornbeam Press, 429-441
- Hagège, Claude, 1968, "A propos du français de l'Adamaoua", *La Linguistique*, 1, 117-130
- " " , 1973, *Profil d'un parler arabe du Tchad*, Geuthner, Paris
- Hymes, Dell, ed., 1971, *Pidginisation and creolization of languages*, Cambridge University Press
- Labov, William, 1971, "On the adequacy of natural languages I. The development of tense" (version de pré-publication)
- Samarin, William J., 1975, "Historical, ephemeral and inevitable verbal categories", version dactylographiée d'une communication à l'International Conference on Pidgins and Creoles, Hawaï, 1975
- Turner, L.D., 1949, *Africanisms in the Gullah dialect*, University of Chicago Press
- Wingerd, Judy, 1977, "Serial verbs in Haitian Creole", in P.F. A. Kotey and H. Der-Houssikian, eds. (voir ci-dessus, allsopp), 452-466
- Wood, Richard E., 1973, "Africaans in its African setting : some thoughts on Marius F. Valkhoff's New light on Afrikaans and "Malayo-Portuguese", manuscrit d'une communication présentée à la Fourth Annual Conference on African Linguistics, City University of New York.

A Keith WOODWARD

AVANT-PROPOS

Il est devenu courant lorsque l'on écrit un article ou un ouvrage comme celui-ci d'hésiter entre le "je" et le "nous" scientifique.

La seconde solution s'est imposée ici tout naturellement, car s'il n'avait tenu qu'à notre modeste personne, cet ouvrage n'aurait jamais vu le jour. Ce sont les suggestions puis les encouragements répétés de notre Directeur de recherche, le Professeur C. Hagège, qui nous ont décidé.

Les études sur les pidgins et créoles commencées à la fin du siècle dernier avaient retenu l'attention de spécialistes confirmés des langues comme H. Schuchart, A. Meillet. Tous deux avaient compris tout ce que la connaissance de ces parlers pouvait apporter à la science du langage en général.

Au cours des deux dernières décennies, l'étude de ces idiomes a repris de façon intensive, publications et congrès se succédant à un rythme rapide. Bien que ces parlers concernent souvent des régions d'influence française très ancienne, fort peu de scientifiques français se sont consacrés, autrement qu'incidemment, à l'étude des phénomènes sociolinguistiques que sont la créolisation et surtout la pidginisation. Puisse ce modeste travail combler partiellement cette lacune.

Nous avons longtemps hésité à écrire cet ouvrage car deux conférences faites sur ce sujet au Centre Culturel des Nouvelles-Hébrides en 1975, nous avaient révélé combien les préjugés en la matière et les passions peuvent être nombreux et vivaces. Ayant vécu des années en étroit contact avec nos amis mélanésiens, nous savons combien ils sont sensibles au fait que des chercheurs européens viennent étudier leurs sociétés ou leurs langues et ne leur donnent rien en retour si ce n'est parfois "d'étranges" ouvrages techniques au vocabulaire spécialisé.

Tout chercheur de terrain se trouve toujours confronté à un dilemme : il lui faut rédiger un ouvrage constituant un apport scientifique, ce travail doit en outre être abordable par les populations concernées.

Lorsque nous nous sommes consacré à l'étude de langues vernaculaires, nous nous sommes attaché à rédiger à la fois des grammaires et des dictionnaires ou atlas linguistiques, ces derniers étant destinés aux locuteurs autochtones. L'étude du pidgin des Nouvelles-Hébrides et de son environnement linguistique n'offrait pas cette possibilité car deux dictionnaires avaient déjà été publiés et ce travail sur le lexique, comme nous le verrons par la suite, ne peut, à notre sens, être le fait que d'une équipe.

Au cours de nos séjours passés dans l'archipel néo-hébridais, nous avons toujours été frappé par le caractère fuyant, insaisissable du pidgin, comme si ce parler se situait partout et nulle part. Nous en vînmes à la conclusion que seule une étude sociolinguistique permettrait de cerner le phénomène social que représente un pidgin. Une fois ainsi replacé dans son contexte historique, culturel, social, le parler véhiculaire peut être abordé d'un point de vue linguistique comme tout autre idiome.

Nous avons donc scindé cet ouvrage en deux grandes parties. La première intitulée "étude sociolinguistique des Nouvelles-Hébrides", traite de la naissance du pidgin et de sa place dans les sociétés multilingues néo-hébridaises passées et contemporaines. Nous avons banni volontairement, autant que faire se peut, tout terme technique qui ne serait connu que par quelques spécialistes. Seule l'introduction conserve un aspect quelque peu ardu, nous nous en excusons auprès des lecteurs éventuels que les termes linguistiques rebuteraient. La division en chapitres et en paragraphes distincts permet d'aborder ou de revenir sur un aspect plus particulier de l'étude. A l'époque où des Néo-Hébridais fréquentent fort nombreux les écoles secondaires où certains sont bacheliers, d'autres diplômés d'université, nous pensons que cette partie sociolinguistique que nous avons écrite à leur intention n'a pas de quoi les effrayer.

Intentionnellement, nous avons glissé des anecdotes ayant un rapport avec le sujet. Certaines pourront agacer ; mais nous sommes sûr qu'après quelques années d'indépendance, elles seront autant de témoignages historiques de ce qu'était réellement la vie politique dans le Condominium néo-hébridais.

La seconde partie intitulée "pidgin et substrats" explique comment le pidgin s'est constitué ; comment il a été façonné à partir de l'anglais et en fonction des langues mélanésiennes que parlaient les premiers locuteurs. Bien que plus technique, cette seconde partie s'adresse bien sûr aux linguistes mais également à toute personne qui est restée au contact d'une langue véhiculaire, pidgin ou créole.

Note : Bislama(n). Nous avons retenu cette orthographe pour plusieurs raisons.

1° Nous voulions différencier le sabir des mers du Sud, parlé au début du 19e siècle (voir 2.1), nous lui avons conservé l'appellation "bichelamar", du pidgin actuel des Nouvelles-Hébrides.

2° Suivant les aires géographiques, l'âge et l'éducation des locuteurs, deux prononciations peuvent être perçues [bislama] et [bislaman]. Comme il ne nous appartenait pas de décider de l'orthographe à garder, nous avons mis le "n" final entre parenthèses, symbolisant ainsi l'absence de standardisation du pidgin actuel.

Remercier toutes les personnes qui nous ont aidé à la conception de cet ouvrage n'est pas chose facile, elles sont trop nombreuses.

Nos remerciements vont tout d'abord aux Néo-Hébridais de toutes ethnies. C'est à leur contact que nous avons appris le pidgin et ce sont leurs jugements que nous rapportons dans la première partie de ce travail.

Notre gratitude va bien sûr au Professeur C. Hagège qui a su nous motiver. Malgré un emploi du temps fort chargé, il prit le temps de discuter avec nous de ce sujet, nous en avons toujours tiré le plus grand profit. Nous lui savons gré d'avoir bien voulu accepter l'aspect parfois anecdotique de la partie sociolinguistique, comprenant qu'un pidgin se développe souvent à la suite de la conjonction de petits faits qui n'ont rien de scientifique.

Notre Directeur de laboratoire Mme J.M.C Thomas, en plus de nous avoir prodigué des conseils scientifiques toujours décisifs, nous a aidé à la réalisation pratique de cet ouvrage ; nous lui en sommes très reconnaissant.

Nous adressons nos remerciements à nos collègues du laboratoire du C.N.R.S LP3-121. A J.C. Rivierre qui a bien voulu lire et critiquer la seconde partie du présent livre ; à son épouse F. Ozanne-Rivierre qui nous a sans cesse encouragé.

Nos remerciements vont à J. Bonnemaison, chercheur à l'O.R. S.T.O.M. Sa connaissance approfondie de l'archipel néo-hébridais lui a permis de faire des remarques judicieuses en ce qui concerne l'étude sociolinguistique.

Sans l'assistance constante de K.W Huffman, Conservateur au Centre Culturel des Nouvelles-Hébrides, qui nous a envoyé documents écrits et sonores, ce travail n'aurait été que très difficilement mené à bien.

Le Dr D.T. Tryon nous a fait parvenir tous les derniers documents et parutions anglo-saxons, nous l'en remercions.

Nous avons dédié ce travail à K. Woodward (M.B.E). Pendant quelque 25 ans, ce fonctionnaire britannique est resté en poste dans l'archipel néo-hébridais.

Pour ses adversaires politiques, Woodward était "a stubborn

Englishman" qui n'avait pour toute ligne de conduite que ce qu'il pensait être l'intérêt de la Couronne britannique.

Pour des dizaines de chercheurs de toute nationalité, Keith fut un homme affable, disponible, qui n'hésitait jamais à offrir un verre chez lui. A son contact, on ne s'ennuyait jamais, mieux on s'enrichissait. Tout chercheur arrivant dans l'archipel savait que, par l'intermédiaire de Keith, la "case" de passage de la "British Residency" serait à sa disposition et qu'il pourrait compter sur lui pour tout problème pouvant apparaître au cours de son séjour.

Maintenant que Keith a quitté l'archipel et a pris sa retraite dans son Angleterre natale, qu'il sache combien nous lui savons gré de tous les services qu'il a si gentîment prodigués.

SIGNES ET ABRÉVIATIONS UTILISÉS

Tous les signes graphiques présentés dans cet ouvrage sont ceux existant dans l'Alphabet Phonétique International, à l'exception de quelques-uns déjà entrés dans les habitudes d'écriture du bislama(n).

La voyelle antérieure fermée /y/ est transcrite ici /ü/ et la semi-voyelle /j/ est remplacée par /y/.

"tu" en A.P.I. [ty] , dans le présent ouvrage tü

"yes" ("oui") en A.P.I. [yɛs], dans le présent ouvrage yes

Les diphtongues [ɔj], [aj], [iə] sont transcrites ici oe, ae, ia.

LES ABREVIATIONS

adj.	adjectif	*pl.*	pluriel
alt.	altératif	*pl. excl.*	pluriel exclusif
art.	article	*pl. incl.*	pluriel inclusif
art. ind.	article indéfini	*poss.*	possessif
dém.	démonstratif	*pro. pers.*	pronom personnel
limit.	limitatif	*tot.*	totalisateur
mod. pers.	modalité personnelle	*trans.*	transitivité
nég.	négation		

INTRODUCTION

1. L'ORIGINE PROBABLE DES PIDGINS DU PACIFIQUE

1.1. LES THÉORIES LINGUISTIQUES SUR LA PIDGINISATION

En l'absence de documents écrits en nombre suffisant, l'origine du Bislama(n) et des pidgins en général reste assez obscure et diverses hypothèses ont été avancées. Dans cet ouvrage que nous n'avons pas voulu destiné uniquement aux linguistes, il ne semble pas inutile de rappeler brièvement les arguments de chacune de ces théories. Nous chercherons ensuite à laquelle de ces hypothèses sur l'apparition des pidgins se rattachent les formes les plus anciennes du Bislama(n).

1.1.1. Les théories «polygéniques»

Les pidgins seraient d'origines diverses et ne pourraient être rattachés à un ancêtre commun.

1.1.1.1 La "baby-talk theory"

A la fin du 19e siècle, les voyageurs qui étaient entrés en contact avec les populations d'extrême-orient parlant le "Chinese Pidgin English" ou d'autres parlers véhiculaires à base lexicale anglaise trouvèrent des similitudes entre ces parlers et celui des enfants qui ne maîtrisent pas encore la langue des adultes. Ce rapprochement correspondait à la philosophie de l'époque marquée par le paternalisme colonial qui tendait à assimiler les autochtones à de grands enfants.

Cette constatation serait restée du domaine des préjugés si des linguistes de renom comme Jepersen et Bloomfield ne l'avaient reprise, commentée et élevée au niveau d'une véritable théorie.

Jepersen (1922, p.234) compare la maîtrise imparfaite de l'enfant à l'égard de sa première langue aux difficultés d'un adulte à acquérir une seconde langue au moyen de méthodes inadaptées.

Le linguiste américain L. Bloomfield fut celui qui développa le plus ce qui allait devenir la "baby-talk theory".

> Des locuteurs d'une langue inférieure peuvent si peu progresser dans l'acquisition de la langue dominante, que leurs maîtres, pour communiquer avec eux, ont recours au "langage enfantin". Ce "langage enfantin" est l'imitation par les maîtres du discours incorrect de leurs sujets. Il y a tout lieu de croire que ce n'est pas une imitation exacte, et que certains de ces traits sont fondés non sur les fautes du sujet mais sur les relations grammaticales qui existent à l'intérieur de la langue supérieure elle-même. Les sujets, à leur tour, privés du modèle correct, ne peuvent rien faire de mieux maintenant que d'acquérir la version "enfantine" simplifiée de la langue supérieure. Il peut en résulter un jargon conventionnel. Pendant la colonisation de ces derniers siècles, les Européens n'ont cessé de donner des versions "jargonisées" de leurs langues aux esclaves et aux populations tributaires. (Bloomfield, 1933, p.446)

Selon Bloomfield, les maîtres "jargoniseraient" volontairement leur langue. Ils reprendraient les modifications, les imperfections apportées par les esclaves à la langue dominante, ceux-ci modifieraient à nouveau le message déjà altéré. Ce ne serait donc qu'un parler profondément transformé qui servirait rapidement aux échanges. Dans certains cas ce parler se stabiliserait et deviendrait un parler véhiculaire, Bloomfield parle d'un "jargon conventionnel".

1.1.1.2 La théorie du développement parallèle et indépendant (L. Todd, 1974, p. 31)

Cette théorie fut principalement développée par R. Hall Jr. qui en reste le représentant le plus éminent. L'une des principales idées avancées par cet auteur est l'aspect soudain spontané de l'apparition d'un pidgin dès que le besoin de communiquer devient une impérieuse nécessité.

> Généralement un pidgin doit son origine à des contacts relativement

> courts et fortuits entre des groupes qui n'ont pas de langue en commun.
> Il n'a pas, à proprement parler, de communauté linguistique qui lui est propre...
> Pour mieux dire, un pidgin peut apparaître - de temps en temps, même en l'espace de quelques heures - chaque fois qu'une situation urgente requérera une communication à un niveau minimum de compréhension (R. Hall, 1966, p.127)

A propos des pidgins du Pacifique, qui nous concernent plus directement, R. Hall réaffirme le caractère spontané de leur apparition.

> De l'autre côté du monde, les Anglais établirent leur première "factory" ou comptoir à Canton en 1664, et aussitôt une variété de pidgins anglais apparut là-bas. (R. Hall, 1966, p.8)

Selon cette théorie, chaque pidgin à travers le monde serait apparu spontanément et indépendamment de tous les autres. Pourtant R. Hall note dans le "Chinese Pidgin English" parlé en mer de Chine des entrées lexicales qu'il reconnaît être des emprunts faits au parler véhiculaire portugais antérieur au pidgin anglais en mer de Chine (R. Hall Jr, 1966, p.6). A l'inverse de ce qu'avanceront les partisans de l'origine monogénique de ces parlers, R. Hall n'envisage aucune filiation entre les deux parlers véhiculaires en question. Pour lui, les ressemblances seraient dues au fond commun indo-européen des langues transformées.

L'apparition spontanée d'un pidgin dans un contexte multilingue a été reprise par un spécialiste contemporain des pidgins P. Mülhaüsler.

> Puisque la formation des pidgins semble n'être relativement pas influencée par la durée du contact (comme le résultat d'un besoin immédiat de communication, le pidgin se développe extrêmement rapidement, généralement en quelques jours...) (P. Mülhaüsler, 1974, p.33)

A cette théorie du développement parallèle et indépendant allait s'opposer un grand nombre de linguistes que les correspondances lexicales et syntaxiques entre la plupart des pidgins et créoles intriguaient.

1.1.2. La théorie «monogénique»

Tous les pidgins et créoles européens auraient une origine commune.

1.1.2.1 Keith Whinnom et la théorie de la relexification

En étudiant les créoles espagnols des Philippines, K. Whinnom en vint à conclure que les similitudes entre ces parlers ne pouvaient être fortuites, mais qu'elles étaient dues à une origine commune dans les îles Molluques où était parlé autrefois un parler véhiculaire portugais semblable à celui encore existant à Goa.

> J'étais capable de démontrer que les langues de contact espagnoles aux Philippines dérivaient d'une variété de pidgin portugais, qui paraissait ressembler plutôt à celui de Goa en Inde qu'à ceux de Macao, de Malaisie ou de Java. Il y avait eu, de toute évidence, un déplacement en masses de vocabulaire, du portugais à l'espagnol, mais une quantité importante du portugais original avait survécu, pas seulement les composants du lexique, mais des éléments dans le domaine beaucoup plus significatif des particules. (K. Whinnom, 1965, p.512)

Ce glissement d'un parler véhiculaire portugais à un autre à base lexicale espagnole se serait produit également pour le "Chinese Pidgin English" parlé en Asie du Sud-Est aux 18e et 19e siècles. Il serait lui-même issu d'une ancienne langue de contact portugaise.

Dans un premier temps, les Anglais arrivés dans une aire d'influence portugaise auraient utilisé le parler véhiculaire portugais pour leurs échanges avec les Chinois. Les témoignages de plusieurs auteurs viennent appuyer les thèses de K. Whinnom.

A. Hamilton précise que les Portugais laissèrent une forme corrompue de leur langue sur les côtes proches des routes maritimes qu'ils empruntaient.

> Le long des côtes, les Portugais ont laissé un vestige de leur langue ; bien que très corrompue, c'est cependant ce parler que la plupart des Européens apprennent d'abord afin de posséder les connaissances leur permettant de converser entre eux tout comme avec les différents habitants de l'Inde. (Hamilton, 1727, p.426, cité par R. Chaudenson, p.387)

Un autre ouvrage de l'époque (Noble C.F, 1762) précise qu'un "jargon" anglo-portugais avait assuré la transition entre le "parler" portugais et la formation d'un pidgin anglo-chinois.

Pour K. Whinnom, le "Chinese Pidgin English" parlé en mer de Chine serait donc issu d'une relexification de l'ancien parler véhiculaire portugais, les termes anglais ayant progressivement supplanté leurs équivalents portugais. Un tel procédé expliquerait les concordances syntaxiques entre les pidgins à bases lexicales différentes puisque dans les énoncés chaque terme aurait été remplacé mot pour mot par un équivalent étranger.

1.1.2.2. L'origine commune à tous les pidgins.

Partant de ses conclusions sur les Philippines et constatant que des particules, éléments linguistiques qui ne s'empruntent que fort difficilement, existaient dans de nombreux pidgins et créoles, K. Whinnom en déduisit l'existence d'un ancêtre commun qui serait un ancien parler véhiculaire portugais.

Les découvertes des navigateurs portugais aux 15e et 16e siècles et l'installation de comptoirs tant en Afrique, qu'en Asie, qu'en Amérique avait rendu nécessaire l'usage d'une *lingua franca*. Un parler véhiculaire portugais aurait été employé dans l'ensemble de l'empire lusitanien d'alors. Les nationaux des pays s'étant lancés dans les conquêtes outre-mer, les Espagnols, les Anglais, les Français n'auraient fait, dans un premier temps, que reprendre ce parler existant, avant de le relexifier, pour communiquer avec les populations locales.

K. Whinnom émit en outre l'hypothèse que ce parler véhiculaire portugais n'était lui-même qu'une variante portugaise de la Lingua Franca, le sabir parlé dans les ports méditerranéens du moyen âge jusqu'au 19e siècle.

Selon la thèse monogénique exposée par K. Whinnom, le Bislama(n) néo-hébridais parlé actuellement aurait pour ancêtres fort lointains : le Sabir méditerranéen, et plus près de nous, le pidgin anglo-chinois parlé en mer de Chine.

1.2. LE BISLAMA(N) ET LES THÉORIES SUR LA PIDGINISATION

Voulant nous situer volontairement dans la perspective du chercheur de terrain, nous n'essaierons pas de polémiquer sur le bien-fondé de l'une ou l'autre de ces théories. Nous allons simplement chercher à voir dans quelle mesure certains de leurs arguments correspondent aux conditions d'apparition du Bislama(n).

1.2.1. Le bislama(n) et les théories polygéniques

La théorie appelée "baby-talk theory" a été repoussée par l'ensemble des spécialistes des pidgins et créoles. Nous pensons qu'elle ne peut pas fournir une explication complète de la formation de ces idiomes.

En plus du caractère raciste des idées avancées par Bloomfield, cet auteur n'emploie-t-il pas l'expression "des locuteurs d'une langue inférieure", l'argument selon lequel les maîtres "jargoniseraient" volontairement leurs langues doit être pour le moins nuancé. Il paraît impossible que des hommes, sur différents continents et à des époques variées, transforment leurs langues dans le même sens, selon les mêmes procédés. Les similitudes entre la plupart des pidgins et créoles vont à l'encontre de cette théorie. Si les pidgins étaient nés uniquement d'une "jargonisation" de la langue des maîtres, on aurait eu des variantes individuelles, une diversification à l'extrême de ces parlers. Les auteurs avançant cette théorie n'expliquent pas quels sont les procédés généraux et universels de "jargonisation" ; procédés qui s'imposeraient à des locuteurs portugais, espagnols, anglais, français.

Cependant, cette condamnation générale et absolue mérite à notre sens d'être nuancée. Bloomfield a partiellement raison lorsqu'il émet l'idée que les maîtres pour communiquer avec les esclaves usaient du "langage enfantin". Le locuteur d'une langue latine voulant simplifier son discours emploie fréquemment les verbes à l'infinitif et utilise les pronoms personnels compléments ex. : "toi venir", "eux manger" etc.

Un locuteur francophone supprimera le "ne" de la négation ne...pas, jugeant cette dernière forme rédondante et par là inutile et s'exprimera ainsi : "lui pas dormir", "toi pas comprendre" etc.

Il est certain que si les pidgins anglais ont eu au départ un ancêtre portugais, c'est à de telles transformations que les autochtones ont été confrontés. Quoi qu'il en soit, de telles simplifications conscientes et convergentes n'existent qu'en petit nombre. Bien qu'importantes, elles ne peuvent en aucune façon expliquer l'ensemble du processus de pidginisation.

La théorie du développement parallèle et indépendant semble

mise à mal par une simple analyse chronologique des premiers contacts entre Européens et Asiatiques. Les Portugais se sont établis à Macao, pour ne citer que cet exemple, en 1557, soit un siècle avant que les Anglais n'ouvrent leur premier comptoir à Canton en 1664. Sans nul doute, un sabir portugais était déjà en place et les populations n'ont pu abandonner brutalement une *lingua franca* pour en élaborer une autre plus proche de la langue des nouveaux maîtres du négoce. Si les pidgins et créoles sont apparus indépendamment les uns des autres, le Bislama(n) est alors le résultat d'une confrontation entre les civilisations océaniennes et britanniques. Comment peut-on alors expliquer que ce pidgin anglais partage des termes communs avec des pidgins africains ou américains comme : pikinini, save etc. et que leurs structures syntaxiques soient proches ?

1.2.2. Le bislama(n) et la théorie monogénique

Le Bislama(n) pidgin à base lexicale anglaise aurait pour origine lointaine l'ancienne *lingua franca* portugaise en usage en mer de Chine qui aurait été relexifiée. Sous sa forme nouvelle appelée "Chinese Pidgin English", ce parler véhiculaire aurait été introduit dans le Pacifique par des bateaux marchands qui, après avoir fréquenté pendant des siècles l'Insulinde, auraient poussé sans cesse plus au sud et à l'est.

L'hypothèse, selon laquelle le parler véhiculaire portugais des 15e et 16e siècles serait lui-même une relexification du Sabir méditerranéen, reste difficilement vérifiable. A.J. Naro a étudié cette hypothèse, il ne nie pas l'influence possible du Sabir de l'est méditerranéen sur le parler véhiculaire portugais mais il la croit fort limitée.

> Alors je conclus que le pidgin portugais, par la suite employé de façon extensive à travers l'Afrique de l'ouest, avait son origine en Europe, pas en Afrique, commençant vers 1440 avec la formation de traducteurs instituée officiellement. Ses particularités structurales élémentaires résultaient en premier de modifications concientes de leur langue par les Portugais. En faisant ces modifications , les Portugais pouvaient fort bien avoir été influencés par le précédent Sabir oriental (A.J. Naro, 1978, p.341)

Il faut noter que cet auteur croit à des modifications volontaires du message de la part des locuteurs portugais cherchant à se faire comprendre des populations africaines.

Si l'apparentement à la Lingua Franca méditerranéenne peut sembler très hypothétique et ténu, la filiation du Bislama(n) aux pidgins de la mer de Chine nous paraît par contre très vraisemblable.

Nous avons donc cherché dans le pidgin néo-hébridais les traces d'un proto-pidgin portugais.

1.3. LE BISLAMA(N) ET L'HYPOTHÉTIQUE «ANCETRE» PORTUGAIS

Notre connaissance personnelle du pidgin et l'analyse des lexiques de J.B.M Guy et de B. Camden, nous ont permis d'isoler quatre termes ou composés qui nous semblent indiscutablement d'origine portugaise.

Nous allons étudier comment ces étymons portugais ont été modifiés par les différents usagers non lusophones et voir comment leur sens même a pu changer.

1.3.1. L'origine controversée du nom «bislama(n)»

Si son origine portugaise peut assez facilement être mise en évidence, il n'en est pas de même des raisons qui ont amené à un changement profond de son domaine sémantique.

1.3.1.1 Ce terme désignerait une holothurie comestible

Aux 17e et 18e siècles, des bateaux chinois ou originaires de la mer de Chine venaient en Insulinde pour acheter entre autres des holothuries appelées "trepang" par les populations locales. Ce commerce fut étendu au Sud-Pacifique au milieu du 19e siècle. Il suppléa en partie au déclin du commerce du bois de santal devenu très rare.

Ces holothuries, une fois séchées, servaient de condiments dans de nombreux mets chinois. Le terme portugais pour désigner ces échinodermes est *bicho do mar* /ver/de/mer/.

Bien que nous n'ayons pas pu trouver d'écrit confirmant cette hypothèse, nous pensons qu'un produit aussi recherché par les Chinois et faisant l'objet d'un trafic intense ne pouvait pas ne pas être désigné par un terme quelconque dans le sabir parlé alors en mer de Chine et en Asie du Sud-Est. Au cours du passage du sabir à dominante portugaise, signalé par Noble, au "Chinese Pidgin English", il est très probable que le terme portugais ait été conservé de préférence aux signes anglais : *holothurian*, *sea-slug*, *sea-cucumber*. A des fins commerciales, il était sans nul doute plus rentable d'utiliser un des termes déjà connus soit "trepang" soit *bicho do mar*. D'ailleurs d'autres mots portugais ont été alors empruntés à l'époque par les locuteurs des autres langues européennes : teck, mangue, etc.

Le composé *bicho do mar* est perçu par toute personne non lusophone [bič d mar], les voyelles finales étant atones dans cette langue. Le passage de l'occlusive dentale sonore /d/ à une latérale dentale /l/ peut s'expliquer par un simple relâchement de l'articulation. Il faut noter que la suite /c/ + /d/ est particulièrement difficile à prononcer et par là ne peut être qu'appelée à une rapide transformation, et ceci d'autant plus que la plupart des langues du substrat ne présentent pas de phonème /d/.

L'ancien étymon portugais serait devenu "bich l mar". L'adjonction de la voyelle centrale /ə/ à la suite du nom "bich" ne peut s'expliquer que par une assimilation abusive de ce composé à la langue française (biche). La voyelle /a/ placée à la suite du "l" répond au schéma de la plupart des langues austronésiennes, une voyelle étant intercalée entre deux consonnes. De plus, cette voyelle /a/ est en harmonie vocalique avec la voyelle du terme suivant *mar*.

L'immense majorité des auteurs anglo-saxons du début du 19e siècle connaissait comme unique langue étrangère le français, encore reconnu langue "universelle". Tous ces auteurs ont donc francisé en fonction de la connaissance qu'ils avaient de cette langue le composé *bicho do mar* qu'ils sentaient être d'origine latine. Ainsi trouve-t-on les orthographes suivantes : beche-de-mer (Flinders, 1914, p.270), bêche de mer, biche de mer, beach la mar etc. (voir exemples cités par R. Clark en appendice).

The Oxford english dictionnary ne donne qu'une orthographe "bêche-de-mer (bēʃ də mer). [Fr. ; lit. "sea-spade"], cette orthographe est celle que l'on trouve dans The imperial Dictionnary of

English language. 1883. Ces deux dictionnaires font référence à l'holothurie (*Holothuria edulis*) mais donnent des explications différentes quant au choix du terme bêche-de-mer (voir appendice). Ces deux ouvrages avancent une origine française pour ce terme. S.A.Wurm (1971, p.1007) croit également à l'origine française du terme Bislama(n), l'échinoderme déjà cité s'appellerait, en français, selon cet auteur, "bêche de mer" ou "biche de mer". Or, aucun des dictionnaires français que nous ayons consultés ne confirme cette assertion, l'holothurie en question s'appelant en français populaire "concombre de mer" (Trésor de la langue française C.N.R.S, 1975, voir appendice).

Ce n'est que très récemment que l'on a fait entrer les noms biche-de-mer (Larousse, 1970) et bêche de mer (Littré, 1971), dans les dictionnaires français. Tous deux désignant l'holothurie (*Holothuria edulis*). Le premier de ces ouvrages donne une origine espagnole, le second portugaise.

Nous pensons, comme J.B.M. Guy (1974, p.57) que l'origine portugaise doit être retenue et ceci pour plusieurs raisons. Tout d'abord les sabirs et en particulier celui qui devait être appelé "bislama(n)" sont antérieurs à toute présence française continue dans le Pacifique Sud-Ouest. En outre, le commerce avec la Chine dont il a été question puis le recrutement de main-d'oeuvre autochtone n'ont pas été, loin s'en faut, l'apanage des Français.

Le fait que les dictionnaires français donnent des étymologies divergentes, mais jamais française, indique que ce terme est étranger à la langue française.

Il est pour le moins curieux de noter combien peu nombreux sont les ouvrages et en particulier les dictionnaires dans lesquels les termes bichlamar, bêche de mer, etc. désignent à la fois l'échinoderme et la langue véhiculaire. En fait, nous n'en avons trouvé qu'un seul, il est américain : "The Standard dictionnary of English language, International Edition combined with Britannica world language edition, 1960 (voir appendice).

Le dictionnaire Larousse de 1970 appelle biche-de-mer, l'holothurie et bichlamar, le parler véhiculaire (voir appendice).

1.3.1.2. Ce(s) terme(s) désignerai(en)t le parler véhiculaire du Sud-Pacifique

L'extension du signifié des termes bêche-de-mer, bichelamar reste difficile à expliquer. Au 19e siècle, ces termes désignaient l'holothurie, aujourd'hui ils recouvriraient deux réalités différentes : l'holothurie et le pidgin que l'on peut certes associer facilement d'un point de vue historique.

Ce glissement sémantique n'a pu se faire que dans le Sud-Pacifique, là où l'holothurie et le pidgin existaient. En dépit de ce qu'affirment de nombreux auteurs anglo-saxons, les Français métropolitains n'ont jamais appelé les holothuries dont ils ignoraient jusqu'à l'existence "bêche-de-mer". Jules Verne, dans vingt mille lieues sous les mers, parle de concombres de mer et d'holothuries.

> Toute une flore vivante éponges, holothuries [sic], (...) des boroés, vulgairement connus sous le nom de concombres de mer (J. Verne, 1970, p.78, cité dans "Trésor de la langue française C.N.R.S, à l'entrée : concombres de mer)

Quant au terme "bichelamar" ou "bêche-de-mer" pour désigner la langue véhiculaire, ce n'est que très récemment qu'ils sont entrés dans le lexique français, au début du XXe siècle selon le dictionnaire Larousse étymologique. Le premier auteur français à avoir fait référence à ce parler serait H. Le Chatrier en 1885

> On parle généralement du patois commun français, anglais, canaque, appelé le bichelamar (H. Le Chatrier, 1885, p.63, cité par K.J. Hollyman, 1964, p.58)

Par la suite, de nombreux auteurs associèrent le terme bichelamar au parler véhiculaire en usage dans le Pacifique sud. Nous ne citerons que les plus anciens : le Dr. E. Douillé, 1898, p.11-12 (voir appendice). D'hôtel a repris le terme bêche de mer avec le sens de parler véhiculaire.

> Le latin, non plus que le turc, l'arabe et le patois bêche de mer, n'a de secret pour moi (cité dans Grand Larousse de la langue française, 1971, à l'entrée "bêche-de-mer ou bichlamar")

Nous pensons que la confusion qui s'est faite sur le sens ancien de ces termes et l'extension qui en a résulté se sont effectuées à la fin du 19e siècle en Nouvelle-Calédonie.

Juste avant la prise de possession par la France en 1853, la Nouvelle-Calédonie était fréquentée par les santaliers, baleiniers et autres trafiquants une langue vêhiculaire était alors en usage.

> Dans les années quarante et cinquante, la Nouvelle-Calédonie et les îles Loyauté furent visitées par des plongeurs de trochas, des "négriers" des pêcheurs d'holothuries, des baleiniers, des santaliers parlant tous l'anglais. Ces hommes utilisèrent une variété de pidgin anglais connu comme beach-la-mar. (K. Hollyman, 1963, p.214)

Le *Pidgin-English* appelé "beach-la-mar" par Hollyman existait donc en Nouvelle-Calédonie avant la prise de possession par la France. Le changement de statut politique ne devait pas entraîner de modifiation immédiate sur le plan linguistique, les colons français allaient utiliser, dans un premier temps, le "Pidgin English" pour leurs transactions avec les Mélanésiens.

> En dépit de l'arrivée précoce de missionnaires français loin au Nord puis à l'île des Pins dans le Sud, le bichelamar était suffisamment bien établi pour qu'il fût le fondement de la communication française avec les Mélanésiens pour un temps. Et le pidgin français qui graduellement le remplaça suivit le modèle du bichelamar et inclus des mots d'origine anglaise. (K. Hollyman, 1963, p.214)

Comme le précise Hollyman dans ce paragraphe et dans son article sur le pidgin français de Nouvelle-Calédonie (Hollyman, 1964), le parler à base lexicale anglaise a été relexifié en Nouvelle-Calédonie, au cours de la seconde moitié du 19e siècle. Au cours de ce procédé, base même de la théorie monogéniste, des mots pidgin d'origine anglaise sont entrés dans le lexique du français de Calédonie par l'intermédiaire du pidgin relexifié. Certains de ces termes font encore partie du lexique français de Nouvelle-Calédonie et ceci après la disparition de tout pidgin de ce territoire : "boy", "wharf", "paddock", "creek", "bush", "boulouk"(bovin), "nani"(chèvre), "kumala"(patate douce), "store" etc.

Nous pensons qu'au cours de cette phase de relexification qui a vu le "Pidgin English" se transformer en un pidgin à dominante lexicale française, les termes bêche-de-mer, bichelamar alors synonymes ont changé de sens et ont désigné deux réalités : l'holothurie et le pidgin jusqu'alors désignés par des termes distincts.

On remarquera que le terme "bichelamar" qualifiant le parler vêhiculaire est uniquement utilisé dans la zone d'influence française en Mélanésie : Nouvelle-Calédonie et Nouvelles-Hébrides. Ailleurs, dans le Pacifique, on parle de "Pidgin English", de "tradelanguage", de "neo-melanesian", de "neo-salomonic" etc.

Après avoir disparu de la Nouvelle-Calédonie, la *lingua franca* des baleiniers et des santaliers s'est maintenue en quelques points des Nouvelles-Hébrides, où elle a été submergée par le pidgin ramené des plantations australiennes du Queensland, de Fiji, des Samoa et d'ailleurs. L'appelation "bichelamar" Bislama(n) pour désigner le parler véhiculaire semble bien historiquement liée à la présence française dans cette partie du monde.

1.3.2. Autres étymons portugais dans le lexique bislama(n)

1.3.2.1 Les noms *pikinini* "enfant" et *kalabus* "prison"

Le nom Bislama(n) pikinini "enfant" est issu du terme portugais *pequenho, pequenha* [pekeɲo, pekeɲa]. Cet adjectif portugais est passé en anglais populaire sous la forme *piccaninny*. Chargé d'une nuance péjorative, il signifie alors "négrillon, négrillonne".

Un autre nom Bislama(n) est indiscutablement d'origine portugaise, il est issu du nom *calabuso* "cachot". Le nom portugais *calabuso* est prononcé [kalábus], la finale étant atone dans cette langue. C'est donc sous une forme à peine modifiée que ce terme est passé dans les différents pidgins, jusqu'à ce qu'il fasse partie intégrante du lexique du Bislama(n), avec le sens plus général de "prison".

1.3.2.2 La controverse autour de l'origine du verbe *save* "connaître, savoir"

. Ce terme très employé en Bislama(n) se rencontre dans de multiples énoncés ou expressions comme :

mi no save "je ne sais pas"
/moi/*nég.*/savoir/

em i-save finis "il sait déjà, il savait"
/il/*mod.pers.*-savoir/*accompli*/

yu yu-mek-em save "tu t'y connais, tu sais faire"
/tu/*mod.pers.*-faire-*trans.*/savoir/

Beaucoup de francophones croient y voir la seconde personne

du pluriel du verbe savoir : savez [save]. Certains anglophones, même des linguistes contemporains pensent que l'origine de ce verbe est *to savvy* "savoir, comprendre, piger". Ce terme aurait été préféré à *to know*, jugé trop abstrait et pouvant être confondu avec la négation *no*.

D'ailleurs, les orthographes variées données à ce terme par les auteurs anglo-saxons prouvent le manque de consensus quant à l'origine de ce verbe.

sabe	Sephan, Dr Emil, 1907
savez	Wawn, William T., 1893
savvee	Grimshaw Beatrice, 1907
etc.	

Ces quelques exemples sont tirés de l'ouvrage Beach-la-mar de William Churchill (W. Churchill, 1911, p.49).

En fait, nous pensons que l'origine de **save** se trouve dans le mot portugais *saber* "savoir". Ce concept est l'un des premiers nécessaires à tout contact avec l'étranger ; or il semble tout à fait improbable que les utilisateurs de sabirs au 17e et 18e siècles se soient passés d'un tel concept et qu'il ait fallu attendre l'arrivée des Anglais ou des Français pour qu'un tel emprunt soit fait à leurs langues.

Il convient de noter que le terme save existe dans de nombreux pidgins et créoles très éloignés de la zone indo-pacifique. Ceci peut s'expliquer par le fait que l'empire lusitanien s'étendait sur plusieurs continents et le terme save faisait partie des sabirs portugais alors en usage.

Le passage de l'occlusive /b/ à la spirante /v/ peut être expliqué par la spirantisation plus ou moins accentuée du phonème /b/ à l'intervocalique en portugais. Cette spirantisation est toujours très marquée en espagnol ou le verbe "saber" "savoir", connaître" est prononcé [saβer]. En espagnol, il n'existe plus deux phonèmes /v/ et /b/ distincts. Or, le commerce entre le Pacifique sud et la Chine, au cours du 19e siècle, s'est fait en traversant des territoires espagnols : les Philippines, les Mariannes, les Carolines. Les baleiniers faisaient relâche dans des ports espagnols des îles Hawaï, espagnoles jusqu'en 1898. Tous ces faits expliquent que la prononciation espagnole spirantisée ait pu se généraliser.

Par contre, rien ne permet d'expliquer le changement de voyelle qui aurait accompagné le passage du verbe anglais *savvy* à **save** en pidgin, les voyelles /e/ et /i/ sont partout attestées dans le Pacifique.

Comme nous l'avons précédemment indiqué en 1.2.1, il existe une façon commune de s'exprimer en "petit nègre" dans les langues latines. L'énoncé Bislama(n) **mi no save** "je ne sais pas" se dirait en portugais ainsi "simplifié" *me não saber* [me naõ$_n$ sabé$_r$], /moi/ *nég.*/savoir/ et en espagnol mi no saber [mi no saβer].

Les diphtongues nasales portugaises n'ayant que peu d'équivalents dans le monde, c'est la prononciation proche de l'espagnol qui a été retenue, si ce n'est la forme espagnole elle même, relexifiée aux Philippines, cette relexification ayant été mise en évidence par K. Whinnom (1956).

La vibrante /r/ du mot "saber" a été apocopée, comme l'est maintes fois son homologue située à la fin du mot "bichelama(r)", souvent prononcé [Bislama] par les Mélanésiens des Nouvelles-Hébrides ou tranformé par ces derniers en [Bislama(n)].

Conclusion. La théorie de K. Whinnom selon laquelle les pidgins et créoles contemporains seraient la résultante d'une relexification des parlers véhiculaires plus anciens à base lexicale portugaise semble exacte, au moins pour l'aire indo-pacifique, puisque vérifiable sur le terrain.

Ces seuls quatre étymons portugais peuvent sembler des arguments fragiles. Ils ne le sont pas tant, lorsque l'on sait que le parler véhiculaire en usage dans le Pacifique sud ne comptait que quelques centaines de mots et que sur les dizaines de milliers d'entrées que compte le vocabulaire espagnol, Menéndez Pidal, qui en est un spécialiste bien connu, n'a pu citer que quatre termes issus d'anciens dialectes ibères (paramo "lande", vega "plaine", izquierda "gauche", guijarro "caillou").

De toute façon, l'ancien parler véhiculaire portugais ne servait que pour les contacts commerciaux entre les comptoirs, il ne pouvait donc qu'avoir un vocabulaire réduit, limité à la navigation, aux échanges rapides. S'il y a eu relexification, ce à quoi nous croyons, celle-ci n'a pu porter que sur quelques termes.

L'ancêtre portugais a bien existé, mais la filiation est si lointaine que les traces sont devenues très rares et partiellement cachées par des modifications phonétiques ou sémantiques.

PREMIERE PARTIE

ETUDE SOCIOLINGUISTIQUE DU BISLAMA(N)

2. L'ORIGINE DU BISLAMA(N)

2.1. LE SABIR OCÉANIEN DU DÉBUT DU 19e SIECLE

Contrairement, à ce qu'affirmait R. Hall Jr. (voir 1.1.1.2), nous ne pensons pas qu'un pidgin puisse naître et se mettre en place en quelques heures.

Dans les circonstances sociolinguistiques décrites par R. Hall Jr., seul un sabir peut apparaître. Ce linguiste, comme beaucoup de ses collègues anglo-saxons, donne au terme "pidgin" un champ sémantique plus large que celui que possède ce terme en français. Nous pensons qu'au cours de l'approche que nous faisons du Bislama(n), il convient de bien distinguer "sabir" ou "*lingua franca*" d'une part et pidgin, ces deux formes de parlers véhiculaires étant parlées dans des contextes sociaux différents.

Nous reprendrons la définition suivante, elle nous paraît particulièrement pertinente pour l'aire géographique que nous étudions.

> En sociolinguistique, on tend à distinguer plus précisément les pidgins des sabirs, en cela que les pidgins sont moins spécialisés dans leurs emplois que les sabirs, et qu'ils résultent d'un effort d'imitation du modèle prestigieux (J. Roggero, G. Mounin Ed., 1974, p.263).

Cette définition des sabirs convient parfaitement au parler véhiculaire employé dans l'ensemble du Pacifique au cours de la première moitié du 19e siècle, ce sabir fut utilisé et propagé tout d'abord par les baleiniers et les santaliers.

2.1.1. Le sabir des baleiniers et des santaliers

Selon Douglas L. Oliver (1961, p.97), les activités des baleiniers et des santaliers auraient duré approximativement de 1780 à 1850, date à laquelle toute trace exploitable de bois de santal aurait disparu.

2.1.1.1 Les baleiniers et la *lingua franca* du début du 19e siècle

La chasse à la baleine, d'abord activité exclusivement anglaise, commença à la fin du 18e siècle. Au cours des guerres napoléoniennes, les baleiniers américains devinrent les plus nombreux et les plus actifs. Ils exerçaient essentiellement leurs activités en Polynésie et dans la partie orientale du Pacifique. Il est certain qu'ils utilisaient une *lingua franca* pour communiquer avec les autochtones des archipels visités et surtout avec ceux faisant partie de l'équipage. Progressivement, les baleiniers anglais revinrent, des Français entrèrent en action puis plus tard des Allemands. La chasse à la baleine couvrit alors tout le Pacifique ; des noms et expressions polynésiennes entrés dans le parler des premiers baleiniers devinrent courants en Mélanésie : tata "au revoir", kakae "manger" etc.

Les baleiniers traitaient leurs prises dans des stations où ils faisaient, entre autres, fondre les graisses. Ces travaux requéraient une importante main-d'oeuvre autochtone. Il y a fort à penser que dans ces stations la *lingua franca* appelée parfois "whalers' speech" était en usage. Quel que soit le nombre d'autochtones employés, l'influence de ce parler véhiculaire était géographiquement très limitée. Aux Nouvelles-Hébrides, une seule station de baleiniers existait, au sud de l'archipel, sur l'île Aneityum.

Ce parler véhiculaire limité à quelques stations dans chaque archipel ne pouvait posséder qu'un vocabulaire indispensable à des contacts réduits et éphémères avec les populations. Il devait être plus précis en ce qui concerne le monde de la navigation, nous lui devons certainement des mots Bislama(n) comme : **lanis** "bateau" (les matelots autochtones venant à terre sur des chaloupes, *laouch* en anglais d'où est issu **lanis**), ou des termes comme : **kapsaet** "se retourner", **drif** "dériver", **hivim-ap** "entasser" etc.

Sur ces bateaux, des hommes de toutes nationalités se côtoyaient - des descendants de baleiniers norvégiens vivent encore dans le Pacifique. Même si la majorité de ces chasseurs de baleines était d'origine anglo-saxonne, l'anglais n'était pas pour autant une langue de prestige car il ne s'y trouvait associé à aucun modèle social.

La *lingua franca* de ces baleiniers au vocabulaire limité et spécialisé aux choses de la mer, coupée de tout modèle de langue prestigieux était, selon la définition que nous avons avancée, un sabir.

2.1.1.2 Le commerce du bois de santal et la *lingua franca* océanienne

Alors que la chasse à la baleine fut longtemps centrée sur la Polynésie, la recherche du santal et des holothuries allait se faire principalement dans le Pacifique sud-ouest. De plus, les marchés pour ces nouveaux produits ne se situaient plus aux Etats-Unis et en Europe mais en Chine. Ce commerce allait donc se faire selon un axe nord-sud, les bateaux touchant toute la Mélanésie, traversant les Philippines, les Mariannes et les Carolines, tous archipels encore espagnols.

Sur le plan linguistique, ce commerce a amené en contact le sabir du Sud-Pacifique avec la *lingua franca* existant en mer de Chine. De plus, les marins relâchant aux Philippines, ont sans nul doute communiqué avec les populations philippines parlant des créoles espagnols (voir 1.3.2.2). C'est à ce moment là que les termes d'origine portugaise **Bislama(n), save, pikinini, kalabus** (voir 1.3.1) ont été empruntés à la *lingua franca* anglo-chinoise et ont été introduits dans le sabir du Sud-Pacifique.

Comme l'a fort bien indiqué D. Shineberg (1967), l'exploitation du santal n'a touché que partiellement l'archipel néo-hébridais. Sur chacune des trois grandes îles du sud de l'archipel, Erromango, Tanna et Aneityum se trouvaient des centres d'exploitation, il en existait également un autre au sud-est de l'île Espiritu Santo.

L'abattage des arbres, leur transport à la côte, leur chargement sur les navires nécessitaient une main-d'oeuvre autochtone nombreuse, D. Shineberg (1967, p.191) parle de centaines d'autochtones qui quittaient leurs villages pour aller abattre le santal près des stations. Dans ces stations où cohabitaient des Européens d'origines diverses, des autochtones non moins mélangés, le seul moyen de se comprendre était l'emploi du sabir utilisé d'abord par les baleiniers.

Tout comme les stations des baleiniers, celles des santaliers étaient géographiquement isolées, aux Nouvelles-Hébrides elles étaient cantonnées surtout au sud de l'archipel. Cet isolement rend peu probable une quelconque extension de l'usage du sabir à partir de ces stations.

La recherche du santal s'accompagnait d'une intense activité de troc avec les populations locales avides de produits d'origine européenne. Les rapports entre santaliers et autochtones ne se sont pas limités aux stations d'exploitation du santal ; mais ce commerce ne semble encore avoir touché que quelques points d'ancrage ou de mouillage sûrs, dans tous les écrits de l'époque les mêmes noms reviennent : Aneityum, Port-Vila, Port-Havannah, Port-Sandwich aux Nouvelles-Hébrides. Seuls ces quelques points de rencontre devaient être des lieux où le sabir était quotidiennement utilisé. Ces centres commerciaux étaient tout aussi isolés que les stations déjà citées. Avec la fin des baleiniers et la disparition des derniers santaliers, beaucoup de ces centres commerciaux ont périclité, Aneityum, Port-Havannah et dans une moindre mesure Port-Sandwich n'ont plus joué aucun rôle commercial et d'échange, les causes de la généralisation du sabir doivent être cherchées ailleurs.

2.1.2. Les pêcheurs d'holothuries, les *beach-combers* et le sabir

L'essor du commerce entre la Chine et le Sud-Pacifique dépendait de l'abondance du santal dans les îles, mais il reposait également sur la présence d'holothuries sur les récifs océaniens.

L'holothurie (*holothuria edulis*), condiment très recherché par les Chinois était ramassée sur tous les récifs, traitée, séchée et vendue dans les ports chinois. Les conditions de cette exploitation et de ce commerce assuré la plupart du temps par les santaliers étaient identiques à celles décrites pour le santal, elles n'eurent donc pas de plus amples influences sur le plan linguistique.

Certains auteurs ont avancé l'idée que les *beach-combers*, batteurs de grève s'étant enfuis des bateaux, lassés par la discipline à bord ou cherchant à échapper à la justice, auraient joué un rôle dans la propagation de la langue véhiculaire. Nous ne pensons pas que ces pauvres hères aient pu avoir une influence quelconque sur la situation linguistique. Certes, ils vivaient en contact étroit avec les populations mais ils restaient isolés, étrangers à la société traditionnelle. Pour que le parler d'un individu puisse agir sur la langue de la communauté linguistique étrangère dans laquelle il vit, il faut qu'il jouisse d'un prestige certain. Tel n'était pas le cas des "beach-combers" qui vivaient dans des conditions de vie souvent plus inconfortables que celles des autochtones, ils ne pouvaient s'attirer que du mépris de la part de ces derniers.

Baleiniers, santaliers, pêcheurs d'holothuries, "beach-combers" enfin avaient essaimé dans tous les archipels, avaient prospecté toutes les îles du Pacifique. Lorsque les baleines, le santal et les holothuries furent épuisés autour de 1860, tous ces aventuriers des mers du sud avaient laissé en certains points, près de leurs anciennes stations, un parler véhiculaire, un sabir étranger aux communautés autochtones. Ce sabir s'étendait sur presque tout le Pacifique sud.

> Dans les îles des mers du sud au nord et au nord-est de l'Australie, des marins, des commerçants, des baleiniers et des recruteurs de main-d'oeuvre ("blackbirders") parlant anglais poursuivaient leurs activités et enseignèrent un anglais pidginisé aux autochtones des Nouvelles-Hébrides jusqu'aux Carolines. Ce pidgin des mers du Sud vint à être connu comme le Beach-la-mar, du nom d'une espèce d'holothurie, la *bêche-de-mer*, qui était l'objet d'un commerce intensif...(R.A. Hall Jr., 1966, p.10).

Comme il est précisé dans ce passage, le sabir était en usage des Nouvelles-Hébrides aux Carolines. En Nouvelle-Calédonie et en Nouvelle-Zélande où beaucoup de baleiniers faisaient relâche, il était également connu, tout comme en Polynésie. C'est donc l'ensemble du Pacifique sud qui entrait dans l'aire d'utilisation de ce sabir.

Comme tous les sabirs, lorsque les conditions socio-économiques qui avaient entraîné son apparition ont disparu, son usage se raréfia et il disparut, sauf en Mélanésie où de nouvelles données socio-économiques rendaient indispensable l'usage d'une langue véhiculaire. Avec l'ère des grandes plantations au Queensland, à Fiji, aux Samoa et le transfert important de main-d'oeuvre autochtone qui allait en découler, le sabir fut appelé à répondre à d'autres besoins, il s'enrichit, se localisa et comme nous allons le voir devint un pidgin.

2.2. L'APPARITION DU PIDGIN BISLAMA(N) SUR LES PLANTATIONS AUSTRALIENNES

Au milieu du 19e siècle, des événements historiques et démographiques affectèrent en même temps l'Amérique du nord et l'Europe. Sans lien apparent entre eux, ils eurent cependant des conséquences identiques pour tout le Sud-Pacifique. Ces bouleversements amenèrent en effet les pays ayant déjà des activités économiques dans le Pacifique à élaborer de vastes programmes de mise en valeur de cette région.

Avec l'augmentation rapide de la population en Europe et la prospérité de l'Angleterre victorienne et du second Empire français, apparurent de nouveaux besoins alimentaires. Le sucre, le café, le chocolat devinrent des produits très prisés que l'Europe ne pouvait produire.

La Guerre de Sécession américaine ruina pour au moins une décennie la production et la commercialisation du coton. Les puissances européennes allaient tenter de développer dans le Pacifique toutes ces productions agricoles tropicales.

Des compagnies commerciales anglaises, françaises, allemandes allaient chercher à acquérir de vastes étendues de terre afin d'y créer des plantations de coton, de cannes à sucre, de cocotiers etc. Ainsi commençait l'ère des grandes plantations.

Plus qu'aucun autre territoire, le nord-est de l'Australie, en particulier l'Etat du Queensland allait profiter de ces nouveaux débouchés, de vastes plantations de cannes à sucre allaient y prospérer durant plus d'un demi-siècle.

Ce nouvel ordre économique ne pouvait qu'entraîner de profonds changements dans les habitudes de vie des populations locales.

Dans les îles ou régions à population nombreuse, les autochtones travaillèrent sur les plantations créées sur place, ce fut le cas sur les plantations allemandes des îles Samoa. Souvent la population autochtone étant rare ou peu disposée à assurer ces durs travaux, il fallut faire appel à de la main-d'oeuvre importée.

Durant toute la seconde moité du 19e siècle, un flux migratoire continu vida les îles d'une large partie de leur population masculine au profit des plantations du Queensland et de Fiji.

2.2.1. Les *blackbirders* et la naissance du pidgin bislama(n)

L'emploi de main-d'oeuvre autochtone dans le Pacifique sud est antérieur au monde des plantations. Baleiniers, santaliers faisaient appel aux populations locales pour assurer le travail sur leurs stations (voir 2.1.1). L'exploitation du guano nécessita une main-d'oeuvre plus mobile, les autochtones étant placés sur des îlots parfois fort éloignés de chez eux. Mais l'exploitation de ce fertilisant ne toucha qu'une faible part des populations micronésiennes et polynésiennes. Il semblerait que la main-d'oeuvre mélanésienne n'ait été appelée que plus tardivement à des tâches impliquant des déplacements lointains. Le premier bateau ayant acheminé des travailleurs originaires des îles Loyauté et des Nouvelles-Hébrides vers l'Australie aurait assuré cette traversée en 1847.

A partir de 1860, un trafic intense de main-d'oeuvre mélanésienne allait s'instaurer. Avec la disparition progressive du bois de santal et des holothuries s'annonçait la ruine inéluctable du commerce avec la Chine (voir 2.1.1). La plupart de ces navigateurs déjà accoutumés à naviguer dans les mers du Sud, habitués à "traiter" avec les populations locales se tournèrent vers un nouveau trafic, celui des hommes.

2.2.1.1 Le trafic de main-d'oeuvre (le *blackbirding*)

De l'extension rapide des plantations au Queensland, à Fiji et dans quelques autres territoires comme la Nouvelle-Guinée alors allemande découla un besoin urgent de main-d'oeuvre qui ne pouvait être trouvée sur place.

Jusqu'alors, seules les populations polynésiennes avaient fourni les contingents de travailleurs transplantés sur les dépots de guano. La Mélanésie, plus proche de l'Australie et plus peuplée que les archipels polynésiens allait maintenant fournir l'essentiel de la main-d'oeuvre requise sur les plantations. Tout naturellement, ce furent des autochtones ayant déjà eu des contacts anciens avec les Européens qui partirent les premiers. Aux Nouvelles-Hébrides, les stations des baleiniers et des santaliers étant principalement installées au sud de l'archipel, ce furent les populations les plus méridionales qui s'embarquèrent au cours des premières années (R.D. Bedford, p.21). Très vite, le recrutement de main-d'oeuvre gagna des régions jusqu'alors peu fréquentées par les Européens, comme les îles nord des Nouvelles-Hébrides. Il s'ensuivit de nombreux malentendus qui devaient dégénérer et le recrutement s'apparenta alors souvent plus au "kidnapping" qu'à un enrôlement volontaire. Nombreux sont encore les vieux Néo-Hébridais qui peuvent montrer la plage où leur grand-père avait été enlevé ou d'où il est parti en pirogue pour ne revenir que quelques années plus tard ou pour ne plus jamais être revu des siens.

Peu à peu, il semble que le recrutement de force et les actes de piraterie aient été remplacés par des engagements volontaires, le nombre impressionnant d'autochtones ayant quitté leurs îles au cours des trente dernières années du 19e siècle ne peut s'expliquer que par l'aspiration personnelle des Mélanésiens au départ. Dans une étude sociolinguistique comme la nôtre, il serait hors de propos d'étudier en détail les raisons pour lesquelles les Néo-Hébridais ont été amenés à quitter leurs îles. Nous avons cependant placé en appendice les raisons avancées par R.D. Bedford et l'origine des personnes déplacées fournies par ce même auteur.

Le recrutement de main-d'oeuvre toucha tout le Pacifique sud-ouest. Les Nouvelles-Hébrides n'étant placées jusqu'en 1906 sous la domination et par là sous la "protection" d'aucune puissance européenne présentèrent, plus longtemps qu'aucun autre territoire, un vide juridique où ne pouvaient que se complaire des aventuriers de toutes origines. Ce dernier prolongement de la traite ne prit vraiment fin aux Nouvelles-Hébrides qu'avec la venue du 20e siècle et l'interdiction, en 1902, d'employer de la main-d'oeuvre importée dans l'Etat australien du Queensland. Ce n'est qu'en 1910 que la traite disparut entre les îles Fiji et les autres archipels mélanésiens.

2.2.1.2 Les conséquences linguistiques du *blackbirding*, de la traite

Il est probable que le sabir des baleiniers et des santaliers a d'abord servi de parler véhiculaire sur les bateaux recruteurs. Beaucoup de marins recruteurs de main-d'oeuvre avaient déjà servi sur les bateaux qui sillonnaient les mers du Sud à la recherche de santal et d'holothuries. Ils ne pouvaient ignorer le sabir qui était en usage depuis le début du 19e siècle, les autochtones membres des équipages pratiquaient également ce sabir. Au tout début, la traite ne toucha que des autochtones ayant travaillé ou commercé avec les Européens, ces contacts et ces échanges n'étaient possibles que grâce à l'emploi du parler véhiculaire. Nous pensons donc qu'au début, le recrutement de main-d'oeuvre autochtone n'a pas posé de problèmes linguistiques nouveaux, cette activité touchant en majorité des gens impliqués dans les transactions commerciales déjà existantes.

L'extension de la traite à des territoires jusqu'alors épargnés par les premiers trafiquants fit connaître le sabir à des populations qui en ignoraient l'existence.

Sur les bateaux recruteurs étaient mis en présence des Mélanésiens d'origines diverses. Tous parlaient des langues apparentées certes, mais cependant trop éloignées les unes des autres pour que toute intercompréhension fût possible.

Le sabir employé par les recruteurs fut réutilisé parce qu'il était devenu une impérieuse nécessité. Tout sabir ne se perpétue et ne se développe en tant que tel, qu'aussi longtemps que son usage est utile et rendu indispensable par la conjonction de facteurs sociolinguistiques comme le plurilinguisme, l'entrée en contact de gens appartenant à des cultures très différentes etc.

Dans les territoires polynésiens et micronésiens peu ou pas touchés massivement par les "blackbirders", le sabir connu autrefois, disparut avec les derniers baleiniers et santaliers. Les territoires océaniens dans lesquels un parler véhiculaire reste en usage sont ceux qui précisément ont connu une grande activité des "blackbirders" : Nouvelles-Hébrides, Salomon, Nouvelle-Guinée. Les pidgins actuels apparaissent donc directement liés à la traite et au travail sur les plantations ; ce sont ces activités qui ont permis à l'ancien sabir de survivre et de s'enrichir.

Au cours de ces tournées de recrutement qui duraient généralement plusieurs mois, les recrutés se voyaient obligés d'acquérir un vocabulaire nécessaire à leur survie, la langue-cible n'était autre que l'ancien sabir. C'était donc avec des bribes de langue véhiculaire, armés d'un sabir extrêmement pauvre que ces Mélanésiens arrivaient sur les plantations où rapidement un pidgin devait se développer.

2.2.2. Naissance d'un pidgin sur les plantations australiennes et fidgiennes

Si la traite touchait principalement l'Australie et Fiji territoires d'influence britannique, elle était également intense en Nouvelle-Guinée et aux Samoa allemandes ou en Nouvelle-Calédonie française où des Néo-Hébridais étaient employés dans les mines. Ayant dominé très largement toutes les activités économiques pendant la première moitié du 19e siècle, les marins et trafiquants anglo-saxons avaient imposé un sabir à base lexicale anglaise. Les activités des "blackbirders", comme ce nom l'indique, et la traite étaient tournées principalement vers les territoires d'influence britannique, le pidgin qui allait faire suite au sabir des mers du Sud allait également être à dominante anglaise.

2.2.2.1 Les parlers véhiculaires en place

Arrivés à Fiji ou en Nouvelle-Calédonie, les travailleurs mélanésiens avaient quelques chances de trouver des locuteurs de l'ancien sabir océanien, ceci au moins près des anciennes stations de baleiniers ou près des mouillages. Au Queensland, tout permet de penser qu'un sabir était déjà en usage entre les Européens et les Aborigènes mais il est difficile de savoir s'il a joué un rôle important dans la formation du pidgin des plantations.

Certains créoles à base lexicale anglaise comme le créole

Bamyili du "Northern Territory of Australia" présentent de nombreux traits communs avec les pidgins du Sud-Pacifique : marque de transivité affixée au verbe, le duratif exprimé par "bin", reduplication des racines nominales ou verbales etc. (M.S. Steffensen, p.603-610). Toutes ces correspondances sembleraient provenir d'un ancêtre commun qu'il est difficile de situer dans le temps. En effet, rien ne nous permet d'affirmer que les créoles anglais parlés en Australie sont issus uniquement du sabir né des premiers contacts entre Européens et Aborigènes. Ces créoles anglais parlés en Australie peuvent être l'ancien pidgin des plantations créolisé après être devenu la langue maternelle des Aborigènes. Le sabir océanien et celui parlé en Australie ont pu s'influencer réciproquement et de leur fusion serait né le pidgin. En l'absence de données plus précises, il ne nous est pas possible de trancher entre ces différentes possibilités ; même en l'absence de tout sabir préexistant, les conditions nécessaires à l'apparition d'un pidgin étaient réunies sur les plantations.

Tout pidgin ou créole est un épiphénomène issu de l'influence et de la superposition successive de plusieurs sabirs. Nous pensons que s'il y a eu apport du sabir Européens-Aborigènes dans la formation du pidgin des plantations, cette influence n'a pu être que limitée du fait du nombre restreint d'Aborigènes impliqués. Plus sûrement, cette influence a dû s'opérer par l'intermédiaire des maîtres qui, habitués à parler un sabir avec les Aborigènes, ont continué à l'utiliser avec les "coloured" qu'étaient les Mélanésiens. Ce sabir "australien" utilisé pour des échanges épisodiques ne pouvait qu'être pauvre d'où son influence réduite dans la formation du pidgin en voie de constitution sur les plantations nouvelles.

2.2.2.2 Les conditions sociolinguistiques propices à l'apparition du pidgin

Dans un premier temps, les Mélanésiens recrutés parlaient des langues différentes mais connaissaient en majorité le sabir océanien (voir 2.2.1.2), ce fut donc ce parler véhiculaire qu'ils utilisèrent entre eux.

Placés sur des plantations situées en terre étrangère (principalement en Australie), les travailleurs mélanésiens ne reconnaissaient ni la flore, ni la faune auxquelles ils étaient habitués. Le vocabulaire de leurs langues maternelles se trouvait inadapté à ce monde nouveau et celui du sabir était bien trop réduit pour répondre aux besoins de cette vie nouvelle. La vie sur les plantations, les échanges avec les autres travailleurs et avec les maîtres ne pouvaient se faire que par l'intermédiaire d'une langue véhiculaire enrichie au contact de la langue des maîtres et adaptée aux conditions nouvelles.

Même si une communauté avait été numériquement suffisamment représentée pour que sa langue ait des chances de devenir une *lingua franca* commune, elle ne pouvait s'imposer parce qu'inadaptée au milieu. Là, où les autochtones sont restés sur leurs terres, un pidgin mélanésien a pu s'implanter, tel que le hiri motu en Nouvelle-Guinée.

Si les premiers autochtones recrutés ont pu communiquer entre eux en sabir océanien, ceux qui arrivèrent ensuite, originaires de régions de plus en plus isolées, ne connaissaient du sabir que ce qu'ils avaient pu apprendre sur le bateau. Chaque nouvel "arrivage" apportait un vocabulaire sabir greffé sur un substrat de langues autochtones sans cesse renouvelé.

Chaque apport nouveau allait modeler le parler véhiculaire en fonction des affinités communes à toutes les langues vernaculaires présentes. Dans ces milieux plurilingues aux composantes extrêmement changeantes, l'ancien sabir appris et répété plus ou moins correctement ne pouvait que subir des distorsions profondes. La seule langue stable était celle parlée par les maîtres, devenue une nécessité, chargée de prestige cette langue allait être copiée.

Sur les plantations, les Européens restaient peu nombreux, leurs rapports avec les Mélanésiens étaient trop épisodiques pour que l'anglais, sous sa forme officielle, ait eu quelques chances de s'imposer. Dans un tel contexte, les Mélanésiens ont répété les mots anglais tels qu'ils les percevaient, avec une oreille mélanésienne habituée à un système phonologique différent. De plus, il fallait que la prononciation du mot repris fut compréhensible et prononçable par les autres Mélanésiens ; donc seuls les sons familiers à tous les Mélanésiens présents pouvaient être retenus.

Placés dans un monde étranger au leur, n'ayant que peu de points communs avec les Européens, ces déracinés ne pouvaient comprendre et à plus forte raison retenir que peu d'idées émises par leurs maîtres. Seuls les termes anglais ayant un équivalent dans les langues autochtones pouvaient être compris, donc réemployés. L'ensemble de ces facteurs contraignants est sans nul doute à l'origine de la pauvreté du pidgin quant au vocabulaire. Plus des sociétés sont différentes, moins elles ont d'expériences en commun, plus le sabir ou le pidgin résultant de leur contact est pauvre sur le plan lexical et conceptuel.

Dans le Pacifique, les pidgins à base lexicale européenne sont toujours des parlers de transplantés. Cette transplantation est un facteur essentiel, trop souvent négligé dans les différentes analyses traitant de la naissance des pidgins.

2.2.2.3 La stabilisation de la langue véhiculaire : le pidgin

Le passage du sabir au stade plus élaboré du pidgin s'est opéré sous la conjonction de deux facteurs principaux : le déracinement et la sédentarisation ou durée de l'exil.

Tant que les Mélanésiens vivaient dans leurs îles, l'usage du sabir océanien était limité aux points de mouillage des bateaux, l'emploi du parler véhiculaire n'était qu'épisodique et le fait de quelques individus faisant des échanges avec l'extérieur. Au contraire, sur les plantations, l'usage du parler véhiculaire devenait quotidien et devait répondre aux exigences générales de la vie. Pour tout être isolé, il était le seul moyen de communication, il avait alors le statut de langue unique ayant prépondérance même sur la langue maternelle de chaque individu. Sans le rapatriement massif des travailleurs autochtones, à la fin du 19e siècle, le parler véhiculaire des plantations se serait créolisé ; là, où des couples travaillaient, il serait devenu la langue maternelle des enfants et la nouvelle génération eût parlé un créole.

Au cours de la première moitié du 19e siècle, le parler véhiculaire se caractérisait par l'immensité de son aire d'utilisation. Ce parler n'était l'apanage d'aucune communauté, d'aucun archipel. Il n'était lié à aucun type de société.

Placés sur des plantations étrangères, où ils restaient au moins trois années, les travailleurs autochtones ne pouvaient qu'enrichir le parler véhiculaire. Ancien parler sans frontière, celui-ci était devenu la langue de communication du monde exigu des plantations, monde dans lequel cohabitaient Européens et Autochtones. Autrefois, idiome indépendant de toute nationalité (les Français et les Allemands l'utilisaient dans leurs aires d'influence), le parler véhiculaire se trouvait associé principalement aux territoires de colonisation britannique.

C'est la sédentarisation et , par voie de conséquence, la durée des séjours sur les plantations qui ont permis au parler véhiculaire d'assimiler tous les apports linguistiques des nouveaux arrivants et qui ont amené la création de structures syntaxiques.

Ne pouvant accéder qu'à un stade très superficiel de connaissance de la langue de leurs maîtres, les travailleurs autochtones et plus particulièrement ceux originaires des Nouvelles-Hébrides ne pouvaient guère être influencés par la syntaxe de l'anglais. Ils ont remplacé, dans les phrases qu'ils formulaient chez eux, les termes mélanésiens par des mots anglais ou supposés tels. Seules les structures syntaxiques communes à l'ensemble des langues des locuteurs pouvaient être retenues puisqu'étant les seules à être comprises. Parfois, la relexification des phrases mélanésiennes n'était pas possible, l'anglais ne possédant pas d'équivalent au concept désiré, c'est un composé ou un dérivé qui s'est imposé, parfois même un terme mélanésien.

Par emprunt à l'anglais, par génération interne, la langue véhiculaire s'enrichit et se stabilisa, instrument répondant à tous les besoins de la vie, ce parler était devenu un pidgin.

2.3. LE BISLAMA(N), PIDGIN DES NOUVELLES-HÉBRIDES

Le recrutement a duré une quarantaine d'années de 1863 à 1902 pour le Queensland et jusqu'en 1910 pour Fiji. Le pidgin avait eu le temps de se stabiliser. Les derniers arrivants se trouvèrent en présence d'une langue véhiculaire au vocabulaire fixé et limité, à la syntaxe bien définie. L'île d'origine et la langue maternelle des derniers recrutés ne pouvaient avoir que peu d'influence sur le pidgin, qui s'imposait à eux comme une langue étrangère qu'il convenait d'apprendre dans ce contexte nouveau. Bien que beaucoup de ces derniers recrutés aient pu entendre du pidgin de la bouche même des rapatriés, ils ne devaient en avoir qu'une connaissance superficielle lorsqu'ils débarquaient à Fiji ou en Australie. Ce parler ne pouvait être considéré que comme étranger, il était parlé loin de la terre des ancêtres et utilisé par des maîtres européens pour s'adresser à leurs "boys".

Les pidgins du Sud-Pacifique furent d'abord des idiomes "exogènes" pour reprendre la terminologie de R. Chaudenson (1974, p.391), c'est-à-dire qu'ils sont apparus hors des aires linguistiques des langues vernaculaires des locuteurs. Après avoir été exogènes, les pidgins du Pacifique ramenés dans les îles sont devenus "endogènes". Ces parlers véhiculaires nés loin des îles d'origine des recrutés ont été plaqués au retour sur des substrats mélanésiens divers, ils allaient être sérieusement influencés par ce nouveau milieu linguistique.

La traite avait profondément perturbé la vie des autochtones dans tous les domaines, elle allait avoir sur le plan linguistique des conséquences durables.

2.3.1. Les conséquences du recrutement dans l'archipel néo-hébridais

Durant les quarante années environ que dura la traite 40.000 Néo-Hébridais travaillèrent en Australie pendant au moins trois ans.

En 1914, 30.000 personnes avaient été rapatriées dans l'archipel. Pendant cette même période 10.000 autres avaient travaillé sur les plantations fijiennes et samoanes ou dans les mines calédoniennes.

Ces chiffres sont ceux donnés par Mc Arthur and Yaxley (1968, p.16), ils sont confirmés par d'autres auteurs comme R.D. Bedford (1973, p.22-23), ils peuvent donc être retenus comme vraisemblables.

Bien que l'on ne possède aucune évaluation sérieuse de la population néo-hébridaise avant 1910, date à laquelle l'archipel aurait compté 64.555 habitants, on peut penser qu'avant les épidémies de variole, de grippe etc. qui décimèrent la population de certaines îles, l'archipel était beaucoup plus peuplé. Il devait compter entre 100.000 et 150.000 habitants.

Les départs et les retours ne s'étant pas faits de façon régulière et n'ayant pas touché dans la même proportion toutes les îles, il est difficile de déterminer l'influence que ce mouvement migratoire a eu sur l'organisation sociale et sur l'équilibre linguistique de l'archipel dans son ensemble.

Les premières îles pourvoyeuses de main-d'oeuvre furent celles du sud de l'archipel (voir carte en appendice), à l'exception de Tanna, leur faible superficie et leur population modeste font qu'une large part de la population a dû être touchée par la traite. Il en va tout autrement pour les grandes îles du nord, les cas de "kidnapping" n'y sont attestés que pour les îlots côtiers. Dans les grandes îles, les autochtones ne pouvaient être pris de force.

En moyenne, chaque année, 1.200 autochtones quittèrent l'archipel, la plupart étant originaires des îles du Sud et d'Efate, ce n'est donc qu'un nombre très réduit d'autochtones des îles du Nord qui partait. Lorsque l'on sait que l'île de Malakula comptait encore 12.000 habitants en 1914, on voit que l'impact de la traite sur cette île n'a pu être que localisé et réduit.

A leur retour, les recrutés incapables de se réinsérer dans les anciennes sociétés mirent en cause l'ordre social en place. Souvent, ils se firent les propagandistes des idées nouvelles apportées par les missionnaires. Dans les îles qui avaient le plus souffert de la traite : Erromango, Epi, Efate, les anciennes sociétés mélanésiennes ne résistèrent pas à la vague de retour qui s'amplifia à la fin du 19e siècle. Paradoxalement, la traite combattue par les missionnaires allait indirectement favoriser l'action de ces derniers. Les îles comme Espiritu Santo, Malakula, Ambrym, le sud de Pentecôte peu touchées par le recrutement conservèrent leurs structures sociales anciennes et restèrent longtemps réticentes à l'égard de l'action missionnaire. Dans le nord de l'archipel, les autochtones recrutés étaient surtout ceux vivant sur les îlots et près des mouillages, l'influence de la traite y fut donc géographiquement circonscrite.

2.3.2. L'isolement et le figement du pidgin

Ayant vécu pendant des années avec des Mélanésiens d'origines diverses, chacun avait perdu une large part des préventions et préjugés que lui et les siens nourrissaient à l'égard des "étrangers". Un certain nombre de Mélanésiens rapatriés le furent loin de leurs villages d'origine. D'autres, de leur plein gré, demandèrent à s'installer dans des villages côtiers. Ainsi trouve-t-on aujourd'hui à Aulua sur la côte est de Malakula des descendants de natifs recrutés dans un village de montagne au-dessus de Bamboo-bay sur la côte ouest. Ces autochtones isolés au milieu de leurs hôtes ont appris la langue de ces derniers, leur connaissance du pidgin ne pouvait leur servir que pour communiquer avec les Européens ou avec d'autres rapatriés de passage.

Dans les îles du nord de l'archipel, la traite n'avait concerné que quelques points connus aujourd'hui, localisés sur les grandes îles. A Malakula, les bateaux recruteurs touchèrent les mouillages traditionnels : Port-Sandwich, South-west-bay, Crab-bay, Bamboo-bay ou les îlots côtiers d'où les autochtones ne pouvaient fuir sans être repérés. Les îlots du nord-est de l'île, Walla, Atchin, Vao payèrent un lourd tribut aux "blackbirders". Au sud de l'île, l'îlot Axamb fournit des hommes pour le Queensland, les îles Maskelynes également. Le bateau négrier "M.S. save wok" /savoir/travailler/ hanta tellement l'esprit des populations de l'îlot Tomman que les anciens en parlent encore.

Lorsqu'ils rejoignirent leurs villages d'origine, les anciens recrutés se trouvèrent noyés dans leur ancien milieu et refirent usage de leur langue maternelle. Par manque de pratique, le pidgin qu'ils avaient appris est devenu une langue seconde, utilisée rarement. Ce pidgin bien que génétiquement apparenté aux langues autochtones restait étranger car il n'avait emprunté que très peu à chacune d'elles. Il s'était constitué entre autres au contact de langues des Salomon , de Nouvelle Guinée, de Fiji, les apports de ces dernières langues n'avaient souvent pas d'équivalents dans les langues vernaculaires de chaque locuteur néo-hébridais. Comme toute langue seconde utilisée rarement, le pidgin de chaque locuteur isolé perdit certaines caractéristiques étrangères au nouveau substrat. Inconsciemment la langue maternelle influença la langue véhiculaire, des calques apparurent. Le manque d'échanges et la rareté d'emploi firent que dans les endroits où vivaient des gens connaissant le pidgin, une variante locale de la langue véhiculaire prit naissance.

Coupé de sa langue-source l'anglais, rarement utilisé, le pidgin allait, dans un premier temps, s'appauvrir ou pour le moins se figer. Dans les régions les plus isolées de l'archipel néo-hébridais, sur les côtes ouest de Malakula et d'Espiritu Santo, le pidgin n'a certainement que peu évolué et est resté très proche de ce qu'il était sur les plantations australiennes.

Dans le sud de l'archipel et sur l'île Efate d'où les autochtones étaient partis très nombreux, les rapatriés, pourtant en nombre suffisant pour continuer à utiliser le pidgin, employèrent à nouveau les langues vernaculaires. En fait, le pidgin né du contact de civilisations très différentes, employé dans le monde réduit des plantations, se trouvait inadapté pour répondre aux besoins de la vie traditionnelle mélanésienne. Dans les îles du Sud comme dans celles du Nord, il allait rester une langue seconde utilisée pour les échanges extérieurs. Sans l'apparition, dans l'archipel néo-hébridais, d'une économie nouvelle reposant sur la création et l'exploitation de plantations de cocotiers, cacaoyers et autres plantes tropicales, il n'est pas sûr que le pidgin eût survécu. Cette société originale des plantations allait faire apparaître des conditions de vie identiques à celles que connurent les recrutés au Queensland. Les mêmes causes produisant les mêmes effets, sur ces plantations milieux multilingues, l'usage d'une langue véhiculaire s'imposait. Le pidgin ramené se montrait particulièrement bien adapté à ces nouvelles fonctions, il allait devenir la *lingua franca* des plantations néo-hébridaises, la langue véhiculaire de la colonisation.

SCHEMA DE FORMATION DU BISLAMA(N)

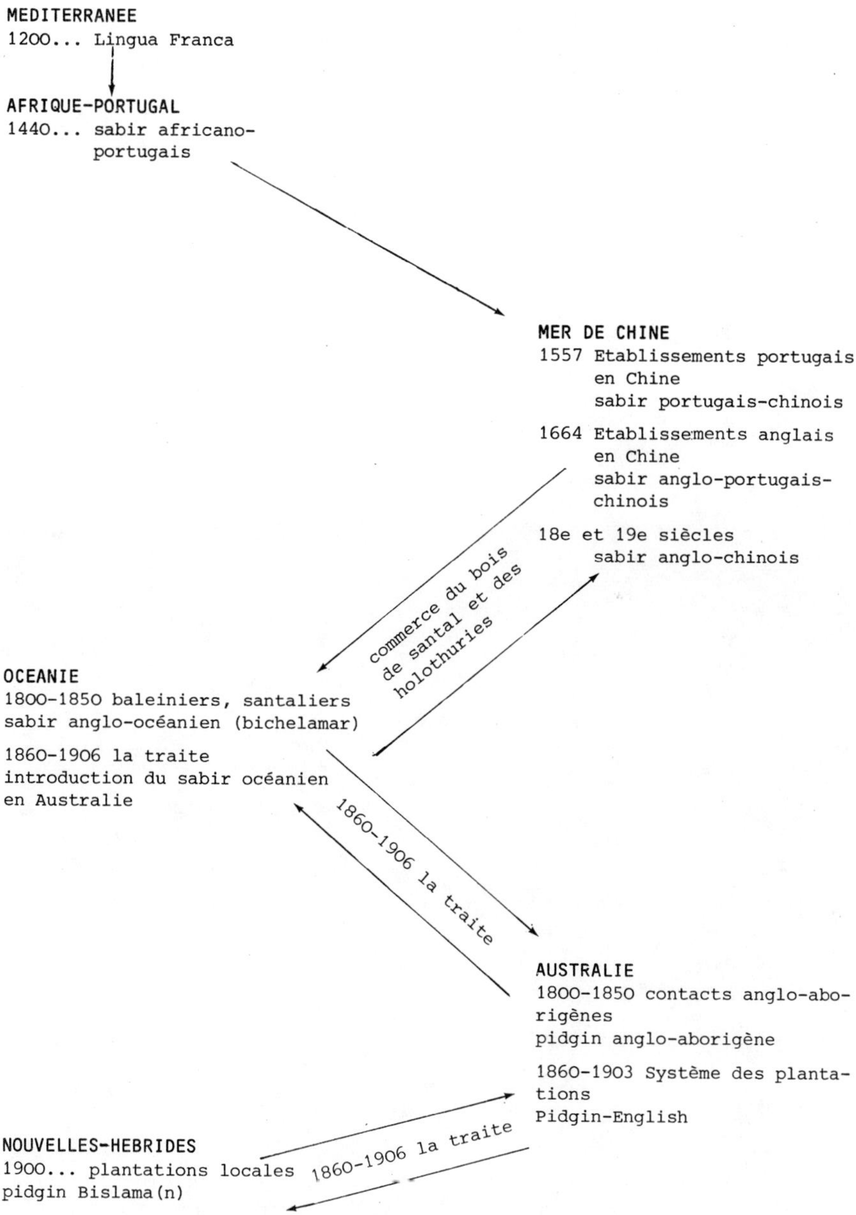

3. LE BISLAMA(N), LA LANGUE VÉHICULAIRE DES PLANTATIONS ET DU COMMERCE

3.1. L'IMPLANTATION EUROPÉENNE AUX NOUVELLES-HÉBRIDES

A la fin du 19e siècle, alors que de nombreux Néo-Hébridais vivaient encore exilés au Queensland ou ailleurs, les premiers colons européens arrivaient aux Nouvelles-Hébrides afin de mettre en valeur cet archipel selon des critères européens.

Dans les premiers temps de la colonisation, les Mélanésiens travaillant sur les plantations furent toujours d'origine géographique variée. Plusieurs facteurs étaient à l'origine de cette hétérogénéité. Tout d'abord, les premiers planteurs arrivant après les "blackbirders" et autres trafiquants étaient en butte à une hostilité plus ou moins retenue de la part des populations locales. Afin d'éviter des complots éventuels, la main-d'oeuvre embauchée était délibérément choisie dans des communautés différentes vivant si possible loin du lieu de travail. En effet, les gens des villages voisins de la plantation ne manquaient jamais de repartir chez eux dès qu'ils avaient réuni l'argent nécessaire aux menus achats qu'ils avaient projetés. En fait, d'esprit très indépendant, assez peu intéressés par les biens matériels, les Néo-hébridais se sont toujours refusés à un travail continu et régulier sur les plantations européennes. Sur ces plantations, les travailleurs les plus stables furent presque toujours des autochtones "détribalisés", soit que ces derniers aient travaillé sur les petits bateaux ravitaillant les îles, soit qu'ils se soient fait exclure de la société coutumière pour faute grave, adultère par exemple. Une troisième catégorie d'autochtones rejoignit les plantations nouvelles et y joua certainement un rôle très important sur le plan sociolinguistique. Ce furent les Néo-Hébridais rapatriés. Ayant vécu, trois ans, six ans et parfois plus en Australie, à Fiji ou ailleurs, leur réinsertion dans la société traditionnelle était pratiquement impossible. Après avoir échappé durant des années aux contraintes de la vie coutumière, il leur était difficile de s'y soumettre à nouveau et ceci d'autant plus que les valeurs de leur ancienne société ne pouvaient plus leur apparaître comme uniques et par là absolues.

Dans des sociétés très hiérarchisées comme l'étaient celles du Sud-Malakula par exemple, après une longue absence, un homme n'ayant pas participé aux cérémonies de passage de grades de Namanggi(1) se trouvait en position d'infériorité par rapport à des gens qui étaient ses égaux ou même d'un rang inférieur au sien. Très partiellement européanisés, ces "rapatriés" avaient acquis des habitudes, des modes de vie qui ne pouvaient être pris en considération par le monde coutumier puisqu'étranger à celui-ci. Comme il a déjà été signalé en 2.2.2.2, bon nombre de ces autochtones ramenés au Pays, le furent loin de leur village d'origine, parfois dans une île éloignée de celle où ils étaient nés. Ignorant tout des coutumes et de la langue de leurs nouveaux hôtes, ils ne pouvaient rester qu'en marge de la vie locale. Pour beaucoup, le travail sur les plantations ou auprès des Missions allait être la solution. Ne connaissaient-ils pas les Blancs, leurs habitudes, leur langue même ?

En se plaçant volontairement dans le monde des plantations, milieu multilingue, pluri-ethnique où l'usage d'un pidgin était indispensable, ces rapatriés ont assuré la pérénnité du Bislama-(n). Ils ont nivelé les différences qui pouvaient exister entre le pidgin parlé au Queensland, à Fiji et le sabir utilisé depuis plus d'un siècle, localement, pour les besoins du commerce.

3.2. LES PLANTATIONS ET COMPTOIRS

3.2.1. Le monde des plantations

Sur chaque plantation néo-hébridaise, tout comme précédemment au Queensland, vivaient une famille européenne et des autochtones de coutumes et de langues diverses. L'une des différences essentielles allait résider dans le fait qu'à partir de 1880, la majorité des planteurs des Nouvelles-Hébrides fut d'origine française.

De 1860 à 1870, tous les planteurs des Nouvelles-Hébrides étaient des colons britanniques. Installés à Port-Havannah et à Undine Bay sur l'île d'Efate, ils cultivaient coton et maïs. Sans aucun appui du gouvernement anglais, ils étaient pour la plupart en difficulté, lorsque la Compagnie Calédonienne des Nouvelles-Hébrides fut lancée sous l'impulsion de J. Higginson. Les colons anglais vendirent l'essentiel de leurs titres de propriété à la C.C.N.H. La colonisation foncière des Nouvelles-Hébrides devint avant tout une affaire française. A partir de 1882, les plantations furent agrandies, d'autres créées par des planteurs français sans cesse plus nombreux.

Malgré leur nationalité et le nationalisme ombrageux dont ils faisaient preuve, ces derniers ont utilisé dès leur arrivée le pidgin Bislama(n). L'usage de celui-ci s'imposait du fait de sa déjà longue utilisation comme parler véhiculaire entre les différentes ethnies. Mais le Bislama(n) parlé sur les plantations néo-hébridaises gérées par des Français se trouvait coupé de sa langue-source : l'anglais. Même si les planteurs français parlaient anglais, ce qui était souvent le cas, cette langue était pour eux une langue étrangère qu'ils maîtrisaient plus ou moins bien. Toute innovation d'ordre lexical ou syntaxique ne pouvait se faire par emprunt à la langue-source. Nous pensons que très tôt le Bislama(n), pidgin des Nouvelles-Hébrides, s'est trouvé figé au stade qui était le sien lorsqu'il fut réintroduit par les autochtones rapatriés. Coupé de sa langue-source, ce sont les langues composant le substrat qui ont joué un rôle prépondérant dans l'évolution jusqu'à stabilisation relative du pidgin des plantations. Comme il est montré dans la seconde partie de cet ouvrage, celui-ci sera très fortement influencé par la pensée et les langues mélanésiennes.

Cet arrêt de croissance précoce du Bislama(n) est une des raisons pour lesquelles il diverge tant des pidgins des îles Salomon et surtout de Nouvelle-Guinée, qui, eux, sont restés en contact étroit avec la langue-source commune : l'anglais. Ce qui leur a permis de connaître une évolution et un enrichissement continus.

Sur les plantations néo-hébridaises, les conditions de vie et de travail restaient très proches de celles qui existaient au Queensland ou ailleurs. Le pidgin qui s'y était avéré efficace fut donc repris et utilisé sans qu'il fut besoin d'y apporter de nombreux changements. Bien souvent, le pidgin n'était parlé que par les contre-maîtres. Les autres travailleurs recrutés par équipes continuaient de s'exprimer entre eux en langue vernaculaire. Seuls quelques-uns saisissaient des bribes de pidgin et traduisaient aux membres de leur communauté.

Sur les plantations néo-hébridaises, le dépaysement n'était pas suffisant pour que les querelles tribales soient oubliées ; même si les autochtones avaient été recrutés par bateau dans une autre île. Les travailleurs de chaque communauté se groupaient et n'échangeaient que peu de propos avec les autres autochtones. C'est ainsi que jusque vers 1970, la plupart des Big Nambas(2) travaillant à Norsup (Nord-Malakula) ignoraient la langue véhiculaire.

Il faut noter que durant toute la période d'essor des plantations néo-hébridaises, que l'on peut situer, entre le début du XXe siècle et la fin de la seconde guerre mondiale, le Bislama(n) a peu évolué. Il est resté d'usage vertical, de maîtres à domestiques par contre-maîtres interposés. C'était le parler que l'on utilisait pour parler aux "boys", terme servant à désigner les Néo-Hébridais quel que fut leur âge (ce terme autrefois paternaliste est ressenti aujourd'hui, par beaucoup, comme péjoratif).

Malgré les chiffres enregistrés par le Bureau Statistique du Condominium, (de 1912 à 1939 environ, 32.000 contrats de travail auraient été signés entre les planteurs et les Mélanésiens, R.D. Bedford, 1973, p.31), il reste très difficile d'évaluer le pourcentage réel de la population totale touchée par ce flux migratoire sur les plantations. Qualitativement, les populations participant au travail sur ces plantations furent des autochtones des villages côtiers. A mesure que s'étendit la christianisation, ils se montrèrent plus réticents à quitter leurs villages. Les missionnaires encouragèrent leurs fidèles à produire des cultures commercialisables qui fourniraient l'argent nécessaire à l'achat d'outils, d'étoffes etc. Ces mêmes missionnaires interdisaient souvent d'aller s'embaucher sur les plantations européennes.

Peu à peu, ce mouvement migratoire toucha les seules populations non encore christianisées vivant à l'intérieur des grandes îles. Il n'y avait qu'en travaillant sur les plantations que l'on pouvait acquérir des armes à feu devenues indispensables à la survie de la communauté, jusqu'à un passé fort récent, c'était cette motivation qui amenait les Big Nambas et les Small Nambas du Sud-Malakula à la côte.

Le travail sur les plantations néo-hébridaises a largement contribué à la diffusion du pidgin. Le recrutement de main-d'oeuvre concerna des populations sans cesse plus éloignées des côtes, culturellement isolées, ignorant tout du Bislama(n). Longtemps parler véhiculaire des régions côtières, l'existence du Bislama(n) et sa connaissance par quelques individus allait gagner, à l'intérieur des îles, les populations les plus reculées.

3.2.2. Les comptoirs commerciaux dans les îles

L'établissement des comptoirs commerciaux et leur implantation dans les îles permettaient la survie des plantations les plus isolées. Chaque plantation possèdait son **sto**, magasin dans lequel étaient vendus tous les produits intéressant les autochtones vivant alentour.

Plus qu'en tout autre lieu, le **sto** était l'endroit où l'on s'exprimait en pidgin, plusieurs facteurs se combinaient pour rendre cet usage obligatoire.

Tout d'abord le **stokipa**, le gardien était presque toujours natif d'une autre île. Ainsi ne se sentait-il pas obligé vis-à-vis des gens des villages voisins, comme aurait pu l'être un local à l'égard de certains membres de sa famille. De plus, les autochtones ne trouvaient dans ces magasins que des objets inconnus de leurs aînés d'où l'acceptation immédiate de l'appellation (en anglais pidginisé).

Aux magasins installés sur les plantations s'en ajoutaient d'autres implantés près des villages. Les conditions sociolinguistiques étant identiques à celles que nous venons de voir, le pidgin y était l'unique langue véhiculaire employée par le gérant et ses clients.

L'écoulement des productions des plantations et l'approvisionnement des magasins se faisaient par l'intermédiaire de petits bateaux appartenant aux maisons de commerce ou aux planteurs. Sur ces bateaux, les équipages étaient composés d'autochtones originaires d'aires linguistiques diverses, ils usaient donc du pidgin, tant entre eux qu'avec les populations côtières.

A mesure que se développèrent les plantations et que s'étoffa le réseau de comptoirs, l'usage du pidgin devint plus courant sur les côtes. Cependant, jusqu'à la seconde guerre mondiale le pidgin restera limité aux plantations et aux échanges commerciaux.

4. STATUT DU BISLAMA(N) DANS LES MISSIONS

4.1. L'IMPLANTATION MISSIONNAIRE

4.1.1. Les premiers contacts

Les premières tentatives d'évangélisation vinrent de la "London Missionary Society", qui, dès 1839 s'intéressa aux Nouvelles-Hébrides. John Williams, un des premiers évangélisateurs de Polynésie et James Harris débarquèrent à Tanna et furent tués ensuite par les autochtones d'Erromango. Le même sort fut réservé à bon nombre de "teachers" samoans qui tentèrent également de convertir les populations mélanésiennes à Anatom, Futuna, Tanna et Efate.

Depuis le début du 19e siècle, des trafiquants de tous ordres avaient trompé les autochtones, les volant impunément au moyen du troc, allant même souvent jusqu'à les tuer.

L'arrivée des missionnaires en Mélanésie coincida avec celle des santaliers, nouveaux trafiquants plus ou moins scrupuleux qui, eux aussi, usèrent de toutes sortes de stratagèmes pour obtenir à vil prix le bois de santal tant recherché. Dans un tel contexte, les missionnaires ne pouvaient que se heurter à la méfiance, voire à l'hostilité, des populations locales. Ces premiers missionnaires, véritables pionniers, se devaient de séjourner fort longtemps dans un même lieu pour arriver à acquérir la confiance des autochtones.

Quelle que fût l'église ou la congrégation à laquelle ils appartenaient, l'un des tous premiers soucis de ces missionnaires fut d'apprendre la langue de la communauté au sein de laquelle ils vivaient.

Cette étude des langues locales répondait à un besoin immédiat de communication et avait pour but de faciliter et d'accélérer les conversions.

4.1.2. La tradition polyglotte des missionnaires

Aucun missionnaire ne chercha à entrer en contact avec les autochtones par l'intermédiaire du sabir alors en usage dans les mers du Sud. Plusieurs raisons peuvent être à l'origine de ce comportement.

Tout d'abord, chaque missionnaire cherchait à se démarquer le plus possible des Blancs déjà connus des autochtones. Reprendre le parler de ces trafiquants aurait amené les populations à confondre le missionnaire et ces autres Européens. Les autochtones n'auraient pu que douter de la finalité de son action.

De plus, ce sabir parlé par les baleiniers, santaliers et autres hommes de mer ne pouvait qu'être pauvre en vocabulaire et surtout mal adapté pour traduire les textes sacrés.

Pour ces premiers missionnaires, le parler véhiculaire alors en usage ne pouvait être qu'un parler profane, impie, étroitement lié aux trafics divers.

A cette époque, le sabir restait limité aux points d'ancrage des navires et seuls les autochtones ayant des contacts avec les Blancs pouvaient le connaître. Ce parler était donc étranger aux femmes et à l'ensemble de la vie villageoise.

Ayant pour but immédiat l'évangélisation des populations avec lesquelles ils vivaient, les premiers missionnaires apprirent la langue locale, bien souvent sans se soucier du nombre exact de locuteurs et de l'étendue de l'aire géographique dans laquelle ce parler pouvait être compris.

La Bible fut ainsi traduite dans de nombreuses langues de l'archipel (A. Cappell, 1964). Des catéchismes et des dictionnaires furent rédigés et parfois publiés. Les premiers missionnaires presbytériens installés à Aneityum et à Kwamere (Tanna) possédaient, dès la fin du 19e siècle, de petites imprimeries sur lesquelles étaient publiés en langues vernaculaires des textes évangéliques.

Beaucoup de ces manuscrits et imprimés disparurent des missions à la suite de cyclones particulièrement violents.

Lorsqu'elles ont commencé à étendre leur influence, certaines missions ont essayé de privilégier le parler autochtone déjà appris et d'en faire une langue de travail. La mission presbytérienne a choisi le nguna dans le centre de l'archipel, l'aulua pour le Sud-Est-Malakula. Beaucoup de vieillards de Pentecôte, d'Aoba, de Maewo et des îles Banks écrivent encore le mota.

Avec l'évolution politique et économique, le nombre des missionnaires européens allant décroissant, cette tradition polyglotte s'est perdue. En 1975, il n'existait plus à notre connaissance, que quelques missionnaires qui utilisaient encore les langues autochtones pour leur travail d'évangélisation. Nous ne citerons que quelques noms, ceux des personnes avec qui nous avons eu la chance de discuter des langues mélanésiennes et de leur avenir. Le pasteur B. Murray de l'église presbytérienne connaissait parfaitement la langue de Nguna, le père mariste Durumain l'apma, langue de Melsisi et de la région centre de l'île pentecôte, G. Fox de l'église presbytérienne réformée ainsi que sa femme et ses enfants usaient quotidiennement du big nambas. Nous n'omettrons pas d'ajouter que le père Zacco à Tanna parle la langue de Lenakel et comprend celle de White Sands.

4.1.3. L'apparition tardive du bislama(n) dans le travail missionnaire

Il fallut attendre avril 1971 pour voir une première traduction des évangiles en Bislama(n). Ce travail fut l'oeuvre de l'église presbytérienne (The Bible Society). De nombreux facteurs ont amené ce changement d'attitude à l'égard du pidgin.

Les agents du culte étant de moins en moins nombreux, ils ont été amenés à se déplacer. A chaque affectation nouvelle, il leur aurait fallu apprendre une nouvelle langue mélanésienne pour conserver quelque efficacité. Afin de toucher l'ensemble de la communauté, en particulier les anciens, qui ignorent les langues européennes, ils ont été amenés à s'exprimer en Bislama(n).

Après s'être très longtemps combattues, les églises ont été amenées à composer sous la pression des Mélanésiens. L'interdiction des mariages entre religions différentes fut de plus en plus mal supportée, beaucoup de jeunes vivant en ville passèrent outre. Les critiques de certains jeunes cadres religieux autochtones se sont renforcées à l'égard de divisions religieuses anciennes qu'ils ne considéraient pas comme devant les concerner.

Des contacts entre les religions sont devenus périodiques, bien souvent le Bislama(n) fut le seul moyen de compréhension entre missionnaires anglophones et missionnaires francophones. Le changement d'attitude des églises à l'égard du Bislama(n) ne s'est pas opéré uniquement à la suite de pressions dues à un contexte socio-politique nouveau. Il est apparu, dans certains cas, comme une volonté délibérée de canaliser et de retourner à son profit une opinion mélanésienne aspirant à plus de responsabilités. Le Bislama(n) est devenu à la fois un enjeu et un moyen dans les compétitions politiques visant à la prise du pouvoir à l'approche de l'indépendance.

Après avoir assisté à un rapprochement des religions dû en partie à l'attitude nouvelle de la religion catholique à la suite du concile Vatican II, les divisions anciennes sont réapparues de plus belle, sous-jacentes à l'action politique.

Dans le Pacifique, plus que nulle part ailleurs, religion et politique ont toujours été étroitement liées. Afin de comprendre la situation linguistique actuelle, il convient de rappeler ce que furent les politiques linguistiques des trois missions groupant plus de 20% de la population.

4.2. LES MISSIONS, INSTRUMENTS DE LA RIVALITÉ FRANCO-BRITANNIQUE

4.2.1. L'essor du mouvement missionnaire

Durant la majeure partie du 19e siècle, un courant de pensée qui par la suite devait être appelé "victorianisme" s'instaura en Grande Bretagne.

Sur le plan religieux, il s'agissait d'une réaction violente des milieux protestants hostiles à la "Regency" (1811-1820) qui avait, selon eux, lâchement permis l'émancipation des catholiques irlandais. Tout ce qui était jugé papiste, lié de près ou de loin à la "popery" (papauté) devait être combattu. Ce mouvement allait donner naissance à de nombreuses sociétés missionnaires protestantes qui se fixaient comme objectif le recul du paganisme et la lutte contre le catholicisme. Très influents au sein du "colonial office", les membres de ces sociétés missionnaires orientèrent la politique coloniale britannique. Cette politique, dans le Pacifique, a été admirablement décrite par Douglas L. Oliver.

> Il a été souvent avancé que la politique coloniale de la Grande Bretagne était extraite des résolutions venant de Essex Hall, le lieu de rencontre annuelle des sociétés missionnaires. Le résultat de cela sur la politique coloniale britannique était d'aider les missions, moralement et si nécessaire avec la force navale, cependant rarement avec de l'argent, mais pour rester dégagé d'autres espèces d'aventures coloniales, l'annexion comprise ; l'argument général était que les colonies coûtent de l'argent et doivent être gardées et que les autochtones doivent être autorisés de développer leurs propres gouvernements, aidés des conseils des missionnaires. Les seules entraves à cette politique étaient les actions importunes des coloniaux non-missionnaires et les craintes d'annexion venant de puissances étrangères, principalement de la France (D.L. Oliver, 1961, p.99).

Extraites de leur contexte, ces quelques lignes semblent avoir été écrites pour décrire la politique coloniale britannique aux Nouvelles-Hébrides. La Grande-Bretagne présente par ses missions n'a accepté des responsabilités politiques sur ce territoire que pour entraver l'intervention de la France. Comme nous le verrons, l'éducation, la formation des autochtones seront laissées aux missions. Tous les gouvernements anglais successifs s'appliqueront à ne pas dépenser de sommes importantes dans ces îles.

Avec l'appui de la "Royal Navy", les missionnaires protestants anglophones essaimèrent dans tout le Pacifique, en 1819 la "Wesleyan Missionary Society" s'installa en Nouvelle-Zélande d'où elle commença son action missionnaire en direction de Tonga, de Fiji et des îles Loyauté.

Après les guerres napoléoniennes et le traumatisme que la défaite finale a entraîné, la monarchie restaurée a cherché à redonner honneur et prestige à la France. Sous la monarchie de juillet, l'Eglise (catholique) et l'Etat étaient étroitement associés.

Les gouvernements de Louis Philippe étaient prêts à appuyer toute mission catholique qui contrecarrerait l'action missionnaire anglaise. Il s'agissait à l'époque de gagner à la fois sur le paganisme et sur ce que l'on jugeait être l'hérésie protestante. Aux yeux des monarchistes catholiques du début du 19e siècle, ces raisons étaient amplement suffisantes pour aider financièrement, matériellement, voire militairement toute mission de par le monde. Lorsque ces missions gênaient, concurrençaient la nation rivale qu'était l'Angleterre, elles devenaient un instrument privilégié de la politique française.

Ce sont donc deux nationalismes exacerbés par leurs luttes antérieures qui, par missions interposées, se sont lancés à la conquête du Pacifique, chaque nation apportant sa culture et sa langue.

Nous pensons que ce court rappel historique était nécessaire pour comprendre les luttes politico-religieuses que connaissent actuellement les Nouvelles-Hébrides, luttes dans lesquelles s'insère directement le problème linguistique et plus particulièrement le problème du statut du Bislama(n).

4.2.2. L'église presbytérienne

Plus qu'aucune autre mission, l'église presbytérienne a perpétué jusqu'à ces dernières années, l'esprit anti-papiste et xénophobe essentiellement anti-français qui avait pris naissance en Angleterre au début du 19e siècle.

Les missionnaires presbytériens furent les premiers à s'installer de façon continue dans l'archipel néo-hébridais. En 1840, des missionnaires s'installèrent à Anatom, Futuna et Erromango. D'abord dépendants en majorité de la mission presbytérienne de Nouvelle-Zélande, les pasteurs, diaconesses et autres cadres presbytériens furent peu à peu principalement d'origine australienne, ils appartenaient alors à l'Eglise presbytérienne d'Australie.

De proche en proche, ils convertirent tout le centre et une bonne partie du sud de l'archipel. L'Eglise presbytérienne des Nouvelles-Hébrides prétendait contrôler en 1970, plus de 50% de la population de l'archipel.

Tous les missionnaires, d'origine britannique, apprenaient les langues autochtones. Nous leur devons de nombreuses études linguistiques de ces parlers. L'anglais s'imposait sans conteste comme langue de contact avec l'extérieur.

Après avoir complétement négligé le pidgin durant plus d'un siècle, nombre de pasteurs européens, essentiellement d'origine australienne, se veulent aujourd'hui les promoteurs et les propagandistes d'un pidgin doué soudainement de toutes les vertus. Rares sont ceux qui, comme le pasteur néo-zélandais Bob Murray, avancent encore maintenant les possibilités infinies d'expression des langues autochtones.

Les raisons de cette promotion soudaine du pidgin au sein de l'église presbytérienne correspondent plus à des préoccupations historico-politiques qu'à une analyse scientifique et raisonnée de ce même pidgin. Se situant dans le prolongement de la mission presbytérienne d'Australie qui, au 19e siècle, ne s'était que très difficilement résignée à l'installation de la France en Nouvelle-Calédonie et aux îles Loyauté, nombre de cadres de l'église presbytérienne d'Australie considèrent encore aujourd'hui le fait français aux Nouvelles-Hébrides comme intrus et à éliminer. En cautionnant le Bislama(n), en le présentant comme idiome national néo-hébridais, synthèse du génie mélanésien, de nombreux membres de l'église presbytérienne d'Australie, suzeraine de fait de celle des Nouvelles-Hébrides, pensent faciliter la création d'une grande fédération mélanésienne. Il s'agirait d'une aire pidginophone qui grouperait les Nouvelles-Hébrides, les îles Salomon où est parlé un pidgin proche du Bislama(n) et éventuellement la Nouvelle-Guinée. En liant d'un point de vue culturel les Nouvelles-Hébrides aux Salomon et en les coupant de la Nouvelle-Calédonie, l'influence française serait éliminée et l'Australie, même à l'insu de son gouvernement, se trouverait être la "protectrice" naturelle de la région. Cette francophobie presbytérienne et cette politique du fait accompli tendant à forcer la main du gouvernement se sont poursuivies de façon plus ou moins nuancée dans le Pacifique sud-ouest depuis plus d'un siècle.

L'église presbytérienne est devenue indépendante en 1948 et prit le nom "Presbyterian Church of New Hebrides". Ce changement de statut ne changea pas la ligne politique adoptée depuis plus d'un siècle. Des pasteurs européens restèrent comme "conseillers". Se faisant les véritables adjoints des administrateurs britanniques, certains d'entre eux originaires d'Australie firent preuve d'un zèle particulier, s'attachant à contrer toute action des "papistes" français. Malheureusement, ils inculquèrent leur haine et leur ressentiment aux cadres religieux mélanésiens qu'ils étaient chargés de former. Toute une génération de Néo-Hébridais, celle des dirigeants actuels, est encore pétrie de cette éthique vieille d'un siècle et demi.

Après le départ de la plupart des missionnaires européens et la montée du nationalisme, les jeunes pasteurs mélanésiens abandonnent tous ces préjugés qu'ils jugent, à juste titre, affaire de Blancs.

Les jeunes "lay pastors" sont même très critiques à l'égard des anciens missionnaires auxquels ils reprochent entre autres d'avoir détruit les coutumes ancestrales et d'avoir fait descendre les populations sur les côtes provoquant ainsi la surpopulation et les conflits fonciers que connaissent les régions côtières.

Beaucoup de jeunes pasteurs font preuve de beaucoup de prudence à l'égard du problème linguistique, rejetant à l'avance toute solution qui serait imposée, voire même suggérée, par les Blancs. La plupart d'entre eux apprennent et parlent la langue mélanésienne où ils officient, l'anglais étant utilisé pour l'étude de la bible. Ces jeunes pasteurs mélanésiens utilisent le pidgin lorsqu'ils sortent de la communauté de leurs fidèles, mais ils conversent beaucoup moins en Bislama(n) que ne le faisaient leurs prédécesseurs européens. Pour ces cadres religieux, le pidgin reste un parler accessoire, utilisé occasionnellement.

4.2.3. L'église catholique

Après un premier échec, l'église catholique est revenue assez tardivement dans l'archipel, en 1887 soit quelque 50 ans après la mission presbytérienne. Dans le contexte politico-religieux qui vient d'être décrit, la mission catholique ne pouvait que se heurter aux missions protestantes anglaises déjà en place.

Le partage de l'archipel entre les églises presbytérienne et anglicane, les premiers ayant à convertir le sud, les seconds le nord de l'archipel, ne laissait en théorie aucun terrain d'évangélisation pour toute autre confession. L'arrivée des catholiques ne pouvait être considérée que comme une intrusion qu'il convenait de contenir au mieux. Le fait que les pères maristes de la mission catholique furent pour la plupart d'origine française ne pouvait qu'exacerber l'hostilité des presbytériens à leur égard. Cette hostilité était encore plus grande lorsque ces missionnaires étaient originaires d'Australie. Une large partie de la population australienne adepte du "victorianisme" considérait le Pacifique sud-ouest comme une mer devant être réservée aux anglo-saxons.

Les missionnaires maristes ayant le français comme langue maternelle, les fidèles européens également, la langue française se trouvait très naturellement être la langue écrite de la mission. Tous ces missionnaires possédant parfaitement la langue de leur mission, préparaient des sermons en langue autochtone avec l'aide de catéchistes mélanésiens. Très longtemps, chaque mission catholique usa donc de la langue locale comme moyen de communication au sein de la communauté villageoise et du français pour les contacts avec les autres missions extrêmement disséminées dans l'archipel.

Jusque vers les années 1970, la mission catholique se présentait avant tout comme une mission francophone. Avec l'arrivée de nombreuses sociétés australiennes dans le paradis fiscal néo-hébridais, la proportion des Européens anglophones a beaucoup augmenté. L'église catholique a vu affluer en grand nombre des fidèles anglophones et ceci d'autant plus que les anglicans se sont souvent joints aux offices catholiques. Ces changements sociolinguistiques ont amené la mission catholique à faire, à Port-Vila, une messe en français et une en anglais. L'expansion démographique sans précédent que connut la capitale Port-Vila à partir de 1970 n'a pas été sans influence sur le destin du Bislama(n). Des autochtones de toutes les îles sont venus chercher du travail, tentant de négocier le bagage intellectuel acquis au cours de leur scolarité. Groupés dans certains quartiers de la ville, ces Mélanésiens issus d'écoles anglaises ou françaises se devaient de parler entre eux en Bislama(n). La messe partiellement dite en langue vernaculaire devenait chose impossible, les Mélanésiens catholiques venant d'horizons trop divers. Ce flux migratoire créant des communautés multilingues a amené l'église catholique à faire une messe en Bislama(n) permettant ainsi aux Mélanésiens ne connaissant que très peu d'anglais ou de français d'assister et de participer aux offices. Ces messes en Bislama(n) assurées par un père d'origine irlandaise ont permis en plus à l'église catholique de se débarrasser de l'étiquette d'église française que ses détracteurs s'attachaient à lui conserver en dépit du fait que la majorité de ses missionnaires ne sont plus d'origine française. Ce père mariste irlandais, défenseur farouche du Bislama(n), seul parler local qu'il connaisse, joue, à titre personnel, un rôle très important dans la promotion du pidgin. Même si, comme certains l'affirment, de par son origine irlandaise, il serait plus anglophobe que "bislamarophile", son action et ses prises de position prouvent qu'un individu peut jouer à lui seul un rôle déterminant dans l'avenir linguistique d'un petit pays.

De tout temps minoritaire aux Nouvelles-Hébrides, l'église catholique, à l'inverse de ce que fut sa politique dans certains territoires du Pacifique, s'est tenue à l'écart de toute intervention politique directe. Il en est ainsi aujourd'hui pour la question linguistique. Monseigneur F. Lambert d'origine française et de nationalité américaine se gardant de porter un jugement de valeur, nous a dit avoir été très impressionné par l'extension prise par le pidgin au cours des dernières années (3). Avant d'être évêque du diocèse des Nouvelles-Hébrides, duquel il fut absent une dizaine d'années, le père Lambert a été missionnaire dans la région de Port-Sandwich, il parlait très bien la langue locale.

En août 1978, le père Finley, responsable de l'association anti-alcoolique "blu-kros" faisait imprimer les cartes des adhérents en Bislama(n). Au cours de la retraite annuelle qui a eu lieu en mai 1978, l'Assemblée de l'Eglise catholique des Nouvelles-Hébrides s'est prononcée pour une plus grande utilisation du Bislama(n) à l'église, un rituel de Bislama(n) fut mis en projet.

Est-ce à dire que la religion catholique va s'orienter vers un usage extensif du pidgin ? Si un tel pas est franchi, cela ne sera pas sous son impulsion. Francophone exclusivement il y a encore une vingtaine d'années, cette église est devenue également anglophone pour les offices religieux, l'extension de l'usage du

Bislama(n) est certainement là pour servir de caution pour l'avenir. Quelle que soit la solution adoptée en matière linguistique après l'indépendance, l'église catholique aura déjà fait un pas dans ce sens. Toute l'histoire montre que sa hiérarchie a toujours eu un sens aigu des transitions politiques même les plus malaisées. Dieu seul sait si les fidèles suivront.

4.2.4. «The Melanesian Mission»

"The Melanesian Mission", nom donné à l'église anglicane en Mélanésie, prit naissance en 1841, lorsque l'évêque Selwin fut sacré "bishop" en Nouvelle-Zélande, la Mélanésie entrant alors dans sa juridiction. Ce n'est qu'en 1861 que J. Coleridge Patteson fut désigné comme premier évêque de Mélanésie. Après avoir eu pour centre l'île de Norfolk, cette mission se déplaça aux îles Salomon d'où elle rayonne encore aujourd'hui. La "Melanesian Mission" très importante aux Salomon couvre la partie nord-est de l'archipel néo-hébridais, essentiellement les îles Banks et Torrès, Maewo, Aoba, Pentecôte. Cette aire géographique compacte permit, dès les débuts de la mission, de choisir une langue autochtone comme *lingua franca*. Le domaine de la mission formait de plus une zone où les langues étaient étroitement apparentées, ce qui a facilité grandement l'apprentissage du mota, parler choisi comme langue d'évangélisation. Le mota comptait en effet de 43 à 74% de lexèmes communs avec les quinze parlers de la région (D.T. Tryon, 1976, p.47).

Dès 1862, le bishop Patteson envisageait d'imprimer en langue de mota (P. O'reilly, 1958, p.138). Nombre de livres de prières, d'épitres, de textes bibliques allaient être écrits dans cette langue.

La langue de Mota, parlée en 1972 par un peu plus de 270 locuteurs fut enseignée dans toutes les écoles de la mission. Ce parler est encore utilisé et compris aujourd'hui par une large partie de la population liée à la "Melanesian Mission", mais son influence va déclinant. Très longtemps, jusqu'après la seconde guerre mondiale, le mota, langue mélanésienne, fut utilisé comme *lingua franca* par la population anglicane, l'anglais servant pour les contacts extérieurs. Les problèmes de communication étaient en grande partie résolus, seuls les autochtones allant travailler à Luganville, comme les habitants des îles Banks, apprenaient le Bislama(n) au cours de leurs déplacements. En 1970, au cours d'un séjour de plus d'un mois au nord de l'île Pentecôte, nous avons pu constater que les femmes ignoraient toutes le Bislama(n), et que les jeunes garçons ne l'apprenaient qu'à un âge très avancé. Connu de la plupart des hommes, le pidgin n'en était pas pour autant universel.

Après la seconde guerre mondiale la "Melanesian Mission", pour des raisons que nous ignorons, a progressivement abandonné l'usage du mota, l'anglais fut seul enseigné dans les écoles. Ce Changement d'orientation serait dû, selon B. Vienne(4), à un resserrement des liens entre la "Melanesian Mission" et la "British Residency", cette dernière souhaitant l'enseignement de l'anglais.

Durant quelque 80 ans, la preuve a été faite qu'une langue mélanésienne pouvait fort bien jouer le rôle de *lingua franca*, être écrite et enseignée. Malheureusement, cette politique linguistique d'avant-garde, qui assurait le caractère mélanésien de ces populations, ne fut suivie par aucune autre mission. La variété des options linguistiques des missions allait empêcher l'apparition d'une langue mélanésienne unique au niveau de l'archipel. Cette faillite mènera au problème linguistique actuel.

Alphabétisés en anglais, les jeunes Mélanésiens de la mission anglicane utilisent souvent le Bislama(n) comme *lingua franca* de préférence au mota, dont l'usage est géographiquement limité.

Tout comme l'église catholique, la "Melanesian Mission" minoritaire aux Nouvelles-Hébrides a toujours fait preuve de prudence dans les affaires politiques locales. Alors que l'église presbytérienne reflétait les tendances de "l'hégémonisme" australien, la mission anglicane, religion officielle du Royaume Uni se devait de conserver une attitude plus conciliante à l'égard de la présence française aux Nouvelles-Hébrides. En établissant le Condominium, le gouvernement britannique avait indirectement engagé la mission anglicane à accepter une cohabitation raisonnée avec les Français.

Cette prudence traditionnelle apparaît encore aujourd'hui, aucune position officielle n'a été prise dans le domaine linguistique. En 1975, l'évêque D. Rawcliff suggérait la généralisation du mota, tout d'abord comme langue de travail du conseil des Eglises des Nouvelles-Hébrides. Cet homme d'église connait, entre autres, parfaitement le mota, les deux langues officielles des Nouvelles-Hébrides et le Bislama(n). Il semblerait qu'aux Nouvelles-Hébrides, seuls les Européens n'ayant pas ou peu de connaissances des langues autochtones, soient favorables à une promotion du pidgin. Certains membres de la "Melanesian Mission" ont pris nettement position dans le conflit linguistique, comme nous le verrons dans le chapitre réservé aux partis politiques. Ainsi les prises de position du "fata" Walter Lini sont-elles celles du Président du Vanuaaku party, elles n'engagent pas la mission anglicane à laquelle ce pasteur appartient.

5. LE BISLAMA(N) ET LES SYSTEMES D'ENSEIGNEMENT

5.1. L'ÉDUCATION QUASI MONOPOLE DES MISSIONS

Jusqu'à la fin du second conflit mondial, l'enseignement resta presque entièrement à la charge des missions. Seules, des écoles gouvernementales françaises et britanniques avaient été installées dans les deux centres urbains Port-Vila et Luganville. En même temps que le travail d'évangélisation qui était leur raison d'être, les missions se trouvaient dans l'obligation d'alphabétiser les jeunes Mélanésiens et de les soigner.

En fait, mal préparé pour une telle tâche, manquant presque toujours de moyens matériels, le personnel missionnaire, de quelqu'église qu'il fût, dut se contenter de résultats fort modestes. Malgré des sommes de bonne volonté, l'archipel resta longtemps dans un sous-développement scolaire relatif.

Même si une telle situation peut sembler regrettable, elle n'aurait pas été aussi néfaste au développement harmonieux de l'archipel, si les églises n'avaient pas insidieusement inoculé à plusieurs générations de Néo-Hébridais leurs philosophies divergentes et leurs antagonismes. Bien sûr, n'ayant pas pour unique but le développement économique et social de l'archipel, les missions cherchaient à former leur personnel d'encadrement en priorité. Chaque système d'enseignement missionnaire fut longtemps un monde clos.

Les pères maristes et les soeurs de la société de Marie tentaient, grâce à l'enseignement, de promouvoir une prêtrise et des catéchumènes autochtones. Les pasteurs, soeurs et diaconesses presbytériens voulaient avant tout former des Néo-Hébridais afin que ceux-ci poursuivent leur travail missionnaire. Après quelques années, l'immense majorité des élèves quittait l'école avec des connaissances très superficielles d'anglais et de français. Dans les îles, n'ayant aucune occasion de mettre en pratique le peu de connaissances acquises, ils oubliaient. Seuls, à un tel niveau d'instruction, les élèves de l'église mélanésienne se trouvaient très avantagés, car, alphabétisés dans leur langue maternelle ou dans une langue proche, ils ne couraient pas le risque d'oublier tout ce qui leur avait été enseigné.

5.2. LA CONFUSION AUTOCHTONE ENTRE «ÉGLISE» ET «ÉCOLE»

Avant de continuer l'analyse des systèmes d'enseignement aux Nouvelles-Hébrides, il convient nous semble-t-il de faire une parenthèse historico-culturelle. De nombreuses générations de Néo-Hébridais ont confondu à juste titre "école" et "église", ces deux institutions faisant partie intégrante des missions. La confusion était d'autant plus aisée que les noms "école" et "église" se traduisent en pidgin par l'unique terme "skul". Mais très souvent cette confusion a fait assimiler conversion et éducation, la conversion étant considérée comme une fin en soi, un acte donnant accès à l'ensemble du savoir des Blancs. Cette double confusion a engendré un comportement hostile à tout progrès économique et social et explique en grande partie les modestes résultats scolaires acquis pendant très longtemps par les missionnaires. L'acquisition de connaissances religieuses superficielles permettait d'être un homme "nouveau" occidentalisé, il s'ensuivait que l'acquisition de connaissances autres que purement religieuses devenait inutile. Afin d'éclairer ce comportement, nous nous appuierons sur une expérience personnelle.

Beaucoup de temps devra encore s'écouler avant que nous n'oubliions ces vieux Mélanésiens Mancip et Masingpaniel qui, un dimanche matin, portant leur bible dans un petit panier, nous annonçaient fièrement :

mi-fela i skul finis
/nous *pl. excl.*/être/église/*accompli*/
"nous sommes christianisés maintenant"

Parfaitement illettrés, incapables de comprendre ce qu'ils allaient chanter sous l'autorité de quelques "elders"(5) des villages côtiers, ils étaient persuadés d'avoir atteint un certain niveau d'éducation. De toutes façons, maintenant "européanisés" n'étaient-ils pas supérieurs à leurs frères "manbus" restés dans la montagne ?

Comme tous les Néo-Hébridais se convertissant aux religions occidentales, ils avaient renoncé à leurs croyances ancestrales, à leur ancienne organisation sociale et, dans bien des cas, à leur seconde épouse même. Cet "oubli" culturel était en partie concrétisé par l'abandon de toutes les statues et parures coutumières rangées soigneusement dans l'ancien nakamal(6). Tout ce passé et cette culture étaient ensevelis à jamais sous les décombres au moment où le toit s'effondrait.

Quelque temps avant de rencontrer ces vieux Mélanésiens, nous avions visité leur ancien village dans la montagne et avions longuement admiré de splendides sculptures et peintures faites à l'occasion de rites coutumiers. Lorsque nous demandâmes à Mancip et à Masingpaniel de refaire ces objets coutumiers pour les placer au Centre Culturel à Port-Vila, ils ne nous firent que de très médiocres copies.

L'inspiration culturelle, l'environnement, le coeur n'y étaient plus. Peut-être faudrait-il y ajouter la peur d'enfreindre les règles de la philosophie nouvellement acquise ? Avec le reniement des croyances ancestrales s'étaient évanouies les techniques. Fiers de leur nouvelle "identité", ces deux "Néo-Hébridais" comme des milliers de leurs semblables étaient passés du stade de "primitifs" au génie créatif à celui de "sous développés" passifs. L'abandon du monde coutumier s'était accompagné d'une régression des capacités conceptuelles et créatrices. Loin d'imaginer cela, des générations de Néo-Hébridais assimilant conversion et éducation, se sont complues à singer quelques attitudes européennes persuadés qu'il s'agissait là d'une finalité.

5.3. LA CONCURRENCE FRANCO-BRITANNIQUE AU NIVEAU DE L'ENSEIGNEMENT

5.3.1. L'avance acquise par les Britanniques en matière ;ti- linguistique

Très longtemps, la présence française aux Nouvelles-Hébrides fut essentiellement de caractère économique, le travail des missions catholiques et protestantes ne revêtant aucun caractère officiel dans une république laïque. Les Britanniques n'ont toujours eu, au contraire, que très peu d'intérêts économiques, leur présence se faisait par l'intermédiaire de leurs missions. Il existait donc en quelque sorte un équilibre entre les influences des puissances administrant le Condominium. Les uns détenaient l'économique, les autres le spirituel.

A la suite de variations continuelles du prix du coprah et de l'effondrement des cours de certains produits tropicaux comme le café et le coton, beaucoup de planteurs, en difficulté, durent renoncer. Confrontés aux mêmes manques de main-d'oeuvre que leurs parents, les descendants des colons ayant perdu l'esprit d'entreprise et le goût du risque, se sont réfugiés dans l'administration condominiale. La disparition progressive des plantations entraîna une réduction du nombre des "sto". La colonisation française s'effaçait alors que l'influence des missions anglicanes et presbytériennes restait omniprésente.

L'influence française ne pouvait prétendre contre-balancer l'impact des missions protestantes anglophones qui groupaient, vers 1960, 70% de la population totale.

Ce que depuis quelques années l'on a coutume d'appeler "francophonie" s'est réduit très longtemps aux Nouvelles-Hébrides à la population européenne et aux missions, essentiellement catholiques. La mission protestante de Nouvelle-Calédonie n'a commencé ses activités dans le Condominium néo-hébridais que vers 1950.

5.3.2. Les systèmes d'enseignement catholique et protestant français

Il ne s'agit pas dans ce paragraphe de faire une description exhaustive de ces systèmes d'enseignement mais d'indiquer les caractéristiques qui ont eu une incidence directe sur la situation linguistique de l'archipel.

La plupart des écoles primaires catholiques étaient construites près des missions, jamais très loin des villages d'origine des élèves. Prenant leurs repas au village, les élèves restaient en contact étroit avec leur communauté d'origine. La langue utilisée pour les jeux et les communications à l'extérieur de l'école était la langue maternelle. Le français limité à l'école était la langue servant à l'alphabétisation et aux échanges entre enseignants. Dans un tel contexte, le Bislama(n) ne se justifiait pas et n'était appris qu'au cours de l'adolescence.

Les meilleurs éléments de ces écoles villageoises étaient envoyés à Port-Vila ou à Luganville où ils poursuivaient la fin de leurs études primaires. Là, au contact d'élèves d'origines diverses, ils utilisaient le pidgin, plus facile à manier que le français. Ne groupant qu'un quart de la population de l'archipel, l'église catholique n'a jamais eu assez d'élèves dans l'enseignement secondaire pour ouvrir un collège. Les meilleurs élèves étaient envoyés en Nouvelle-Calédonie afin d'y poursuivre leurs études secondaires.

Les écoles primaires protestantes installées sur les îles de Malakula et d'Espiritu Santo furent toujours construites près des communautés villageoises, ce qui, à nouveau rendait l'usage du pidgin inutile. Arrivés fort tard dans l'archipel les missionnaires de l'église réformée se sont établis là où il y avait encore une action missionnaire à mener sans entrer en concurrence avec les missions déjà en place. Ces missions furent souvent bâties dans des endroits isolés, difficiles à atteindre comme le nord-ouest Malakula ou le sud d'Espiritu Santo. Malgré ces conditions défavorables, le nombre des cadres néo-hébridais formé dans ces écoles apparaît relativement important. Plusieurs causes nous semblent être à l'origine de cette relative réussite scolaire.

1° L'éthique protestante qui, comme Max Weber (1904) et Alain Peyrefitte (1976) l'ont montré, favorise l'étude et la recherche de l'efficacité.

2° Les moniteurs (enseignants) des écoles protestantes étaient souvent des Mélanésiens originaires de Nouvelle-Calédonie. Tous parlaient plus couramment le français que leurs collègues néo-hébridais qui, malgré de bonnes connaissances théoriques, manquaient de pratique quant à la langue parlée.

3° Les jeunes Mélanésiens qui arrivèrent dans les écoles protestantes à partir de 1950 purent voir qu'il existait des églises et des écoles et que l'éducation se présentait sous deux formes : l'une religieuse, l'autre profane. Evitant ainsi la confusion décrite en 5.2, les élèves des écoles protestantes ne se sont pas contentés de connaissances religieuses superficielles.

A partir de 1960, le gouvernement français entreprit un vaste programme de construction d'écoles laïques afin de pallier la sous-représentation francophone dans le pays.

5.3.3. Les écoles françaises laïques

Ce n'est qu'après la seconde guerre mondiale, comme nous l'avons précédemment indiqué, que l'on commença à faire une instruction orientée vers des buts autres que purement religieux. Ce changement d'optique fut d'abord l'oeuvre des missions, puis, peu à peu, les gouvernements se chargèrent de l'enseignement qui devint ainsi de plus en plus laïc. Représentant un état laïc, le gouvernement français et ses représentants ne pouvaient que fournir une aide officieuse très limitée aux écoles des missions francophones. L'extension de la francophonie ne pouvait se faire que par l'intermédiaire d'écoles laïques dépourvues de toute attache religieuse.

5.3.3.1 Extension de la francophonie, conditions générales

Elle est liée à la philosophie politique qui prévalait en France vers 1960.

Après le référendum de 1958, qui avait permis à tous les territoires de l'ancienne Union Française de se prononcer sur leur avenir, les territoires français du Pacifique, Nouvelle-Calédonie et dépendances, Polynésie française, Wallis et Futuna optèrent pour le statut de Territoires d'outre-mer. A cette époque, les gouvernements français sous la direction du général De Gaulle cherchaient à assurer, partout où cela semblait possible, le rayonnement de la culture française. C'est à partir de ces territoires que devait se faire sentir la présence française et en particulier aux Nouvelles-Hébrides condominium franco-britannique.

Cette politique d'offensive culturelle coincida avec l'arrivée aux Nouvelles-Hébrides de fonctionnaires de la France d'outre-mer qui, après l'indépendance des états africains, trouvaient dans le Condominium un moyen de terminer leur carrière sans intégrer l'administration métropolitaine. Souvent plus dynamiques que leurs prédécesseurs qui étaient "oubliés" dans les îles, ils reçurent les moyens financiers pour assurer le triomphe de cette politique.

5.3.3.2 Les problèmes d'installation de ces écoles laïques

Les administrateurs français devaient persuader les populations autochtones de l'intérêt d'avoir une école publique française. Pour ce faire, il fallait rassurer les populations, leur montrer que la fréquentation de l'école ne signifiait pas un renoncement à la religion à laquelle ils appartenaient. Ayant toujours associé "école" et "église", il était difficile aux Néo-Hébridais de dissocier maintenant les deux. Chez les adventistes, les anglicans, les presbytériens la Bible et les livres de prière existaient avant tout en anglais. Comment les enfants alphabétisés en français pourront-ils accéder à l'enseignement des pasteurs ? Envoyer les enfants à l'école française n'est-ce pas affaiblir d'autant la communauté religieuse ? Autant de questions que se posèrent les "mama" (pasteurs) anglicans, les "elda" et "pasta" presbytériens. L'opposition de ces cadres religieux était quasi générale. Ayant appris, au cours de leurs formations, à haïr les Français sans les connaître, ils ne pouvaient qu'être hostiles à ces écoles qui allaient leur ôter la main-mise sur une partie de la jeunesse.

Les enseignants des écoles anglaises, en particulier des écoles presbytériennes étaient hostiles aux écoles françaises, moins parce qu'on leur avait appris à se méfier des Français que parce que certains d'entre eux étaient payés par les parents d'élèves. En leur retirant des élèves, l'école française diminuait leurs salaires.

Les administrateurs britanniques ne pouvaient qu'être hostiles à ces écoles que leurs homologues français cherchaient à implanter dans les zones d'influence britannique traditionnelle.

De plus, pour chaque école, il fallait trouver un terrain et là, la méfiance des Mélanésiens était encore plus grande : les Français ne s'étaient-ils pas appropriés dans certaines îles une grande partie des terres ancestrales ?

5.3.3.3 Les atouts des écoles laïques

Devant cette conjonction d'éléments hostiles, les administrateurs français ont agi, avec les moyens dont ils disposaient, en profitant de circonstances locales fortuites.

Ainsi, les dernières populations qui s'étaient refusées à toute soumission religieuse pouvaient envoyer leurs enfants dans les écoles du "capman" (administrateur). Quelques petits "manbus", montagnards non christianisés ont ainsi pu être alphabétisés. Les mouvements politiques prônant un retour à la coutume, rejetant du même coup les croyances religieuses occidentales, comme le Nagriamel, le mouvement John Frum, acceptèrent peu à peu des écoles publiques françaises.

Cette neutralité religieuse fut surtout un atout essentiel vis à vis des populations déjà christianisées. Mais dans ce dernier cas, les écoles françaises entraient en concurrence avec les écoles des missions anglophones, missions où l'enseignement était payant. Ce fut bien souvent la gratuité de l'enseignement qui décida les parents d'élèves à envoyer leurs enfants à l'école française. Dans les villages les plus hostiles à la présence française, les veuves démunies de ressources, les pères de famille nombreuse furent autorisés par les autorités religieuses locales à inscrire tout ou partie de leurs enfants à l'école française. Des élèves renvoyés de l'école anglaise vinrent également grossir les rangs des écoles françaises.

Alors que les écoles britanniques étaient payantes, les élèves fréquentant les écoles publiques françaises étaient nourris et partiellement habillés.

Les internats requéraient la présence d'un cuisinier, d'un manoeuvre, d'un maître d'internat, il s'agissait d'autant de créations d'emplois. Ces Néo-Hébridais mettaient bien sûr leurs enfants à l'école où ils travaillaient. Bien payés, beaucoup prenaient en charge leurs neveux et nièces assurant leur éducation comme le veut souvent la coutume néo-hébridaise.

Nés dans le condominium, beaucoup de Néo-Hébridais observaient impassibles les péripéties de la "guéguerre" que se menaient les deux puissances de tutelle. Afin de s'assurer toutes les chances pour l'avenir, on envoyait la moitié de ses enfants chez les Britanniques, l'autre moitié chez les Français. Cet esprit condominial prévalait surtout dans les familles mélanésiennes vivant près de la capitale Port-Vila.

Les rivalités entre chefs coutumiers, entre villages, permirent parfois l'installation d'une école. C'est alors toute la population en âge d'être scolarisée qui était alphabétisée en français. En cédant du terrain pour l'installation d'une école, le chef s'assurait un prestige personnel, il avait son "école". Son village sortait de l'anonymat, les bateaux devaient venir régulièrement pour ravitailler l'internat ou pour apporter des matériaux divers.

Parfois une communauté villageoise demandait une école française parce qu'elle jugeait que le pasteur était trop lié au chef d'un village traditionnellement rival.

Afin de se venger d'un administrateur britannique que l'on jugeait avoir honteusement favorisé un village proche, on fermait l'école anglaise et l'on demandait l'ouverture d'une école française pour la rentrée suivante.

Certaines écoles ont été créées parce qu'un planteur, étant entré en grâce auprès de l'administrateur français local, cédait du terrain, gardant ainsi ses enfants près de lui leur évitant l'internat à Luganville ou à Port-Vila.

Il serait vain de chercher des raisons générales valables pour toutes les créations d'écoles, trop de facteurs historiques, sociaux, individuels furent à l'origine de chaque école nouvelle.

L'ouverture des écoles de brousse fut grandement facilitée par la présence des Volontaires Assistants Techniques. Ces jeunes français coopérants devaient, en plus de la bonne marche de l'école et de l'internat, entretenir des rapports constants avec les parents d'élèves. Ces échanges se firent toujours par l'intermédiaire du Bislama(n). Toute une génération de coopérants français maîtrisa parfaitement le pidgin.

5.3.4. Le recrutement scolaire et ses conséquences linguistiques

Volontairement nous avons montré dans le paragraphe précédent combien pouvaient être variées et inattendues les motivations amenant au choix d'un système d'enseignement.

Bien souvent, dans un village, le nombre des enfants que les parents destinaient à l'école française était insuffisant pour permettre l'ouverture d'une école. Parfois, aucun terrain n'était concédé pour une éventuelle construction scolaire. Tous ces groupes d'enfants originaires de villages différents étaient scolarisés dans les établissements scolaires possédant un internat. Les écoles de Norsup, Lamap, Rensari sur Malakula ont groupé très longtemps plusieurs centaines d'élèves originaires d'îles aussi éloignées que Pentecôte, Ambrym, Paama, Epi. Le même phénomène se produisait pour les écoles de Bao Fatu sur Efate, Isangel sur Tanna etc.

Ces enfants parlant des langues très différentes, les connaissant mal à cause de leur jeune âge, se trouvaient réunis dans un milieu linguistique étranger. Les différences linguistiques entre leurs langues maternelles parlées dans des aires géographiques éloignées les unes des autres rendaient impossibles la compréhension et l'apprentissage d'un parler particulier. Pour ces enfants "détribalisés", le Bislama(n) devenait une nécessité tant pour les échanges entre groupes d'élèves que pour les dialogues avec l'extérieur. Ne parlant pas encore français, les petits apprenaient le pidgin de la bouche des plus grands. C'est en Bislama(n) qu'ils s'adressaient au cuisinier, au manoeuvre, aux habitants des villages environnants.

Nous n'hésiterons pas à affirmer que ce système d'internat a été un élément essentiel pour la propagation du Bislama(n).

Pourtant dans ces écoles, au sein desquelles nous avons enseigné de 1970 à 1972, l'usage du Bislama(n) était interdit, les élèves étaient tenus de parler français. L'emploi des langues mélanésiennes, appelées en français local "le langage" (de l'anglais *language*) était également banni. Ces tentatives de francisation amenaient les jeunes Mélanésiens à éviter l'usage de leur langue et à se détacher de leurs cultures. Le résultat immédiat était que ces jeunes Mélanésiens apprenaient le pidgin beaucoup plus jeunes que ne l'avaient fait leurs parents.

L'inconvénient majeur de ces internats était qu'ils "détribalisaient" les enfants. Les plus jeunes y arrivant à l'âge de quatre ans parlaient à peine leur langue maternelle et ignoraient tout des coutumes de leurs ancêtres. Placés en internat, ils ne pouvaient se familiariser avec la vie villageoise et apprendre les travaux traditionnels. Nourris, logés, sans attache culturelle véritable, ces élèves prenaient vite des habitudes d'assistés. A la fin de leurs études, tous préféraient aller chercher fortune en ville plutôt que de travailler aux jardins comme leurs pères. Beaucoup étaient trop occidentalisés pour vivre dans les zones rurales et pas assez pour obtenir sûrement un emploi en ville. Ces écoles à internat et à recrutement extérieur ont tendance à disparaître, remplacées par des écoles locales à cycle d'études primaires complet.

Ces écoles, corps étranger au monde mélanésien ne trouvent leur justification que dans le contexte socio-historique de concurrence scolaire. Elles ont permis de rattraper numériquement l'enseignement britannique.

5.3.5. L'unité de l'enseignement francophone

Après avoir été pendant plus de 80 ans, la seule institution à dispenser un enseignement en français, la mission catholique, devant un manque croissant de moyens en matériel et en personnel, demanda la prise en charge de ses écoles par le gouvernement français. Il était pour le moins paradoxal de voir que les écoles catholiques, dans leur ensemble de tous temps francophones, ne recevaient aucune aide du gouvernement français ; alors que les enfants issus des missions anglicanes, presbytériennes et autres, scolarisés en français dans les écoles publiques étaient nourris, logés et partiellement habillés.

Un autre contrat d'association fut également signé par les écoles de l'église protestante de Nouvelle-Calédonie. L'enseignement français se trouva donc coiffé par une autorité unique, responsable des programmes et du personnel. Tous les enseignants néo-hébridais francophones allaient recevoir la même formation au sein du "Cours Normal" à Port-Vila.

Les écoles des missions reçurent alors du matériel didactique.

Elles alignèrent leurs programmes et leurs progressions sur ce qui se faisait dans les écoles publiques. Les conseillers pédagogiques vinrent aider, conseiller les moniteurs. A égalité de diplômes, ceux-ci recevaient un salaire identique à celui perçu par leurs collègues des écoles publiques.

Avec la disparition des inégalités entre enseignants néo-hébridais des différentes écoles, apparurent un esprit collectif, une conscience commune. Tous les enseignants autochtones étaient prêts à s'unir pour la défense de leur profession et par là de la langue française. Cette catégorie professionnelle allait jouer un grand rôle dans le débat linguistique et dans la vie politique de l'archipel en général.

5.3.6. L'enseignement britannique

5.3.6.1 Caractères généraux

Il n'a jamais été dans la tradition coloniale britannique d'imposer la langue anglaise aux populations locales. Après 1815, date de la prise de possession par la Grande-Bretagne, les habitants de l'île Maurice ou de l'archipel des Seychelles ont continué à parler français. A la suite de la guerre des Boers, l'afrikaans est resté la langue d'une grande partie de la population européenne d'Afrique du sud. Essentiellement préoccupés par le négoce, les Britanniques se souciaient peu d'enseigner leur langue à des populations qu'ils sentaient très différentes d'eux-mêmes. Certains verront là du racisme, l'anglais n'étant réservé qu'à une élite, les "natives" étant exclus. D'autres trouveront cette attitude réaliste et pragmatique. Elle serait la reconnaissance des différences entre colonisateur et colonisés, ces derniers ayant ainsi une identité propre.

Quelles que soient les motivations, la langue anglaise n'a jamais été sacralisée au sein du "colonial office". Elle a toujours été considérée comme un moyen aidant à communiquer avec les subalternes autochtones et non comme le véhicule d'une quelconque pensée ou culture.

Aux Nouvelles-Hébrides, comme dans les autres territoires de l'Empire britannique, l'enseignement primaire a été laissé à la charge des missions. Jouissant d'une autonomie complète, les missions presbytériennes, anglicanes, adventistes fixaient les programmes, la progression des études qui leur semblaient souhaitable, même très longtemps, la langue à enseigner.

Cette extrême décentralisation rend difficile une appréciation d'ensemble de cet enseignement. Nous avons vu, au chapitre précédent quelle fut la politique scolaire de la mission anglicane à ses débuts. Nous allons résumer maintenant l'action presbytérienne en la matière et voir l'influence qu'elle a eu sur l'avenir du pidgin.

5.3.6.2 Les écoles presbytériennes

De nombreuses petites écoles primaires construites par les communautés villageoises étaient installées dans les villages. Les bancs, les tables étaient fabriqués par les habitants. L'école ne se distinguait que par sa dimension des autres habitations aux murs de bambou tressé et aux toits de "natanggura" (7). Ces écoles étaient complétement intégrées à la vie villageoise, les enfants y apprenaient l'anglais et n'avaient besoin que de leur langue maternelle pour les échanges dans le village.

Les enseignants dans ces écoles primaires étaient tous autochtones. La plupart d'entre eux n'avait jamais reçu une quelconque formation pédagogique. Jusque vers 1960, payés par les parents d'élèves, sans contrôle et sans conseil, les maîtres des écoles presbytériennes se contentaient de résultats modestes. Egalement responsables religieux, ils se trouvaient satisfaits lorsque leurs élèves arrivaient à ânonner et à comprendre quelques phrases de la Bible écrites en anglais. Les moniteurs presbytériens formés dans leur île parlaient rarement couramment anglais.

Après la création en 1966 d'un centre de formation des enseignants autochtones, le "Kawenu college", des maîtres qualifiés furent envoyés dans les écoles et le niveau scolaire s'éleva régulièrement.

Les meilleurs élèves étaient dirigés vers une "district school" construite près d'un centre missionnaire où vivaient quelques Européens qui, éventuellement, enseignaient.

Après cette première sélection, les élèves poursuivaient donc leurs études hors de leur village natal. Les "district schools" ne se situant somme toute jamais très loin des communautés où les élèves avaient vu le jour, c'est la langue des villages environnant l'école qui était utilisée comme *lingua franca* de préférence au Bislama(n). Cette langue restant assez proche de leur langue maternelle, les élèves l'apprenaient sans peine. Les "district Schools" presbytériennes de par leur caractère régional limité ont favorisé l'extension de certains idiomes locaux les amenant à jouer le rôle de langues véhiculaires régionales. L'aulua au sud-est de Malakula, le senesip au sud-ouest, le nguna dans le centre de l'archipel et, dans une moindre mesure, le tanggoa à Espiritu Santo, le lonwolwol au Nord-Ambrym jouèrent ce rôle de parlers véhiculaires régionaux.

L'usage du Bislama(n) aux Nouvelles-Hébrides est donc lié à une certaine distance géographique et par là à une différenciation linguistique minimum, sans cela ce sont les langues locales qui s'imposent comme parlers véhiculaires. Ayant eu un rayon d'action beaucoup plus grand que les "district schools" presbytériennes, les écoles publiques françaises ont beaucoup plus favorisé l'usage du Bislama(n).

5.3.6.3 Les écoles britanniques de la diversité à l'unité

Le système d'enseignement britannique n'eut très longtemps comme unique dénominateur commun que la langue enseignée : l'anglais. Chaque mission livrée à elle même dut lutter pour maintenir un enseignement en dépit d'un manque croissant de crédits.

Les fluctuations des cours du coprah, principal revenu des familles mélanésiennes, privaient les écoles de tout moyen financier, lorsque les cours étaient très bas.

Le dynamisme de l'enseignement français, son extension étaient une menace pour l'ancienne suprématie anglophone. Afin d'éviter d'être dépassée en matière d'enseignement, l'administration britannique a dû passer outre à sa tradition coloniale qui voulait que l'éducation soit à la charge des populations locales. L'éducation des Mélanésiens du Condominium des Nouvelles-Hébrides allait coûter au contribuable britannique.

En 1973, tout l'enseignement missionnaire britannique passait sous le contrôle de la "British Residency". L'éducation britannique connaissait un renouveau, les programmes étaient unifiés et les méthodes d'enseignement améliorées, les idées politico-religieuses officiellement bannies.

Il existait, à partir de ce moment, deux systèmes d'enseignement nationaux unifiés. Un difficile problème d'équilibre entre ces deux systèmes complètement indépendants allait se poser.

5.4. L'ÉDUCATION, ÉTAT PRÉSENT

5.4.1. Deux systèmes d'enseignement aux buts et aux philosophies différentes

Durant les quelque 70 années de fonctionnement du Condominium, les deux plus grandes puissances coloniales ont dû apprendre à se supporter, à admettre un minimum de collaboration pour toutes les affaires communes. Pour celles restant du ressort exclusif des gouvernements nationaux, chacun a appliqué l'esprit et les méthodes qui étaient les siens dans les autres territoires qu'il administrait.

Empruntant le même chemin, chaque gouvernement du condominium réglait son pas à sa guise, les uns marchant obstinément à gauche, les autres se maintenant complètement sur la droite, aucune rencontre ne semblait possible sans l'intervention d'un tiers qui viendrait entraver leur route.

L'enseignement faisait partie de ces domaines soumis unilatéralement à l'une des puissances tutélaires et chaque système éducatif s'est développé complètement indépendamment de l'autre.

5.4.1.1 Le système d'enseignement britannique pyramidal et élitiste

La prise en charge par le gouvernement britannique de toutes les écoles de langue anglaise n'a pas changé fondamentalement le système mis en place par les missions. Le but de cet enseignement est de dégager une élite qui prendra en charge les destinées du pays. En instruisant une petite minorité, on évite des dépenses substantielles et l'on accélère le processus de prise en charge du pays par les "leaders" locaux.

Dans le Pacifique, comme ailleurs, le gouvernement britannique a cherché à se dégager de territoires trop coûteux. Après l'indépendance des îles Fiji en 1970, l'émancipation rapide des îles Salomon et des Nouvelles-Hébrides était envisagée et souhaitée. L'enseignement ne pouvait être que le reflet et l'instrument de cette politique.

Dans toutes les écoles primaires britanniques, anciennes écoles des missions, les élèves comme leurs aînés suivent un premier cycle de trois à quatre ans. Seuls, les meilleurs, sont appelés à poursuivre leurs études, les autres restent au village. Les conséquences de cette première sélection sont multiples.

1° Ces laissés pour compte savent en quittant l'école à peine lire et écrire couramment.

2° Au cours d'études aussi courtes dans un environnement essentiellement mélanésien, les connaissances acquises en anglais sont faibles et très vite oubliées.

3° Sur le plan social et économique, ce système favorise un étroit conservatisme religieux. Durant toute leur vie, ces enfants n'auront pour toute lecture que des textes religieux. Peu instruits, manquant d'esprit critique, ils accepteront la main-mise des anciens, responsables religieux, condamnant ainsi toute évolution.

4° Le seul avantage est que l'immense majorité des élèves ne se trouve pas déracinée. Ceux-ci continuent à apprendre la langue de leurs ancêtres et à vivre en zone rurale.

Les meilleurs élèves, plus fortunés, poursuivront leurs études, soit dans l'école du village soit dans l'école la plus proche offrant les niveaux requis. L'éloignement n'étant jamais très grand, l'élève comme ces condisciples des anciennes "district schools" n'utilise que très rarement le pidgin.

Après six ou sept ans, les meilleurs, s'ils habitent les îles, partent pour les "junior secondary schools", anciennes écoles secondaires des missions.

La mission anglicane avait construit une école secondaire à Vureas sur l'île d'Aoba, la mission "church of christ" en possédait une à Ranwadi sur l'île de Pentecôte. Dans ces écoles, comme dans les écoles publiques françaises ayant un internat, des élèves parlant des idiomes très différents étaient réunis, une *lingua franca* s'imposait. Alors que tous leurs parents et grands-parents pouvaient s'exprimer en mota, langue dans laquelle ils avaient été alphabétisés, les enfants de l'église anglicane maintenant alphabétisés en anglais préfèrent utiliser le Bislama(n). Le Bislama(n) était également la *lingua franca* des écoles secondaires "church of christ" et "seven days adventists".

La mission presbytérienne envoyait ses meilleurs élèves du primaire dans leur école secondaire construite sur l'île d'Efate "Onesua High School". Là encore, des élèves de communautés linguistiques éloignées étaient réunis, l'usage du pidgin devenait nécessaire. Alors que dans l'enseignement public français le Bislama(n) était appris par tous dès l'école primaire, longtemps dans l'éducation britannique, le besoin d'une *lingua franca* ne s'est pas fait sentir avant le niveau secondaire.

Après le contrôle de l'ensemble de l'enseignement par le gouvernement britannique, il s'en est suivi une plus grande mobilité des enseignants. Autrefois, chaque maître enseignait dans son village ou dans les villages proches, les langues vernaculaires étaient seules employées pour les rapports avec les parents d'élèves et le reste de la population. Maintenant envoyés dans des postes très éloignés de chez eux les moniteurs n'ont d'autre recours que l'emploi du Bislama(n).

Au sommet de l'enseignement britannique se situe le collège secondaire britannique, appelé jusqu'en 1977 "British Secondary School", aujourd'hui "Malapoa College". Après trois sélections successives, les enfants nés dans les îles peuvent être admis dans cet établissement. Ces élèves parlant tous correctement l'anglais peuvent utiliser cette langue entre eux, concurremment avec le pidgin. A l'extérieur du collège, le Bislama(n) reste l'unique moyen de communiquer avec les francophones et les autres communautés linguistiques.

5.4.1.2. Le système d'éducation français, un système d'enseignement de masses longtemps assimilateur

Alors que tous les gouvernements britanniques successifs s'étaient fixés comme objectif l'émancipation politique aussi rapide que possible de l'archipel, les gouvernements français les uns à la suite des autres atermoyaient, louvoyaient. Plusieurs raisons étaient à l'origine de cette indécision.

1° Les gouvernements français craignaient qu'un départ précipité de la France du Condominium n'entraîne des mouvements sécessionnistes dans les autres territoires français du Pacifique.

2° Le retard pris par les Nouvelles-Hébrides en matière scolaire interdisait, aux yeux des administrateurs français, une évolution rapide.

3° En n'accélérant pas, voire en freinant l'évolution politique, on assurait la formation de nombreux francophones et l'on faisait disparaître le retard pris sur les britanniques en matière d'éducation.

Jusqu'en 1974, les vieux démons assimilateurs de l'école française étaient de rigueur. Ils sévissent encore parfois aujourd'hui chez certains instituteurs métropolitains qui nient encore l'existence d'une culture mélanésienne.

Alors que les Britanniques considèrent les différences entre les races et les cultures comme évidentes, les Français les nient par esprit d'égalité. Selon cette dernière démarche, supprimer les différences reviendrait à mettre les hommes sur un même plan. En généralisant l'éducation, en faisant la même pour tous, on créerait un monde égalitaire. Malheureusement, cet élan généreux directement hérité de la révolution française et repris par la IIIe République n'a jamais été appliqué dans son esprit. La réduction des différences entre colonisateurs français et colonisés ne s'est opérée qu'au détriment de la personnalité et des cultures autochtones. Ne devant plus être différents, les colonisés devaient être semblables, assimilés. Dans l'Empire français, seule la culture française était reconnue, enseignée, les colonisés se devaient de l'acquérir en oubliant leurs propres cultures s'ils voulaient accéder à un poste de responsabilité.

L'enseignement aux Nouvelles-Hébrides, comme dans les autres territoires de l'ancien Empire français, fut donc un enseignement de masses. Il s'agissait d'élever l'ensemble du niveau scolaire et d'alphabétiser un maximum d'enfants. Ce n'est que progressivement que l'on devait amener les meilleurs au niveau secondaire puis au supérieur. Les programmes, la progression des études étaient ceux pratiqués en France. Les enfants néo-hébridais n'étaient pas considérés comme "différents", malheureusement leurs langues, leurs cultures s'en trouvaient complètement ignorées.

Cette philosophie assimilatrice était d'autant plus déplacée dans le condominium néo-hébridais qu'elle ne pouvait trouver sa justification dans l'appartenance à la citoyenneté française : les accords franco-britanniques de 1906 révisés en 1914 stipulaient que les autochtones des Nouvelles-Hébrides ne pouvaient être ni citoyens français ni citoyens britanniques.

Cet esprit assimilateur alla jusqu'à revêtir des formes inattendues qui eussent été dramatiques pour la réinsertion des élèves dans le monde mélanésien, si elles n'avaient été de très courte durée.

En 1970, un inspecteur général de l'éducation nationale en visite à l'école française de Lamap n'apprécia pas la nourriture de l'internat. Il ordonna au Directeur de l'école de varier les menus et de remplacer le riz et les légumes locaux par des "steaks" aux lentilles, cassoulets et autres plats européens. En plus de former les esprits à l'occidentale, l'école se voyait confier l'éducation des palais mélanésiens. Après le départ de l'inspecteur et une première commande de cassoulet et autres plats préparés, le budget de l'école ne permit pas la poursuite de l'expérience et les élèves se virent proposer à nouveau des plats plus proches de leurs habitudes.

Au cours des dernières années, l'orientation a changé, le Bislama(n) reste *persona non grata* au sein du service français de l'enseignement. Mais l'ancien Directeur de l'enseignement se déclarait résolument favorable à l'alphabétisation, au cours des deux ou trois premières années de scolarité, en langue autochtone(8). Reconnaissant enfin, que les Mélanésiens possèdent une langue et une culture, on considère que le français doit être enseigné comme une seconde langue. La langue française est alors un instrument servant à communiquer avec le monde extérieur et non un moyen d'aboutir à la pensée et au genre de vie des Français métropolitains.

Malgré ces déclarations d'intention favorables à un enseignement "localisé", ce n'est que lentement que l'enseignement "français" s'est dédouané de sa philosophie ancienne.

Puis, comme souvent dans les phases de décolonisation, l'administration française a changé brutalement de cap, le nouveau Directeur de l'enseignement s'efforce d'intégrer écoles et lycée dans le contexte socio-culturel néo-hébridais.

En 1978, l'enseignement primaire "français" passait sous contrôle du gouvernement néo-hébridais. Ce transfert de responsabilités, très important d'un point de vue politique, allait peu changer les données du problème linguistique puisque le contenu même de l'enseignement et les langues enseignées restent inchangés.

5.4.2. Fin du retard néo-hébridais en matière d'éducation

Comme dans de nombreux autres domaines, la concurrence franco-britannique a été bénéfique au pays en dépit de la division de la jeunesse qui en a résulté.

5.4.2.1 Les apports de la concurrence franco-britannique en matière d'enseignement

Alors que les Nouvelles-Hébrides restent un pays en voie de développement, le taux de scolarisation que connait cet archipel est celui des pays économiquement développés. En 1977, 26.000 enfants néo-hébridais étaient scolarisés, soit plus d'un habitant sur quatre. La politique française de construction d'écoles visant un équilibre entre anglophones et francophones a entraîné le gouvernement britannique à faire un effort budgétaire considérable. Sans cela les écoles seraient restées à la charge des missions qui auraient eu de moins en moins les possibilités d'alphabétiser une jeunesse sans cesse plus nombreuse.

Sans cette concurrence, l'enseignement français aurait continué à être assimilateur, ses méthodes seraient restées inchangées, mal adaptées au pays. Il aurait continué à former des gens à la personnalité mal définie, des métis culturels ethniquement mélanésiens mais intellectuellement français.

Sous l'influence des Britanniques dont l'enseignement était assuré presque entièrement par des autochtones, de plus grandes responsabilités ont dû être transférées aux maîtres locaux. Dans l'enseignement français, le remplacement des personnels enseignants européens par des maîtres autochtones a été accéléré à la suite de l'exemple donné par l'administration britannique concurrente.

5.4.2.2 La division linguistique du pays et les préjugés réciproques

Aujourd'hui, écoles anglophones et francophones se partagent la population scolaire des Nouvelles-Hébrides, chacun groupant environ 13.000 élèves. Cet équilibre que l'on pourrait penser providentiel, loin de rassurer, sème le doute dans chaque communauté linguistique qui craint pour son avenir.

Dans les deux paragraphes précédents, nous avons montré combien les deux systèmes d'enseignement divergeaient, tant au niveau des buts à atteindre que des méthodes employées. Issus de systèmes d'enseignement entièrement cloisonnés, les jeunes Néo-Hébridais ne peuvent qu'avoir des préjugés vis à vis de l'autre formation.

Les anglophones formés dans un système pyramidal élitiste ont conscience, en arrivant au sommet, d'avoir atteint un "haut" niveau d'éducation. Ce sentiment légitime s'accompagne d'une confiance en soi souvent surprenante, d'une croyance aveugle en la supériorité de l'éducation reçue.

Ces attitudes sont le résultat d'un processus de persuasion méthodique déjà ancien. On le rencontrait toujours dans les écoles des missions presbytériennes d'où sont issus nombre de "leaders" politiques anglophones actuels.

A l'école primaire, puis tout au long du cycle d'études, les maîtres se sont d'abord attachés à annihiler la timidité quasi maladive des jeunes Mélanésiens et ont cherché à les persuader de leurs grandes possibilités. Les succès très nombreux aux examens ne pouvaient que mettre en confiance les élèves qui, s'ils partaient en stage outre-mer, ne manquaient pas au retour de donner leurs impressions au service de la radio britannique. Selon la formule consacrée, l'élève terminait par ces mots :

> **kos ya i gud tumas**
> /cours/*dém.*/*mod.pers.*/bon/très/
> "ce cours était excellent"

Une très grande publicité a toujours été faite autour des succès de l'enseignement britannique, il fallait persuader les masses du "haut" niveau d'études atteint dans le pays.

Le fait de donner de l'assurance à la jeunesse mélanésienne aurait été fort louable s'il n'avait été accompagné d'une arrière-pensée politique : plus l'on persuaderait les Mélanésiens de leur capacité, plus vite ils demanderaient à prendre en mains leur destinée.

La progression du niveau d'éducation était directement soumise à d'égoïstes objectifs politiques, peu importait si le niveau général d'éducation devait en souffrir.

Encensés de la sorte, les jeunes anglophones ne pouvaient avoir que du mépris pour tout autre enseignement que celui qu'ils avaient reçu. Pour beaucoup d'entre eux, l'enseignement français ne pouvait être de qualité puisqu'il était gratuit. Dans leurs sociétés mélanésiennes où tout se troque mais rarement se donne, la gratuité ne pouvait être que suspecte. En 1977, nombreux étaient encore les anglophones de tous âges qui pensaient que l'enseignement français était dépourvu d'universités.

Très longtemps, au contraire, les francophones sont restés empruntés, réservés, le système d'enseignement conçu pour des français, les "étouffant" plus qu'il ne les mettait en confiance.

Depuis un certain nombre d'années, les maîtres des écoles confessionnelles ont cherché à donner une solide instruction aux enfants, l'éducation religieuse étant en plus. Les enseignants des écoles publiques se sont toujours refusés à inculquer aux élèves toute idée d'ordre politique et religieux. Aucune propagande n'a été faite à la radio et aucun propos n'a été tenu aux élèves qui auraient pu les libérer de leur timidité et de leurs complexes. Dans les écoles françaises, les jeunes Mélanésiens étaient sans cesse au contact d'Européens, ils étaient plus impressionnés par ce qu'il leur restait à apprendre que par ce qu'ils avaient déjà appris.

Ayant plus acquis une instruction qu'une éducation, les jeunes francophones ne croyaient nullement en une quelconque supériorité de leur formation qu'ils n'hésitent pas à critiquer à l'occasion. Ces jeunes disponibles et critiques ne dédaignaient pas leurs compatriotes sortis des écoles britanniques. D'ailleurs, ils n'avaient eu que peu d'occasions de se frotter à eux.

Entrés dans la vie professionnelle, les anciens élèves des écoles françaises ont eu bien souvent à supporter l'attitude condescendante de leurs collègues de travail anglophones.

Aussi compétents et efficaces que ces anglophones chargés de diplômes et pétris de suffisance, ils ont peu à peu appris à démystifier puis à mépriser l'enseignement britannique. Les préjugés du côté francophone sont devenus aussi nombreux et tenaces à l'égard de l'autre système d'enseignement que pouvaient être ceux des anglophones à leur égard.

Pour beaucoup de francophones, les Britanniques ne cherchaient qu'à flatter les Mélanésiens, alors qu'en fait ils les mépriseraient. Le mot Bislama(n) **switim** "flatter quelqu'un" est souvent employé pour dénoncer cette attitude.

Les nombreux diplômes britanniques n'auraient que peu de valeur, ils ne pourraient en aucune façon, être comparés aux diplômes délivrés en France ou en Grande-Bretagne. Le fait que les fonctionnaires britanniques envoient leurs enfants faire leurs études en Grande-Bretagne ne fait que renforcer cette conviction.

Pour les francophones les plus critiques, l'enseignement britannique serait un enseignement de second ordre réservé aux "boys".

Conclusion. Alors que cet ouvrage est consacré surtout à l'étude du Bislama(n), dans ce chapitre, ce n'est qu'incidemment qu'il y a été fait référence. Le Bislama(n) a toujours été exclu de l'enseignement. C'est bien involontairement que l'on a mis en place des structures qui, parfois ont eu une incidence sur la vie du pidgin dans le pays.

Chaque système d'enseignement a été un succès dans la mesure où il a atteint les buts qu'il s'était fixés. Ce succès eût été complet si ces deux systèmes d'enseignement divergents n'avaient été mis en oeuvre dans un seul et même pays.

Du système britannique sont sortis beaucoup de cadres autochtones. Le système français a élevé le niveau scolaire général, beaucoup d'enfants quittent l'école en parlant correctement français.

Le succès de l'éducation aux Nouvelles-Hébrides est malheureusement source de divisions et d'affrontements, il aurait fait naître deux groupes antagonistes l'un anglophone, l'autre francophone.

Bien qu'une telle division soit regrettable, on ne peut que l'opposer aux 80 îles qui composent le pays, à la douzaine de religions qui se disputent les croyances et aux 120 parlers locaux qui existent encore. Si le pays se divise aujourd'hui en deux factions numériquement équilibrées, on ne peut qu'en conclure qu'un net progrès vers l'unité a été réalisé.

Nous avons volontairement juxtaposé les deux systèmes d'enseignement car nous avons depuis longtemps renoncé à les comparer, les défauts de l'un étant les vertus de l'autre et vice versa. De plus des mots comme "anglophone", "francophone" ne revêtent pas la même signification pour un Britannique que pour un Français. Trouver une équivalence exacte entre les diplômes revient à résoudre le problème de la quadrature du cercle. Les Français ont développé un important enseignement technique, les Anglais ont ignoré cet aspect de l'enseignement. Peut-être s'agit-il là du seul domaine où élèves anglophones et élèves francophones sont appelés à se côtoyer prochainement, l'usage du Bislama(n) s'en trouvera renforcé.

Lors d'une visite aux Nouvelles-Hébrides en août 1978, M. Paul Dijoud, Secrétaire d'Etat aux Départements et Territoires d'outre-mer a décrit la division linguistique en ces termes :

> Et nous avons bâti ici, au fond, deux peuples, francophone et anglophone, là où évidemment il n'aurait fallu ne développer qu'un coeur.

Personnellement, nous ne pensons pas que la division soit aussi profonde, avant d'être anglophones, francophones, les Néo-Hébridais sont avant tout mélanésiens. Leur environnement, leurs travaux, leur mode de vie ne peuvent que les ramener à cette identité.

La division linguistique est amplifiée par les leaders politiques actuels. Tous influencés par leurs missions respectives, souvent aujourd'hui responsables religieux, ils transposent sur le plan linguistique des querelles religieuses dépassées datant du siècle dernier. L'appartenance à une confession ne signifie plus depuis longtemps l'alphabétisation dans une langue donnée.

La querelle linguistique est le fait d'une génération. Les jeunes Néo-Hébridais, ceux ayant 20 ans et moins ont été instruits dans des systèmes d'enseignement où les connaissances religieuses ne priment plus sur l'ensemble du savoir dispensé ; ils possèdent une formation plus solide que leurs aînés. Ayant beaucoup plus voyagé, s'étant frottés aux autres confessions, ils ont acquis une maturité et une tolérance qui faisaient et font encore gravement défaut à la génération précédente.

Au moment où le "vanuaaku paty", parti anglophone, prévoyait dans son programme de gouvernement la suppression des écoles françaises après l'indépendance, un sondage fait parmi les élèves de l'école secondaire britannique montrait que plus de 80% des élèves étaient pour le maintien des deux langues officielles dans le pays. Aux Nouvelles-Hébrides, la sagesse et la pondération viennent souvent de la jeune génération qui a su s'instruire tout en gardant sa personnalité ... heureusement l'avenir lui appartient.

6. LE BISLAMA(N) ET LES ADMINISTRATIONS

Dans ce chapitre, nous allons nous appliquer à montrer ce qu'il faut entendre par "administration" dans le système néo-hébridais de gouvernement, chaque "administration" ne réservant pas la même place au pidgin, sujet principal de notre étude.

6.1. DE L'ANARCHIE A L'ORDRE CONDOMINIAL

6.1.1. La «traite» et l'anarchie politique

Comme il fut indiqué dans le chapitre précédent, les Nouvelles-Hébrides ont été soumises, durant la majeure partie du 19e siècle, à la "loi" de trafiquants et d'aventuriers sans vergogne. L'arrivée des missionnaires et des colons, gens qui devaient s'entendre et cohabiter avec les autochtones, allait créer des problèmes que l'absence d'administration laissait sans solution. La France cherchait à défendre l'intérêt de ses nationaux : missionnaires et colons. Les excès des "blackbirders" ne pouvaient qu'entraver l'action de ces deux catégories d'émigrants. Après chaque exaction des "blackbirders", les populations indigènes devenaient hostiles ou pour le moins refusaient tout contact avec les Européens.

A la demande des colons français, deux postes militaires français furent installés en 1886, l'un à Port-Havannah, l'autre à Port-Sandwich. De violentes réactions s'élevèrent en Australie devant ce qui était interprété comme un début d'annexion. Le gouvernement anglais, peu enclin à prendre en charge l'administration de ces îles mais farouchement opposé à toute mainmise française sur cet archipel, ouvrit des négociations avec Paris. Le 16 novembre 1887, une commission navale mixte était mise sur pied, elle avait pour but de protéger les personnes et les biens des citoyens britanniques et français. Il s'agissait d'une protection surtout à l'encontre de citoyens australiens, à cette époque l'essentiel de la traite (blackbirding) se faisait au profit de l'Etat du Queensland.

6.1.2. L'instauration du Condominium

En même temps que la Grande-Bretagne était poussée par la mission presbytérienne à une prise en charge administrative de cet archipel, les gouvernements français se voyaient forcer la main au parlement par le groupe de pression des colons français liés à l'entreprise d'Higginson(9) qui, en 1882, racheta la plupart des terres des premiers colons anglais.

Tant du côté anglais que français, ce sont les intérêts privés qui infléchissaient les politiques coloniales ; les gouvernements n'étaient que très peu intéressés par ces îles.

A la suite des difficultés croissantes que rencontraient les nationaux des deux pays, la France et la Grande-Bretagne furent amenées à signer une convention en octobre 1906. Cette convention fixait les règles auxquelles se soumettaient les deux puissances pour administrer ce territoire. L'Administration du gouvernement du Condominium, encore à l'état embryonnaire, était née. Une violente opposition à ces accords apparut en Australie et toucha plusieurs états. La toute-puissance presbytérienne sur ces îles allait être contrebalancée par une autorité civile, britannique et française. Le premier ministre de l'Etat de Victoria en personne s'étonna d'une phrase jugée tendancieuse concernant la mission presbytérienne prononcée par le représentant de sa "Gracieuse Majesté" Sir Everard im Thurn. Loin de se déjuger, ce dernier résuma ces protestations diverses en ces termes :

> Je ne suis pas sans compatir à leur regret de voir le pouvoir administratif leur échapper (cité par P. O'Reilly, 1958, p.185)

En plus du contrôle administratif qui lui échappait officiellement, la hiérarchie presbytérienne voyait le Royaume-Uni reconnaître les "droits" français sur les Nouvelles-Hébrides. L'avenir bilingue de cet archipel était scellé au grand regret d'une large partie de l'opinion australienne.

En 1914, un protocole venait confirmer le caractère mixte du territoire qui se trouvait placé sous l'influence conjointe de la France et de la Grande-Bretagne.

6.2. TROIS CORPS ADMINISTRATIFS EN UN SEUL ET MEME PAYS

La Convention de 1906 et le protocole de 1914 devaient amener à un *modus vivendi* entre la France et la Grande-Bretagne. Au départ, en 1906, le but était de pallier l'absence de juridiction sur les autochtones des Nouvelles-Hébrides et de résoudre les conflits fonciers qui existaient entre colons français et anglais. Ces accords limités au seul domaine juridique, qui faisaient du Tribunal Mixte l'élément central de ce compromis politique, devaient être étoffés, diversifiés. Peu à peu apparut un véritable gouvernement condominial avec toutes les branches administratives que nécessitait la gestion d'un territoire de cette dimension.

L'Administration Conjointe du territoire comprenait une Administration française, service national devant connaître des affaires concernant ses nationaux et des affaires purement nationales, une Administration anglaise ayant les mêmes attributions puis une Administration Condominiale qui se voyait attribuer tous les domaines d'intérêts locaux ou communs aux deux pays cosignataires.

Les affaires religieuses et l'éducation furent considérées comme dépendantes des services nationaux ainsi que la santé. Les Missions étant déjà fortement implantées et orientées politiquement, il eût été difficile de les soumettre à une autorité conjointe. D'ailleurs, il eût été impossible de soumettre l'officielle "anglican church" à un contrôle même partagé par une quelconque autorité française. Les accords établissant le Condominium n'ont fait qu'entériner une situation de fait, la division linguistique était déjà établie. Le fonctionnement de chaque corps administratif ne devait cependant pas réserver la même place aux langues officielles et concéder le même statut de fait au pidgin Bislama(n).

6.2.1. Les administrations nationales et le pidgin

La place du Bislama(n) dans les Administrations Nationales du Condominium resta toujours très modeste. Plusieurs facteurs en sont la raison.

Jusqu'à un passé récent, les Mélanésiens étaient très peu nombreux dans les deux Résidences, surtout à la Résidence de France où l'on a beaucoup tardé à confier des responsabilités aux autochtones. De plus, lorsqu'ils étaient recrutés, les Mélanésiens parlaient déjà couramment l'une des deux langues officielles. Ils se trouvaient en présence d'administrateurs qui, tous issus de "l'école de la France d'Outre-mer" pour les français et du "colonial office" pour les Britanniques, se souciaient peu d'apprendre, pour quelques années, un parler véhiculaire qui ne leur serait d'aucun secours ailleurs. Dans les Administrations centrales à Port-Vila, le Bislama(n) ne fut jamais en usage, l'anglais et le français servaient comme langues de travail. Ce n'est que depuis quelques années que les nombreux Mélanésiens de la Résidence britannique conversent parfois entre eux en pidgin. Leurs supérieurs britanniques se sentant peu concernés par le problème linguistique et ne voulant pas entamer la confiance que les Mélanésiens ont en eux-mêmes, ne cherchèrent jamais à mettre en cause cet usage du pidgin au sein de l'Administration.

Les Administrateurs délégués dans les îles se sont toujours trouvés constamment au contact des Mélanésiens. Ce n'était pas le cas de leurs collègues de la Capitale où les ressortissants de chaque nationalité pouvaient se grouper.

Les Administrateurs britanniques ont toujours eu d'énormes difficultés à s'accoutumer à une phonétique nouvelle pour des mots pidgin qu'ils reconnaissaient comme étant d'origine anglaise. Très rares sont les Britanniques nés hors des Nouvelles-Hébrides qui manient le pidgin avec aisance, en ne le considérant pas comme un anglais déformé. En 1975, nous n'en connaissions que deux, l'un était Administrateur adjoint à Lakatoro, Malakula, l'autre représentant britannique dans la circonscription des îles du Sud.

Les Administrateurs français n'éprouvant pas les mêmes difficultés que leurs homologues britanniques auraient pu s'exprimer plus facilement en Bislama(n). En 1970, seulement deux Administrateurs français ne faisaient généralement pas appel à un interprête pour converser avec les autochtones et utilisaient le pidgin chaque fois que son emploi permettait l'intercompréhension.

Par contre, tous les agents locaux des administrations nationales, qui ont à traiter directement avec les populations, utilisent le pidgin autant que faire se peut. Ce sont les Adjoints administratifs mélanésiens, la police. Dans certains services nationaux spécialisés tels que les services de santé ou dans une moindre mesure l'enseignement, le Bislama(n) s'avère indispensable aux rapports entre fonctionnaires et Néo-Hébridais. Les médecins français des hôpitaux de brousse, les soeurs sont pratiquement obligés de savoir le pidgin pour faire un diagnostic sur des patients qui bien souvent ignorent le français et l'anglais. La même obligation s'imposait aux quelques "sisters" presbytériennes qui vivaient encore dans les îles il y a peu de temps.

Durant la période que nous avons intitulée "époque du recrutement scolaire", les instituteurs métropolitains avaient des contacts constants avec les populations envoyant des élèves à l'école.

Dans les Administrations nationales, l'emploi du pidgin était en général inversement proportionnel à l'échelon occupé dans la hiérarchie administrative, cette tendance n'est jamais apparue aussi nettement dans l'Administration condominiale.

6.2.2. L'administration condominiale

Lorsque furent signés les textes établissant le Condominium, tous les domaines d'intérêt commun comme les douanes, la santé publique, les travaux publics et les transports, les postes, l'agriculture, la topographie, les mines furent des domaines soumis à une administration mixte franco-britannique. Au fur et à mesure que se modernisait le territoire, de nouveaux services furent créés au sein de cette Administration condominiale. Ainsi furent adjoints les services de la radio, de la météorologie, de l'aviation civile.

A la tête de ces services condominiaux se trouvait un chef de service, fonctionnaire d'une des deux puissances administrantes, son adjoint appartenait à l'autre nationalité. Dans chaque service était instauré, au moins au sommet, un bilinguisme de fait. La plupart des employés subalternes, dans ces différents services, furent et sont encore des Néo-Hébridais. Nous entendons par Néo-Hébridais, tous les gens nés aux Nouvelles-Hébrides sans distinction ethnique. Beaucoup de descendants des premiers colons, européens ou métis sont entrés dans l'Administration Condominiale (voir 5.3.1), ils y côtoient nombre de compatriotes mélanésiens. Formés tantôt à l'école anglaise, tantôt à l'école française, tous ces Néo-Hébridais préfèrent souvent se parler en Bislama(n) plutôt que d'employer une seconde langue officielle qu'ils sont censés comprendre mais qu'ils maîtrisent souvent mal. Ainsi au sein de l'Administration du Condominium le Bislama(n) reste un parler inter-ethnique. Comme langue véhiculaire, il s'y trouve en concurrence avec les deux langues officielles.

La plupart des agents condominiaux, tels que les géomètres, les infirmiers, les agents de l'agriculture, des travaux publics etc., au cours de leur travail sont en contact quotidien avec des Néo-Hébridais de toutes origines, le Bislama(n) reste alors le seul moyen d'être à peu près compris.

6.3. LES POLITIQUES CULTURELLES ET LINGUISTIQUES

Dans ce paragraphe, nous allons essayer de cerner les politiques culturelles des deux gouvernements. Nous tenterons de définir ce qu'il faut entendre par culture dans le contexte néo-hébridais et nous préciserons la place qu'y tient le pidgin.

6.3.1. Le terme bislama(n) kastom

Dans ce pays où plus de 95% de la population se rattache aux cultures mélanésiennes, la mosaïque culturelle et par là linguistique qui compose l'archipel n'a jamais été, par le passé, réellement prise en compte. On ne s'intéressait incidemment aux cultures autochtones que dans la mesure où elles favorisaient ou gênaient une politique donnée.

Pourtant depuis de nombreuses années, les communautés autochtones affirment leur identité et défendent leur spécificité face à l'extension plus ou moins insidieuse de la civilisation européenne. Cette "personnalité" mélanésienne semble exprimée dans le mot "Bislama(n) **kastom**.

Ce terme pidgin **kastom**, issu de l'anglais *custom* "coutume, usage, habitude", a un champ sémantique très large, beaucoup plus étendu que celui du terme anglais dont il est issu. Il signifie certes les habitudes, les usages, les coutumes ancestrales mais il fait référence également aux croyances, aux chants, aux danses, aux légendes, à l'ordre social ancien existant encore. On l'emploie parfois pour désigner une technique, telle qu'une méthode de culture, une façon de pêcher, de chasser.

Il peut désigner en outre un outil comme un bâton à fouir ou encore un matériau local comme une liane, une écorce, une racine, de la glaise si les emplois qui en sont faits sont traditionnels. Les feuilles servant à la pharmacopée, leurs méthodes d'utilisation, la magie, les masques et les statues peuvent être englobés par ce terme.

En fait, aujourd'hui, tout ce qui concourt à faire que la façon de vivre, de penser d'un Mélanésien diffère de celle d'un Européen a droit au qualificatif **kastom**. Ce terme désigne donc tout ce qui est considéré comme exclusivement d'essence mélanésienne. Seule une traduction approximative du terme **kastom** peut être avancée, cela signifierait : "cultures, civilisations mélanésiennes". C'est donc tout ce qui n'appartient pas aux Européens, par conséquent ce qu'ils ignorent et dont il serait inutile d'espérer d'eux une quelconque compréhension.

L'expression **emya kastom blong mifela** "c'est notre coutume" est souvent avancée pour mettre un terme à une discussion abordant un sujet jugé interne à la communauté ou pour affirmer avec fierté la spécificité du groupe. Ce terme **kastom** est souvent entouré de mystère et implique le respect et la soumission de l'interlocuteur. Derrière ce lexème volontairement vague et mystérieux les Mélanésiens ont assuré un repli culturel et ont cherché à préserver leur identité ; cette attitude devait se transformer bientôt en nationalisme, comme nous le verrons dans le chapitre suivant.

Il est à noter que le Bislama(n) est exclu de ce domaine culturel strictement mélanésien. Une légende racontée en langue autochtone sera qualifiée de **kastom**, la même racontée en pidgin n'aura pas toujours droit à cette appellation car elle aura perdu de son caractère traditionnel et coutumier donc secret. Il n'y aurait pas d'isomorphisme ressenti entre les cultures autochtones et le pidgin comme il en existe entre ces mêmes cultures et les langues vernaculaires. Le pidgin n'entre donc pas dans le champ sémantique du mot **kastom** dont les langues vernaculaires liées directement aux cultures autochtones sont partie intégrante. Le pidgin Bislama(n) exclu de ce monde strictement mélanésien n'est pas pour autant jugé européen car il est revendiqué par les Mélanésiens eux-mêmes. Il se situe donc entre le monde coutumier et celui des Blancs, il appartient à une entité intermédiaire, il serait présentement supra-culturel, ne se rattachant à aucune culture définie.

Le mot **kastom** ne semble d'ailleurs pas revêtir la même signification pour un homme âgé intégré à la vie villageoise que pour un jeune ayant subi une acculturation à l'européenne. Pour le premier, ce sera l'héritage des ancêtres, pour le second le mot **kastom** s'accompagne souvent de nostalgie, c'est tout ce que les anciens savaient entre autres, leur sagesse, leur philosophie.

Dans la vie politique, pourtant legs européen, il est souvent fait appel à ce terme mais c'est alors pour l'invoquer comme ultime recours face aux divisions, et l'on parle alors de "l'unité dans la coutume"(comme si celle-ci avait un jour existée).

> **long saed long kastom mi-fela wan nomo**
> /de/côté/de/coutume/nous *pl.excl.*/un/seulement/
> "nous sommes unis dans la coutume"

Dans les villages, on oppose souvent les **sif kastom** "chefs coutumiers" aux **sif blong kapman** /chef/de/administrateur/ "chefs administratifs". Ces derniers détiennent leurs pouvoirs des Blancs, ils n'ont donc pas, pour beaucoup, de légitimité véritable.

Personne ne s'accorde sur les limites à donner à ce terme si important, les critères pour élire des **sif kastom** ou **sif blong kastom** "chefs coutumiers" qui en seraient les garants ont posé et posent encore de nombreux problèmes. Quelles que soient les divergences dans l'interprétation à donner à ce terme, tous souhaitent protéger et perpétuer l'héritage culturel reçu. Toute politique allant dans ce sens ne pouvait qu'avoir l'assentiment des populations mélanésiennes. Nous allons tenter de résumer ce que furent les politiques suivies sur le plan culturel. En fait, en l'absence de toute politique clairement définie en la matière, analyser les politiques culturelles des deux gouvernements revient à chercher, ici ou là, des prises de position , des tendances plus ou moins définies de la part des responsables politiques.

Quant aux valeurs exprimées par le mot **kastom**, rien ne sera fait ou fort peu pour les sauvegarder et les propager, si ce n'est une émission à la radio francophone intitulée "contes et légendes des Nouvelles-Hébrides" et quelques émissions de même type faites plus tard à la radio anglophone.

L'essentiel de l'action culturelle en direction du monde mélanésien, sera programmé et financé par une autorité extérieure au Gouvernement du Condominium, par le "Commonwealth of Australia".

6.3.2. L'action culturelle française

En privé nombre de fonctionnaires français n'ont jamais caché leur mépris pour le pidgin, mais jamais les Représentants du gouvernement français n'ont pris officiellement position sur ce sujet. L'Administration française semble rechercher un équilibre entre les deux langues officielles. Après avoir rattrapé l'enseignement britannique au niveau du nombre d'enfants scolarisés, le service français de l'enseignement, alors qu'il en avait les possibilités, n'a pas cherché à s'imposer comme enseignement dominant, ce qui eut eu pour effet de créer une minorité anglophone irréductible et hostile, mais il s'est attaché à préserver l'égalité numérique.

Le bilinguisme se situe au niveau du pays uniquement, rares sont les individus bilingues. De plus, à l'inverse de nombre d'états bilingues, dans lesquels chaque langue est utilisée sur une partie du territoire, aux Nouvelles-Hébrides, il n'existe pas de découpage territorial en fonction des langues enseignées. Officiellement le bilinguisme règne partout.

Alors que ce type de bilinguisme requiert souplesse et concertation, la politique française en matière culturelle a toujours conservé un caractère étroitement national et routinier. Toute l'action culturelle française passait par le canal de l'Administration nationale, par les services de l'enseignement et, dans une moindre mesure, de l'information. Aucune place d'importance ne pouvait donc être réservée aux cultures autochtones. Toute structure étrangère à cet édifice administratif est systématiquement ignorée. Il en est ainsi du Centre culturel des Nouvelles-Hébrides.

Le Centre Culturel des Nouvelles-Hébrides fut fondé sur l'initiative d'un français Maître Gomichon Desgranges. On y trouve une bibliothèque bilingue : une section d'anglais et une section de français, un petit musée d'ethnographie locale, auxquels s'ajoutent des collections ornithologiques et de coquillages. Cet ensemble est géré par un Comité de 18 membres, 9 anglophones, 9 francophones, la représentation minimum des Mélanésiens devant être, depuis quelques années d'un tiers. Il s'agit du seul endroit où le bilinguisme, tant recherché par l'Administration française, existe et est scrupuleusement respecté. Ce petit centre culturel placé sur le front de mer, en plein centre de la ville, groupe en son sein les trois cultures de l'archipel : la mélanésienne symbolisée par les collections ethnographiques, l'anglaise et la française présentes par les journaux et les livres. Ce lieu est le seul édifice où peuvent se rencontrer, tout en se sentant en terrain neutre, anglophones et francophones de toutes ethnies.

L'absence répétée aux réunions du Comité de gestion des fonctionnaires francophones, en particulier celle des Chefs de l'enseignement, membres de droit, montre leur peu d'intérêt pour un organisme pourtant bilingue mais ne répondant pas aux structures administratives françaises classiques.

Plutôt que d'enrichir la section française de la bibliothèque du Centre Culturel, là où les volumes auraient été à la portée de tous, anglophones compris, favorisant un bilinguisme au niveau individuel, on a ouvert une bibliothèque, loin du centre de la ville, au lycée français en terre "française".

Longtemps étroitement associée à l'enseignement officiel français, la F.O.L (fédération des oeuvres laïques)a déployé, grâce à l'aide apportée par des bénévoles, une intense activité culturelle, mais de caractère avant tout européen.

Il eût été souhaitable, à notre sens, de changer le sigle de cet organisme. L'origine française et métropolitaine n'est que trop évidente. Conservant un tel patronyme, cette association culturelle ne peut attirer que les francophiles convaincus.

En outre, il nous semble pour le moins maladroit de rappeler les anciennes querelles scolaires françaises qui ont longtemps opposé écoles religieuses et écoles d'Etat, dans un pays situé à 22.000 kilomètres de la France et dans lequel la francophonie doit d'exister à l'action des missions. Prise en main depuis peu par de jeunes Néo-Hébridais, la F.O.L semble s'orienter vers des activités culturelles plus locales.

Quel que soit le domaine et en particulier ce qui a trait au culturel, l'Administration française n'a pas voulu ou n'a pas su adapter ses structures aux exigences du contexte néo-hébridais.

Quant aux cultures mélanésiennes, si chères aux nationalistes, elles continuent d'être ignorées et bien sûr l'Administration française n'a rien tenté pour les préserver. Ce chauvinisme en matière culturelle s'oppose à la souplesse et au pragmatisme britannique en ce domaine comme en beaucoup d'autres.

6.3.3. L'action culturelle britannique

De par leur philosophie politique essentiellement pragmatique et leur approche particulière des problèmes d'outre-mer (voir 5.3.6.1), les Britanniques s'adaptent plus facilement au bilinguisme et au milieu pluri-culturel que sont les Nouvelles-Hébrides. D'ailleurs, depuis longtemps des écoles bilingues ont été ouvertes dans le Royaume-Uni même, en Ecosse et surtout au Pays de Galles.

Chaque année, le "British Council" envoie de nombreux ouvrages aux Nouvelles-Hébrides. Plutôt que de les laisser dans la sphère d'influence strictement britannique, les responsables de la "British Residency" les placent au Centre Culturel, institution bilingue(seuls des ouvrages plus spécialisés ont été placés à l'hôpital britannique, Vila Base Hospital). Ainsi la section anglaise de la bibliothèque du Centre Culturel s'enrichit-elle sans arrêt, alors que la section française stagne. L'aide fournie par le budget condominial est consacrée, en partie, à atténuer ce fâcheux déséquilibre entre les deux sections de la bibliothèque. Depuis des années, la participation financière française aux activités du Centre Culturel se limite à payer les abonnements aux hebdomadaires de langue française. Elle apparaît dérisoire en comparaison de l'aide australienne.

Après avoir été présents uniquement par l'intermédiaire des missions presbytériennes et avoir ainsi grandement participé à l'écrasement des cultures autochtones, les gouvernements australiens font, depuis quelques années, un effort tout particulier pour la sauvegarde de ces cultures. L'aide australienne en matièculturelle a permis, entre autres, d'enrichir de façon continue les collections ethnographiques, de mettre sur pied un programme d'enregistrement des traditions orales et de payer un conservateur à temps complet. Les bâtiments du Centre Culturel ont été agrandis et un conservateur-adjoint mélanésien a été embauché en octobre 1978, toujours grâce à des fonds australiens.

La Résidence britannique, dénuée de tous crédits à allouer aux affaires culturelles, compensa souvent cette lacune par beaucoup d'opportunisme.

En 1973, l'U.N.E.S.C.O offrit au Condominium un laboratoire audio-visuel pour l'étude des langues. Il s'agissait là de l'arrivée inespérée d'un instrument pouvant aider à la promotion du bilinguisme officiel, but de la politique culturelle française. Le Directeur de l'enseignement français, alors consulté, ne trouva pas cet instrument didactique digne d'intérêt, cela sortait des habitudes et surtout du cadre national. Les responsables de la "British Residency" offrirent un terrain dans l'enceinte du collège secondaire britannique, le laboratoire de l'U.N.E.S.C.O y fut implanté. Durant deux années l'U.N.E.S.C.O fournit les fonds nécessaires à l'entretien de ce matériel. La troisième année, en 1976, les Britanniques ne voulurent pas, à juste titre, supporter seuls l'entretien d'un laboratoire qui servait principalement aux francophones.

Le nouveau Directeur de l'enseignement français, très intéressé par les méthodes audio-visuelles, refusa de participer aux frais d'entretien d'un laboratoire installé à l'école secondaire britannique. Peu à peu, la plupart des installations du laboratoire tombèrent en panne.

Après avoir tenté de faire placer ce laboratoire au Centre Culturel, là où il aurait dû être installé au départ, l'enseignement français envisagea la création d'un autre laboratoire au sein du lycée français. Celui-ci ouvrit en novembre 1977.

Aux Nouvelles-Hébrides, même le bilinguisme, par définition bien commun aux deux cultures qui cohabitent inévitablement dans un condominium, est soumis aux aléas des politiques nationales.

Longtemps, l'administration britannique s'est abstenue de toute prise de position en matière linguistique. Il fallut attendre 1976 pour que les Britanniques, par la voix de leur Commissaire-Résident M. J. Champion, se prononcent pour le bilinguisme officiel et le maintien des deux systèmes d'enseignement. Très rares sont ceux qui, même en privé, portent un jugement sur le pidgin. En 1976, le dernier Directeur du "Kawenu College", aujourd'hui englobé dans le "Malapoa College", ne cachait pas son inquiétude devant la possibilité d'enseigner le Bislama(n). Ce qui, selon lui, nuirait à l'enseignement de l'anglais et ferait régresser le niveau d'instruction en général.

Dans un esprit de conciliation et afin de ne pas s'aliéner l'appui des Mélanésiens pouvant souhaiter une reconnaissance officielle du pidgin, en septembre 1978, M. Cortazzi, Sous-secrétaire d'Etat au Foreign Office, de passage aux Nouvelles-Hébrides, se déclara en faveur des "trois langues ?".

> Nous souhaitons, en particulier, protéger les trois langues, la bichelamar, l'anglaise et la française qui confèrent aux Néo-Hébridais de nombreux avantages, en particulier celui de pouvoir communiquer avec leurs amis du Pacifique et du monde entier. (journal Nabanga, n°88, p.2)

Ainsi, pour la première fois, le Bislama(n) se voyait conférer la possibilité d'un statut officiel, il était placé au même niveau que les deux langues officielles. Est-ce un choix politique ou un nouveau discours de circonstances ?

Nous ne nous avancerons pas, car la politique britannique aux Nouvelles-Hébrides fait preuve depuis quelques années d'une extrême souplesse allant jusqu'à renier parfois des traditions qui semblaient solidement établies.

Jusqu'à ce jour, aucune politique linguistique et culturelle cohérente, autre que nationale, ne s'est dessinée.

Ce n'est pas l'échange, même si l'expérience est fort louable, de quatre professeurs entre le lycée français et l'école secondaire britannique "Malapoa College" qui va changer l'absence quasi totale de bilingues dans l'archipel et créer une véritable politique bilingue.

Plus qu'à un bilinguisme officiel organisé, nous avons affaire à deux langues internationales juxtaposées, sans aucun rapport entre elles. Le "bilinguisme" actuel que connaissent les Nouvelles-Hébrides, de par son caractère bicéphale et son absence d'orientation unique, est plus facteur de division que d'enrichissement.

C'est de l'absence d'une véritable politique bilingue de la part des deux administrations, qu'est né le problème linguistique actuel. Aujourd'hui, pour beaucoup, le recours à une langue unique pourrait seul mettre fin aux divisions.

7. VERS UNE RECONNAISSANCE DU PIDGIN COMME LANGUE NATIONALE ?

Pendant que chaque gouvernement s'évertuait avec plus ou moins de succès, à appliquer au monde néo-hébridais sa politique culturelle nationale, une conscience collective néo-hébridaise apparaissait. Ce sentiment encore confus d'appartenir à une entité unique plus vaste que la communauté villageoise ou insulaire était sous-jacent aux revendications communes à tous les habitants.

En revendiquant le droit à un passeport, en souhaitant l'avènement d'une monnaie unique qui mît fin au désordre qu'engendraient les fluctuations du cours du change entre le dollar australien et le franc néo-hébridais, les Néo-Hébridais se plaçaient à un niveau "national". Sans unité historique ancienne, divisées linguistiquement, religieusement, mais soumises depuis 70 ans à un même système de gouvernement, ces populations vivant en outre dans un système économique cohérent, ne pouvaient que se sentir vouées à un destin commun. Tout facteur de division, tel que le multilinguisme autochtone ou le bilinguisme officiel allait à l'encontre des aspirations à l'unité de certains nationalistes d'où la place importante prise par la question linguistique dans les débats politiques.

7.1. LES NÉO-HÉBRIDAIS ET LE BISLAMA(N)

Bien que le titre de ce paragraphe puisse le laisser penser, n'étant pas né aux Nouvelles-Hébrides, nous ne chercherons pas à nous situer à la place d'un natif du pays, nous nous bornerons à relater des faits ou des jugements dont nous avons été témoin.

7.1.1. Les bouleversements démographiques et le pidgin

7.1.1.1 Les mouvements migratoires et le pidgin

Au cours des années 1970, l'industrie du nickel, alors florissante en Nouvelle-Calédonie, fit appel à une nombreuse main-d'oeuvre extérieure à ce territoire. De 2000 à 3000 Néo-Hébridais se relayèrent à Nouméa et dans les centres miniers. Les premiers à partir furent les francophones, puis des anglophones se joignirent à ce flux migratoire qui s'arrêta au début 1974. Des Néo-Hébridais engagés pour des contrats de six mois ou un an, se retrouvèrent donc nombreux dans un territoire où seul le français est utilisé comme langue véhiculaire. Pour beaucoup, le fait que le Bislama(n) soit complètement ignoré de leurs hôtes fut une preuve de la spécificité "néo-hébridaise". Cette spécificité était renforcée par l'expérience quotidienne, les Néo-Hébridais anglophones, francophones, "coutumiers"(10) réunis communiquaient entre eux en Bislama(n). Tous ces Néo-Hébridais, à leur retour, ont été persuadés que le Bislama(n) était leur langue, la langue véhiculaire des Nouvelles-Hébrides. La dépendance à la communauté néo-hébridaise allait de pair avec l'appartenance à une communauté linguistique, celle des locuteurs de Bislama(n). C'est à partir de coincidences moins grandes que naquirent maintes nations.

Durant cette courte période, le Bislama(n) a certainement joué un rôle de catalyseur, de ciment du nationalisme néo-hébridais alors balbutiant.

Beaucoup de ces Néo-Hébridais, à leur retour de Nouvelle-Calédonie, ne sont pas repartis directement dans leurs îles, ils restèrent pour un temps à Port-Vila où de nombreux emplois étaient vacants. Il fallait construire les immeubles devant abriter le paradis fiscal.

De 1970 à 1974, des Néo-Hébridais originaires de toutes les îles se sont "entassés" dans les quartiers déjà surpeuplés de Seaside, Anabrou, Tagabé etc. (voir J. Bonnemaison, 1977, p.45). Là, à longueur de jour, tout un chacun parlait Bislama(n). Des enfants ont appris à parler en pidgin avant de connaître la ou les langues de leurs parents. Dans ces aires, le Bislama(n) était en passe de se créoliser. Les locuteurs étant originaires d'îles différentes, les variantes locales, individuelles du parler véhiculaire se trouvaient au contact les unes des autres. Jamais le pidgin n'a été aussi riche en expressions idiomatiques, jamais le vocabulaire employé n'a été aussi étendu que durant ces quelques années. L'urbanisation rapide et anarchique avait assuré une promotion du pidgin sans précédent.

Le ralentissement économique, les dissensions politiques ont fait que la plupart des habitants des îles regagnèrent leur communauté d'origine. Ceux qui sont restés en ville se sont groupés par île ou par village.

Un temps parler unique des bidonvilles, le Bislama(n) est redevenu un parler véhiculaire, pidgin à usage épisodique de la Capitale, de ses alentours et des îles.

7.1.1.2 Le peuplement strictement mélanésien des îles

Après avoir servi pendant un siècle et demi aux rapports inter-ethniques, le Bislama(n) a survécu au départ des commerçants et des planteurs de la plupart des îles. Les îles, comme il y a deux siècles, redeviennent essentiellement peuplées de Mélanésiens, elles s'opposent en cela aux centres urbains de plus en plus multiraciaux. Autrefois parler, à usage vertical, de maître à domestique, le Bislama(n) a changé de fonction. Il est devenu la langue privilégiée d'échange entre Mélanésiens originaires d'îles très éloignées. L'ouverture de pistes d'atterrissage a grandement facilité les échanges inter-îles, rendant ainsi chaque île de moins en moins isolée et par voie de conséquence de plus en plus solidaire de l'ensemble du pays. L'intensification des échanges intérieurs développe l'usage du Bislama(n) et familiarise avec la dimension "nationale" à laquelle le pidgin est lié. Tous ces phénomènes migratoires rendent indispensable l'emploi du pidgin qui, pour autant, ne semble pas jouir d'un quelconque prestige. Nous n'avons connu qu'une seule situation où le pidgin était hautement considéré. Son emploi était également la conséquence de déplacement de populations.

Dans les îles de Malakula et d'Espiritu Santo, les habitants des villages côtiers, récemment descendus des montagnes, ignorant le pidgin durent toujours choisir un "chef", un porte-parole qui parlait le Bislama(n). Cet homme, jeune en général, se voyait conférer des attributions et une confiance auxquelles seuls des hommes âgés pouvaient prétendre dans la société traditionnelle. La connaissance du pidgin était pour un temps, source de prestige et de pouvoir. Quelques années après l'installation du village près de la côte, tous les hommes connaissant la langue véhiculaire, ce prestige dû à la capacité de parler le pidgin disparaissait.

7.1.1.3 L'extrême jeunesse de la population

La population néo-hébridaise fut recensée en 1967 (un recensement est actuellement en cours). Le 28 mai 1967, la population se serait élevée à 77.988 habitants. Selon les estimations officielles, en mai 1977 les Nouvelles-Hébrides auraient passé le cap des 100.000habitants. En dix ans, la population a connu une croissance de 22.000 habitants. La moitié de la population, aujourd'hui aurait moins de 25 ans. Toute personne visitant les îles est frappée par le nombre d'enfants que compte chaque village et au contraire par le petit nombre de vieillards qui y vivent.

Dans un pays où toutes les traditions, les croyances, les langues sont transmises de génération à génération par voie orale, les vieillards ne sont plus assez nombreux pour léguer et transmettre le savoir des anciens. L'explosion démographique a créé une cassure culturelle. Sur le plan linguistique, cela se traduit par des distorsions profondes, tant sur le plan lexical que grammatical, entre la langue parlée par les anciens et celle parlée par les jeunes. La perception du Bislama(n) et les jugements s'y rapportant varient également en fonction de l'âge du locuteur.

7.1.2. Le bislama(n) et les différentes générations

Alors que leurs parents se sentaient avant tout **man Aoba** , **man Malakula** etc. "homme d'Aoba", "homme de Malakula", les jeunes ont le sentiment d'appartenir à une communauté plus large. Depuis quelques années, le qualificatif **man niu hebridis** "homme des Nouvelles-Hébrides" est employé pour désigner les autochtones, les générations passées se contentaient des termes **ol boe** "les boys". Pour les jeunes Mélanésiens le pidgin a cessé d'être la langue des Blancs. Tous ont appris soit l'anglais, soit le français, l'école les a ouverts à des horizons plus vastes que celui des communautés villageoises. Le changement d'attitude des diverses générations à l'égard du pidgin ressort bien souvent de jugements portés par les Mélanésiens eux-mêmes.

Encore en 1970-71, certains anciens nous disaient en parlant du pidgin :

emya lanwis blong rod
/cela/parler/du/chemin/

Cela pouvait être interprété de deux façons, seule l'intonation pouvait guider l'auditeur sur l'intention du locuteur. Soit le Bislama(n) était considéré comme un parler sans limite géographique définie, il s'agissait d'un parler d'échange utilisé en chemin entre deux villages.

Cette première interprétation était renforcée parfois par l'adjonction de :

(h)u i save stamba blong (h)em
/qui/il/savoir/souche/à/lui/
"qui en connait l'origine ?"

Le Bislama(n) se distinguait de la langue maternelle par le fait que l'on ne pouvait situer le village ou la région d'où il était issu.

Soit, interprétation plus subtile, le Bislama(n) était considéré comme une langue bâtarde. L'enfant bâtard, autrefois toujours méprisé dans la société néo-hébridaise est exprimé en pidgin par l'expression :

pikinini blong rod
/enfant/du/chemin/

Par analogie, le Bislama(n), **lanwis blong rod** /parler/du/chemin/ est assimilé à un enfant dont on ignore la paternité, donc l'origine. Il s'agissait alors d'une langue méprisable, de toute manière étrangère à la communauté du locuteur.

Ces jugements émis par des hommes âgés, il n'y a que quelques années, s'opposent aux affirmations présentes des jeunes générations. En parlant du pidgin Bislama(n), les jeunes, surtout ceux des centres urbains qui souvent connaissent mal la langue et les coutumes de leurs ancêtres, n'hésitent pas à dire :

emya lanwis blong mi-fela
/cela/parler/à/nous/
"c'est notre langue"

Il faut noter qu'ils emploient le possessif mi-fela "nous *pl. excl.*" et non yu-mi "nous *pl. incl.*". Le choix volontaire de la forme exclusive montre bien que le pidgin est perçu comme une réalité mélanésienne dont il convient d'exclure l'interlocuteur européen. Le Bislama(n), ayant cessé d'être un moyen de communication inter-ethnique, de moins en moins connu des Européens, peut, à juste titre, être considéré par de jeunes autochtones comme une langue mélanésienne. Nous verrons, dans la seconde partie de ce travail, ce qu'il faut penser d'une telle assimilation.

7.2. LA NATION NÉO-HÉBRIDAISE, ENTITÉ EN GESTATION

Tous les jeunes Néo-Hébridais n'ont connu qu'un pays en pleine mutation où les structures anciennes s'estompaient une à une sans qu'apparaisse vraiment un type nouveau de société. Insensiblement, l'on est passé de l'état de sociétés autochtones primitives à un type néo-hébridais de sous-développement peu différent de ce que l'on peut rencontrer ailleurs.

L'hypertrophie de la Capitale où tous les services sont centralisés s'oppose à l'absence totale d'infrastructure dans les îles.

Tout jeune ayant terminé ses études va tenter sa chance à Port-Vila qui groupe un cinquième de la population et en particulier tous ceux ayant fait des études. Se réclamant rarement de leur île ou de leur village d'origine, tous ces jeunes confrontés aux mêmes problèmes, menant la même vie, ne peuvent que se sentir solidaires et membres d'une même communauté. Cette aspiration à un futur en commun, maintes fois proclamée, n'est pas exempte d'appréhensions dues au fait que l'on se sent, en fait, très divisés.

7.2.1. Le problème de l'unité nationale

Durant des générations, les divisions linguistiques, coutumières, ont été acceptées comme telles. Elles ne gênaient en rien la vie au sein de chaque communauté qui vivait en autarcie. Les échanges certes existaient, mais c'étaient surtout les différences dans les fabrications qui rendaient le troc nécessaire. Chacun gardant jalousement ses techniques, les divisions étaient souhaitées et perpétuées.

L'arrivée des missionnaires qui apportèrent des philosophies nouvelles, celle des administrations qui imposèrent des règles sociales étrangères, perturbèrent durement l'ordre ancestral établi. Les divisions que les Européens créèrent ne correspondirent pas à celles autrefois acceptées comme innées, elles apparurent souvent injustes et affaires de Blancs.

La division linguistique due à deux systèmes d'enseignement divergents, enseignant deux langues différentes, reste plus ou moins bien acceptée et est souvent jugée néfaste à l'unité nationale.

7.2.1.1 Le mythe de l'unité nationale par la langue unique

Maints nationalistes voient, dans le bilinguisme, une entrave à la création d'un Etat néo-hébridais unitaire. Tout comme la dualité des monnaies qui gêne les échanges, la dualité des langues officielles freinerait l'intercompréhension générale.

Le seul remède à apporter au premier de ces "maux" est résumé dans l'expression, maintes fois répétée :

sak-em wan, wan nomo i stap
/jeter-*trans.*/un/un/seulement/*mod.pers.*/rester/
"débarrassez vous d'un, qu'un seul reste"

Pour beaucoup de Néo-Hébridais, aujourd'hui nationalistes, tout ce que le gouvernement du Condominium a apporté comme dualité : justice, police, monnaie etc. doit être remplacé par un système unique national.

Selon ce raisonnement, les deux langues officielles, héritage d'un double colonialisme devraient faire place à une langue unique, langue nationale, facteur de cohésion. Les lenteurs et l'inefficacité qui ont souvent découlé du caractère bicéphale du gouvernement ont amené ces Néo-Hébridais à repousser le bilinguisme sans chercher à savoir combien le "bilinguisme" néo-hébridais pouvait être particulier, inopérant parce qu'inorganisé.

7.2.1.2 Le "bilinguisme" officiel et l'unité nationale

En créant un gouvernement condominial, la France et la Grande-Bretagne s'étaient engagées à gérer conjointement les affaires du pays, elles avaient évité ainsi la partition du territoire. Le bilinguisme qui allait en résulter n'est donc pas territorial. Chercher une frontière linguistique entre francophonie et anglophonie reviendrait à diviser les îles, les villages et les familles, nous avons vu combien pouvaient être variées les raisons amenant au choix d'un système d'éducation.

De plus un certain nombre d'individus sont bilingues, nous entendons par là qu'ils peuvent lire et s'exprimer dans les deux langues officielles. Leur nombre est très limité, tous habitent la Capitale ou ses environs, là où la connaissance des deux langues présente un avantage quant aux chances de succès professionnel. Il ne touche que les jeunes et ceux ayant fait des études secondaires et supérieures.

Historiquement, ce bilinguisme individuel n'était pas réalisable, l'alphabétisation étant assurée par les églises ; il aurait fallu, pour être bilingue, appartenir successivement à deux confessions.

Il nous a toujours paru surprenant de voir le faible nombre d'individus bilingues dans un pays où tout un chacun a longtemps été d'esprit "condominial". C'est-à-dire que l'on cherchait à tirer profit au maximum de la compétition qui existait entre les deux puissances tutélaires, prenant ce qui semblait le meilleur de chaque côté. L'éducation était l'un des rares domaines où l'on ne transigeait pas, l'on était d'un côté ou de l'autre. La question,

> **yu stap long wanem saed**
> /tu/être/à/quel/côté/
> "tu es de quel côté ?"

résumait parfaitement cet état d'esprit. En ce qui concerne l'éducation, on ne pouvait être que chez les anglais ou chez les français, mais jamais se rattacher aux deux à la fois. Depuis quelques années, des jeunes Mélanésiens constatant que beaucoup d'Européens étaient bilingues(la plupart des Administrateurs britanniques) revendiquent par souci d'égalité le droit à une éducation bilingue.

Le "bilinguisme" néo-hébridais, comme il a déjà été précisé, n'est ni territorial, ni individuel. Il est formé de deux unilinguismes étatiques étrangers mis dos à dos. Le bilinguisme n'existe donc qu'au niveau du pays, bien qu'officiel, il n'est jamais vraiment entré dans la vie administrative. Pourtant lorsque l'Administration condominiale lance un avis de recrutement de personnel, il est toujours précisé : "bien connaître le français ou l'anglais et avoir une connaissance suffisante de l'autre langue", en fait, cette obligation n'a jamais été impérative et la plupart des employés condominiaux ont été recrutés alors qu'ils ignoraient tout de l'autre langue. Les inconvénients de la division entre anglophones et francophones étaient largement atténués par l'emploi général du pidgin Bislama(n).

Le pidgin apparaissait donc comme la "langue" d'union, comme l'élément fédérateur de la nation, il s'insérait entre les deux langues officielles permettant les échanges entre leurs locuteurs.

7.2.1.3 Le "trilinguisme" officieux

A mesure qu'anglophonie et francophonie se renforçaient, touchant sans cesse plus d'individus, l'augmentation des échanges rendait indispensable, en l'absence d'un bilinguisme individuel, l'usage d'un idiome commun. L'emploi du Bislama(n) est donc le corollaire des politiques linguistiques nationales. Etant donné son rôle dans le pays, on allait lui octroyer une place à la radio.

-Bislama(n) et radio

En 1966, lorsqu'une station de radio fut installée aux Nouvelles-Hébrides, elle prit le nom de "radio-Vila", elle diffusa en anglais, en français, en Bislama(n). Cette appellation marquant la suprématie de la Capitale devait par la suite être très critiquée.

Le 13 février 1978, le Premier Ministre du gouvernement autonome dissolvait "Radio-Vila", service franco-britannique. Par arrêté du 8 mars 1978, les services nationaux de radiodiffusion fusionnaient et prenaient le nom de "Service de radiodiffusion des Nouvelles-Hébrides". Cette dénomination nouvelle indiquait le caractère national de la nouvelle institution. La nation néo-hébridaise était un fait admis. Plus qu'aucune autre institution du Condominium "Radio-Vila" avait façonné cette nation et contribué à donner un corps à ce qui, en 1966, n'était qu'un ensemble hétéroclite d'îles ou d'îlots.

"Radio-Vila" a été animé et contrôlé, dès ses débuts, par les deux Résidences nationales. Ce nouveau service, nouvelle hydre à deux têtes du Condominium allait servir de caisse de résonance aux divergences franco-britanniques. Chaque service de l'information diffusait en anglais et en français les émissions de son choix, chaque information était bien sûr commentée en fonction des intérêts nationaux. Seuls les francophones pouvaient écouter les émissions en français de la Résidence de France, et les anglophones celles en anglais de la "British Residency".

Le Bislama(n) permettait de s'adresser aux sympathisants de "l'adversaire" et donnait un moyen d'entrer en contact avec ceux qui n'étaient ni anglophones ni francophones. Chaque service national devait se doter d'une section "Bislama(n)". Section dont l'importance numérique et le rôle social ne cessera de croître au fil des ans.

Les émissions Bislama(n), dont la durée est égale à celles assurées en anglais ou en français, ont toujours été et restent de loin les émissions les plus écoutées dans l'archipel.

La radio a souvent, même involontairement, éveillé la conscience nationale. Qui n'a vu les villageois groupés autour d'un "transistor" écouter le mouvement des bateaux dans l'archipel, en même temps qu'ils entendaient la position du "Manutai", de "l'Henry Bonneau", de "l'Alysée" et autres, ils se familiarisaient avec des noms d'îles, de villages, qui composaient leur pays, peu à peu, les contours de l'archipel se précisaient dans les esprits.

Lorsque la radio britannique annonçait que tel ou tel élève était parti en stage "ovasi"(outre-mer), les autochtones savaient que la destination était hors du Condominium. L'ensemble des îles des Nouvelles-Hébrides était alors considéré comme une entité politique unique, "ovasi" signifiait en fait "à l'étranger", la conscience nationale était alors sous-entendue. Jamais un homme des îles Banks, se rendant à Anatom au sud de l'archipel, n'aurait dit malgré la distance qu'il partait "ovasi"; par contre, il l'aurait annoncé s'il allait aux Salomon pourtant relativement proches de chez lui.

La jeunesse particulièrement passionnée par le sport, vibre aux résultats flatteurs obtenus par les sélections des Nouvelles-Hébrides. Chaque victoire annoncée à la radio fait naître un orgueil national.

La radio a largement contribué en outre à la diffusion du pidgin. Aujourd'hui, dans tous les villages côtiers, de nombreux postes à transistors fonctionnent le soir, au moment du repas. L'écoute est générale, tout s'entendant d'une case dans l'autre. Maintenant, on peut même trouver des postes à transistors dans les villages les plus isolés des montagnes. Grâce à la radio, le Bislama(n) est en train de gagner les derniers points où il était encore ignoré. Cette extension du pidgin se fait bien sûr par l'intermédiaire des commentateurs de la radio et c'est le pidgin qu'ils parlent qui tend à s'imposer.

-Les variantes du pidgin parlé à la radio

N'étant, comme tout pidgin, parlé qu'occasionnellement le Bislama(n), comme d'ailleurs toute langue vivante, présente des variantes individuelles, régionales.

Nul ne pensera à nier que le français parlé à Paris diffère de ceux parlés à Marseille, à Dakar ou à Montréal. Les variantes de l'anglais sont au moins aussi nombreuses : ne parle-t-on pas de l'anglais irlandais, de l'anglais américain etc.? Ces différences n'empêchent pas ces langues d'être des langues internationales, car il existe, pour chacune d'elles, une forme "standard" reconnue comme norme.

Le Bislama(n) subit des pressions diverses qui font qu'il n'est pas un parler monolithique, semblable du nord au sud de l'archipel et parlé de façon identique par tout un chacun. Il diverge, en plus, des autres pidgins du Pacifique.

Chaque service national de la radio avait créé un pidgin radiophonique qui lui était propre et qui n'avait aucun équivalent dans le pays. La plupart du personnel des sections Bislama(n) était tout naturellement recruté parmi l'ethnie dominante : les Mélanésiens. La majorité des Mélanésiens du service français de l'information a été formée dans les écoles françaises. Leurs homologues du service anglais sont issus du système d'enseignement britannique. L'influence des langues d'éducation était largement renforcée par le fait que les échanges avec les collègues européens se faisaient pour les uns avec des anglophones, pour les autres avec des francophones. Ces formations différentes influençaient fortement le Bislama(n) radiodiffusé.

Tout d'abord l'accent varie fortement d'un commentateur à un autre. Les anglophones ont souvent de la difficulté à oublier l'accent tonique sur des mots Bislama(n) qu'ils identifient comme issus de l'anglais ainsi prononcent-ils : [gávman] "gouvernement", [páti] "parti", [hístri] "histoire" etc. Souvent, ils maintiennent en Bislam(n) les voyelles longues de l'anglais ainsi a-t-on : [garanti:] "garantie", [fifti:n] "quinze" etc. Les anglophones réintroduisent parfois en pidgin des diphtongues anglaises qui avaient disparu du pidgin ancien, ainsi peut-on entendre : [teji], [deji] pour **te**, **de** "jour", [weji] pour **we** "chemin" etc.

La pression de l'anglais sur le pidgin est aujourd'hui très forte, souvent les commentateurs ont à traduire en pidgin un texte écrit en anglais, inconsciemment ils introduisent des éléments de grammaire anglaise, ainsi rencontre-t-on de plus en plus des "s" marque du pluriel en anglais à la fin des mots pidgin.

Les francophones, moins gênés par les problèmes d'accent, étaient tentés d'introduire du vocabulaire français là où le Bislama(n) s'avérait inapte à exprimer le concept recherché. L'apparition d'une intense vie politique et la création d'organes de gouvernement nationaux ont fait apparaître un vocabulaire nouveau principalement emprunté à l'anglais ; les francophones en usent et en abusent, incapables qu'ils sont de distinguer ce qui est propre au pidgin de ce qui est encore de l'anglais, langue qu'ils n'ont pas apprise. A la fin de cet ouvrage, nous avons donné des exemples de variation dans la prononciation du Bislama(n), ils sont tirés d'un texte lu en mai 1978 par 6 anglophones originaires d'îles différentes et par deux francophones. Ils montrent que le degré de connaissance de l'anglais influe directement sur le pidgin , parler créé par des Mélanésiens illettrés. Plus on est anglophone, plus on a tendance à angliciser le pidgin et moins on a de chance de parler le Bislama(n) créé par les anciens, pidgin qui était, comme nous le verrons dans la seconde partie de cet ouvrage, très influencé par le substrat linguistique mélanésien.

Soumis aux influences divergentes des langues officielles, le Bislama(n) subit en outre des distortions dues à la langue maternelle des locuteurs. Pour l'immense majorité des Néo-Hébridais le pidgin reste une langue seconde qui, comme toutes les langues véhiculaires, est utilisée avec plus ou moins de sûreté et de facilité par des locuteurs étrangers.

Parmi tous les commentateurs de la radio néo-hébridaise, l'un nous paraissait parler un Bislama(n) particulièrement "clair". Nous devions apprendre par la suite qu'il était originaire de Lawa au Sud-Malakula. Nous retrouvions dans son élocution, une intonation, une syntaxe auxquelles nous étions habitué. Lorsque nous en fîmes part à une de ses collègues originaire d'Efate, elle nous affirma trouver ce Bislama(n) bizarre et parfois difficile à comprendre(11).

-Le Bislama(n) parler radiophonique par excellence

Ces divergences culturelles, dialectales, individuelles peuvent gêner la compréhension du message, faisant apparaître des interprétations différentes mais elles ne conduisent jamais à une incompréhension totale. Les Mélanésiens habitués aux milieux multilingues compensent et rétablissent facilement les imperfections du message.

Parler d'échange riche en exclamations, en expressions imagées, le Bislama(n) pourrait être un instrument parfait pour la radio. L'intonation y joue un rôle primordial, compensant largement l'absence de flexions nominales et verbales et palliant la simplicité syntaxique. Grâce à l'intonation, on peut traduire l'injonction, l'interrogation, la réprobation, l'assentiment, la surprise, l'émoi etc.

Il va sans dire que le message doit se borner au monde mélanésien, monde pour lequel le Bislama(n) présente depuis longtemps un vocabulaire approprié, limité à quelque 800 à 1000 termes. Dès que le message concerne des domaines spécifiquement européens, politiques, économiques, juridiques, le vocabulaire devient plus technique, le style plus recherché, les emprunts à l'anglais submergent les caractères spécifiques du pidgin qui devient un simple "broken english".

Trop souvent les commentateurs utilisent à la radio un style affecté manquant de spontanéité, ils bannissent les expressions typiques qui font du Bislama(n) un parler à part. Pourquoi n'emploie-t-on pas des expressions telles que :

pit-im mak /dépasser-*trans.*/marque/ "dépasser les normes"
olsem doti nomo /comme/saleté/seulement/ "innombrable"
i no gat sori /il/*nég.*/avoir/pitié/ "on ne transige pas"
nex poli /prochain/Polynésie/(bateau qui faisait une rotation mensuelle sur Sydney) "à-dieu-va, que l'on ne te revoit pas de sitôt"
mi no pig /je/*nég.*/cochon/ "n'y compte pas, pour qui me prends-tu ?"
yu ting yu (h)ar-em i sor /tu/penser/tu/sentir-*trans.*/il/douloureux/ "tu crois que cela te ferait mal"(de travailler par exemple).
mi slak /je/détendre/ "je suis sans ressort"
etc.

En fait, toutes ces expressions typiquement Bislama(n) dont on ne peut souvent fournir qu'une traduction approchée sont jugées populaires, vulgaires par les Mélanésiens eux-mêmes. L'absence de norme qui reconnaîtrait l'utilité de ces expressions idiomatiques et qui permettrait de les employer sans complexe à la radio ampute gravement le pidgin.

Depuis quelques années, le fait de posséder une solide instruction est source de prestige, par snobisme beaucoup de personnes interrogées par les commentateurs de radio émaillent leur discours en Bislama(n) de mots et d'expressions anglaises, prouvant ainsi qu'ils ont fait des études à l'étranger (ol i skul ovasi) /ils/*mod.pers.*/école/outre-mer/.

Inconsciemment mais sûrement ils font perdre au Bislama(n) parlé une part de l'autonomie qu'il conserve encore face à l'anglais. Cette hyper-anglicisation du pidgin, dangereuse pour l'existence même de celui-ci amène à une incompréhension partielle dans le pays, comme il est dénoncé dans la lettre d'un auditeur de "radio New Hebrides" reproduite à la fin de cet ouvrage dans l'appendice

La dualité des services de la radio avait fait naître deux formes de Bislama(n), l'une très anglicisée, l'autre francisée. Le rapprochement vers une forme standardisée s'est produit bien avant la fusion des services de la radio en mars 1978, la naissance d'une vie politique et les campagnes électorales qui en sont découlées avaient largement facilité l'intercompréhension et les emprunts réciproques.

-Le Bislama(n) parler de la vie politique néo-hébridaise

En novembre 1975, avait lieu la première campagne électorale de l'histoire néo-hébridaise. Chaque parti politique était autorisé à s'exprimer sur les ondes, il était précisé en anglais, en français et en Bislamá(n).

A nouveau, le pidgin se voyait reconnaître un rôle officiel. Il était en outre précisé qu'aucun candidat ne pourrait faire campagne sur les ondes en un quelconque parler vernaculaire. En même temps que l'on reconnaissait un rôle "national" au pidgin, on reléguait les langues mélanésiennes, on en interdisait même l'usage. Les élections étant celles d'une assemblée néo-hébridaise, il fallait donc que chaque parti s'adresse à l'ensemble de la nation, seuls les trois idiomes déjà cités répondaient à une telle exigence. De plus, pour s'assurer de la régularité de la campagne électorale, il fallait la comprendre, en s'exprimant en telle ou telle langue vernaculaire, une minorité aurait pu tout à loisir calomnier les adversaires en toute impunité.

Au cours de cette campagne électorale, anglophones, francophones se sont rencontrés, affrontés souvent sur les ondes. Chacun cherchant à convaincre "l'adversaire" a repris pour les nier les arguments de celui-ci, empruntant son vocabulaire et sa syntaxe. Les hommes politiques néo-hébridais en dénonçant en pidgin les méfaits de la division linguistique, à leur insu faisait avancer l'unité de la langue véhiculaire. Nous avons pu noter que, pendant cette campagne, le Bislama(n) des port-sandwich par exemple a plus évolué qu'au cours des cinq années qui venaient de s' écouler.

Au traditionnel **prom emya** /pour/cela/, locution introduisant une expansion marquant le résultat d'une action, était préférée la formule plus anglicisée **tastœwe** (*that's the way*). La particule introduisant l'irréel **maet** (*might*) est alors rentrée dans le vocabulaire Bislama(n) des port-sandwich. Certains ont préféré dire **mi fil no gud** /je/sentir/*nég.*/bien/ à **mi (h)ar-em no gud** employé de tous temps. On a pu entendre également les port-sandwich dire **i kantwit** (*he can't do it*) "il est incapable de le faire", expression chère aux anglophones du sud-ouest de l'île de Malakula, les port-sandwich, francophones disaient jusqu'alors **i at wok** (*it's a hard work*).

Au cours de la campagne électorale, le Bislama(n) avait joué un rôle de tout premier plan. La preuve était faite qu'il pouvait servir d'intermédiaire entre anglophones et francophones. Aux yeux de beaucoup de Néo-Hébridais, il apparut comme la langue nationale, la langue d'union transcendante à la division linguistique officielle héritée du double colonialisme. La reconnaissance quasi officielle du Bislama(n) était finalement consacrée par l'assemblée élue, qui décida que le pidgin Bislama(n) serait langue de travail au même titre que les langues officielles.

Aucun des Mélanésiens partisans du Bislama(n) n'avait supposé que ce triomphe puisse être dû aux faiblesse mêmes du pidgin. En fait, c'étaient sa simplicité syntaxique et son vocabulaire réduit qui lui avaient permis une extension aussi rapide. L'absence de norme ne pouvait qu'en faire un instrument imprécis à usage limité.

Aucun des membres de l'assemblée ne souleva le problème de l'écriture du Bislama(n). Tous semblaient s'accorder à penser que, puisqu'on savait le parler, on était apte à l'écrire.

Au cours d'une des premières séances à l'assemblée, une traduction malheureuse du pidgin devait amener la démission du secrétaire général, démission reprise par la suite. Certains membres du "nasonal pati"(anglophone) tous partisans du pidgin au départ, s'exprimaient souvent en anglais, seuls ceux d'entre eux qui ne parlaient pas anglais couramment continuaient à utiliser le Bislama(n). Le Bislama(n) venait de montrer ses limites présentes, il apparaissait mal adapté pour la discussion du budget, pour aborder des problèmes techniques comme l'aviation civile, l'import-export etc.

Les traducteurs se trouvaient confrontés à une tâche des plus difficiles, il leur fallait convertir les dizaines de milliers de mots qui composent les vocabulaires anglais ou français en un millier de termes communs aux différentes variantes du pidgin et vice versa.

La seconde assemblée, dans laquelle le "vanuaaku pati"(ex nasonal pati) ne siégeait pas à la suite de son "boycott" des élections, s'est réunie en décembre 1977. Elle s'est heurtée aux mêmes problèmes de traductions. Les plus chauds défenseurs du pidgin étant absents, l'anglais et le français ont seuls été retenus comme langues de travail du secrétariat. Un certain nombre de membres de l'assemblée ignorent les langues officielles et ne connaissent que le Bislama(n) et leur langue maternelle. Les textes à discuter, écrits en anglais et en français, doivent donc être traduits en pidgin. En l'absence d'un Bislama(n) standardisé la traduction ne peut être qu'approximative, personnelle donc sujette à caution. Tous ces problèmes résultent de la généralisation trop tardive de l'enseignement, l'ignorance d'une des deux langues officielles est un handicap pour tout membre de l'Assemblée "Nationale".

L'éducation "officielle" n'ayant pas touché l'ensemble de la population, le Bislama(n) reste indispensable comme moyen oral de communication. Il apparaîtra paradoxal à beaucoup de voir, en mars 1978, le Premier Ministre du gouvernement autonome souligner à la radio l'importance des écoles françaises et anglaises en utilisant pour ce faire le pidgin.

Les Nouvelles-Hébrides oscillent entre un bilinguisme officiel inadapté aux réalités du pays et un trilinguisme de fait, bancal car l'une de ses composantes n'est qu'un parler oral dépourvu de forme écrite fixée et standardisée.

Devant une situation linguistique aussi complexe et instable, les partis politiques ne pouvaient qu'avoir des vues opposées quant à la place à donner à chacun des 130 parlers que compte environ l'archipel.

7.2.2. Les partis politiques et le débat linguistique

Le premier mouvement politique mélanésien, autre que messianique, appelé "Association pour la culture mélanésienne", fut créé en 1969 à Malakula. En 1971, la plupart des membres, nationalistes tant anglophones que francophones, créaient le premier véritable parti néo-hébridais. Tous revendiquaient une participation des Néo-Hébridais à la gestion des affaires du pays. En 1973, les membres fondateurs francophones quittaient cette première formation et créaient des partis politiques regroupant principalement des francophiles. La division politique s'était opérée exactement en fonction des critères linguistiques. Personne ne s'étonnera qu'issus de systèmes socio-éducatifs aussi différents, les "leaders" nationalistes aient eu des difficultés à s'entendre sur tel ou tel point de l'action politique à entreprendre. En fait, la question linguistique plus qu'aucune autre était pomme de discorde. Ne pouvant se débarrasser entièrement des préjugés réciproques(voir 5.4.2.2), les "leaders" nationalistes durent se séparer.

7.2.2.1 Le "vanuaaku pati", ex "nasonal pati", et le problème linguistique

Ce parti créé en 1971, était devenu en 1973 un parti uniquement anglophone. Les membres les plus francophobes, issus de l'école presbytérienne, avaient obligé leurs compatriotes de langue française à quitter le parti. Persuadés de leur supériorité, ces quelques membres anglophones ne pouvaient admettre que des postes de responsabilité soient confiés à des gens qui avaient reçu une formation qu'ils méprisaient. Les préjugés en matière d'éducation allaient faire échouer pour longtemps l'unité nationale. Il suffisait pourtant de ménager les quelques membres fondateurs francophones, pour rendre impossible en leur absence l'apparition d'une opposition organisée. Les préjugés solidement ancrés l'ont emporté sur la raison et l'intérêt du parti.

Au sein de la direction de ce parti tous les membres n'étaient, certes, pas tous aussi violemment francophobes mais tous partageaient la même ignorance de la France et surtout de l'esprit français. Au cours de la campagne électorale, il apparut que la vision de la France qu'avaient la plupart de ces "leaders" anglophones et de sa place dans le monde s'apparentait au rôle qu'ils assignaient au Royaume des Tongas ou à l'Etat samoan. Quelle ne fut pas la surprise d'un jeune militant diplômé de l'Université de Port-Moresby d'apprendre de la bouche du Chef du service français de l'information que la France était cinquième puissance économique du monde et devançait largement la Grande-Bretagne en ce domaine!

Tous ces "leaders" formés dans l'ancien système d'éducation confessionnel britannique avaient appris à respecter tout ce qui était d'émanation britannique. A leur insu, on leur avait appris par contre à ignorer, voire à dédaigner, tout ce qui pouvait être français.

Pour eux la présence française aux Nouvelles-Hébrides ne pouvait que s'expliquer par un souci d'exploitation économique de leur pays, la France étant selon eux dépourvue de richesses et d'industries, tout l'enseignement qu'ils avaient reçu le leur avait laissé croire. D'ailleurs, les Français n'avaient-ils pas volé une grande partie des terres ancestrales ?

Ils ignoraient que les gouvernements français s'étaient fort peu souciés du problème des biens de leurs nationaux dans les pays venant d'accéder à l'indépendance. Très sensibilisés par le problème foncier, ces "leaders" anglophones étaient persuadés que les gouvernements français attachaient un grand prix au maintien des quelques colons encore en activité et tenaient à la continuité des titres de propriété français sur de grandes étendues forestières.

Ils ignoraient que la France n'avaient en fait que des intérêts culturels. Intérêts plus sentimentaux que réels vu le peu d'importance des Nouvelles-Hébrides même au sein des nations francophones. Ne connaissant pas les Français, ils ne pouvaient savoir le culte que ces derniers vouent à leur langue et à leur culture - Dévotion quelque peu comparable à celle des Britanniques pour la couronne (*the Crown*)-

Formés par les Britanniques qui, traditionnellement se désintéressent des problèmes politico-linguistiques, ignorant tout de la position de "l'adversaire" français, les membres du parti laissèrent apparaître leurs difficultés à concevoir une politique d'ensemble alors que dans beaucoup d'autres domaines, ils avaient fait preuve d'une maturité politique certaine et de beaucoup d'habileté. La plupart des décisions qui ont été prises l'ont été en fonction des sentiments et de la formation personnelle de certains membres qui, tour à tour, imposèrent leurs vues.

Après avoir maintes fois dénoncé l'ouverture de nouvelles écoles françaises, puis demandé l'arrêt immédiat de toute construction nouvelle, le parti rédigea le programme d'éducation qu'il voulait mettre en place après l'indépendance. Il le rendit public après son congrès tenu à Tanna en juin 1977.

Toutes les écoles enseigneraient, durant une période transitoire en Bislama(n), l'anglais, langue officielle unique du pays devant seul être enseigné par la suite.

Ce programme, qui fut une surprise pour beaucoup et qui entraîna des réactions en masses, représentait en réalité parfaitement les diverses opinions des membres du parti.

Tout d'abord, le fait français était ignoré, les écoles publiques françaises devraient fermer; les écoles privées pourraient enseigner le français mais cet enseignement serait payant puisque privé d'aides étatiques. La suppression à moyen terme du français était explicite.

Le Bislama(n) apparaissait comme langue à enseigner dans toutes les écoles, son rôle allait être d'unifier le pays. Les membres du parti les plus farouches partisans du pidgin étaient ceux ayant fait des études en Nouvelle-Guinée où le pidgin "neo melanesian" tient une place de premier plan dans toutes les institutions nationales. Ces partisans ne prenaient bien sûr pas en compte le degré beaucoup plus avancé d'autonomie du "neo melanesian" par rapport à l'anglais, pour eux le Bislama(n) devait et pouvait jouer le même rôle. D'autres membres ayant visité la Tanzanie n'ont pu qu'être impressionnés par le rôle d'unification qu'y joue le swahili, langue africaine pidginisée.

Or, il était ajouté que l'enseignement en pidgin ne serait

que transitoire. Cette précision révélait plusieurs réalités.

1° Les partisans du pidgin idiome national étaient minoritaires, la majorité considérait le pidgin comme une étape, l'anglais restant le but à atteindre.

2° Ce programme faisait ressortir le peu de prestige dont jouissait le Bislama(n) même au sein du parti qui semblait le plus favorable à son extension.

Ce second point devait être confirmé quelques jours après le Congrès de Tanna par le Président du parti. Ce dernier justifiait le programme d'éducation projeté et le choix de l'anglais au cours d'une déclaration à la radio dans laquelle il spécifiait que tous les Néo-hébridais comprenaient l'anglais car ils parlaient pidgin. Le Bislama(n) n'était donc pas considéré comme un parler autonome mais comme une variante de la langue anglaise.

L'idée du Bislama(n) comme langue nationale devait, semble-t-il, être progressivement abandonnée par le parti . Après s'être appelé "nasonal pati" appellation Bislama(n) et non anglaise, en 1976, les participants au Congrès de Tautu(Malakula) optèrent pour l'appellation "vanuaaku pati". Afin d'affirmer le caractère national et mélanésien de leur formation, ils choisirent un terme autochtone qui signifiait "gens", "pays". Ils ignoraient probablement que ce terme était plus polynésien que mélanésien et qu'il appartenait au groupe linguistique *"eastern oceanic"*(polynésien) comme l'ont montré les spécialistes anglo-saxons et autres Pawley, Levy, Smith, Cashmore, Dempwolff etc. (S.A. Wurm et B. Wilson, 1975).

Ce programme d'éducation fait entre nationalistes anglophones était plus le résultat d'un compromis interne au parti que l'émanation d'une unanimité. Le seul point de convergence était le sentiment d'hostilité plus ou moins marqué par tous les congressistes à l'égard du français et des écoles françaises. Au contraire, ce fut l'attachement à ces valeurs qui allait rapprocher les opposants à la politique du "vanuaaku pati". Devant la montée d'un mouvement francophile, ce parti allait être amené progressivement, comme nous le verrons dans les chapitres suivants, à beaucoup plus de modération en matière linguistique.

7.2.2.2 Les partis "francophiles", puis "modérés", et la question linguistique

Alors que la question linguistique ne semblait pas considérée comme prioritaire par les nationalistes anglophones, elle fut au contraire la raison première de la création des partis fondés en 1973 et au cours des années suivantes.

En 1973, l'ancien Vice-Président du "Nasonal Pati" participe à la création du M.A.N.H dont il devient Président. Ce Mouvement d'Action des Nouvelles-Hébrides surtout important au nord de l'archipel, en particulier dans l'île d'Espiritu Santo, rien que par son appellation indiquait son rattachement à la francophonie.

La même année fut fondée l'U.C.N.H, en partie sous l'impulsion d'un autre transfuge du "Nasonal Pati". Cette Union des Communautés des Nouvelles-Hébrides faisait, dès sa création, du maintien de la francophonie, un point essentiel de son programme.

L'appartenance au monde francophone et l'hostilité aux thèses du "Nasonal Pati" étaient les seuls réels points de convergence entre ces partis. Le maintien de la langue anglaise et du bilinguisme officiel était souhaité et encouragé par ces deux formations. Quant à leur position à l'égard du pidgin, elle allait rester obscure. Les membres de chaque parti usaient du pidgin à la radio, dans les débats publics mais aucun ne se prononçait sur l'éventuel statut à donner à la langue véhiculaire. Ce bilinguisme officiel d'où découlait un "trilinguisme" officieux semblait leur convenir.

A la veille des premières élections en 1975, les membres de la mission protestante de Nouvelle-Calédonie sollicités par toutes les grandes formations créaient le Fren Melanesian Party, ce qui leur permettait d'exprimer leur particularisme religio-culturel. Dans un pays où subsistent de nombreux particularismes locaux, coutumiers, d'autres mouvements ne pouvaient qu'apparaître ou se joindre à la vie politique néo-hébridaise.

Les vieux mouvements plus ou moins messianiques comme John Frum à Tanna ou le Nagriamel au nord de l'archipel se rangèrent du côté des formations francophiles. Des mouvements locaux se proclamant coutumiers, le Kapiel à Tanna, le Tabwemasana à Espiritu Santo conclurent des accords électoraux avec les deux premières formations hostiles au "Nasonal Pati". Aù monolithisme de ce dernier parti qui ne compte qu'une variante locale le Natuitano au sud de l'île d'Espiritu Santo s'opposait une grande hétérogénéité partisane.

Cette dispersion des partis francophiles allait être masquée par la crétion du Tan Union qui regroupait l'U.C.N.H, John Frum, Kapiel et Tabwemasana. L'appellation Tan-Union faisait suite à la décision prise en 1976 par les membres du "Nasonal Pati" de changer le nom de leur formation en "Vanuaaku Pati". "Tan" est la racine mélanésienne signifiant "terre", "île", elle entre dans le vocabulaire de plus d'une centaine de langues parmi les quelque 125 idiomes autochtones que compte encore l'archipel (D.T. Tryon, 1976).

Le M.A.N.H, le Nagriamel, le Fren Melanesian Party se sont associés pour former la Fédération des Indépendants dont le nom à lui seul suffit à mettre en relief les sentiments francophiles de ses membres.

Jusqu'en 1977, chacun de ces partis était connu pour ses tendances francophiles et pour avoir un nombre prédominant de francophones au niveau de sa direction mais aucun ne se voulait officiellement francophone excluant ainsi tous les sympathisants potentiels issus des écoles britanniques. Cette division partisane plus ou moins marquée, fondée en grande partie sur l'appartenance linguistique, allait être profondément transformée à la suite des vives réactions qui ont suivi l'annonce par le "Vanuaaku Pati" de son programme d'éducation après l'indépendance.

Le 25 juin 1977, les partisans du maintien des écoles françaises organisaient des manifestations dans l'ensemble de l'archipel en réponse au programme du "Vanuaaku Pati". Des milliers d'enfants, d'enseignants, de parents d'élèves manifestèrent à Port-Vila, Luganville, Malakula, Tanna. Tous demandèrent le maintien du bilinguisme officiel et des deux systèmes d'enseignement. Ces revendications étaient exprimées sur des pancartes et des banderolles écrites en français, en anglais et...en Bislama(n).

"franis scool i no save ded"
/français/école/elle/*nég.*/pouvoir/mourir/
"l'école française ne doit pas mourir"

Ce slogan écrit par des habitants de Tanna montrait que le "trilinguisme" officieux bien que non revendiqué restait inscrit dans les faits.

La politique du Vanuaaku Pati en matière d'éducation avait eu pour résultat la création d'un front unique francophile. Beaucoup de parents sympathisants du "Vanuaaku Pati" avaient des enfants dans les écoles françaises, ils ne pouvaient suivre et approuver l'orientation que ce parti voulait donner à l'éducation. L'annonce du programme de Tanna amena les derniers responsables locaux, qui jusqu'à ce jour n'avaient pas voulu prendre parti, à s'engager dans la vie politique nationale.

Un nouveau parti allait voir le jour, le "Natatok Efate". Il était la concrétisation d'un double sentiment partagé par une grande partie de la population mélanésienne de l'île d'Efate. Les populations autochtones proches de la capitale avaient l'impression que leur destin et leurs biens fonciers étaient en train de leur échapper au profit d'une majorité d'"étrangers" politisés, migrants venus des îles. Ce nouveau parti allait donc, espéraient-ils, défendre les intérêts des "man Efate" gens originaires de l'île en question. Plus qu'aucune autre population de l'archipel, celle d'Efate est attachée au bilinguisme. Depuis longtemps s'est instauré dans de très nombreuses familles mélanésiennes d'Efate un bilinguisme "familial", la moitié des enfants étant envoyé à l'école française, l'autre moitié à l'école anglaise. Aussi n'est-il pas surprenant que le "natatok efate" ait été créé aussitôt après le Congrès de Tanna et que l'une de ses premières prises de position politiques ait été en faveur du bilinguisme officiel. Ce parti composé d'anglophones et de francophones échappait à la dichotomie partisane qui s'était opérée selon des critères de langues. La vie politique néo-hébridaise allait se poursuivre, marquée par l'opposition entre le Vanuaaku Pati et les partis dits "modérés" Tan-Union, Fédération des Indépendants et Natatok Efate. A l'approche des élections de 1979, dernières avant l'indépendance, tous ces partis "modérés" se sont regroupés en un parti unique : "le Parti Fédéral des Nouvelles-Hébrides".

7.2.2.3 Le problème linguistique dans la tourmente politique

Les manifestations du 25 juin avaient permis au Comité Directeur du Vanuaaku Pati de prendre conscience de l'importance du problème linguistique et de mesurer l'ampleur de l'opposition à sa politique.

Le maintien du bilinguisme allait être une constante essentielle des programmes des partis modérés. Comme par le passé, aucun de ces partis ne s'est soucié de ménager une place quelconque au pidgin. Pourtant tous l'utilisent dans leurs rapports avec la population autochtone ou au cours de leurs campagnes de propagande électorale sur les ondes. Depuis longtemps, le pidgin a été considéré comme une solution transitoire palliant l'absence de bilinguisme véritable. La plupart des dirigeants des partis modérés semblent s'accommoder très bien de ce "trilinguisme" oral ; rares étaient ceux qui voulaient créer des conditions favorables à un accroissement du rôle du pidgin. Ce ralliement au *statu quo*, au maintien de l'équilibre en place, devait être remis en question par de nombreux "modérés", après le Congrès de Tanna du Vanuaaku Pati. Le Bislama(n) parler véhiculaire connu et utilisé par l'immense majorité de la population était présenté comme le "cheval de Troie" de la francophonie dans l'archipel. Le programme du Vanuaaku Pati prévoyait en effet une phase transitoire d'enseignement en pidgin dans toutes les écoles. Par l'intermédiaire du pidgin on devait s'acheminer vers un enseignement unifié tout en anglais. Pour de nombreux francophones, l'indifférence qu'ils manifestaient à l'égard du pidgin devint de l'hostilité. Beaucoup d'anglophones s'élevèrent contre ce projet d'éducation qui pour eux était une régression, le Bislama(n) ne leur apparaissant que comme une forme abâtardie de l'anglais.

L'absence de tout consensus en matière de langue entre les deux grandes formations partisanes n'était qu'un aspect de leurs divergences. Le fossé entre ces formations ne fit que s'agrandir pour atteindre son paroxysme le 29 novembre 1977, date de l'élection de la seconde assemblée représentative. Le Vanuaaku Pati refusa de participer au scrutin, laissant ainsi le soin à ses opposants de former le premier gouvernement des Nouvelles-Hébrides autonomes. Ce gouvernement restant bien sûr fidèle aux programmes des partis le composant se prononça pour le bilinguisme anglais-français et le maintien des deux systèmes d'enseignement. Comme nous l'avons indiqué en 7.2.1.3, le Bislama(n) bien que non reconnu comme langue de travail à l'assemblée est utilisé en même temps que le français ou l'anglais. Le Premier Ministre en personne s'exprime en Bislama(n) sur les ondes de la radio nationale, les Ministres également.

Les tentatives pour sortir d'une situation politique bloquée vinrent entre autres des Hauts-Commissaires de France et de Grande-Bretagne dans le Pacifique, quand il ne s'agissait pas de l'intervention des Ministres des ex-métropoles eux-mêmes.

Les partis modérés firent alors connaître leurs conditions pour qu'un rapprochement puis un dialogue puissent s'instaurer. Parmi les onze points ne devant pas prêter à discussion, le point 7 précisait :

> Les enseignements français et britanniques seront maintenus, maintenant et après l'indépendance, sur une base de totale égalité.

Il était donc explicitement dit que le bilinguisme officiel ne saurait être remis en question.

Le 5 avril 1978, le Conseil des Ministres du Gouvernement des Nouvelles-Hébrides et le Cabinet du Vanuaaku Pati signaient un accord en 7 points, le point 5 comprenait la clause suivante :

> Pour ce qui est de l'enseignement : il est indispensable de conserver l'usage du français et de l'anglais dans l'enseignement et dans les Institutions Politiques des Nouvelles-Hébrides.

Le bilinguisme officiel semble donc retenu par tous les partis, Vanuaaku Pati inclus, le pidgin reste comme par le passé officiellement ignoré.

Ce ralliement progressif du Vanuaaku Pati au bilinguisme officiel devait se confirmer. En décembre 1978, le premier gouvernement autonome se retirait. Un gouvernement d'Union Nationale était constitué sous la direction d'un "leader" politique francophone, qu'assistait comme "vice-Premier Ministre" le Président du Vanuaaku Pati. Le nouveau Premier Ministre, Néo-Hébridais bilingue, originaire de Port-Sandwich, fut le premier à avoir osé parler d'indépendance dans une réception officielle. Nationaliste de la première heure, il n'hésita pas à confier des porte-feuilles clés à des membres du Vanuaaku Pati, en particulier l'éducation. Dans ce gouvernement d'union, le ministre responsable de l'éducation, c'est-à-dire des anciens systèmes d'enseignement anglais et français passés depuis peu sous le contrôle du Gouvernement néo-hébridais, n'est autre que le principal auteur du programme de Tanna qui prévoyait la suppression des écoles françaises. Rallié au bilinguisme, ce Ministre faisant preuve de réalisme et de modération ne prévoit pas de système d'enseignement unifié, spécifique aux Nouvelles-Hébrides, avant une dizaine d'années. Comme souvent, les souhaits et les idéaux partisans durent faire place à la modération et à la composition avec les idées de l'adversaire d'hier.

De tous ces événements, il ressort, que le pidgin ne semble pas s'imposer comme langue nationale comme l'auraient voulu certains nationalistes. Le manque de prestige dont il est victime dans le pays et surtout au sein de l'intelligentsia citadine, la politique du Vanuaaku Pati en matière d'éducation, l'absence de toute standardisation de ce parler véhiculaire ont fait qu'il reste inscrit en filigrane servant de palliatif aux insuffisances du bilinguisme officiel. L'une des grandes faiblesses du Bislama(n), rarement dénoncée, est son absence totale de norme écrite.

8. VERS *UN* BISLAMA(N) ÉCRIT ?

Le problème linguistique auquel sont confrontés les dirigeants néo-hébridais, bien que fort complexe, n'est pas sans équivalent dans le monde.

La plupart des pays ayant accédé à l'indépendance depuis 1960 étaient multilingues et ont eu à choisir une langue nationale ou langue d'union. Il convient de remarquer qu'aujourd'hui, encore, fort peu de pays africains par exemple y sont parvenus. On peut tout de même citer : l'Empire centrafricain avec le sango, Madagascar avec le malgache, la Tanzanie avec le Swahili, le Burundi avec le kirundi, le Rwanda avec le Kinyarwanda etc. Avant d'être langues officielles, le sango et le swahili furent des parlers véhiculaires, formes pidginisées de langues autochtones.

S'il est difficile de choisir entre de nombreux parlers vernaculaires une langue et de l'élever au rang de langue officielle sans entraîner des réactions des autres communautés, il est encore plus ardu de faire passer cette langue parlée à une forme écrite.

Plus qu'au niveau du choix d'une langue, décision d'ordre purement politique, les difficultés sont d'ordre linguistique et technique : langue parlée et langue écrite ne sont jamais le reflet l'une de l'autre.

Durant tout le 19e siècle, les langues ne furent étudiées que sous leur forme écrite. Lorsque les linguistes s'intéressèrent à la langue parlée, ils s'aperçurent aussitôt de la spécificité de cette dernière et une nombreuse littérature s'attacha à faire ressortir les différences entre l'oral et l'écrit.

C'est une erreur de croire qu'un texte écrit puisse être l'exacte

> représentation de la parole. Contrairement à l'opinion de bien des gens, on n'écrit jamais comme l'on parle ; on écrit (ou on cherche à écrire) comme les autres écrivent (J. Vendryes, 1968, p.361).

Vendryes, dès le début du 20e siècle, dénonçait une croyance encore tenace selon laquelle la langue écrite serait l'image graphique de la langue parlée. Cet auteur comme tous ses contemporains, n'imaginait pas qu'à la fin du siècle, l'un des problèmes majeurs des linguistes ne serait pas l'imitation de modèles écrits prestigieux mais la création de ces modèles pour des langues encore dépourvues d'écriture.

8.1. LES PROBLEMES DE TRANSCRIPTION

Après avoir juridiquement reconnu à une langue le rang de langue nationale ou le titre de langue officielle, les dirigeants entendent toujours la pourvoir d'un système d'écriture, d'une grammaire, d'un dictionnaire. Il s'agit en fait de l'amener à une position comparable à celle des grandes langues de civilisation.

Toutes les langues peuvent être écrites ; mais étant différentes, chacune devra être pourvue d'un système d'écriture correspondant à ses caractéristiques. Les problèmes de transcription des langues vernaculaires diffèrent grandement à notre sens de ceux des pidgins, aussi avons-nous abordé ces deux types de parlers séparément.

8.1.1. Les problèmes de transcription des langues vernaculaires

Le premier obstacle à franchir est celui de l'écriture. C'est un domaine pour lequel les linguistes font preuve d'une rare unanimité. La graphie devra rester la plus proche possible du système phonologique de la langue en question.

> Dans les systèmes d'écriture alphabétique, les graphèmes se réfèrent à des phonèmes uniques. C'est le principe général, mais presque toutes contiennent des exceptions plus ou moins importantes. Idéalement, un système alphabétique devrait avoir une correspondance terme à terme entre les phonèmes et les graphèmes ; autrement dit, chaque graphème représentant un seul phonème et chaque phonème serait représenté par un seul graphème. (H.A. Gleason, 1969, p.326).

En termes encore plus simples, nous dirons qu'à chaque son

ayant une signification doit correspondre une lettre. Et autant que faire se peut cette lettre doit être l'une de celles figurant sur les claviers des machines à écrire du pays considéré.

A la suite de l'analyse du système phonologique de la langue et du choix des graphèmes(lettres), il convient de procéder à l'élaboration de la grammaire de cette langue parlée. Ce travail mené par plusieurs linguistes aura pour but d'isoler les catégories grammaticales et de définir la syntaxe. Ce travail de spécialistes, qui requiert temps et moyens, n'aboutira à une langue standardisée que si certaines conditions préalables sont remplies par l'idiome choisi. Nous rappellerons ici les critères principaux avancés par le linguiste américain J. Fishman afin qu'un parler vernaculaire puisse accéder au statut de langue normalisée(J. Fishman cité dans Valdman, 1978, p.347).

1. une certaine vitalité, c'est-à-dire qu'il doit être employé par une partie considérable de la population.

2. une certaine historité, des liens avec un mouvement nationaliste, une idéologie, un passé prestigieux etc.

3. un certain prestige, auprès de ses locuteurs et en particulier les membres de l'élite et de l'administration.

4. atteint un certain degré d'autonomie par rapport aux langues avec lesquelles elle coexiste.

5. atteint un certain niveau d'aménagement linguistique.

Aucune des langues mélanésiennes des Nouvelles-Hébrides ne répond à ces cinq conditions et par là même aurait des chances selon Fishman de devenir langue nationale. Aucune ne correspond aux trois premiers critères. Par contre beaucoup ont atteint " un certain aménagement linguistique" : le mota, le nguna, le lonwolwol, le sakao, le port sandwich, le lenakel et de nombreux autres parlers qui n'ont pas encore été publiés mais ont fait l'objet d'études approfondies.

Quant au Bislama(n), il a pour caractéristique le premier critère, la vitalité. Par contre, lié à la traite, il ne rappelle pas un passé glorieux et son prestige ne semble lié qu'à une minorité socio-culturelle vivant dans la capitale. Les Mélanésiens prônant le choix du Bislama(n) comme langue nationale sont ceux qui, ayant quitté jeunes leurs sociétés, ignorent ou connaissent mal la langue et les coutumes de leurs ancêtres ou ce sont encore les quelques "créoles" nés du mariage de fonctionnaires parlant des langues différentes.

En outre, jusqu'à ce jour, les travaux sur ce parler restent très partiels, aussi le Bislama(n) n'a-t-il pas encore atteint "un certain niveau d'aménagement linguistique".

Comme nous le verrons, le pidgin n'a plus guère d'autonomie face à l'anglais. Selon les critères de J. Fishman, il ne présenterait que peu d'atouts pour devenir langue nationale normalisée.

Le Bislama(n) étant un pidgin, c'est-à-dire qu'il n'est la langue maternelle d'aucune communauté, présente des problèmes spécifiques qui s'ajoutent à ceux tenant à la transcription de tout parler vernaculaire.

8.1.2. Les problèmes spécifiques à la transcription des pidgins

A l'inverse d'un créole, un pidgin n'est la langue vernaculaire d'aucune communauté. Ceci est précisé fort bien par un proverbe nigérian :

> *Pidgin is no man's language.* (Vincent, 1972, oral remarks cité par Dennis R. Craig, Valdman, 1977, p.315).

Si socialement, ce proverbe est vrai, linguistiquement au contraire, on peut affirmer qu'un pidgin est la langue de tout le monde, ce qui n'est pas sans conséquences nombreuses.

A l'inverse d'une langue vernaculaire ou même d'un créole, un pidgin ne présente presque jamais un système phonologique unique. Chaque individu utilise en pidgin des phonèmes plus ou moins nombreux. Ces fluctuations sont fonction de la connaissance qu'il a de la langue-source. Plus le locuteur connaît cette dernière plus il aura tendance à aligner le système phonologique du pidgin sur celui de la langue lui ayant servi de base lexicale. A ces variables, valables également dans le cas des créoles restés au contact de leur langue-source, se joignent des distorsions phonologiques propres uniquement aux pidgins.

Chaque locuteur de pidgin, comme toute personne parlant une langue seconde, transpose dans ce parler des caractéristiques du système phonologique de sa langue maternelle. Suivant les connaissances linguistiques de chaque individu, on aurait un système tendant soit vers un modèle européen soit vers le modèle que composent les langues vernaculaires.

Le problème du transcripteur sera de savoir quelle variante du parler véhiculaire il va prendre.

Tout système phonologique ne se limite pas à l'identification et à la combinaison des phonèmes. Pour transcrire une langue, il faut s'attacher à enregistrer, comme l'a enseigné A. Martinet, tout ce qui est fonctionnel.

> Si je veux illustrer la structure d'un idiome, je me servirai d'une transcription phonologique où je ne noterai que les traits phoniques qui contribuent à distinguer les uns des autres les éléments signifiants de la langue, en d'autres termes ceux qui ont une fonction différenciative.(A. Martinet, 1968, p.162).

Or, dans un pidgin, les éléments supra-segmentaires que sont l'accentuation, la pause, l'intonation, le rythme de la phrase sont fondamentaux. Ces constituants prosodiques que l'on a trop tendance à délaisser lorsque l'on décrit une langue ne peuvent passer inaperçus à toute personne connaissant et analysant un pidgin. Ces parlers en voie de formation compensent leur relative pauvreté morphologique et syntaxique par de larges possibilités d'accentuation, d'intonation, possibilités qui dépassent souvent celles de la langue-source. Transcrire fidèlement un pidgin, c'est reproduire soigneusement toutes les nuances de pensée émises par le locuteur. La ponctuation devrait indiquer les pauses, le rythme de la phrase. Des signes particuliers devraient guider le lecteur quant à l'accentuation et l'intonation qui, bien souvent, plus que des nuances, apportent des changements de signifié. Tous ces éléments sont primordiaux, si l'on veut que le message de celui qui écrit soit correctement compris.

A notre connaissance, un seul auteur a eu le courage et le mérite de proposer un système d'écriture spécial pour un pidgin. Ce linguiste africain propose un système de transcription des intonèmes(marques d'intonation). Ce pidgin est le sango langue africaine pidginisée, devenue langue nationale de l'Empire Centrafricain et décrite entre autres par Marcel Diki-kidiri(Le sango s'écrit aussi, Paris, SELAF, 1977).

Les influences centripètes des langues vernaculaires et de la langue-source s'exercent également sur les plans morphologiques et syntaxiques. La plupart des pidgins écrits à ce jour n'ont pas échappé à cette double influence qui éloigne le pidgin écrit de tout modèle existant réellement. Le problème paraît particulièrement difficile, car toute personne qui écrit en pidgin a toujours été alphabétisée dans une autre langue et le pidgin n'est, par essence, pas sa langue natale.

Après avoir fixé une écriture, élaboré une grammaire, afin qu'une langue vernaculaire soit enfin standardisée, il reste à recueillir un dictionnaire. Cette phase ultime qui pourrait sembler assez simple est singulièrement compliquée dans le cas d'un pidgin. Si celui-ci est coupé de sa langue-source, le travail est largement facilité, bien que les locuteurs puissent inconsciemment emprunter à leur langue maternelle et juger ces emprunts comme faisant partie intégrante du pidgin.

Dans le cas où le pidgin est resté en contact avec sa langue-source, et où cette langue est chargée de prestige dans le pays, il s'avère impossible de fixer une limite exacte entre le lexique du pidgin et celui de la langue dont il dérive. Dans ce cas, les emprunts sont nombreux, souvent inconscients, ils sont plus ou moins bien amalgamés aux structures traditionnelles du pidgin. L'autonomie du pidgin s'amenuise à mesure que se généralise et s'améliore l'éducation faite dans la langue qui lui a servi antérieurement de base lexicale.

Amener un pidgin au rang de langue standardisée est un travail long et difficile dont le résultat n'est jamais garanti.

Toutes ces entraves à la normalisation d'un pidgin que nous venons de décrire n'épargnent pas le Bislama(n) pidgin des Nouvelles-Hébrides.

8.2. LES PRÉCÉDENTS DU BISLAMA(N) ÉCRIT

Les premières traces écrites du Bislama(n) remontent au siècle dernier. Il s'agissait plus d'amuser le lecteur à la recherche d'exotisme que de lui présenter ce qu'était réellement le parler véhiculaire. Ces quelques phrases glissées dans des comptes rendus de voyages sont de peu d'intérêt pour le linguiste, l'orthographe choisie est toujours très proche de l'anglais afin que le lecteur puisse traduire mot à mot.

La première tentative de transcription sérieuse du Bisla- fut l'oeuvre de la Résidence de France aux Nouvelles-Hébrides.

A partir de 1961, fut distribué dans les îles un "Bulletin d'information de la Résidence de France". Ce bulletin paraissait en français et un tirage traduction du précédent était exécuté en Bislama(n).

Plus de dix ans plus tard, en 1972, la Résidence britannique publiait à son tour le "British Newsletters" avec une partie en Bislama(n). D'autres journaux à tirage très limité ménagèrent des pages au pidgin, tous n'eurent qu'une vie éphémère.

Il fallut attendre 1972 pour que l'église presbytérienne publie les évangiles en pidgin et ce n'est qu'en 1978 que l'église catholique publia un recueil de textes en Bislama(n).

Ce bref récapitulatif montre combien l'écriture du Bislama(n) est récente et limitée à quelques institutions. Avant de poursuivre l'analyse du Bislama(n) écrit, il convient de préciser qui écrit aujourd'hui en pidgin.

8.2.1. Qui écrit en bislama(n) ?

Tout d'abord les deux Résidences ont continué à publier leurs journaux respectifs en langues officielles et en pidgin. Le pidgin du "British Newsletter", tout comme ce journal a peu évolué. Assez anglicisé au départ, il l'est resté. Il n'en va pas de même du "Bulletin de la Résidence de France" devenu , en 1975, le bimensuel "Nabanga" transformé en hebdomadaire en mars 1979. En même temps que la présentation de ce journal, le contenu devait être profondément modifié. Devenu un vrai journal, au même titre que les nouvelles locales, les grands événements internationaux y sont traités. Tout sujet écrit en français est censé être reproduit en pidgin. Cet élargissement brutal du domaine d'utilisation du pidgin n'a pas été sans avoir des conséquences linguistiques profondes. Le besoin d'un vocabulaire nouveau, technique et juridique fut satisfait, comme nous le verrons, par emprunt massif à l'anglais. Il en résulte une hyper-anglicisation du pidgin écrit dans "Nabanga", journal d'information de la Résidence de France.

L'église presbytérienne publie régulièrement un petit journal dactylographié, "islands news", dont une bonne part est écrite en Bislama(n).

En 1978, l'église catholique, à son tour, sortit un "bulletin d'information" "eklesia" rédigé principalement en français, mais dans lequel sont insérés des articles en Bislama(n).

Avec la naissance d'une vie politique aux Nouvelles-Hébrides, le Bislama(n) est l'idiome le plus souvent écrit sur les affiches électorales. Au cours des manifestations publiques, les pancartes souvent écrites en pidgin sont appuyées de slogans scandés en Bislama(n).

Administrations, religions, partis utilisent le pidgin écrit pour toucher les masses. Il faut noter que toutes ces institutions veulent s'adresser autant aux anglophones qu'aux francophones d'où l'emploi du pidgin.

La nouvelle formation politique, "le parti fédéral des Nouvelles-Hébrides", regroupant l'ensemble des partis dits "modérés", doit lancer son propre journal. Selon les dirigeants de ce parti, le rythme de parution de ce périodique sera fonction de l'information politique et s'accélèrera en période de consultation électorale. Moyen d'information et de propagande, il y a fort à parier qu'une bonne partie de ces colonnes seront écrites en Bislama(n) afin de toucher l'ensemble de la population, sympathisants et adversaires.

N'ayant pas les mêmes buts, les échanges épistolaires privés sont rarement faits par l'intermédiaire du Bislama(n). Quel que soit le système d'enseignement dans lequel ils ont été placés, les Néo-Hébridais mélanésiens, dans leur immense majorité, s'écrivent entre eux en langue vernaculaire, c'est-à-dire dans leur langue maternelle. Jusqu'à maintenant, les échanges écrits sont très souvent réservés aux proches, à la famille en général.

La langue mélanésienne est alors écrite avec une phonétique européenne, soit anglaise, soit française, sauf dans le cas où la langue présente une longue tradition d'écriture et par là une orthographe fixée. Pour les messages écrits, privés, les langues mélanésiennes sont pratiquement toujours préférées au pidgin. Ce choix semble répondre à plusieurs préoccupations. On peut penser que les Mélanésiens se sentent plus aptes à exprimer leurs pensées et leurs sentiments à l'aide des langues vernaculaires. En fait, en écrivant souvent à des proches, ils transposent sur le papier les échanges qu'ils auraient s'ils étaient en tête à tête, jamais ils ne parleraient à un frère ou à un oncle en pidgin. N'étant pas plus alphabétisés en langue vernaculaire qu'en langue véhiculaire, les autochtones ne peuvent préférer l'une ou l'autre pour des raisons de tradition écrite. Le choix semble d'ordre affectif et sentimental. Lorsque l'on écrit, c'est que l'on est loin du village et des siens. En écrivant en langue autochtone, on se rapproche de l'univers commun, on crée avec le destinataire un climat de complicité clanique, on rappelle les liens affectifs qui unissent.

Si des Néo-Hébridais d'îles différentes échangent des lettres, il ne peut s'agir que de gens ayant atteint un certain niveau d'instruction tels que des enseignants, des infirmiers. Ils s'écrivent alors en français ou en anglais.

La population s'étant scindée en deux communautés sociolinguistiques, les échanges épistolaires entre anglophones et francophones restent des plus exceptionnels. Il serait intéressant de voir si, en dépit de systèmes phonétiques et de traditions écrites différentes, les Néo-Hébridais réussissent à communiquer par le biais du pidgin.

Afin de résumer la situation sociolinguistique, nous avons repris le tableau d'emploi du créole haïtien présenté par Ferguson (Valdman, 1978, p.314) et nous avons adapté les entrées en fonction du multilinguisme néo-hébridais. Pour préciser la fréquence d'emploi nous avons utilisé un système de croix, une seule croix indiquant un emploi réduit, trois croix au contraire une très grande fréquence d'utilisation.

Un tel tableau résume la situation linguistique d'un pays à un moment précis de son histoire. Celui qui va suivre indique quelle était la situation linguistique des Nouvelles-Hébrides à la fin de 1978. Cette situation, liée à des équilibres sociaux, politiques, ne peut qu'être profondément transformée après quelques années d'indépendance.

Domaines d'emploi des différents parlers fin 1978

	ORAL			ECRIT		
DOMAINE D'EMPLOI	europ.	pidgin	vernacu.	europ.	pidgin	vernacu.
ordres	+	+ + +	+			
discours politiques	+	+ + +	+			
conversations famil.	+	+	+ + +			
nouvelles radiophon.	+ + +	+ + +				
chansons locales		+ + +	+ +			
chants religieux	+ +	+ + +	+	+	+	+
traditions locales		+	+ + +			+ +
religion	+ + +	+ + +	+ + +	+ + +	+ + +	+ + +
correspondances				+ +	+	+ + +
journaux				+ + +	+ + +	
pancartes, tracts et slogans politiques	+	+	+	+ +	+ + +	
enseignement	+ + +	+	+	+ + +		+

Sous la rubrique "europ." nous entendons les deux langues officielles français et anglais confondus.

En 1977, un groupe de chercheurs de terrain décida indirectement d'élargir le domaine du Bislama(n) écrit.

Dans un monde néo-hébridais en pleine mutation, secoué par des conflits politiques, le travail des chercheurs de terrain, souvent mal compris, est suspecté et parfois inaccepté.

Ces chercheurs jugèrent nécessaire de publier un petit opuscule dans lequel ils résumeraient leurs travaux en montrant l'intérêt que ces études présentent pour les Néo-Hébridais.

Ayant été pressenti pour écrire un article, nous refusâmes lorsque nous sûmes que ledit article écrit en français ou en anglais serait "traduit" en Bislama(n) et que cette version en pidgin serait seule publiée.

Plusieurs raisons étaient à l'origine de notre refus.

Tout d'abord s'adresser aux Néo-Hébridais en Bislama(n) n'est pas toujours perçu favorablement. En ville, il nous est arrivé souvent de nous adresser à de jeunes Néo-Hébridais en pidgin, ceux-ci connaissant notre nationalité nous répondaient dans un français impeccable. La même mésaventure doit arriver aux anglophones. Pour certains Néo-Hébridais, s'adresser à eux uniquement en Bislama(n) oral ou écrit, c'est les supposer incultes, incapables de comprendre, de s'exprimer, de lire les langues européennes. Partisan de la publication du même ouvrage sous une forme bilingue anglais-français ou trilingue anglais-français-Bislama-(n), nous doutions de l'opportunité de cette parution uniquement en pidgin.

La publication projetée sortit sous le titre "man langwis mo kastom long Niu Hebridis" (R Brunton, J. Lynch and D.T. Tryon editors, 1978, the Australian National University).

La parution trilingue permettait à tous, anglophones, francophones, vieux Mélanésiens ne connaissant pour toute langue non autochtone que le pidgin, de lire la publication envisagée. Tout chercheur de terrain ayant travaillé aux Nouvelles-Hébrides pouvait écrire son article en anglais ou en français et en pidgin. Sa version écrite du pidgin, tout aussi valable qu'une autre, aurait eu l'avantage de révéler les différences régionales.

Surtout, sur le plan scientifique, cette publication nous paraissait une supercherie dont nos amis Néo-Hébridais ne pouvaient qu'être victimes. Si des scientifiques publient en Bislama(n) des textes se rapportant à leur travail, c'est qu'ils jugent que le pidgin est un instrument pouvant servir à présenter leurs sciences respectives. Avec la caution de ces scientifiques, le Bislama(n) apparaissait comme une langue unifiée, normalisée.

Ayant compris ce danger, les éditeurs ont jugé bon d'ajouter sur la page de garde qu'il n'existait pas d'orthographe unique du pidgin.

Blong soemaot we i no gat wan gudfala fasin nomo blong
/pour/montrer/que/il/*nég.*/avoir/un/bon/façon/seult/de/

raetem bislama, mifala i bin folem spelling blong Camden
/écrire/pidgin/nous/*mod.pers.*/*asp.*/suivre/ortho./de/Camden/

plante taem ; be long namba tu raet blong G.K. Ward mifala
/beaucoup/fois/mais/à/nombre/deux/écrit/de/G.K. Ward/nous/

i bin traem wan narakaen bakegen.
/*mod.pers.*/*asp.*/essayer/un/autre/à nouveau/

> Pour montrer qu'il n'y a pas qu'une bonne façon d'écrire le Bislama(n), nous avons suivi l'orthographe de Camden la plupart du temps ; mais pour la deuxième partie de G.K. Ward nous en avons alors essayé une autre.

Cette phrase, dans laquelle est dénoncée l'absence d'orthographe normalisée, présente la plupart des caractéristiques du Bislama(n) écrit actuel. La pensée, la syntaxe, la ponctuation sont européennes, la phrase européenne a été simplement relexifiée en Bislama(n). L'orthographe reste proche de l'anglais, "spelling" a conservé une double lettre comme dans la langue-source.

Dans le paragraphe suivant, nous allons nous attacher à analyser le Bislama(n) écrit actuellement. Il présente deux caractéristiques essentielles :

1° Une absence d'autonomie par rapport aux langues officielles.

2° Une absence totale de norme reconnue par tous.

8.2.2. Les caractéristiques du bislama(n) écrit actuellement

Le manque total d'autonomie par rapport aux langues officielles fait qu'il n'y a pas un Bislama(n) écrit mais des variantes graphiques multiples de ce parler.

8.2.2.1 La dépendance lexicale du pidgin face à l'anglais

L'innovation lexicale, les emprunts se font massivement à partir de l'anglais , langue ayant servi de base lexicale au pidgin des plantations et, accessoirement, à partir du français.

L'apparition d'une vie politique, l'ouverture du pays à des techniques de plus en plus sophistiquées ont obligé les journalistes à actualiser sans cesse leur pidgin. L'innovation lexicale est permanente, quotidienne. Des termes politiques, économiques, techniques envahissent le Bislama(n) écrit.

Nous allons donner quelques exemples d'emprunts, ceux-ci sont compréhensibles aux seuls anglophones ayant fait de longues études. Tous ces termes sont transcrits ici avec l'orthographe qui leur a été donnée dans les textes dans lesquels nous les avons rencontrés.

afektem "toucher" Nabanga, n°86, p.11

aim	"but" Nabanga, n°87, p.13
allowans	"allocation" Nabanga, n°87, p.2
antil	"jusqu'à" Nabanga, n°87, p.2
atendem	"assister" New Hebrides News, n°103, p.2
bae	"par" Nabanga, n°83, p.3
bi	"être" Nabanga, n°84, p.4
dilei	"repousser à plus tard" Nabanga, n°87, p.2
diveloped	"développé" Nabanga, n°83, p.2
enquiry	"enquête" Nabanga, n°87, p.3
exhibisen	"exposition" Nabanga, n°87, p.7
explenesen	"explication" Nabanga, n°87, p.3
friendship	"amitié" Nabanga, n°86, p.12
fuli sapotem	"soutenir pleinement" Nabanga, n°87, p.2
itch	"chaque" Nabanga, n°86, p.12
jekemap	"contrôler" man langwis mo kastom, p.V
kanselem	"reporter" Nabanga, n°87, p.2
kaonta	"comptoir" New Hebrides News, n°101, p.7
kipim	"préserver" Bislama, n°2, p.1
kleim	"demande" Nabanga, n°87, p.2
klos daon	"fermer" New Hebrides News, n°105, p.12
lautem	"autoriser" Bislama, n°1, p.4
nomata	"peu importe" Bislama, n°1, p.2
witaut	"sans" Bislama, n°1, p.3
woswe	"comment" Bislama, n°1, p.2
etc.	

Ces quelque vingt cinq termes, relevés au hasard de nos lectures, ne constituent pas, tant s'en faut, une liste exhaustive.

Les francophones exclusifs et l'immense majorité des autochtones vivant hors des centres urbains ne peuvent comprendre de telles nouveautés lexicales. Pourtant, comme cette liste l'indique , les journalistes du journal "francophone" Nabanga pratiquent également de tels emprunts à l'anglais.

Vivant dans la capitale, ces journalistes côtoient sans cesse des anglophones, ils écoutent les commentaires de leurs homologues de langue anglaise ; insensiblement, ils acquièrent beaucoup de vocabulaire anglais. A l'inverse des anglophones, les francophones n'ont pas étudié l'anglais standard. Il leur est par conséquent plus difficile de faire la part entre ce qui est de l'anglais standard et du pidgin.

L'une des raisons principales de l'usage du pidgin est la recherche d'une compréhension entre les communautés anglophones et francophones. Cette possibilité d'échange entre ces communautés que l'on cherche par le biais du pidgin est grandement facilitée par le fait qu'une large partie du lexique anglais en ce qui concerne le gouvernement, l'administration et d'autres domaines est d'origine française. D'autre part, beaucoup de termes techniques ont été empruntés par le français à l'anglais. Ces termes communs aux deux langues officielles constituent un domaine privilégié de l'innovation lexicale en pidgin.

adopt	"adopter"	Nabanga, n°84, p.3
aksen	"action"	Bislama, n°1, p.2
badjet	"budget"	New Hebrides News, n°103, p.2
daereksen	"direction"	Nabanga, n°87, p.13
demokrazi	"démocratie"	Nabanga, n°86, p.10
dipen	"dépendre"	Nabanga, n°86, p.12
divelopem	"développer"	Bislama, n°2, p.4
expotesen	"exportation"	Nabanga, n°86, p.12
fainansem	"financer"	Nabanga, n°87, p.13
festivol	"festival"	Nabanga, n°87, p.7
fonktionari	"fonctionnaire"	Nabanga, n°87, p.2
inkaraejem	"encourager"	Nabanga, n°83, p.9
intenol affeas	"affaires intérieures"	N.H.N, n°108, p.3
jelesi	"jalousie"	Bislama, n°1, p.4
ileksen kampen	"campagne électorale"	Bislama, n°2, p.3
komes	"commerce"	Nabanga, n°87, p.2
kompesesen	"compensation"	New Hebrides News, n°108, p.12
komunikesen	"communication"	Nabanga, n°83, p.4
konsiderem	"considérer"	Nabanga, n°84, p.3
konstityusenel	"constitutionnel"	Bislama, n°1, p.1
kooperesen	"coopération"	Nabanga, n°86, p.10
kwolifai	"qualifier"	Bislama, n°1, p.4
maekrophon	"microphone"	Nabanga, n°87, p.3
meteorite	"météorite"	New Hebrides News, n°103, p.4

muvmen	"mouvement" Bislama, n°1, p.2
nutral	"neutre" Bislama, n°2, p.2
oganisesen	"organisation" Nabanga, n°84, p.3
operesen	"opération" Nabanga, n°86, p.13
oposisen	"opposition" Nabanga, n°86, p.10
pesen	"pour cent" N.H.N, n°108, p.12
posibol	"possible" Nabanga, n°83, p.4
prodaksen	"production" Nabanga, n°83, p.11
priperesen	"préparation" Nabanga, n°87, p.7
prokres	"progrès" New Hebrides News, n°104, p.8
propos	"proposer" Nabanga, n°86, p.1
protektem	"protéger" Nabanga, n°83, p.3
regulesen	"régulation" Nabanga, n°83, p.2
rejinol assembli	"assemblée régionale" N.H.N, n°103, p.3
responsibol	"responsable" Nabanga, n°87, p.13
representativ	"représentative" Bislama, n°1, p.1
rialiti	"réalité" Nabanga, n°87, p.7
rilesen	"relation" Nabanga, n°84, p.3
seperetem	"séparer" Nabanga, n°86, p.13
solusen	"solution" Nabanga, n°87, p.3
spesialist	"spécialiste" Nabanga, n°87, p.7
technikal	"technique" New Hebrides News, n°103, p.7
tsif minista	"premier ministre" Nabanga n°83, p.3
turisim	"tourisme" New Hebrides News, n°108, p.1
etc., etc.	

Ces quelques exemples d'emprunts récents faits à l'anglais sont extraits d'une dizaine de journaux. Il serait très facile d'en isoler encore des centaines.

Autrefois le Bislama(n) était un parler de populations illettrées. Les versions écrites actuelles s'adressent, en fait, uniquement à des gens européanisés. Les autochtones les plus âgés, ceux qui vivent dans les zones rurales, n'ont fréquenté que l'école primaire de la mission, l'essentiel de ce vocabulaire nouveau ne peut que leur échapper. Tous ces néologismes du Bislama(n) écrit font référence au monde européen, à ses techniques, à ses institutions. Nous sommes très loin du Bislama(n) des plantations(voir 3.), encore parlé à quelques variantes près dans les îles. L'ouverture sur le monde moderne et l'apparition d'une vie politique rendirent inéluctables ces emprunts massifs à la langue-source.

Toute langue vivante s'enrichit par création interne et par emprunts extérieurs. Malheureusement pour l'autonomie du pidgin, les emprunts à l'anglais ont été la seule source d'enrichissement. Il semble que l'absence d'innovation par des procédés internes au pidgin comme la composition, la dérivation etc. soit essentiellement due à la rapidité avec laquelle les structures politiques, économiques du pays ont changé. Avant 1972, aucun parti politique de type européen n'avait existé. Les premières élections eurent lieu en 1975 et, 1980 verra le pays proclamer son indépendance.

Parallèlement à ces changements socio-politiques, la population néo-hébridaise, essentiellement rurale, se déplaça vers les centres urbains. De 1965 à 1972, la population mélanésienne travaillant à Port-Vila fit plus que doubler et passa de 1760 travailleurs à 3679(J. Bonnemaison, 1977, p.16), et cette tendance allait se poursuivre. L'innovation lexicale en Bislama(n) suit un rythme parallèle à celui des changements socio-politiques et socio-économiques. Cette évolution ne semble pas spécifique au pidgin des Nouvelles-Hébrides, mais correspond probablement à tous les parlers de ce type, S.A. Wurm signale pour le pidgin de Nouvelle-Guinée des transformations très semblables.

> Alors que la structure interne du pidgin de Nouvelle-Guinée contient des moyens tout à fait efficients pour créer et former des mots, (Mülhäusler 1973, 1975a ; Wurm, Mülhäusler and Laycock 1977), l'expansion nécessaire de son lexique n'a malheureusement pas pris place dans une large mesure à travers une création interne, mais à travers un emprunt massif à l'anglais. Dans bien des cas, les lexèmes nouvellement introduits violent les règles sous-jacentes au lexique du pidgin de Nouvelle-Guinée et mettent en danger la continuité de son existence comme idiome indépendant. (S.A. Wurm dans Valdman, 1977, p.335).

Les emprunts récents faits à l'anglais ne "violent" pas spécialement les règles sous-jacentes au lexique du Bislama(n), car ces règles sont extrêmement souples, pour ne pas dire qu'elles restent à définir. Par contre, nous pensons que l'existence même du Bislama(n) comme parler autonome est en jeu. En plus des emprunts massifs faits à l'anglais qui viennent d'être décrits, bien souvent, aujourd'hui, des termes anglais viennent supplanter des lexèmes spécifiques du pidgin que l'on pouvait croire implantés à jamais dans le lexique de ce dernier.

Termes nouveaux	Termes du pidgin ancien
aedia "idée" Nab. n°86, p.12	**tingting**
agrimen "accord" N.H.N. n°108, p.3	**ol i wan tok** /ils/être/un/parler/
ajen "agent" Nab. N°87, p.2	**man blong** + *nom* /homme/de/+/*nom*/
alkol "alcool" Nab. n°87, p.13	**grog**
anaonsem "annoncer" Nab. N°83, p.2	**talem aot** /dire/hors/
andestand "comprendre" Nab. n°86, p.10	**(h)arem save** /entendre/savoir/
anserem "répondre" Nab. n°86, p.12	**talem long** /dire/à/
apruvum "approuver" Nab. n°83, p.2	**talem olsem em** /dire/comme/lui/
artifakt "objet coutumier" Nab. n°87, p.7	**kastom**
holem attensen "retenir l'attention" Nab. n°87, p.3	**stap (h)arem gud** /être/écouter/bien/
bikos "parce que" Bislama n°1, p.4	**prom**
bildim "construire" Nab. n°83, p.8	**wokem, mekem**
bildimap "élever" Nab. n°87, p.2	**wokem**
dekoretem "décorer" Nab. n°87, p.8	**flasem**
det "date" N.H.N. n°103, p.2	**long de ya** /à/jour/*dém.*/
duim "faire" B. Camden	**mekem**
doem "faire" Nab. n°83, p.4	**mekem**
exchanjem "échanger" Nab. n°87, p.13	**sansanisim**
explen "expliquer" Bislama n°1, p.4	**talem gud long** /dire/bien/à/
faktri "usine" N.H.N. n°103, p.7	**haos blong wokem** /maison/à/faire/
grupem "grouper" Nab. n°83, p.4	**putum tugeta** /mettre/ensemble/

impoten "important" Nab. n°83, p.2	**bigfela samting** /gros/chose/
interesting "intéressant" Nab. n°87, p.7	**gud tumas** /bon/très/
kaving "sculpture" N.H.N. n°108, p.12	**kastom**
kliarem "expliquer" Nab. n°87, p.3	**talem gud** /dire/bon/
lukim "voir" N.H.N. n°103, p.4	**lukluk**
lukem "voir" B. Camden	**lukluk**
priperem "préparer" Nab. n°83, p.20	**mekem rere** /faire/prêt/
veri "très" Nab. n°86, p.13	*Vb.* + **tumas**
wari "inquiet" Nab. n°86, p.13	**tingting tumas** /penser/trop/

etc.

Ces exemples sont à nouveau pris dans la dizaine de journaux nous ayant déjà servi à illustrer ce qu'est le Bislama(n) écrit actuellement.

Après s'être relativement stabilisé à la fin du 19e siècle et au début du 20e, époque du recrutement et des flux migratoires intenses entre les îles et l'Australie, le Bislama(n) a subi ensuite, aux Nouvelles-Hébrides, l'influence des langues mélanésiennes. Cette phase durant laquelle il se rapproche des langues autochtones prit fin autour des années 1970. Aujourd'hui, le Bislama(n) tend sans cesse plus vers l'anglais et la présence de l'importante communauté francophone semble ne rien changer à cette évolution.

Alors que l'analyse du Bislama(n) écrit faisait apparaître une anglicisation très importante du vocabulaire, les emprunts au français restent très rares. Dans les textes précédemment cités nous n'avons rencontré que ces quelques emprunts faits au français.

abatoa "abattoir" Nab. n°87, p.2
abatua "abattoir" New Hebrides News n°92, p.5
ceremonie "cérémonie" Nab. n°83, p.17

demonstration "démonstration" Nab. n°83, p.17
evacuation "évacuation" Nab. n°86, p.13
hygiene "hygiène" Nab. n°87, p.2
invite "invité" Nab. n°83, p.2
notable "notable" Nab. n°84, p.6
race "race" Nab. n°87, p.7

A l'inverse des emprunts faits à l'anglais qui sont plus ou moins régulièrement pidginisés, ceux venant du français sont employés inchangés ou presque. Ce maintien de l'orthographe française est due au fait que les auteurs considèrent ces termes comme étrangers au pidgin. Les auteurs ont conscience du lien historique qui existe entre l'anglais et le pidgin. Si les termes que nous venons de citer avaient été associés à la langue anglaise, ils auraient été transformés comme suit : *seremoni, *demostresen, *evakesen, *isien etc.

La continuité de la présence anglaise, la filiation encore évidente du vocabulaire Bislama(n) au lexique anglais, l'établissement de certaines tendances de transformation d'un mot anglais en un équivalent pidgin rendent impossible toute relexification du Bislama(n) au profit du français. Cette francisation du pidgin que certains leaders francophones comme M. Michel Noël, maire de Luganville(12) auraient souhaitée ne peut s'accomplir.

Voulant être compris, le locuteur ou l'auteur qui emprunte à une langue étrangère le fait toujours selon un processus déjà établi et dont le rendement sémantique n'est plus hasardeux. Lorsque l'on parle ou l'on écrit en Bislama(n), emprunter du vocabulaire à l'anglais, c'est le moyen le plus sûr d'être entendu. Ces conditions d'emprunt lexical façonnées par l'usage, qui font qu'en ce qui concerne le Bislama(n) l'anglais est toujours préféré au français, ne semblent pas propres à ce pidgin ou aux pidgins en général. Le linguiste L. Guilbert a présenté ces tendances comme universelles.

> Les locuteurs qui créent de nouveaux mots éprouvent le besoin de s'appuyer sur des formes linguistiques antérieures, sur un matériel linguistique disponible dans leur propre langue, ou emprunté à une langue mère. (L. Guilbert, 1975, p.61).

Loin de freiner l'anglicisation du pidgin, les auteurs francophones l'accélèrent pour les raisons précédemment indiquées. Ce n'est qu'au niveau de la compréhension du message que certains emprunts à l'anglais accessibles aux anglophones ne le sont pas forcément aux autres communautés linguistiques.

L'anglicisation du lexique s'avère être si importante depuis quelques années, que bientôt pour lire et comprendre le Bislama(n), il faudra au préalable avoir appris l'anglais. Déjà le Bislama(n) écrit n'est entièrement accessible qu'à des personnes ayant atteint un niveau d'études secondaires ... en anglais. La lecture des listes d'emprunts cités suffit pour s'en convaincre. La pression de l'ancienne langue-source ne s'effectue pas que sur le plan lexical, elle est tout aussi importante au niveau syntaxique.

8.2.2.2 L'empreinte des langues européennes sur la syntaxe du pidgin écrit

L'influence des langues européennes s'est très souvent imposée sur le plan syntaxique au détriment des formes parlées du pidgin. Dans bien des cas, comme nous l'avons signalé dans l'exemple cité en 7.1.2.1, la structure de la phrase européenne a servi de cadre à un vocabulaire Bislama(n). Alors qu'en Bislama(n) parlé la phrase se limite à un énoncé auquel est ajoutée une expansion circonstancielle (très rarement deux) ; en Bislama(n) écrit, la phrase peut revêtir des formes très complexes (voir appendice, texte : **em i rod blong ol ingenieur**). Dans ce texte, la dernière phrase ne compte pas moins de cinq expansions.

Parfois un auteur peu habitué à écrire en pidgin aura tendance à transposer sur le papier les expressions et tournures orales auxquelles il est accoutumé. Ainsi Anna Kalo venant juste d'être intégrée au journal Nabanga écrivait-elle :

> **long dei ia, ol man oli olsem toti nomo**
> /à/jour/*dém.*/plur./homme/ils/comme/saleté/seulement/
>
> "ce jour là, les hommes étaient très nombreux"
>
> **sam oli swim long pauta**
> /plusieurs/ils/nager/dans/poudre/
>
> "certains se couvrirent de poudre"

ples emi tudak
/endroit/il être/sombre/

"la nuit tombait" (Anna Kalo, Nabanga n°73, p.3)

Ces expressions imagées ne seraient jamais le fait d'un auteur qui écrit depuis longtemps en pidgin. Au cours des dix dernières années, tous les journalistes sans se concerter, probablement influencés par la coupure qui existe entre les langues européennes écrites et orales, se sont attachés à bannir toute spontanéité, toute expression populaire du Bislama(n) écrit. Le pidgin ainsi dépouillé de la partie la plus originale de son vocabulaire, rédigé sous forme de phrases désespérément longues, perd toute expressivité et devient un moyen de communication ennuyeux et pénible.

Inconsciemment, les journalistes mélanésiens traduisent par écrit une pensée européenne en pidgin. Comme ils écrivent sur des sujets n'ayant bien souvent que peu de rapport avec la vie des îles, ils répugnent à utiliser le vocabulaire du pidgin ancien, qu'ils ont appris enfants dans leur village. Ils émaillent leurs écrits d'expressions recherchées qui sont supposées ajouter du sérieux à l'exposé.

En écrivant en Bislama(n), les anglophones font bien sûr de nombreux emprunts lexicaux à l'anglais ; mais plus que ces emprunts, ce sont les calques syntaxiques de la grammaire anglaise sur la phrase en pidgin qui gênent la compréhension générale. Alphabétisés en anglais, habitués à la syntaxe de cette langue, les auteurs anglophones la préfèrent souvent aux schémas anciens propres au pidgin.

Ainsi trouve-t-on dans un même journal les variantes syntaxiques suivantes :

Quins Bethdei *(Queen's birthday)* N.H.N. n°102, p.7

Betdei blong Quin /anniversaire/de/reine/ N.H.N. n°101, p.4

On peut relever des phrases anglicisées, véritable anglais pidginisé.

Hemia hemi wan step fowod New Hebrides News n°95, p.2
/cela/il être/un/pas/en avant/

"c'est un pas en avant"

En Bislama(n) ancien, plus indépendant de l'anglais, la même phrase n'était pas concevable car le mot step n'existait pas et il n'y avait qu'un équivalent éloigné : **purumbut** "marcher sur". Quant au terme "**fowod**" présenté ici comme lexème du Bislama(n), il est toujours resté étranger au pidgin, l'expression française "en avant" étant exprimée en Bislama(n) par le terme **goed** *(to go ahead)*.

Traduire la phrase anglaise *that's a step forward* "c'est un pas en avant" reste possible en Bislama(n) ancien :

emia wan samting blong goed ou **emia wan rod blong goed**
/cela/un/chose/pour/en avant/ /cela/un/moyen/pour/en avant/
"c'est une chose pour aller de l'avant ou c'est un moyen pour aller de l'avant"

Dans le même bimensuel, en page 3, nous avons relevé une autre phrase calquée directement de l'anglais.

i go long olgeta kopra maket avasi
/il/aller/à/tous/coprah/marché/outre-mer/
"il va sur tous les marchés à coprah outre-mer"

En pidgin traditionnel la même phrase serait :

i go ovasi long olgeta maket blong kopra
/il/va/outre-mer/à/tous/marché/à/coprah"
"il va outre-mer sur tous les marchés à coprah"

ou

i go long olgeta maket blong kopra, ovasi

La tendance générale chez les anglophones est de rétablir dans le Bislama(n) écrit, l'ordre de détermination anglais, ce qui a pour résultat de supprimer le mot-outil le plus utilisé en Bislama(n) : **blong**.

Ainsi a-t-on :

identiti kad "carte d'identité" N.H.N. n°106, p.6 au lieu de **kad blong identiti** /carte/de/identité/

nasonal demographic senses "recensement démographique national" N.H.N. n°106, p.6 pour :

senses blong populesen blong ples ia /recensement/de/population/de/endroit/*dém.*/

niufela rabis bin /nouveau/saleté/boîte/ "nouvelle boîte à ordures" N.H.N. n°94, p.2 à la place de :

niufela bokis blong rabis /nouveau/boîte/pour/saletés/ etc.

De plus en plus, la pluralité exprimée en Bislama(n) par la suite ol + *Nom* est remplacée par le morphème anglais *-s*, marque du pluriel placée à la fin des noms.

sivil savans /civil/employé/ "fonctionnaires" N.H.N. n°106, p.3. En pidgin ancien on aurait dit : ol man blong administresen /*pl.*/homme/de/administration/

i no bangs nomo /être/*nég.*/banque/seulement/ "ce n'est pas que les banques" N.H.N. n°111, p.3.

En pidgin traditionnel : i no ol bank nomo /être/*nég.*/*pl.*/ banque/seulement/

2 pleces "deux places" Nab. n°83, p.20 anciennement 2 ples

4 deis "quatre jours" Nab. n°83, p.20 se disait autrefois 4 de.

etc.

Certains anglophones qui ont étudié en Nouvelle-Guinée ou aux îles Salomon ont acquis, au contact des pidgins parlés dans ces territoires, du vocabulaire et des structures syntaxiques nouvelles. Fiers de leur éducation, ils usent de ce vocabulaire ; ils multiplient les suffixes à la suite des verbes transitifs comme il est de coutume de le faire en "néo-mélanésien", pidgin de Nouvelle-Guinée.

Emprunt	Bislama(n)
duim "faire" B. Camden	mekem
lukim "voir quelqu'un" B. Camden	lukluk
ronemaot "chasser quelqu'un" N.H.N. n°92, p.10	ronem
wasemaot "laver quelque chose" N.H.N. n°92, p.10	wasem
karemaot "emporter q.q. chose" N.H.N. n°92, p.10	karem
i bin kivimaot /il/*duratif*/donner/ "il donnait" N.H.N. n°95, p.4 impossible en pidgin du Sud-Malakula.	
lukaotem "surveiller quelqu'un" N.H.N. n°95, p.2	lukaot

etc.

En écrivant ces formules rares puisqu'étrangères à l'archipel, les auteurs anglophones pensent également renforcer leur argumentation.

Bien souvent, cette recherche d'un pidgin sophistiqué est due au fait que le Bislama(n) écrit fut très longtemps juxtaposé à un texte d'abord rédigé en langue européenne. Le journaliste mélanésien devait alors traduire, trouver l'expression ou le terme pidgin qui se rapprochait le plus de l'énoncé européen. Dans ce travail de conversion d'un système de pensée dans un autre, les traducteurs font souvent preuve d'ingéniosité.

Ainsi remarquera-t-on, dans le texte cité en appendice, comment Anna Kalo a pallié l'absence de terme en pidgin pour exprimer le mot "mimer".

oli kivim sain long samfalla kastom stori
/ils *mod. pers.*/donner/signe/de/quelques/coutume/histoire/
"ils ont mimé quelques histoires coutumières"

Comme les termes anglais signifiant "largeur", "longueur" ne sont pas entrés dans le pidgin et qu'aucun terme d'une autre origine n'est venu combler cette lacune, un journaliste de "New Hebrides News" a fort habilement compensé ces manques de la façon suivante :

longfala blong hem i kasem 1.000 meta mo bigfala blong hem
/long/à/lui/il/atteindre/1.000/mètre/et/gros/à/lui/

i kasem 100 meta
/il/atteindre/100/mètre/

"sa longueur atteint 1.000 mètres et sa largeur 100 mètres.

Les bases **longfala** et **bigfala** généralement verbes(ou adjectifs) rarement nom se sont vus adjoindre, dans cet énoncé, un possessif : **blong hem** "à lui" et sont devenus ainsi de vrais noms.

Avant que l'enseignement n'ait connu le développement que nous avons décrit (voir 5), de telles paraphrases étaient des plus courantes. Penser et parler en pidgin étaient l'art de paraphraser. Aujourd'hui, l'expression et le lexème européen plus économiques et plus prestigieux sont toujours préférés à la paraphrase même si celle-ci correspond aux structures du pidgin ancien.

De plus en plus, devant les difficultés de traduction, les

journaux abandonnent le système de traductions juxtaposées.

En avril 1978, le journal "Bislama" fut le premier à paraître entièrement en Bislama(n). Il s'avéra que le vocabulaire employé et la syntaxe étaient tout aussi dépendants de l'anglais. Comme il a été précisé par H. Gleason, les auteurs alphabétisés dans une autre langue ne pouvaient que subir l'influence de celle-ci.

> Généralement les premiers auteurs d'une langue nouvellement écrite quelle qu'elle soit, sont bilingues ; la langue dont ils sont en train d'établir l'écriture n'est souvent que leur seconde langue, et, même dans certains cas, ils la connaissent mal. Mais même quand l'auteur est un locuteur natif, son éducation littéraire s'est généralement faite entièrement par l'intermédiaire d'une autre langue ; sa connaissance de la nature et des possibilités de la langue écrite repose sur un système d'écriture et une grammaire littéraire employées ailleurs ; il est presqu'inévitable qu'il se produise un transfert de certaines conventions du premier système de schèmes, que celles-ci conviennent ou non. (H.A. Gleason, 1969, p.336).

Le Bislama(n) écrit empruntant sans cesse du vocabulaire à l'anglais, calquant en plus ses structures syntaxiques sur celles des langues européennes, s'européanise, s'anglicise de plus en plus. Cette évolution, gênante pour les Néo-Hébridais habitués à des structures de pensée mélanésienne, devrait largement faciliter la compréhension du Bislama(n) écrit aux Européens parlant le pidgin or, il n'en est rien, l'absence de normes orthographiques et de ponctuation rendent la lecture malaisée parfois même impossible.

8.2.3. Absence totale de normes orthographiques et de ponctuation

Jusqu'à ce jour, seuls deux auteurs, J.B.M. Guy en 1974 et B. Camden en 1976 ont proposé des modèles orthographiques pour la transcription du Bislama(n). Les nombreuses différences entre les deux modèles proposés indiquent combien il est difficile de trouver un consensus en la matière.

L'orthographe du pidgin, en l'absence d'une norme imposée, subit l'influence de nombreux facteurs socio-culturels.

8.2.3.1 Les variantes orthographiques du Bislama(n)

Elles sont fort nombreuses, aussi nous bornerons-nous à ne

citer ici que des lexèmes ayant eu le privilège de se voir accorder au moins quatre orthographes différentes. L'immense majorité des lexèmes du Bislama(n) écrit actuellement présentent pour le moins deux ou trois graphies.

L'équivalent en pidgin du mot anglais *future* [fju:tʃər] "futur" bénéficie de cinq graphies différentes.

fiutja	Nabanga n°83, p.3
fuja	Bislama n°1, p.1 (article de R. Buletare)
fiuja	Bislama n°2, p.1
fyuja	B. Camden
fija	New Hebrides News n°92, p.3

Le nom anglais *cooperative* [kou'ɔp(ə)rətiv] est à l'origine d'un nom Bislama(n) écrit comme suit :

kopretif	Bislama n°1, p.4
cooperative	Bislama n°1, p.4 (article de R. Buletare)
cooperativ	Bislama n°1, p.4 (article de R. Buletare)
koperativ	J.B.M. Guy
koapratif	B. Camden
kowaperativ	selon les coopératives françaises

La conjonction anglaise *but* [bʌt] "mais" a donné en pidgin quatre transcriptions :

bat	N.H.N. n°103, p.2 ; Nab. n°84, p.4 ; B. Camden
but	Nab. n°84, p.4
be	Nab.. n°84, p.6 ; B. Camden
pe	N.H.N. n°104, p.6 ; J.B.M. Guy

Le mot anglais *language* [læŋgwidʒ] "langue" a donné naissance à un nom Bislama(n) que nous avons trouvé transcrit comme suit :

languis	Bislama n°2, p.1
lanwits	J.B.M. Guy
lanwis	B. Camden
langwis	R. Brunton, J.D. Lynch and D.T. Tryon, p.1

La même hétérogénéité d'écriture apparaît pour le nom Bislama(n) issu du nom anglais *church* [tʃə:tʃ] "église"

jioj Nabanga n°83, p.1
tsyots J.B.M. Guy
jyos B. Camden
tjos Nabanga n°77, p.10

Le nom anglais *name* [neim] "nom" est passé en Bislama(n), cet équivalent s'écrit :

neam Nabanga n°83, p.4
naem Nabanga n°83, p.11
neim Nabanga n°84, p.4
nem J.B.M. Guy ; B. Camden

to play [plei] "jouer" est à l'origine d'un lexème Bislama-(n) présentant aussi plusieurs graphies :

pleiplei N.H.N. n°105, p.8
pleple J.B.M. Guy
plei B. Camden
plei plei N.H.N. n°108, p.12
etc.

Pousser plus avant les exemples de différenciation orthographique n'apporterait rien à notre analyse et risquerait de nous entraîner à présenter des exemples à l'infini.

Le Bislama(n) étant au coeur des passions politiques, il restera toujours quelques personnes, incapables d'aborder le problème d'un point de vue scientifique, pour affirmer qu'il n'existe qu'une seule et unique orthographe.

Pour notre part ayant toujours peiné à écrire en Bislama(n), à cause de l'absence de norme orthographique, nous nous attacherons à faire ressortir ce qui incite les auteurs à choisir une graphie plutôt qu'une autre.

-Il y a tout d'abord l'habitude de l'orthographe européenne

Les doubles lettres de certains mots européens se retrouvent en pidgin bien qu'elles y soient parfaitement inutiles.

allowans "allocations" Nab. n°87, p.2
assembli "assemblée" N.H.N. n°103, p.2
assosiasen "association" N.H.N. n°103, p.2
boss "patron" Nab. n°87, p.13

congress "congrès" N.H.N. n°108, p.3
offisa "officiel" N.H.N. n°103, p.2
professa "professeur" N.H.N. n°104, p.6
etc.

Ce type d'orthographe est dû à la restitution de l'étymologie du mot Bislama(n). Parfois la graphie spécifique des langues européennes est donnée partiellement ou entièrement aux représentations graphiques des lexèmes Bislama(n).

baecykel "bicyclette" Nab. n°83, p.17
black "noir" Nab. n°87, p.13
scool "école" Nab. n°57, p.7
fault "faute" Nab. n°86, p.12
evry "chaque" Nab. n°83, p.2
sick "malade" Nab. n°83, p.4
store "magasin" Nab. n°83, p.17
etc.

-Dans certains cas, les variantes orthographiques semblent provenir d'une perception auditive différente des mots pidgin de la part des anglophones et des francophones.

angl. indipendens "indépendance" Bislama n°1, p.1
fr. independens " " " Nabanga n°83, p.1

angl. najurol resosa "ressources naturelles" N.H.N n°103, p.3
fr. naturol risos " " " " Nab. n°73, p.5

angl. popyulesen "population" Bislama n°1, p.3
fr. populesen " " Nabanga n°83, p.4

angl. rifom "réforme" N.H.N. n°103, p.2
fr. riform " " Nabanga n°83, p.2

angl. shea "part sociale" N.H.N. n°108, p.8
fr. sher " " Nabanga n°87, p.2

etc.

Ces différenciations par influence des langues d'éducation restent limitées et irrégulières. Elles dépendent du degré de connaissance et de maîtrise de la langue d'alphabétisation et d'instruction. Les langues autochtones, composant le substrat, amenant à des perceptions diverses des phonèmes étrangers, entraînent de nombreuses variations graphiques du pidgin.

-Tout d'abord, les auteurs mélanésiens hésitent toujours entre les phonèmes sourds et sonores puisque, dans la plupart de leurs langues, il n'existe pas de différence entre /p/ et /b/, /t/ et /d/, /k/ et /g/ ou encore /f/ et /v/.

bablik	"publique"	Nab. n°87, p.3
pablik	" "	Nab. n°87, p.3
be	"mais"	Nab. n°84, p.4
pe	" "	N.H.N. n°104, p.6
gat	"avoir"	Bislama n°1, p.2
kat	" "	Bislama n°1, p.2
go	"aller"	N.H.N. n°114, p.1
ko	" "	Nabanga n°93, p.4
kud	"bon"	Nabanga n°93, p.2
gut	" "	N.H.N. n°114, p.1
gavmen	"gouvernement"	Nab. n°67, p.6
gafman	" "	Bislama n°1, p.1
metel	"milieu"	Nab. n°83, p.8
medel	" "	N.H.N. n°103, p.2
oganaisesen	"organisation"	Nab. n°84, p.3
okanaesesen	" "	"N.H.N. n°108, p.3

etc.

-L'influence de la distribution des phonèmes dans les lexèmes des langues mélanésiennes est souvent déterminante pour la graphie à donner aux lexèmes du pidgin.

Dans la plupart des langues mélanésiennes des Nouvelles-Hébrides, les lexèmes se présentent sous la forme Consonne + Voyelle + C + V . Les auteurs mélanésiens hésitent souvent entre ce schéma qui leur est familier et les groupes de consonnes qui existent dans les étymons européens.

from	"de"	N.H.N. n°103, p.4
forom	""	Nab. n°84, p.4

help	"aide"	N.H.N. n°108, p.3
helep	" "	B. Camden
klosap	"à côté"	N.H.N. n°108, p.3 ; étymon : *closed up*
kulusap	" "	Nab. n°84, p.3
lelvet	"un peu"	J.B.M. Guy
lelebet	" "	N.H.N. n°103, p.5 ; étymon : *little bit*
slip	"dormir"	J.B. Guy, B. Camden
silip	" "	Bislama n°2, p.2

etc.

-Enfin l'orthographe d'un même mot peut varier dans une même page, dans un même texte.

La graphie, dans ces cas, est fonction de l'humeur de l'auteur, de son impulsion à l'instant où il écrit. En fait, toute personne qui rédige en Bislama(n) se trouve sans cesse tiraillée entre deux tendances orthographiques : l'une est étymologique, l'autre phonétique.

Bislama n°1, p.4 (texte de R. Buletare)
cooperativ
cooperativ<u>e</u>

New Hebrides News n°104, p.6
profesa
profes<u>s</u>a

Nabanga n°87, p.8
presen
presen<u>t</u>

Nabanga n°87, p.13
ekspiriens
expiriens

Nabanga n°88, p.7
general
generol

New Hebrides News n°101, p.2
visitem

visitim
etc.

Il est impossible d'estimer quelle est la part de variations orthographiques à imputer à des erreurs d'imprimerie. Elle doit être assez importante car les gens chargés de la frappe ou de la composition des textes ne savent également pas comment écrire le Bislama(n).

8.2.3.2 Les ponctuations des langues française et anglaise inadaptées au Bislama(n)

En plus d'une orthographe capricieuse, les textes écrits en pidgin présentent l'inconvénient majeur d'être sans ponctuation ou d'avoir une ponctuation européenne inadaptée. De nombreux linguistes dont H.A. Gleason ont dénoncé le danger qu'il y avait de vouloir introduire une ponctuation européenne dans d'autres parlers.

> Ce serait une erreur de considérer que la question de la ponctuation est secondaire quand on élabore une nouvelle langue écrite. La ponctuation marque la syntaxe ; elle est déterminée par un certain type de structure syntaxique ... L'introduction de la ponctuation européenne créera nécessairement une pression dans le sens de la syntaxe européenne. (H.A. Gleason, 1969, p.337).

Plutôt que d'énumérer les carences en matière de ponctuation que présentent tous les écrits en Bislama(n), nous avons choisi un texte dans le "périodique" "Bislama". Il présente l'avantage de ne pas être une traduction d'un écrit fait préalablement en langue européenne, ce journal étant unilingue.

Taem VP imiting wetem tufala H.K. long Kondominiam
/quand/vanuaaku pati/mod.pers.réunion/avec/eux 2/Hauts Commissai-

Konfrens Rum, tufala imekem promes se bae Gafman isave
res/à/condominium/conférence/salle/, /eux 2/mod.pers.faire/promesse/que/

givim sam spesel mane blong mekem "spesel cencus" blong
à l'avenir/gouvernement/mod.pers.pouvoir/donner/quelque/spécial/argent/

ileksen from "demographic cencus" we Yunaited Nesen igivim
pour/faire/spécial/ recensement/pour/élection/parce que/démographique/

mane from bae hemi tekem tu long blong finis - 3 yia.
recensement/que/unies/nations/mod.pers.donner/argent/pour/à l'avenir/

il mod.pers./prendre/trop/long/pour/finir/-/3/ans/. Bislama, n°2, P.3.

"Quand le parti "vanuaaku" s'est réuni avec les deux Commissaires Résidents dans la salle de conférences du Condominium, tous deux firent la promesse qu'à l'avenir le gouvernement pourrait donner quelques fonds spéciaux pour faire un "recensement spécial" pour les élections, parce que le "recensement démographique" pour lequel les Nations Unies donnent de l'argent prendra probablement trop de temps pour être achevé - 3 ans."

Dans ce texte, nous retrouvons les faiblesses du Bislama(n) écrit que nous avons dénoncées.

Ce texte est l'oeuvre d'un anglophone et se trouve par là exagérément anglicisé. Ces anglicismes auraient pu être évités et remplacés par des formes plus traditionnelles.

"Kondominium Konfrens Rum" serait exprimé en Bislama(n) plus "classique" : ples blong toktok blong kondominium /endroit/à/parler/de/condominium/

Le mot "rum" "pièce, salle" est loin d'être universellement compris aux Nouvelles-Hébrides, les cases n'ayant traditionnellement qu'une pièce.

Le mot "Konfrens" est un anglicisme qui ne peut être compris que d'une certaine élite intellectuelle, par contre, tout un chacun connaît le mot "toktok" "discussion, palabre".

"hemi tekem tu long" ne serait jamais employé par un Néo-Hébridias instruit uniquement à l'école primaire ; il dirait : (h)em i-mekem longtaem tumas /il/mod.pers.-faire/longtemps/très/.

Le caractère "anglais" et même "anglais journalistique" ressort du système d'abréviations employé : V P pour Vanuaaku Pati, "parti vanuaaku", H K pour Hae Komisona "Haut Commissaire".

Le système orthographique anglais a été partiellement transposé au pidgin sans impératif quelconque, les termes référant à des institutions politiques sont tous affublés d'une majuscule initiale.

Kondominiam Konfrens Rum "salle de conférences du Condominium"
Yunaited Nesen "Nations Unies"
Gafman "gouvernement"

Au sein même de ce texte, l'orthographe varie. Ainsi a-t-on : census et cencus "recensement".

L'auteur, comme tous ses concitoyens, hésite souvent sur la segmentation à opérer, où commence et où s'arrête chaque mot ?

Alors que dans ce texte, la marque personnelle est accolée aux racines verbales tel un préfixe, pour le dernier verbe cette modalité personnelle se trouve séparée du radical.

V P imiting "le parti vanuaaku se réunit"

tufala imekem "eux deux font"

Gafman isave "le gouvernement peut"

Yunaited Nesen igivim "les Nations Unies donnent"

mais

hemi tekem "il prend"

Cet auteur anglophone n'a pas échappé, en écrivant en Bislama, à la structure syntaxique anglaise. Cette phrase écrite en pidgin suit une logique britannique et n'est qu'une relexification de la syntaxe anglaise.

Taem V P imiting wetem tufala H K long Kondomi-
/when/(the) V P/ met/ both/ H.K. /in (the) Condomi-

niam Konfrens Rum, tufala imekem promes se bae
nium/ conference / room/ both(of them)/made/(a)promise/that/might/

Gafman isave givim sam spesel mane blong mekem
(the)goverment/should be able to/give/some/special/money/ to /do /

"spesel census"blong ileksen from "demographic cencus"
(a) special/census/ for /(the) elections/because/(the)demographic/cencus/

we Yunaited Nesen igivim mane from bae hemi tekem tu
that/ United/ Nations/ gave/ money/ for / might/ it /take /too/

long blong finis - 3 yia.
long/ to /finish/ 3/years/

"When the Vanuaaku Pati met both High Commissioners in the Condominium conference room, both (of them) made a promise that might the Government should be able to give some special funds to do a "secial census" for the elections, because the demographic census that United Nations gave money for, may take too long - 3 years.

Dans la traduction mot à mot, la concordance entre les termes Bislama(n) et leurs équivalents anglais est presque parfaite.

Seuls, les articles anglais n'ont pas de vis à vis dans ce

pidgin anglicisé, ils en auraient en pidgin parlé.

La correspondance quasi totale de l'ordre des mots, des idées, entre la phrase en pidgin et celle en anglais montre à quel point le pidgin écrit se rapproche des normes syntaxiques anglaises, seule la ponctuation en pidgin est omise. L'auteur n'a mis qu'une virgule dans le texte en pidgin. Cette absence de ponctuation n'est pas le résultat d'une volonté délibérée de différencier anglais et pidgin, mais provient de l'incapacité dans laquelle se trouvait l'auteur de penser, en écrivant cette phrase, en pidgin. En Bislama(n) parlé traditionnellement une telle phrase se scinde, pour le moins, en quatre énoncés.(Nous conservons l'orthographe présentée par l'auteur du texte).

1° Vanuaaku Pati imit finis wetem tufala Hae
/ vanuaaku/parti/mod.pers. rencontrer/accompli/avec/les 2/ Haut

Komisona long ples blong toktok blong Kondominiam.
/ Commissaire/ à /endroit/ de /palabre/ du /Condominium/

2° Tufala imekem wan promes.
/eux deux/mod.pers.faire/une/ promesse/

3° Bae gafman isave givim sam spesel mone
/futur/gouvernement/mod.pers.pouvoir/donner/quelques/spécial/argent/

blong mekem wan "spesel census" blong ilksen.
/pour/faire/ un / spécial /recensement/pour/élection/

4° hem igivim spesel mone ia, from "demographic
/il/mod.pers.donner/spécial/ argent / là /parce que/démographique/

cencus", Yunaeted Nesen igivim mone from, bae
/recensement/unies/nations/mod.pers.donner/argent/pour/futur/mod.

itekem longtaem tumas olsem 3 yia.
/mod.pers.donner/ longtemps / très /comme/ 3 / ans /

En plus d'être scindé en quatre énoncés différents, le Bislama(n) parlé ne présente pas autant de conjonctions que l'anglais. Pour introduire une expansion circonstancielle, il faut reprendre ou pour le moins résumer, l'énoncé principal comme il a été fait pour relier la troisième et quatrième phrase de l'exemple choisi.

Dans la phrase écrite dans le journal "Bislama", une seule virgule indiquait une pause. Pour traduire le rythme d'élocution de la quatrième phrase du Bislama(n) parlé, il nous a fallu faire appel à trois virgules.

Dans de telles phrases énonciatives, le système de ponctuation des langues anglaise ou française permet d'indiquer le rythme d'émission du message.

Dans les phrases énonciatives du pidgin écrit, la carence en matière de ponctuation s'explique par le fait que l'auteur ne sait quelle voie choisir : écrire le pidgin tel qu'il est parlé ou l'écrire comme la langue-source, langue d'éducation est écrite. Trop souvent, le prestige de la langue-source, les habitudes graphiques apprises font que la seconde solution l'emporte.

Dans des énoncés exclamatifs, déclaratifs, chaque fois que le message oral de quelqu'un est rapporté, la ponctuation des langues européennes s'avère inadéquate. En effet, aucune marque graphique ne permet de connaître l'intonation, le débit, la position des pauses, des accents toniques etc.

Nous ne donnerons ici que quelques exemples de variations sémantiques dues à la présence ou à l'absence d'un accent, d'une pause.

mi sori long (h)em /je/regretter/à/lui/	énonciatif (débit soutenu)	"je regrette pour lui"
mi sori —— long (h)em	énonciatif (pause)	"je le regrette" (quelqu'un)
mi sorí long (h)em	affectif (accent)	"je compatis à sa douleur"
mi sooriii long (h)em	douleur (longueur voyel.)	"je suis douloureusement touché par sa disparition"
mi sorí long (h)ém	*interro-nég.* (débit très rapide)	"moi! le regretter ? (en réponse à quelqu'un)

Autres changements sémantiques apportés par des éléments supra-segmentaux :

yu mekem save /tu/faire/savoir/	énonciatif (débit soutenu)	"tu sais faire"
yu mekem save ⟶	interrogatif (ton montant)	"tu sais faire ?"
yu mekem savé	exclamatif (accent dernière syllabe)	"tu sais faire!"
yu mekem —— save ⟶ ↘	admiratif (montant-pause-descendant)	"tu t'y connais!"
yu mekem sávé	affirmation injonctive (accent deux dernières syllabes)	"tu sais faire!"

yu mekém savé   ironique (antiphrase)   "tu t'y entends"
(accent sur syllabes finales)

De tels changements sémantiques apportés par des éléments prosodiques abondent en pidgin, les énumérer et les analyser n'est pas chose aisée ; car le locuteur les utilise en fonction de circonstances qu'il perçoit. Le message écrit rend difficilement compte de l'environnement dans lequel le message est émis.

Cependant, en pidgin écrit, les éléments prosodiques comme l'intonation, la pause, le rythme, l'accent ont un tel pouvoir expressif et démarcatif qu'il n'est pas possible de les passer sous silence.

En l'absence de signes graphiques particuliers pour tous ces moyens expressifs, le Bislama(n) écrit actuellement reste imprécis, difficile à lire et à comprendre.

Qui n'a pas été obligé de lire à haute voix une phrase écrite en pidgin, afin d'y replacer un accent, une pause ou pour trouver l'intonation ou le rythme appropriés, indispensables à la compréhension même ?

Conclusion.

Avec des variantes orthographiques nombreuses, une syntaxe de moins en moins autonome face à l'anglais, le Bislama(n) écrit, privé des moyens expressifs existants dans son homologue parlé, n'est jusqu'à présent qu'un médiocre véhicule de pensée.

Pour l'immense majorité des Mélanésiens, le pidgin n'est qu'une langue seconde et ceci tant au niveau oral qu'écrit : pratiquement tous possèdent une langue maternelle mélanésienne et tous ont appris à écrire dans une langue européenne.

Plutôt que la question "Qui écrit le Bislama(n) ?" (8.2.1), il convient de se demander "Qui pense et écrit en pidgin ?". La réponse à ce jour est : personne.

Pour que le pidgin écrit soit entièrement autonome, pour qu'il dépende moins de la langue maternelle et soit indépendant de la langue écrite d'éducation, il faut qu'il soit normalisé et enseigné. Ce n'est qu'à ces conditions que les auteurs écriront et penseront en Bislama(n). Le pidgin aura alors de fortes chances de se développer et de s'enrichir par lui-même.

9. VERS UN BISLAMA(N) ENSEIGNÉ ?

La plupart des insuffisances du Bislama(n) écrit jusqu'à ce jour proviennent de l'absence de norme et du fait que personne n'a reçu une éducation en pidgin.

Tout parler peut être écrit de façon rationnelle et enseigné. L'établissement de normes s'imposant à tous et la décision de les enseigner sont entièrement de la compétence des autorités politiques.

Aucun individu, qu'il soit une Autorité religieuse, scientifique ou politique n'a le droit ni les connaissances suffisantes pour légiférer en matière linguistique et n'est autorisé à chercher à imposer un parler comme langue nationale d'un pays qui n'est pas le sien.

Par contre, il est du devoir de chaque individu ayant acquis des connaissances sur les langues, la situation sociolinguistique d'un pays, de faire part de ses analyses et de ses conclusions aux Autorités légalement élues, faute de ne pouvoir les faire connaître à l'ensemble des populations.

Le choix d'une langue comme langue nationale d'enseignement est l'affaire de toutes les ethnies composant un pays. Ce choix engage l'avenir de nombreuses générations et ne peut que difficilement être fait par un gouvernement qui, obligatoirement, ne représente qu'une partie de l'opinion.

S'il est un domaine où, après l'indépendance (des Nouvelles-Hébrides par exemple), un référendum touchant l'ensemble de la population se justifie, c'est celui du choix de la langue ou des langues à enseigner.

Le titre de ce paragraphe comme celui du paragraphe précédent est suivi d'un point d'interrogation, car la décision politique qu'ils sous-entendent n'est pas de notre ressort. Dans ce chapitre, nous retiendrons l'hypothèse du Bislama(n), langue nationale enseignée. Nous nous bornerons à analyser les problèmes soulevés et nous nous attacherons à exposer les solutions pouvant les résoudre.

Tout d'abord, il convient de remarquer que le pidgin n'étant la langue maternelle que de quelques individus, contrairement aux créoles, il ne sera pas retenu comme langue d'enseignement pour affirmer la personnalité et la culture des enfants. Ce but, pourtant primordial dans les aires créolophones n'a pas été suffisant pour que ces pays décident d'enseigner le créole. Dans un seul territoire, il existe un enseignement en créole.

> A Curaçao, par exemple, où l'atmosphère pour ce genre de développement en matière d'éducation a été depuis longtemps plus favorable que cela est encore pour la plupart des autres aires de langue créole, ce n'est que relativement récemment qu'un programme financé à l'échelon national de début d'éducation en papamientu a été mis sur pied.
> (Dennis R. Craig, 1977, p.320, dans pidgin and creole linguistics, Ed. A. Valdman).

La majorité des pays créolophones ayant acquis l'indépendance comme la Barbade, la Dominique, la Jamaïque ou encore l'île Maurice n'ont pas opté pour un enseignement, même au niveau primaire en créole. Ce choix est dû autant à des raisons linguistiques qu'à des préjugés locaux particulièrement tenaces. Seules, les îles Seychelles ont reconnu officiellement l'existence de trois langues sur leur territoire : l'anglais, le français, le créole. Peut-être y verra-t-on mis en place un système d'éducation partiellement en créole ?

9.1. LES MYTHES LOCAUX A L'ÉGARD DU BISLAMA(N)

Les approches irrationnelles à l'égard du pidgin sont autant le fait des Européens que des Mélanésiens.

Nombreux sont les Européens vivant en ville qui croient, que le Bislama(n) est l'unique langue connue des Mélanésiens.

Depuis la parution de l'article de D.T. Tryon "*The languages of the New Hebrides : a checklist and general survey"* D.T. Tryon, 1972, p.43), la plupart des anglophones n'ignorent plus la situation linguistique de l'archipel.

Quant aux français, ceux venant de Métropole ne peuvent souvent considérer le pidgin que sous un angle politique. Ils abordent le Bislama(n), on ne sait trop pourquoi, en fonction de la vieille dichotomie française "droite-gauche". Si l'on se veut de gauche, on défend le pidgin, qui se dit conservateur lui nie toute valeur expressive. Les Français des Nouvelles-Hébrides qui connaissent tous le pidgin n'envisagent aucun autre statut pour cette langue vernaculaire.

Même négatifs, les jugements portés par les Européens pourraient être bénéfiques au pidgin car, aux yeux des Nationalistes, si les Européens s'opposent au pidgin, c'est que ce parler gêne leurs intérêts et par là doit servir ceux des Mélanésiens.

En fait, ce sont principalement les préjugés venant des Mélanésiens qui empêchent le pidgin de progresser vers plus d'unité et d'autonomie.

9.1.1. Le mythe de l'unité du pidgin

Le Bislama(n) étant le seul parler de l'archipel à n'appartenir à aucune communauté linguistique, si ce n'est à l'ensemble des communautés peuplant les Nouvelles-Hébrides, apparaît comme la langue d'union. Le choix du Bislama(n) comme langue nationale peut être jugé judicieux à deux titres : il ne privilégie aucune minorité et il est l'idiome de loin le mieux compris dans l'ensemble des îles.

Les partisans du pidgin insistent sur ces vertus et masquent volontairement les variantes et les différences qui font que le Bislama(n) n'est pas un parler monolithique. Certes, il existe un pidgin commun, certainement très proche du pidgin parlé au début du siècle. Jusqu'à l'extension rapide qu'il a connu à partir de 1970, le pidgin comptait de l'avis général de 800 à 1000 "mots". Aujourd'hui, par l'intermédiaire de la radio, il doit en compter quelques centaines de plus ; mais nous pensons que son vocabulaire n'atteint pas 1800 entrées.

Le Bislama(n) compte de nombreuses variantes ayant pour origine l'influence de l'éducation, de l'urbanisation ou encore des langues vernaculaires.

Anglophones et francophones ne parlent pas le même Bislama-(n), leur prononciation divergent(voir 6.2.1.3) ainsi que le vocabulaire qu'ils utilisent.

francophones		anglophones
busi	"bougie"	plak
duan	"douanes"	kastom
gato	"gateau"	kek
kameong	"camion"	trak
kaojuk	"caoutchouc"	raba
kilo	"kilogramme"	"paund"
kilometa	"kilomètre"	"mael"
klaket	"va-nu-pieds"	raba
lekol	"l'école"	skul
sinwa	"chinois"	saenis
etc.		

Parmi les anglophones, il est devenu extrêmement difficile de distinguer toutes les variations du pidgin en rapport avec le niveau d'éducation. Les variantes s'échelonnent du pidgin légèrement anglicisé à l'anglais encore quelque peu pidginisé.

L'urbanisation, à Luganville et surtout à Port-Vila sur l'île d'Efate, a précipité une partie de la population dans un mode de vie nouveau. Il en a découlé deux types de pidgin : l'un urbain subissant l'influence européenne, l'autre rural plus dépendant des langues vernaculaires. Ces deux types de Bislama(n) se différencient de plus en plus, le Bislama(n) urbain s'anglicisant beaucoup plus rapidement que son homologue rural.

L'unité du pidgin rural n'est également qu'apparente. Il en est de même des créoles pourtant langues maternelles donc premières langues parlées par les populations.

> Le premier problème, celui de standardiser la langue créole sur un territoire national, est souvent plus difficile qu'il n'y paraîtrait au premier abord. Les zones créolophones consistent souvent en une suite de communautés traditionnellement repliées sur elles-mêmes, relativement petites et parfois de régions qui ont développé leurs propres particularités phonologiques, morphologiques et lexicales à l'intérieur du système de l'ensemble créole. (Dennis R. Craig, 1977, p.321 dans pidgin

and creole linguistics, Ed. A. Valdamn).

En parlant du néo-mélanésien, l'un des pidgins parlés en Nouvelle-Guinée, Edward Wolfers attribue les variantes locales aux influences des différentes langues constituant le substrat.

> Son vocabulaire, ses expressions spéciales, même sa structure grammaticale, changent très largement de place en place à travers le territoire, en grande partie sous l'influence des langues locales traditionnelles, des spécificités linguistiques et de l'histoire sociale des peuples locaux.(Edward Wolfers, 1971, p.413 dans pidginization and creolization of languages, Ed. Dell Hymes).

Comme en Nouvelle-Guinée, le Bislama(n) pidgin des Nouvelles-Hébrides subit l'influence des langues locales ; ainsi certains lexèmes et expressions ne sont-ils employés et compris que dans certaines aires.

Au Sud-Malakula et à Ambrym un abri de forêt est **wan tabernakœl**.

Le terme pidgin pour désigner les oreilles est **dalingan**, dans le reste de l'archipel on emploie le nom **sora**. Au Sud-Malakula, le terme **sora** sert à désigner les opercules des poissons.

Au Sud-Est-Malakula et uniquement, les épaves rejetées par la mer sont désignées par le nom Bislama(n) **rekos**.

Au Sud-Ouest de l'île, être dans l'incapacité physique de faire quelque chose est exprimé par l'amalgame kantwit, expression inusitée ailleurs.

A Malakula, lorsque l'on veut faire plaisir à un étranger et lui indiquer qu'il fait partie de la communauté on l'appelle en pidgin **Meleun** du nom d'un des plus hauts rangs dans l'ancienne société coutumière.

L'influence des langues mélanésiennes est évidente dans les quatre derniers exemples cités. L'oreille en port-sandwich se dit dariŋan, s'échouer kos, **kantwit** correspond à une particule antéposée existant dans les langues de la région. Au Sud-Malakula, le dernier "grade" de la société coutumière du namanggi est désigné dans de nombreuses langues par le patronyme mal mweleun.

Un plat autochtone très commun dans les îles du centre est appelé **tuluk** en Bislama(n), un tel terme est ignoré dans la partie septentrionale de l'archipel. Par contre, le nom nalot désignant un plat dans les îles du Nord, sera inconnu ailleurs.

De tels exemples d'influence des langues autochtones sur le pidgin sont nombreux et pourraient être dégagés dans toutes les aires linguistiques qui existent dans l'archipel.

Gênée par le mythe de l'unité, l'approche scientifique du Bislama(n) l'est en plus par un autre préjugé : celui selon lequel tout locuteur saurait écrire *le* pidgin.

9.1.2. Tout un chacun saurait écrire le pidgin

Ce préjugé est la conséquence et la continuation du précédent, l'unité supposée du Bislama(n) parlé permettrait une transcription uniforme et une compréhension universelle du pidgin écrit.

Les orthographes des plus variées que nous avons relevées (voir 8.2.2.1) suffisent à montrer l'incapacité dans laquelle se trouvent les auteurs à écrire en pidgin de façon uniforme. Les règles syntaxiques du pidgin, de plus en plus supplantées par les schémas anglais appris par les auteurs, privent ces derniers d'une véritable possibilité d'expression en Bislama(n) écrit (voir 8. 2.2.2).

Le programme de Tanna du Vanuaaku Pati, préconisant une alphabétisation générale en pidgin, reposait implicitement sur ces préjugés devenus postulats. Nous étudierons dans le chapitre suivant quelles seraient les conséquences d'un enseignement brutal et généralisé du Bislama(n).

Ce n'est pas qu'un programme de normalisation puis d'enseignement en pidgin soit inconcevable ou même irréalisable. Encore faut-il réunir les conditions indispensables à sa réalisation rationnelle et à son succès.

9.2. DU PARLER ÉCRIT A LA LANGUE ENSEIGNÉE

Jusqu'à présent, le Bislama(n) parler véhiculaire vieux de plus d'un siècle a été écrit par des gens qui, s'ils savaient écrire, ne savaient pas pour autant rédiger en pidgin. Avant d'écrire une langue, il faut en apprendre les règles. Or, les règles écrites du Bislama(n) restent à fixer et les gens pour les enseigner à désigner.

9.2.1. Besoin d'une commission *ad hoc* ayant pour but de normaliser le pidgin

Si les autorités politiques décident d'enseigner le pidgin et d'en faire une langue nationale écrite, il leur faut au préalable prendre en compte les conditions indispensables à sa normalisation.

Personne dans l'archipel ou hors de ses frontières n'est qualifié pour assurer une telle tâche.

Qui connait toutes les nuances dues à la présence de 120 langues vernaculaires, au fait d'être alphabétisé en anglais, en français etc. ?

Seule une commission réunissant des personnes utilisant ces variantes permettrait de connaître le Bislama(n) dans son ensemble.

Une telle commission devrait comprendre :

-des Mélanésiens de chaque île parlant le pidgin mais n'ayant pas été très scolarisés. Ils devraient être représentatifs des différentes familles linguistiques.

-des Mélanésiens anglophones et francophones d'un haut niveau d'éducation.

-des Mélanésiens pour qui le pidgin est la langue maternelle.

-des cadres religieux ayant fait des traductions ou ayant écrit en pidgin.

-des commentateurs de la radio anglophones et francophones.

-des linguistes anglophones et francophones.

-toute personne, enfin, utilisant le pidgin serait habilitée à émettre des avis.

Le rôle d'une telle commission serait de noter toutes les variantes lexicales, pour les faire entrer dans un dictionnaire "universel" du Bislama(n). Si l'usage qui est fait d'un terme est localisable ou très localisé, on notera son aire d'utilisation. Aucune variante dialectale, sociale du pidgin ne prime sur les autres, toutes ont le droit d'être officiellement reconnues et chacun doit les trouver dans Le Dictionnaire.

Une telle commission devrait fixer une orthographe unique, norme s'imposant à tous. Il s'agirait de faire un choix entre les diverses prononciations de chaque terme.

Elle aurait pour but également de démarquer le pidgin de l'anglais officiel, ne faisant apparaître dans le pidgin à enseigner que les formes syntaxiques et les expressions propres au Bislama(n).

La réunion d'une telle commission requerrait temps et moyens financiers. Pour de tels projets, les experts de l'U.N.E.S.C.O ont fait des estimations, en particulier en Afrique.

> Nécessaire avant toute campagne d'alphabétisation bien structurée l'analyse linguistique fondamentale exige du temps. Et les études qu'elle requiert ne peuvent être menées à bien par des amateurs ; il faut des linguistes expérimentés. S'il s'agit d'une langue non encore écrite, on peut en obtenir, après un programme de cinq ans, une description complète des sons et de la grammaire et une collection de textes ainsi qu'un dictionnaire préliminaire. (expérience de l'U.N.E.S.C.O, 1976, p.39).

La mise en place d'un programme d'alphabétisation en langue vernaculaire nécessiterait cinq années. Même si l'élaboration d'un programme d'alphabétisation en Bislama(n) requérait moins de temps, ce qui n'est pas prouvé, nous resterions loin de la précipitation prévue par le programme de Tanna.

Si l'on peut attendre d'une telle commission une orthographe, une grammaire, uniques et fonctionnelles, un dictionnaire complet, rien ne lui permettra de faire prévaloir par l'usage ses choix linguistiques. S'il est facile de légiférer en matière linguistique, il est difficile d'imposer des normes : comment empêcher la continuité des emprunts lexicaux à l'anglais et les interférences de la grammaire anglaise sur le pidgin ?

Enseigner le pidgin, normalisé par une commission réunie dans ce but, sous-entend la formation de maîtres, la fixation de programmes etc. Il s'agit d'une seconde phase préparatoire longue et coûteuse.

9.2.2. Les problèmes pratiques soulevés par l'enseignement en bislama(n) normalisé

Les principales difficultés se situent tout d'abord au niveau de la formation des maîtres.

Tant en ce qui concerne l'expression écrite qu'orale, ceux-ci devraient s'habituer aux normes "officielles", aux tournures et expressions "correctes" du Bislama(n) reconnu officiel.

L'expression écrite, nouvelle pour la plupart des maîtres qui n'ont jamais rien rédigé en pidgin, ne demanderait pas d'efforts insurmontables.

Au cours de stages de formation, les enseignants néo-hébridais pourraient se familiariser avec l'orthographe choisie. Ils auraient à retenir la syntaxe "officielle" probablement proche de celle encore en usage dans les zones rurales. Les enseignants anglophones seraient nettement désavantagés, il leur faudrait "oublier" l'orthographe anglaise et le vocabulaire emprunté abusivement à cette langue. Il serait plus facile aux francophones de considérer le pidgin comme une langue "étrangère" ayant ses règles propres, indépendantes des connaissances déjà apprises à l'école.

Nul ne peut prédire quel serait le taux de réussite de tels stages de formation. Si l'on peut s'attendre à une assez rapide uniformisation du Bislama(n) écrit et enseigné, il est douteux que le programme de normalisation entraîne des effets similaires sur l'expression orale.

Tous les maîtres connaissent déjà le pidgin, ils ont acquis des habitudes. Ils parlent un Bislama(n) influencé par leur langue maternelle, leur éducation. Si rien n'était fait pour atténuer ces variantes individuelles, ces sociolectes, il y a fort à penser que ces différences renforcées par l'école, loin de diminuer iraient grandissant.

Au cours des stages déjà mentionnés, les maîtres devraient acquérir une prononciation, une intonation, une accentuation conformes aux normes orthographiques choisies par la commission linguistique. Leurs efforts devraient tendre vers une prononciation uniformisée, faute de quoi, le programme d'alphabétisation risque de ne pas être conforme aux principes avancés : les prononciations divergeant entièrement de l'orthographe.

Fixer une orthographe ne suffit pas, car un terme écrit peut être lu de façons fort différentes par divers individus(voir appendice).

L'absence d'un modèle de référence dans une région donnée, comme Cambridge, Oxford pour l'anglais, la Touraine pour le français, obligerait les maîtres à apprendre une prononciation "officielle" sans existence réelle dans l'archipel, autre que fragmentaire.

Qui enseignerait cette prononciation, reflet fidèle de l'orthographe retenue ? Il s'agit d'un travail de spécialistes qu'il faudrait faire venir.

Comme tous les Néo-Hébridais, les maîtres-stagiaires très doués en langue reproduiraient sans nul doute très correctement la prononciation dispensée. De retour dans leurs écoles respectives, ces maîtres ne pourraient que très difficilement s'en tenir à la norme phonétique officielle, étrangère à la région. Les jeunes Mélanésiens qui, pour beaucoup, ne connaissent pas le pidgin lorsqu'ils arrivent à l'école, nantis d'une oreille très sûre, reproduiraient sans peine les sons émis par leurs maîtres, toute erreur, toute prononciation relâchée seraient enregistrées.

Après trois années passées au contact d'enseignants originaires de Marseille, les élèves de l'école de Lehili sur l'île de Paama parlaient un français très correct mais avec un accent méridional très marqué.

L'apparition d'une prononciation standardisée du Bislama(n), en rapport avec l'orthographe, ne peut résulter que d'efforts nombreux et prolongés de la part des enseignants. Seuls les élèves ayant profité de leur enseignement prononceraient cette norme spontanément et la considéreraient comme naturelle.

La normalisation du Bislama(n) amènerait, dans un premier temps, les enfants à apprendre et à réutiliser par écrit tout ou partie du vocabulaire, des expressions et des tournures syntaxiques ayant une existence dans une partie quelconque de l'archipel. Il est certain que cette connaissance passive de formules littéraires nouvelles mènerait à une uniformisation du pidgin écrit, mais changerait probablement peu, si ce n'est à la longue, le Bislama(n) parlé.

Comme toutes les langues naturelles, le Bislama(n) normalisé et enseigné aboutirait à deux formes dissociées, l'une orale caractérisée par des variantes individuelles, l'autre écrite globale et standardisée. Cette seconde forme, le Bislama(n) écrit serait inévitablement appelé à se scinder par la suite en variantes stylistiques.

Il va sans dire qu'un tel enseignement en pidgin ne peut être assuré qu'avec des méthodes et des manuels élaborés à l'avance. Il faudrait définir les programmes et les progressions des études. Il s'agit de créer tout un modèle d'éducation qui, pour être efficace, doit être consciencieusement préparé et mis sur pied.

Alors que dans les pays créolophones, il existe une tradition orale transmise par l'intermédiaire du créole, dans les territoires où la langue véhiculaire est un pidgin, l'essentiel de la tradition orale se perpétue par l'intermédiaire des langues autochtones. Tous les mythes, les légendes racontées aux Nouvelles-Hébrides en Bislama(n) ne sont que des traductions de textes rapportés traditionnellement en langue vernaculaire. Le thème, la suite et l'enchaînement des idées sont purement mélanésiens. Toute personne voulant faire des textes de lecture en pidgin doit tenir compte du fait que de nombreuses interférences lexicales et syntaxiques ont pu se glisser au moment de la traduction. Il est certainement difficile de s'appuyer sur des traductions pour enseigner une langue que l'on veut autonome, libre d'influences venant d'autres parlers.

Comme dans tout programme d'enseignement, pour une alphabétisation en pidgin, il faudrait préciser le nombre d'années durant lesquelles cet enseignement serait dispensé et dans quelles disciplines.

Conclusion.

En l'état présent, le Bislama(n) parler de communication ne peut pas servir de langue d'éducation. Cependant comme tout parler, le Bislama(n) peut être enrichi, normalisé, il deviendrait alors une langue écrite pouvant servir dans l'enseignement. La mise en place des conditions permettant une telle promotion du pidgin dépend des autorités politiques.

Le pidgin, langue nationale normalisée et enseignée, n'est qu'une option parmi d'autres et présente, comme les solutions concurrentes, avantages et inconvénients.

10. DES SOLUTIONS AU PROBLEME LINGUISTIQUE NÉO-HÉBRIDAIS ?

A la suite d'exposés que nous avons faits, aux Nouvelles-Hébrides même, des responsables politiques locaux nous avaient reproché de critiquer la situation linguistique néo-hébridaise sans rien proposer de constructif pouvant l'amender.

Bien que nous soyons persuadé qu'aucune solution ne peut être abordée et analysée de façon exhaustive par un quelconque chercheur isolé, nous présenterons malgré tout ici, des schémas, en espérant qu'ils susciteront plus amples réflexions et critiques. Là encore, les décisions définitives ne peuvent être prises que par une commission regroupant linguistes, éducateurs, responsables locaux.

Toutes les suggestions que nous allons faire ne sont valables que présentement, tout changement brutal dans l'organisation sociale, telles que : une urbanisation rapide, une émigration importante pourraient rendre caduques certaines solutions valables jusqu'alors.

Légiférer en matière linguistique revient à faire un pari sur ce que seront les besoins en matière d'éducation de la société(néo-hébridaise) des décennies futures.

De plus, toute décision ne peut avoir des suites que si elle tient compte de la situation réelle présente. En 1953, l'Organisation des Nations Unies avait intimé l'ordre au gouvernement australien d'arrêter l'usage du pidgin dans le territoire, alors sous tutelle, de Nouvelle-Guinée. Le gouvernement en question était dépourvu de tout moyen pour faire appliquer une telle décision, elle fut sans suite. Souvent, l'évolution qui suit des changements profonds dans l'organisation politique d'un territoire dément les prévisions concordantes faites au préalable par les spécialistes. En Nouvelle-Guinée, avant l'indépendance, tous les experts en matière linguistique prévoyaient un développement de plus en plus rapide de "néo-mélanésien" au détriment du hiri motu. Le renforcement du particularisme "papou", après l'indépendance, devait infirmer ces prévisions.

Trop de paramètres culturels, historiques, psychologiques, sociaux entrent dans le fait linguistique pour que l'on puisse établir un quelconque déterminisme inéluctable.

Les analyses qui vont suivre correspondent à la situation linguistique néo-hébridaise quelques mois avant l'indépendance du pays. Les conséquences avancées pour chaque politique ne doivent être considérées que comme les résultantes les plus probables.

Nous avons vu que les divisions en partis actuelles avaient conduit à un *modus vivendi* en matière linguistique (voir 7.2.2.3). Nous commencerons donc notre analyse par la solution prévoyant la poursuite du bilinguisme officiel après l'indépendance.

10.1. LA CONTINUATION DU BILINGUISME OFFICIEL (ANGLAIS-FRANÇAIS)

Pour toute personne connaissant le contexte politique néo-hébridais, cette solution peut sembler inévitable et souhaitable. Elle n'aggrave pas les divisions existantes et évite dans l'immédiat des conflits majeurs.

En fait, ce choix solution de facilité, ne fait que prolonger la situation condominiale et ne résoud aucun des problèmes qui en ont découlé. Opter pour le bilinguisme est un acte politique sans grande signification s'il n'est suivi d'une série de mesures précisant l'emploi qui sera fait de chaque langue.

10.1.1. Bilinguisme d'Etat ou bilinguisme officiel ?

Historiquement, le bilinguisme néo-hébridais, bilinguisme d'Etat, se caractérisait par l'absence d'individus bilingues et par une indivision territoriale entre les deux langues. Cette situation originale et unique résultait du fait condominial, lui-même sans équivalent.

Avec la disparition du système socio-politique condominial, la situation sociolinguistique qui y était associée ne peut que se transformer profondément. Ainsi allons-nous envisager ce que pourrait être à l'avenir le bilinguisme dans l'Etat indépendant des Nouvelles-Hébrides.

10.1.1.1 Le bilinguisme d'Etat

Dans un Etat bilingue, chaque citoyen est en droit de s'adresser à l'Administration dans l'une des langues reconnues officiellement. Il peut en outre exiger que les services assurés par tout organisme officiel soient mis à sa disposition dans l'une des deux langues.

Le "bilinguisme" condominial n'offrait pas de telles possibilités, un francophone avait fort peu de chances de rencontrer un infirmier parlant français à l'hôpital britannique et vice versa. Chaque service administratif national fonctionnait dans "sa" langue officielle. Le bilinguisme au niveau des services nationaux étant inexistant, le Bislama(n) s'imposait comme langue commune. Seuls les services condominiaux des Postes, des douanes, en contact permanent avec un nombreux public, étaient bilingues.

Durant la période d'autonomie qui précède l'indépendance, l'un des buts des gouvernements néo-hébridais étant l'unification des administrations, il va en résulter un bilinguisme général au niveau des services. Les anciens employés de l'administration britannique vont côtoyer leurs homologues francophones dans l'administration néo-hébridaise.

Dans ces nouveaux services, les données linguistiques seront les mêmes que celles qui existaient dans les anciens services condominiaux (voir 6.2.2), employés anglophones et francophones, n'ayant pas reçu d'éducation bilingue, communiqueront au début par l'intermédiaire du pidgin.

Quant aux "clients" de l'administration nouvelle, ils pourront user de l'idiome dans lequel ils ont été scolarisés sans avoir à passer par le pidgin. L'administration unifiée bilingue favorisera donc moins l'usage du pidgin que l'ancien système administratif tricéphale (voir 6.2).

Dans les états bilingues, le pourcentage des individus parlant les deux langues est souvent inférieur à celui rencontré dans des états unilingues. Ayant la possibilité d'employer la langue de leur choix, les locuteurs ne prennent pas la peine d'étudier l'autre langue.

Dans la plupart des états bilingues, les systèmes d'enseignement sont unilingues. En Belgique, les wallons n'apprennent pas systématiquement le flamand ; en Suisse, les habitants de la Suisse alémanique n'ont pas tous étudié le français à l'école etc.

La reconnaissance du bilinguisme au niveau de l'Etat n'implique pas obligatoirement la mise en oeuvre d'une éducation bilingue. Un Etat bilingue est souvent composé de "provinces" unilingues, dans chacune d'elles une seule langue étant enseignée.

La mise en place d'un système d'éducation bilingue, comme à Montréal ou à Berlin (W. F. Mackey, 1976, p.24 et 151) par exemple, dépend de la volonté des populations et de l'action de leurs représentants élus. Une telle politique a pour but la généralisation du bilinguisme individuel.

10.1.1.2 Le bilinguisme individuel (anglais-français)

Aux Nouvelles-Hébrides, ou dans tout pays où les langues officielles ne sont parlées que par quelques individualités, la généralisation du bilinguisme individuel semble peu réaliste. Cette solution est souvent prônée par des Européens qui n'ont jamais pu eux-mêmes apprendre correctement une autre langue que leur langue maternelle. Ce bilinguisme individuel ne peut être le fait que de quelques personnes fréquentant des milieux anglophones et francophones ou appelées à voyager beaucoup.

Le bilinguisme individuel est surtout fréquent chez des minorités incluses dans un milieu unilingue étranger ou chez des populations frontalières. L'anglais et le français, langues étrangères aux Nouvelles-Hébrides, ne répondent ni à l'une ni à l'autre de ces situations.

Comme toutes langues étrangères, pour être connues des populations, il faut que les langues officielles soient parlées par une importante communauté étrangère ou qu'elles soient enseignées.

Si les autorités néo-hébridaises veulent faire progresser le bilinguisme individuel, il leur faut mettre en place des classes bilingues.

Bien que le bilinguisme soit une situation des plus généralisées dans le monde, l'enseignement bilingue n'a pas connu une extension en conséquence.

Toutes les classes bilingues fonctionnant dans le monde ne sont pas organisées de la même façon et n'ont pas les mêmes buts. A Fiji, les jeunes Fijiens apprennent l'anglais en plus du fijien afin d'accéder au monde scientifique ; au Pays de Galles, les écoles fonctionnent en gallois et en anglais afin de protéger la langue nationale. Mais dans toutes les écoles bilingues, les enfants apprennent d'abord à écrire dans une langue : l'idiome parlé dans le foyer des parents généralement. Plus ou moins vite, l'autre langue entre dans les programmes d'enseignement.

A l'école bilingue (allemand-anglais) de Berlin, les enfants apprennent à écrire dans leur langue maternelle et simultanément, ils commencent à parler l'autre langue. Le même principe a été retenu en Afrique du sud. En Union Soviétique, les élèves commencent à lire et à écrire leur langue, l'une de celle en usage dans les Républiques, progressivement le russe prend de l'importance pour ne devenir souvent que la seule langue de certaines sections de l'Université. En Algérie et au Maroc, pays officiellement arabophones, les enfants sont alphabétisés en langue arabe. Une large partie de la population marocaine et celle de certaines régions d'Algérie étant berbérophones, les enfants berbères doivent apprendre dès le début de la scolarité, une langue étrangère, par la suite le français obligatoire dans les sections scientifiques est une seconde langue étrangère à assimiler.

Aux Nouvelles-Hébrides, la transposition du bilinguisme officiel anglais-français au niveau de l'enseignement revient comme au Maroc et en Algérie à imposer deux langues étrangères à des enfants.

Si l'on instaure le bilinguisme officiel dans les écoles, l'alphabétisation ne se faisant pas dans la langue maternelle, en quelle langue commencera-t-on ? En anglais dans les anciennes écoles anglaises, en français dans celles déjà francophones, mettant ainsi à profit l'égalité numérique entre les deux systèmes en place et l'option prise autrefois par les populations.

Des écoles bilingues impliquent des programmes spéciaux. Les deux langues ayant sensiblement le même statut, il n'est pas concevable d'enseigner comme à Madagascar, en Tunisie et dans de nombreux pays, l'histoire, la géographie, les lettres dans une langue et les sciences dans l'autre. Afin d'instaurer un bilinguisme véritable et de préserver l'égalité entre les deux langues, passera-t-on sans cesse d'une langue à l'autre, tous les jours, dans tous les domaines comme il est en usage en Belgique, en Afrique du sud et au Canada ?(exemples cités par W.F. Mackey, 1976, p. 164). Des classes bilingues sous-entendent une certaine harmonie entre les méthodes d'enseignement, une coordination des programmes suivis dans chaque langue, une harmonisation dans la progression des études.

Les enseignants néo-hébridais ayant été formés dans des systèmes d'enseignement aux méthodes, aux buts, aux philosophies différents (voir 5.4) sont des plus mal armés pour servir dans un tel système. Généralement, les enseignants de classes bilingues peuvent enseigner indistinctement dans les deux langues ou ont pour le moins reçu une éducation spéciale.

> La qualité de l'enseignement dans les classes bilingues dépend aussi en grande partie de la formation et de l'expérience du professeur, non seulement formation professionnelle habituelle et générale, mais aussi formation spécifique dans l'enseignement bilingue. (W.F. Mackey, 1976, p.179).

Placer un enseignant anglophone dans un établissement francophone ou vice versa, en vue de dispenser la seconde langue à la fin des études primaires, comme l'ont envisagé certains responsables de l'enseignement catholique aux Nouvelles-Hébrides, n'aboutira à aucun résultat positif, les deux systèmes d'enseignement divergeant trop. Pour avoir quelques chances de succès, il faudrait former les maîtres unilingues néo-hébridais à un enseignement bilingue. Tout le contenu et la philosophie de l'enseignement seraient à revoir. Il faudrait que les maîtres soient persuadés de l'utilité de l'orientation nouvelle, adhésion au bilinguisme qu'ils devraient transmettre à leurs élèves faisant ainsi table rase de tous les préjugés engendrés par des décennies de concurrence scolaire (voir 5.4.2.2).

Cette recherche d'un bilinguisme individuel généralisé, nous semble plus correspondre aux philosophies et aux intérêts des anciennes puissances de tutelle qu'aux réels besoins en éducation du monde néo-hébridais contemporain. Le système du bilinguisme est plaqué sur le monde mélanésien sans tenir compte des différences profondes qui existent en particulier entre la société urbaine et le monde rural. L'option politique en faveur du bilinguisme franco-anglais comme solution linguistique d'avenir devrait tenir compte pour le moins du clivage qui existe entre ces deux univers.

10.1.2. La situation socio-culturelle néo-hébridaise et le bilinguisme

Avant de décider l'instauration d'un système d'enseignement bilingue, il convient de s'enquérir du souhait et des besoins des populations concernées. Un système d'enseignement permet d'éduquer les enfants, mais il a également pour fonction de les "socialiser", de les préparer à vivre dans la société dans laquelle ils sont nés. Or, les enfants néo-hébridais ne sont pas tous nés dans la même société, la dichotomie ville/île devrait avoir des conséquences sur le sytème d'enseignement à instituer.

10.1.2.1 La situation linguistique des centres urbains

Dans la capitale Port Vila, les commerces, les entreprises, la dizaine de banques (une seule est française) représentées dans le "paradis fiscal" sont soit anglophones soit francophones. Cependant, pour tout individu voulant accéder à un poste de responsabilité la connaissance des deux langues est un atout certain. Pour tout travailleur, la pratique des deux langues officielles permet une plus grande mobilité sociale et peut être une assurance contre le chômage. Les divisions religieuses et linguistiques ont freiné par le passé le bilinguisme individuel ; mais depuis quelques années, nombreux sont les jeunes vivant dans la capitale qui ont cherché à apprendre la seconde langue officielle qu'ils ignoraient jusqu'alors.

Les industries hôtelières et touristiques en pleine expansion, ont fait appel à des "réceptionnistes", des serveurs et autres personnels bilingues.

A l'avenir, si le principe du bilinguisme est officiellement retenu, il ne fait aucun doute que toute personne travaillant dans les administrations centrales, ministères, secrétariats divers, devra connaître les deux langues officielles. Il est certain que l'absence de fonctionnaires bilingues ralentira le fonctionnement des institutions, tous les documents devant être traduits pour être accessibles à tout un chacun. Un système de stages intensifs, de primes, de promotions au choix devrait encourager l'accès au bilinguisme des fonctionnaires de haut niveau.

Nous ne pensons pas que le Bislama(n) actuel puisse permettre à un haut fonctionnaire anglophone et à un francophone de s' entendre sans risque d'erreur sur des sujets très juridiques ou techniques.

A l'image de l'Etat déclaré bilingue, la Haute Administration serait condamnée à parler les deux langues.

Le bilinguisme individuel, solution d'avenir pour les centres urbains n'apparaît pas, loin s'en faut, aussi souhaitable dans les îles.

10.1.2.2 Le bilinguisme dans les îles

Dépourvues de richesses minérales et d'industries, les Nouvelles-Hébrides n'ont pour toutes rentrées de devises que les ventes de produits tropicaux comme le coprah et le cacao, les exportations de poissons ou les apports du tourisme. Les productions agricoles, de loin les sources de revenu les plus importantes, maintiennent quatre habitants sur cinq dans les îles et cette proportion, entre citadins et ruraux, liée à l'économie, ne changera que si des richesses minières étaient découvertes ou si des industries étaient créées.

Avant d'imposer une réforme quelconque en matière d'éducation, il convient de s'arrêter sur ces chiffres. Qu'apporterait un bilinguisme individuel aux 80% de Néo-Hébridais vivant dans les îles ?

L'anglais comme le français, langues nées en Europe, présentent un vocabulaire adapté aux régions tempérées et au monde industriel. Aucun terme ne permet de désigner les coquillages, les poissons des récifs néo-hébridais ; les locuteurs de ces deux langues font alors appel au latin. Tous les arbres, toutes les plantes de la forêt tropicale, les oiseaux qui y vivent, sont désignés par un nom dans les langues mélanésiennes. C'est en vain que l'on chercherait des équivalents dans les dictionnaires européens mais on trouverait : merisier, tilleul, bourdaine, rhubarbe, grive, pinson etc., arbres, plantes et oiseaux étrangers au monde tropical.

Rares sont les Européens qui ont conscience de l'inadaptation de leurs langues au milieu, aux techniques des autochtones. Un vieux Mélanésien du Sud-Malakula reconnaitra plus de 50 clones d'ignames différents, il sait leur donner un nom, il connaît l'endroit le plus favorable à leur croissance. Il peut citer dans quel ordre, ces ignames arriveront à maturité. Un habitant d'Aoba pourra, quant à lui, différencier quelque 80 taros différents (13), un "man Aneytyum" a le choix entre quelque 50 termes pour parler de l'arbre à pain(14). Le choix des sols, leur préparation, les techniques employées varient selon les cultures projetées et l'ensemble est exprimé par des termes autochtones appropriés.

Dans les langues du Sud-Malakula, creuser la terre avec un bois et la creuser à la main sont exprimés par deux verbes différents. Un terme spécifique désigne la butte de terre qui recouvre le clone d'igname. Le verbe français "cueillir" a pour le moins quatre équivalents mélanésiens correspondant aux concepts suivants : cueillir à la main, cueillir en pinçant entre pouce et index, cueillir en poussant avec une gaule, cueillir avec un bois fourchu. Le vocabulaire des langues autochtones adapté à la faune, à la flore, présente également des lexèmes propres à l'organisation sociale et familiale. Dans le nord de l'archipel où existaient des sociétés hiérarchisées fondées sur la richesse en cochons "à dents", à chaque "grade" social correspond un terme spécifique. Suivant sa couleur, la longueur de "ses" dents, le cochon est appelé de huit à dix noms différents. Au centre de l'archipel néo-hébridais, les langues présentent un vocabulaire adapté à la chefferie héréditaire, à sa dévolution. L'organisation familiale, matrilinéaire ou patrilinéaire suivant les régions, les interdits en matière de mariages qui changent d'une communauté à l'autre sont exprimés par des termes appropriés dans les langues autochtones. Aucun de ces termes ne peut être traduit ni même sémantiquement vraiment approché par des paraphrases dites en anglais ou en français. Seules les langues mélanésiennes peuvent permettre aux Néo-Hébridais vivant dans les îles de s'exprimer, de percevoir le monde qui les entoure, de comprendre et de s'intégrer dans la société dans laquelle ils sont nés.

Que fera un jeune Mélanésien alphabétisé dans des classes bilingues lorsque, connaissant l'anglais et le français, il voudra désigner un poisson qu'il a pêché, un oiseau qu'il a tué ?

A quoi lui serviront ces connaissances linguistiques théoriques qu'il n'aura pas l'occasion de mettre en pratique, lorsqu'il lui faudra nommer l'une des 40 variétés différentes de bananes qui poussent sur l'île où il habite ?

L'anglais comme le français sont absolument inadaptés au monde mélanésien, à la faune, à la flore, aux techniques, à l'organisation sociale et aux croyances. Ces langues, étrangères à tous ces titres, même enseignées correctement, coupées des réalités quotidiennes seront vite oubliées par tous les élèves qui quitteront l'école primaire.

Jusqu'à ce jour, l'alphabétisation en anglais et en français correspondait à des impératifs étrangers à l'archipel. Les Français cherchaient un équilibre entre anglophones et francophones. Les Anglais voulaient former au plus vite des "cadres" nationalistes qui les débarrasseraient de la charge financière qu'entraîne l'administration de cet archipel.

Ces systèmes d'enseignement nationaux ont cependant permis de dégager de la masse enfantine, les éléments les plus aptes à poursuivre des études et ceci dans des villages très isolés.

Pour tous ceux qui ont quitté l'école après quelques années, l'enseignement reçu, étranger au mode de vie mélanésien, s'effacera progressivement des mémoires et pour l'immense majorité des élèves, les années passées à l'école n'auront été que d'une utilité douteuse ou pour le moins éphémère.

Généraliser les classes bilingues à l'ensemble de l'archipel revient à plaquer un double système étranger sur le monde mélanésien et à opter pour une double inadaptation, pour ne pas dire double inutilité.

Les deux puissances coloniales, plus préoccupées par leurs rivalités que par l'intérêt des populations, pouvaient se permettre de dépenser des sommes considérables pour alphabétiser 26.000 enfants. Parmi ceux-ci, un millier poursuivait des études secondaires, les autres étant appelés à s'intégrer et à s'adapter tant bien que mal au mode de vie ancestral.

Les gouvernements des Nouvelles-Hébrides indépendantes pourront-ils continuer à dégager les mêmes crédits pour atteindre les mêmes résultats ?

Conclusion.

Les maîtres ayant été formés pour enseigner en anglais et en français, ce sont donc ces deux langues et elles seules qui peuvent être retenues dans un premier temps. Au début 1979, les deux anciens services de l'enseignement ont été placés sous l'autorité du Ministre néo-hébridais de l'éducation. En février de cette même année, celui-ci, en réponse à une interpellation d'un membre de l'Assemblée Représentative, affirma qu'il fallait dans l'immédiat poursuivre avec le système en place ; dix années au moins seront nécessaires, selon lui, à la mise en place de structures nouvelles.

En se réclamant du bilinguisme, les gouvernements néo-hébridais s'assurent la poursuite de l'aide des deux puissances tutélaires après l'indépendance et préservent l'ordre public que toute autre politique risquerait de perturber.

A moyen terme, la poursuite harmonieuse d'un enseignement bilingue implique des efforts constants pour préserver l'équilibre entre les langues. Les crédits alloués pour chacune d'elles devraient être les mêmes. Deux ans avant l'indépendance, le gouvernement français consacrait 950 millions de Francs Néo-Hébridais à l'éducation, le gouvernement anglais 186 millions. Cette différence, comme précédemment celle existant au Centre Culturel (voir 6.3) peut être comblée par des crédits locaux, mais il ne peut s'agir que de solutions transitoires. Dans ce système bilingue à autorité unique, il faudra trouver des équivalences entre les diplômes délivrés par les anciennes écoles "françaises" et les anciennes écoles "anglaises". En 1977, un élève-maître du "Cours Normal" recevait en dernière année 9.000 F.N.H par mois. Son collègue anglophone appelé tout comme lui à enseigner à la rentrée suivante ne percevait dans le même temps que 900 F.N.H. L'écart de salaires entre maîtres anglophones et francophones n'était pas aussi grand, cela a permis au gouvernement autonome de payer tous ces fonctionnaires selon une même grille de salaires. Les salaires des maîtres francophones ont été diminués de 15% et ceux des anglophones relevés d'autant. Pour la première fois, en 1979, les rentrées dans les écoles anglaises et françaises se sont faites le même jour, le 19 février.

Toutes ces réformes tendent à faire de l'Etat néo-hébridais un Etat véritablement bilingue. Encore faudrait-il que les études dispensées en anglais et en français soient similaires ; ce qui fut loin d'être le cas jusqu'à ce jour.

L'école anglaise délibérément élitiste a permis de sélectionner des élèves aptes à faire des études supérieures. Aujourd'hui, les anglophones constituent un état major sans encadrement et sans troupe, composé d'une "élite" intellectuelle citadine.

Bien que l'enseignement français ait eu des difficultés à se défaire de ses tendances assimilatrices, les Nouvelles-Hébrides ont bénéficié de l'expérience et des erreurs commises dans les autres territoires autrefois administrés par la France. En faisant un enseignement de masses et en ouvrant un important lycée technique, la politique française en matière d'éducation a permis d'élever le niveau d'instruction générale. Elle a entraîné la formation de nombreux cadres moyens, excellents techniciens, éléments qui faisaient défaut dans tous les pays ayant acquis l'indépendance vers 1960. Progressivement, des francophones sortent à leur tour diplômés d'universités.

Si, à la suite de ce bilinguisme d'Etat, un bilinguisme individuel doit être adopté entraînant une fusion plus complète des deux enseignements, le nouveau système devra plus s'inspirer du précédent français que de l'anglais, car celui-ci a plus de chances d'amener, grâce à ses cadres de tous niveaux, un développement économique régulier.

A court terme, le bilinguisme semble être l'unique solution. A moyen terme, soit dans cinq à six ans, cette option resterait la plus valable si le système a été coordonné et harmonisé ; mais à plus long terme, nous croyons que son inadaptation au monde mélanésien risque d'entraîner des réactions violentes.

Si l'on généralisait l'éducation bilingue, on condamnerait à terme le pidgin. Celui-ci resterait un temps en position officieuse, trait d'union entre vieux anglophones et francophones, puis devenu inutile selon la logique du système, il disparaîtrait.

Cependant un système d'éducation bilingue tendant à faire connaître exclusivement l'anglais et le français à chaque Néo-Hébridais, nous paraît à long terme chimérique, utopique et par là dangereux.

Quand verra-t-on, l'enseignement primaire bilingue ayant été un succès, les habitants des îles Torres ou du centre d'Espiritu Santo, parler indifféremment et couramment dans la langue de Shakespeare et dans celle de Molière ?

Dans ce système de bilinguisme, les langues et les cultures autochtones, dédaigneusement ignorées par le gouvernement condominial, n'auraient toujours aucune place dans le système éducatif néo-hébridais. Cette prolongation du système colonial, difficile à éviter dans les premières années d'indépendance, serait très certainement violemment remise en question par la suite. Dans le monde entier, les minorités ou les peuples soumis à un pouvoir centralisateur revendiquent le droit d'utiliser leur langue et d'enseigner leur culture. A l'heure où les Maoris, un peu trop rapidement déclarés assimilés, affirment leur personnalité, où l'Assemblée Territoriale de Tahiti déclare le tahitien langue officielle à égalité avec le français, où les Mélanésiens de Nouvelle-Calédonie souhaitent un enseignement dans leurs langues, les responsables néo-hébridais opteraient pour un bilinguisme européen généralisé. Dans une génération, nombreux seraient les autochtones bilingues qui, très européanisés, voudraient apprendre la langue et la culture de leurs ancêtres. Il suivraient en cela un ancien Ministre néo-hébridais parfaitement francophone, qui, parlant avec difficulté la langue de ses ancêtres se posait souvent, selon ses dires, la question "qui suis-je ?"(à l'âge adulte, il a réappris l'apma, langue de ses ancêtres),(Interview de M. Vincent Bulekon, Nabanga n°86).

Le bilinguisme individuel n'est souhaitable, à notre sens, qu'en fin d'enseignement primaire et au niveau du secondaire. Il doit être banni des premières années d'école primaire. Si l'on doit alphabétiser puis instruire les enfants dans une langue étrangère, il est préférable qu'ils en sachent une seule bien, plutôt que deux imparfaitement.

10.2. DU BILINGUISME TRANSITOIRE ANGLAIS-PIDGIN A L'UNILINGUISME ANGLAIS

Cette solution était celle proposée par le vanuaaku pati. Après les réactions que ce projet a entraînées(voir 7.2.2.3) et les accords entre le vanuaaku pati et le gouvernement néo-hébridais prévoyant la poursuite du bilinguisme après l'indépendance, ce programme semble avoir fort peu de chances d'être un jour exécuté. Dans le cas où certains voudraient encore reprendre tout ou partie de ce plan, nous allons tenter d'exposer quelles auraient été ou quelles seraient les conséquences sociolinguistiques probables d'un tel schéma.

10.2.1. Le bilinguisme transitoire pidgin-anglais

Le Bislama(n) enseigné pendant une phase transitoire comme le proposait le vanuaaku pati après son congrès de Tanna (voir 7.2.2.1) aurait eu des conséquences nombreuses et durables sur la situation linguistique de l'archipel.

10.2.1.1 Les conséquences linguistiques

Le pidgin enseigné dans toutes les écoles après l'indépendance n'échapperait pas aux différences orthographiques, syntaxiques que nous avons signalées (voir 8.2.2). Involontairement, chaque enseignant mélanésien dispenserait les caractéristiques propres à sa langue maternelle ayant déjà pris place dans le pidgin qu'il parle. Cet enseignement, soudain, sans préparation, du Bislama(n), ferait naître des centaines de versions du pidgin écrit. Ces différenciations, reflet des divergences plus ou moins grandes qui existent entre les langues mélanésiennes, empêcheraient la compréhension générale de ces Bislama(n)s écrits.

L'impact sur les langues mélanésiennes d'une telle politique scolaire, superficiel dans un premier temps, deviendrait profond et irréversible.

Déjà, aujourd'hui, beaucoup d'enfants ne savent pas compter dans le système numérique de la langue de leurs ancêtres, ils utilisent la numération du Bislama(n). Lorsque les adolescents veulent raconter une légende ou un mythe, legs des anciens, ils émaillent leur discours en "mélanésien" d'emprunts faits au pidgin. En particulier, les particules aspectuelles temporelles du pidgin placées en début de phrase remplacent celles existant dans les langues mélanésiennes, le mot de liaison Bislama(n) **ale**, relançant un récit, est souvent employé à la place du résumé habituel de ce qui précède.

Dans les zones urbaines, le pidgin même mal enseigné, acquerrait sans nul doute du prestige. Il deviendrait malgré ses tares, la langue écrite la plus courante et il y a fort à penser, qu'en une génération, la proportion jusqu'à présent infime de créolisants augmenterait très sensiblement. Avec un temps de retard, le même phénomène gagnerait les îles.

En plus de ces changements purement linguistiques, la scolarisation brutale et générale des enfants néo-hébridais aurait de nombreuses conséquences socio-culturelles.

10.2.1.2 Les conséquences socio-culturelles

Un tel programme faisait passer ce que l'on prétendait être la raison d'Etat, avant les intérêts immédiats des individus et des groupes.

Les premiers sacrifiés étaient les francophones. Les maîtres, les employés des écoles françaises voyaient s'assombrir leur avenir professionnel. Les 13000 enfants fréquentant les écoles françaises étaient obligés d'arrêter le cours de leurs études. Ce programme d'enseignement dont le texte dactylographié nous avait été remis par le Président du vanuaaku pati prévoyait une exception à la généralisation du Bislama(n) pour tous : les écoles catholiques pourraient continuer, à leurs frais, à enseigner en français. Aucune mention n'était faite du sort réservé aux importantes communautés chinoise, vietnamienne, wallisienne. Leurs enfants allaient-ils apprendre à lire et à écrire en pidgin pendant une phase transitoire ?

Les enfants de la communauté britannique allaient-ils suivre le cycle d'études national néo-hébridais en pidgin ou, au contraire, auraient-ils leur école anglophone dans la capitale où, fort démocratiquement les dirigeants du pays pourraient envoyer leurs propres enfants ?

Cette alphabétisation précipitée en pidgin aurait amené les Nouvelles-Hébrides dans une situation sociolinguistique proche de celle que connaît la Nouvelle-Guinée et que S.A. Wurm a fort bien décrite.

> Le pidgin de Nouvelle-Guinée est, dans ses principales formes et fonctions "sociolectales" (Mülhäusler, 1975b, 1977a), devenu le véhicule d'expression typique d'une nouvelle culture émergente, qui en de nombreux endroits a déjà émergé en Nouvelle-Guinée, elle remplace la culture traditionnelle, son domaine se situe entre cette culture traditionnelle(pour laquelle le vernaculaire est le véhicule linguistique) et la culture occidentale surimposée(dont le moyen d'expression est l'anglais).
>
> Pour cette fin, le pidgin de Nouvelle-Guinée est tout à fait adéquat et le pouvoir expressif du Pidgin est resté parallèle à l'évolution graduelle et à la complexité croissante de la nouvelle culture. Dans diverses régions, le Pidgin en passe de se créoliser, commence à remplacer ou a déjà remplacé les langues vernaculaires locales. (S.A. Wurm, 1977, p.334).

Avant que ne se forme une société supra-culturelle(sub-culture), les sociétés mélanésiennes, les cultures qu'elles ont façonnées, les langues qui les caractérisent, auront été terriblement affectées, certaines auront disparu.

Toute société, tout individu qui perd l'usage de sa langue et dont la culture s'estompe, loin de progresser, recule sur le plan culturel et conceptuel. La créolisation du néo-mélanésien en Nouvelle-Guinée n'a pas résolu les problèmes linguistiques et culturels de ce pays. La créolisation est l'aboutissement d'un processus au bout duquel, se créent des valeurs, des concepts nouveaux compensant ainsi la perte de la culture ancestrale. Avant d'arriver à ce stade, le recul culturel est inévitable.

L'enseignement généralisé, sans préparation, du Bislama(n) favoriserait le processus de créolisation, or, tous les pays créolisants se heurtent à des problèmes linguistiques encore sans solution. La créolisation ne résout aucun problème, elle ne fait que déplacer ceux qui existent déjà.

Il est pour le moins paradoxal de voir que des gens se réclamant sans cesse de la "coutume" néo-hébridaise, aient pu préconiser un plan d'éducation amenant l'affaiblissement des langues et cultures autochtones. Lorsque l'on sait que l'enseignement en pidgin n'était prévu que transitoirement, qu'il devait être un moyen d'arriver plus rapidement à un enseignement unilingue en anglais, l'inféodalisation des auteurs de ce plan à la pensée britannique et leur ignorance du monde mélanésien n'apparaissaient que trop évidentes et suspectes.

10.2.2. L'anglais standard, seule langue officielle

Le but de ce plan était de faire des Nouvelles-Hébrides indépendantes, pays dont la population est à plus de 90% de cultures et de langues mélanésiennes, un pays anglophone. Alors que dans tous les autres territoires du Pacifique, les populations cherchaient leur identité, les nationalistes néo-hébridais anglophones mettaient sur pied un système d'éducation assimilationiste, programme que tout "colonialiste" français aurait approuvé, s'il avait été au profit de la langue française.

10.2.2.1 L'anglais parlé après la phase transitoire en pidgin

Après avoir été alphabétisés dans toutes les variantes écrites ou orales du Bislama(n) que connaîtraient leurs maîtres, les jeunes Néo-Hébridais ou leurs enfants, car la durée de la phase transitoire en pidgin n'a pas été précisée, apprendraient l'anglais.

Ce n'est pas le choix du pidgin en tant que langue d'enseignement qui est mauvais comme il est précisé en 8., mais l'absence de préparation et le caractère transitoire de cette option qui doivent être condamnés.

Après avoir généralisé le pidgin sans se soucier de le démarquer de l'anglais dont il se rapproche de plus en plus(voir 8.2.2.1), les auteurs du programme de Tanna pensaient arriver à l'anglais standard. Les maîtres, habitués à parler et à enseigner en pidgin devenu créole pour beaucoup, seraient incapables de dissocier, parler local et langue officielle. Ce programme ne pourrait déboucher que sur un anglais local plus ou moins créolisé selon les individus mais jamais identique au modèle que l'on s'était fixé. Dans certaines aires, dans les zones urbaines, la créolisation plus rapide se caractériserait par des variantes plus ou moins anglicisées de la langue nationale suivant l'éducation. Dans les zones rurales, les traces des langues de l'ancien substrat subsisteraient. La situation linguistique des Nouvelles-Hébrides serait aussi compliquée que celle que nous avons décrite ; sauf que l'élément français aurait officiellement disparu et que les langues et cultures mélanésiennes se seraient encore appauvries.

L'anglais national néo-hébridais présenterait de nombreux dialectes, sociolectes. La situation serait celle d'un post-créole continuum comme il en existe à la Jamaïque et dans les Antilles ex. anglaises.

> La situation de post-créole continuum peut être illustrée en faisant référence à la Jamaïque, où, entre le créole "pur" décrit par Bailey(1966) et l'anglais jamaïcain standard qui est à parité avec toutes les autres formes internationales d'anglais standard, il y a un champ large de variétés d'anglais, quelques une plus proches de l'extrémité créole du spectre, d'autres plus proches de l'anglais standard. (Loreto Todd, 1974, p.63).

Cet anglais local, étranger au monde mélanésien et différent de l'anglais standard, servirait mal les besoins de communication quotidiens et ne permettrait qu'à l'oligarchie très anglicisée de parler avec l'extérieur. L'enseignement en pidgin tel qu'il est conçu dans le programme de Tanna fermerait l'archipel au reste du monde, alors que le rôle de tout enseignement est au contraire de permettre une ouverture plus grande sur le monde.

Ce programme précipité d'alphabétisation en pidgin provenait essentiellement d'options politico-religieuses, il n'était absolument pas le résultat d'une analyse impartiale de la situation sociolinguistique néo-hébridaise.

10.2.2.2 Le bilinguisme transitoire pidgin-anglais, programme partisan

La conception du programme de Tanna fut le fait d'éléments presbytériens extrémistes, membres du vanuaaku pati. Individus éduqués dans les anciennes écoles de la mission presbytérienne qui, encore marqués par le victorianisme du 19e siècle, continuent à considérer comme un devoir sacré la lutte contre les catholiques et les Français. Ce programme a été élaboré pendant une période de tension politique extrême, ce qui explique que ce soient les options les plus radicales du vanuaaku pati qui l'aient emporté.

Etait-ce un programme de circonstances ou l'expression d'une volonté générale et déterminée au sein du parti déjà nommé ?

L'ignorance dans laquelle sont maintenues les langues et les cultures mélanésiennes, l'incapacité d'exprimer en pidgin tous les concepts et les nuances de pensée véhiculés par les langues vernaculaires connue de tout mélanésien, tendraient à montrer que ce schéma n'était qu'un moyen de sonder l'opinion, quitte à faire machine arrière ensuite. Une telle tactique très néo-hébridaise est exprimée en Bislama(n) par l'expression :

samting blong traem nomo
/chose/pour/essayer/seulement/

"histoire d'essayer".

Conclusion.

Nous n'osons imaginer la mise en place d'un tel programme d'éducation. Désastreux sur le plan linguistique, il le serait tout autant sur le plan social. Les réactions violentes qui s'ensuivraient, celles du 25 juin 1977 n'étant qu'un avant-goût(voir 7.2.2.3), mettraient à mal l'unité du pays et priverait de tout contrôle sur les îles un quelconque gouvernement, fut-il dictatorial.

10.3. LE MULTILINGUISME ACTUEL OFFICIELLEMENT RECONNU

Comme tous les pays accédant à l'indépendance, les Nouvelles-Hébrides héritent d'un système éducatif imposé par le(s) colonisateur(s). Nier les apports en matière d'éducation de la période coloniale ne peut être le fait des nationalistes, mêmes des plus intransigeants , car ils sont tous issus de ce système même et en sont à leur insu le symbole de réussite. D'ailleurs, ni les anglophones ni les francophones ne remettent en cause l'existence du système éducatif qui les a formés ; les seconds, fidèles à l'éducation reçue, critiquent "leur" propre système en espérant tout au plus l'amender.

Comme partout ailleurs dans le monde, l'indépendance du pays marque une coupure juridique, voire économique, mais l'héritage culturel, éducatif se maintient ; changer de citoyenneté n'est pas changer de personnalité.

La fermeture des écoles françaises n'aurait pas effacé avant longtemps le fait français aux Nouvelles-Hébrides, les réactions très violentes des francophones, leur opposition totale au gouvernement auraient aggravé les divisions latentes.

Légiférer en matière d'éducation et de culture s'avère beaucoup plus délicat qu'en tout autre domaine car l'on touche à la pensée, aux croyances de l'individu, à l'existence de sa communauté culturelle. Brimer un groupe socio-culturel revient toujours à renforcer sa cohésion et sa personnalité. Il convient donc d'analyser avec le plus grand soin le découpage socio-culturel de la société qu'aura à garantir le nouvel Etat.

Ce n'est qu'en fonction de ces données que l'on élaborera un plan éducatif. Ce schéma devra tenir compte des pesanteurs tenant au passé, en particulier de l'apport colonial. Adapté au présent, il faudra que les structures souples de ce plan permettent des aménagements futurs tenant compte des données sociales nouvelles et du vieillissement inéluctable de l'acquis culturel.

10.3.1. La «triglossie» néo-hébridaise

La situation de "diglossie" est celle d'un bilinguisme où chaque langue a un domaine d'utilisation qui lui est propre. Aux Nouvelles-Hébrides, le multilinguisme présente trois grands types de langues : mélanésiennes, européennes et le pidgin, à chacune de ces catégories correspond un domaine.

niveaux	idiomes
international et technique	anglais, français
national	Bislama(n)
local et coutumier	langues mélanésiennes

10.3.1.1 Les langues officielles

Même si beaucoup peuvent regretter leur dualité, héritage de la concurrence coloniale du siècle dernier, il ne semble plus possible et souhaitable d'instaurer aujourd'hui un unilinguisme officiel.

Pour notre part, nous pensons que ces langues officielles sont plus complémentaires que concurrentes. Les Nouvelles-Hébrides n'ont pas atteint un niveau d'éducation tel que les Néo-Hébridais, diplômés d'Universités de haut niveau, soient en surnombre.

Le pays a besoin de tous ses cadres et en manquera pendant encore longtemps ; tous les partis politiques s'accordent sur le fait qu'une importante assistance technique sera nécessaire après l'indépendance.

La division du pays que l'on veut attribuer à la dualité des langues d'éducation tient, en fait, aux systèmes éducatifs, à l'esprit dans lequel les enseignements ont été dispensés. Une langue est à la fois un outil et un réservoir culturel. En tant qu'outil, elle permet de véhiculer toutes sortes d'idées : l'allemand a permis à Luther de traduire la Bible, à Marx d'écrire le Capital et ce fut le véhicule du "Nazisme". Il est certain qu'une étude de la langue qui s'accompagne d'un enseignement de l'histoire, de la littérature peut façonner les esprits "à l'anglaise" ou "à la française" ; or, aux Nouvelles-Hébrides, fort peu de gens ont une connaissance suffisamment approfondie de ces domaines pour être complétement assimilés par le biais de la langue d'éducation. Dans un système d'enseignement unique national, le français et l'anglais peuvent fort bien véhiculer les mêmes valeurs nationales néo-hébridaises.

Sur le plan historique, seule la concurrence franco-britannique en matière scolaire a permis la scolarisation quasi générale (voir 8.1) et seule la poursuite du bilinguisme officiel pourra permettre un tel taux d'alphabétisation.

L'anglais et le français garantissent aux dirigeants et cadres néo-hébridais une ouverture incomparable sur le monde et des liens privilégiés avec les nombreux pays tant anglophones que francophones.

10.3.1.2 Le statut particulier du pidgin

L'usage du pidgin est la conséquence du bilinguisme d'Etat et de l'absence de bilinguisme individuel. Son utilité en tant que parler véhiculaire, indéniable dans le contexte sociolinguistique présent, ne peut être qu'éventuellement remise en cause à moyen et à long termes. La généralisation du bilinguisme au niveau des classes dirigeantes lui interdirait tout statut de prestige et le confinerait dans un rôle d'appoint. Le Bislama(n) n'en disparaitrait pas pour autant, car comme nous l'avons indiqué en 10.1.2.2, le bilinguisme individuel utopique dans les zones rurales n'a que fort peu de chances d'y exister un jour, ce qui prolonge d'autant la nécessité d'un pidgin.

Associé au niveau national (voir 10.3.1.1), le Bislama(n) ne pourra acquérir le statut véritable de langue nationale que lorsque la nation néo-hébridaise constituera une entité assez cohérente et dynamique pour avoir donné naissance à une culture spécifiquement néo-hébridaise. En l'absence d'une telle culture, le Bislama(n) se situe à un niveau intermédiaire, plus mal armé que l'anglais ou le français en tant que parler international et technique, il ne peut concurrencer les langues mélanésiennes pour tout ce qui a trait au monde local et coutumier car son vocabulaire ne peut prétendre recouvrir le domaine sémantique des langues vernaculaires(voir 10.1.2.2).

L'avenir du pidgin est directement associé à l'évolution des données sociolinguistiques de la nation néo-hébridaise. Tout pari sur l'avenir du pidgin revient à prédire ce que sera la nation néo-Hébridaise des décennies et des générations futures.

Le français comme l'anglais ne s'impose qu'au niveau de l'enseignement secondaire et dans certains cas où l'enseignement en langue vernaculaire ne peut être retenu.

Contrairement à ce qui était esquissé dans le programme de Tanna, le pidgin n'est pas en concurrence avec le français mais avec les langues mélanésiennes et ceci au niveau de l'enseignement primaire, au stade de l'alphabétisation même. Doit-on alphabétiser en pidgin pour avoir une langue écrite d'union ou en langue vernaculaire pour perpétuer langues et cultures mélanésiennes ? Pour certains dirigeants néo-hébridais, il s'agit d'un dilemme. Assurer l'enseignement primaire en pidgin, c'est renoncer aux langues et aux cultures ancestrales ; alphabétiser en langues vernaculaires, c'est maintenir le pidgin dans une situation officieuse, dans un véritable néant juridique. Or, l'alphabétisation impose le choix d'une langue. On ne saurait combiner, à l'école primaire, enseignement en pidgin et en langues vernaculaires sans hypothéquer la suite des études devant être faite en langues européennes.

10.3.1.3 La reconnaissance de l'existence des langues mélanésiennes

Les langues mélanésiennes n'ont été recensées qu'entre 1970 et 1973. Leur nombre s'élève à environ 120 parlers, langues et dialectes confondus.

Etant nés et ayant grandi au sein de ces communautés linguistiques, les vieux Mélanésiens ne valorisaient pas leurs langues. Au contact des langues d'éducation, les locuteurs ont pris conscience de la spécificité de leurs parlers. Ils se sont très vite émus de l'adultération que faisaient subir à la langue des ancêtres les jeunes éduqués à l'européenne.

Mais ce n'est qu'avec les bouleversements amenés par la naissance d'une vie politique locale que des individus isolés et des communautés entières se sont inquiétés de la place et du rôle à conférer aux langues mélanésiennes.

Dans une lettre ouverte, le 13 septembre 1978, le Ministre de l'Intérieur donnait son opinion sur l'éducation passée et sur le rôle qu'il souhaitait voir jouer par les langues et cultures mélanésiennes.

Abaot edukesen blong ol pikinini, Minista blong intenol
/pour/ éducation/ de /*pl.* / enfant / ministre / de / intérieur/

Afea i luk se mekem pikinini i lanem Histri blong
affaires/*mod.pers.*/voir/que/faire/enfant/*mod.pers.*/apprendre/histoire/ de /

Franis mo Inglan ino inaf, taem olsem ia olketa ino
France/et/Angleterre/être *nég.*/assez/temps/ comme / ça / *tot.*/ *mod.pers.nég.*/

helpem pikinini blong Kaontri blong save Histri blong em and
aider / enfant / de / pays / pour / savoir / histoire / de / lui / et /

olketa ino helpem em ia blong faenem Kaltja blong em
tous/*mod.pers. nég.*/ aider / cela / pour / trouver / culture / à / lui/

Kaltja blong em wetem aedentiti blong em ... blong mekem
culture/ à / lui / avec / identité / à / lui / / pour / faire /

pikinini isave kut histri blong em, emi mas
enfant / *mod.pers.* savoir/ bien / histoire / à / lui /il *mod.pers.*/devoir/

save lanwis blong em emi mas save Kastom and
savoir/ langue / à / lui / il *mod.pers.*/ devoir /savoir / coutume / et /

iusum Kastom laef, ova long olketa samting ia pikinini
employer / coutume / vie / en plus / de / *tot.* / chose / là / enfant /

isave lanem Inglis mo Franis lanwis blong save
*mod.pers.*pouvoir/ apprendre / anglais / et / français / langue /pour /pouvoir/

komuniket wetem ol pikinini blong narafala Kaontri.
communiquer/ avec / *pl.* / enfant / de / autre / pays / (Nab. n°88, p.4)

"En ce qui concerne l'éducation des enfants, le Ministre de l'intérieur remarque que faire apprendre aux enfants l'histoire de France et d'Angleterre ne suffit pas. De nos jours de telles pratiques ne permettent pas à l'enfant du pays de connaître son histoire et elles ne l'amènent pas à trouver sa culture ainsi que l'identité qui s'y rattache ...

Pour que l'enfant sache bien son histoire, il faut qu'il connaisse sa langue, il doit savoir la coutume et vivre en s'inspirant de celle-ci. En plus de tout cela, l'enfant doit apprendre l'anglais et le français, langues pour communiquer avec les enfants des autres pays."

Dans cette lettre ouverte, pour la première fois, étaient associées cultures, langues et personnalité mélanésiennes. Toutes ces entités y sont déclarées solidaires et découlant les unes des autres. L'auteur, Mélanésien, ancien ministre de l'intérieur, incluait ces données dans le progrmme politique qu'il proposait car il savait combien elles correspondaient aux préoccupations de beaucoup de ses compatriotes.

Pour certains, l'aspiration à l'identité nationale (voir 7. 2) devait vite s'accompagner de méfiance à l'égard du futur pouvoir central. Au nom de l'intérêt national, le gouvernement néo-hébridais pourra-t-il imposer des lois (**lo**) allant à l'encontre de l'héritage culturel et surtout du patrimoine foncier hérité des ancêtres ? Afin de se protéger contre ces dangers, des partis politiques à caractère régional apparurent (voir 7.2.2). Devant les profonds changements sociaux et politiques que l'indépendance allait apporter, les communautés villageoises qu'un même parler unissait, renforçaient leur cohésion et s'affirmaient face aux autres.

La langue léguée par les anciens - par laquelle s'était fidèlement transmise la "coutume", langue, qui avait permis à la communauté d'affronter mille dangers et de rester elle-même - apparaît encore comme le rempart le plus sûr face aux périls à venir.

Ce besoin d'un retour aux sources, d'une étude de la coutume (voir **kastom**, 6.3.1) par le biais des langues mélanésiennes est partagé à la fois par une partie de l'élite intellectuelle et par des communautés où la vie coutumière s'est maintenue. Il y a quelques années, les Administrations anglaise et française n'avaient pas permis au Chef Bong de Bunlap sur l'île de Pentecôte d'ouvrir une école de la "coutume". Une telle école existe maintenant à Ioanem sur l'île de Tanna où, en même temps que l'anglais, la langue locale est enseignée ainsi que les danses et les chants traditionnels. Cette initiative locale qui n'est soutenue par aucune autorité administrative risque de tourner court, pourtant, elle est la concrétisation d'un souhait commun à de nombreuses communautés néo-hébridaises. Depuis la fin de la seconde guerre mondiale, les Administrations ont continué à ignorer les langues autochtones, les Missions les ont délaissées à leur tour, il en est résulté un doute sur les possibilités qu'offraient ces langues.

Se vouloir moderne, efficient impliquait le passage dans les écoles européennes.

L'instauration de structures administratives nouvelles, apparemment sans rapport avec le fait linguistique, a concouru à redonner confiance aux Mélanésiens dans leurs langues.

L'une des dernières grandes "batailles" que se livrèrent les Administrations française et britannique fut à propos des structures administratives qu'il convenait de mettre en place à l'échelon local. Les Britanniques souhaitaient développer un système de conseils locaux, en se servant de l'expérience qu'ils avaient acquise aux Salomon. Ces conseils recouvraient une région groupant des communautés diverses. Aux Nouvelles-Hébrides, le découpage de ces conseils correspondait de façon trop évidente aux "districts" presbytériens et autres subdivisions anglicanes ou "Church of Christ", il en a résulté méfiance et hostilité de la part des minorités religieuses ou "coutumières" englobées ; en ne participant pas aux réunions et en refusant de payer les taxes, ces minorités bloquèrent souvent le fonctionnement de cette institution. L'administration française, sollicitée par ces nombreux villages "allogènes" que leur appartenance religieuse ou politique isolait, opta pour la création de municipalités rurales. En 1975, étaient créees des "communautés rurales", les anciens "conseils locaux" perdaient par là même tout statut juridique ; mais comme souvent dans le Condominium la lutte allait déboucher sur une dualité institutionnelle : les conseils locaux continuèrent là où les populations les avaient souhaités et des municipalités furent élues partout où les populations le demandèrent.

De par leur caractère strictement local, les "communautés rurales" furent inévitablement appelées à un jouer un rôle important sur le plan linguistique. Toutes sont installées dans une communauté linguistiquement homogène ou comprenant des dialectes très proches. Les discussions au sein de ces "conseils ruraux" sont menées en langue locale ; ainsi les possibilités des langues vernaculaires sont-elles officiellement démontrées. Les langues mélanésiennes associées à ces "conseils ruraux" semblables à des municipalités, institutions européennes, acquièrent prestige et crédibilité. Le secrétaire, toujours natif de l'un des villages dépendant de la communauté rurale, doit écouter les débats en langue autochtone. Même si, seule la rédaction des débats en langue européenne est légalement reconnue, il y a fort à penser qu'elle ne sera qu'une traduction après coup de ce qui aura été écrit en langue vernaculaire, le secrétaire se lassant rapidement de faire une "traduction simultanée" à usage personnel. A terme, les conseils des "communautés rurales" rendront nécessaire l'écriture de la langue locale.

Quant au pidgin, langue seconde des membres de ces conseils ruraux, il sera inévitablement écarté des débats "municipaux" auxquels chacun veut garder un caractère strictement local, interne à la communauté ; de plus nous avons vu qu'il était inadapté au monde coutumier.

10.3.2. Un système éducatif, compromis entre les réalités socio-culturelles présentes

Le système éducatif qui va suivre paraîtra fort complexe à beaucoup. En fait, il n'est que le reflet et la résultante de la situation socio-culturelle néo-hébridaise. Mis en place progressivement, ce système qui tient compte de la "triglossie" locale (voir 10.3.1) pourrait préserver les intérêts culturels présents et futurs de toutes les communautés, tout en favorisant l'unité nationale.

10.3.2.1 L'enseignement primaire

Dans le rapport final de la douzième session de l'U.N.E.S.C.O, en 1962, on pouvait relever l'affirmation suivante :

> Les participants ont été d'accord sur le fait qu'il est plus facile d'apprendre à lire et à écrire dans la langue maternelle, quand cette langue est adaptée à l'écriture ... (A.I. Sow, ed., 1977, p.33).

L'alphabétisation en langue vernaculaire serait souhaitable dans la mesure où elle faciliterait la tâche des enfants. Cet axiome, qui allait à l'encontre de beaucoup de politiques de scolarisation de l'époque coloniale, fut repris par tous les dirigeants des nouveaux Etats et allait être universellement admis lorsque des études sur le bilinguisme tendirent à démontrer le contraire.

> Des recherches plus récentes, cependant, comme celles de Lambert et Tucker (1972) ont tendu à montrer que les programmes scolaires unilingues dans une langue différente de la langue du foyer de l'enfant ne créent pas nécessairement un quelconque handicap (D.R Craig, 1977, p. 317, dans pidgin and creole linguistics Ed. A. Valdman)

Même si les opinions des spécialistes divergent sur l'opportunité de donner priorité à l'alphabétisation en langue maternelle, nous pensons que cette démarche doit être retenue, ne serait-ce que pour des raisons humaines et sociales. Seule une connaissance solide d'une langue et plus particulièrement de la langue maternelle, première apprise généralement, permet à la personnalité de s'affirmer et de s'épanouir dans la société considérée (voir 10.1.2.2). En outre, un tel enseignement éviterait les problèmes d'identité qui risquent d'apparaître à long terme.

Dans le contexte néo-hébridais, le fait que l'alphabétisation en langue étrangère ne soit pas obligatoirement préjudiciable à l'enfant est inespéré, car tous ne pourraient pas, même s'ils le souhaitaient, être alphabétisés en langue vernaculaire. Beaucoup de parlers mélanésiens ne sont plus utilisés que par quelques dizaines de locuteurs et parfois moins. Dans les centres urbains, aucune langue vernaculaire n'est parlée par les créolisants ou par les minorités ethniques : chinois, vietnamiens, Mélanésiens isolés etc. Pour tous ces cas, seule l'alphabétisation en langue européenne peut donc être retenue.

Plusieurs facteurs semblent déterminants pour savoir si une langue vernaculaire peut servir à l'alphabétisation des enfants :

-Cette langue est parlée par un nombre suffisant de locuteurs

-il est souhaitable que des natifs de cette communauté soient déjà enseignants.

-cette langue doit avoir au préalable fait l'objet d'une étude scientifique.

Toutes les langues citées en 8.1.1 répondent à ces critères et pourraient servir de langues d'alphabétisation après formation appropriée des maîtres ayant ces parlers comme langues maternelles.

Tout locuteur natif d'une langue possède le système phonologique de celle-ci et en connaît la syntaxe. Alors que pour un pidgin, celui qui écrit hésite sans cesse sur la graphie à adopter (voir 8.2.3.1), dans le cas d'une langue vernaculaire, il suffit d'enseigner le signe graphique (lettre) que l'on veut associer à chaque phonème pour que le locuteur sache écrire les lexèmes de sa langue maternelle.

En 1976, dans le cadre d'un programme de préservation du patrimoine culturel mélanésien sous l'égide de l'U.N.E.S.C.O, nous avons eu la chance de donner des cours de phonétique et d'enseigner des rudiments de linguistique aux élèves-maîtres du "Cours Normal" et du "Kawenu College". Ces élèves, tous volontaires, devaient apprendre à enregistrer et à transcrire la tradition orale de leur communauté linguistique. Après deux semaines de stage et d'apprentissage à l'écriture de leur propre langue, la plupart transcrivait phonologiquement sans faute. Seul le découpage graphique de la chaîne parlée faisait hésiter même ceux qui maniaient cette orthographe nouvelle avec facilité. Comme très souvent la riche tradition orale a été transcrite par les linguistes qui ont étudié la langue, l'enseignement néo-hébridais pourrait s'appuyer sur ces travaux, évitant ainsi bien des écueils, en particulier le problème de la segmentation de la phrase.

Cette expérience d'enseignement aux futurs maîtres anglophones et francophones nous avait révélé avec quelle facilité ces jeunes Mélanésiens âgés de 18 à 20 ans pouvaient accéder à l'écriture de leurs langues. A partir de ce moment, nous fûmes persuadé de la possibilité de former, au cours des vacances scolaires par exemple, des enseignants qui alphabétiseraient en langues vernaculaires.

Pour les langues qui ont été étudiées au préalable, pendant des années par les linguistes, la mise en oeuvre d'une telle scolarisation en langue vernaculaire pourrait commencer après un laps de temps assez court : une année par exemple.

Nous pensons que l'alphabétisation en langue autochtone ne doit pas être impérative, mais doit se présenter comme une option offerte aux communautés autochtones qu'un tel enseignement intéresserait.

Pour établir un système éducatif nouveau, l'équilibre numérique entre écoles "françaises" et écoles "anglaises" devrait être mis à profit. Le choix de l'un des deux systèmes d'éducation, imposé au départ par l'appartenance religieuse, ne s'est maintenu ensuite que par la volonté des populations. Il serait donc sage de maintenir écoles "anglaises" et écoles "françaises" là où elles existent.

Dans les anciennes écoles anglaises, le début de la scolarité et l'alphabétisation donc, seraient assurés soit en langue autochtone soit en anglais, selon les possibilités locales en ce qui concerne l'enseignement en langue vernaculaire et les desiderata de la population. Dans les anciennes écoles françaises, alphabétisation et début de scolarité seraient de même possibles en langue autochtone ou en français.

Seules, les communautés linguistiques à très faible population ou n'ayant pas de locuteur enseignant n'auraient pas le choix et devraient continuer à alphabétiser en langue européenne.

L'enseignement en langue vernaculaire pourrait couvrir les trois premières années de scolarité. En quatrième année, les élèves commenceraient l'étude du français dans les anciennes écoles françaises, de l'anglais dans les autres.

Au cours de cette quatrième année, la langue véhiculaire pourrait n'occuper qu'un tiers ou qu'un quart de l'emploi du temps.

A partir de la cinquième année et au cours des années suivantes, la langue vernaculaire laisserait la place à la seconde langue "officielle" : français dans les anciennes écoles anglaises, anglais dans les écoles dépendant autrefois de l'enseignement français.

Chaque filière devrait permettre le même nombre d'heures d'enseignement dans la première langue ainsi que dans la seconde langue. Le rapport de un à trois, indiqué entre parenthèses dans le tableau ci-après, n'est qu'indicatif ; la répartition des horaires devant être réalisée par l'Autorité responsable de l'éducation nationale.

	Ancienne école "française"		Ancienne école "anglaise"	
7e année	français(3)	anglais(1)	anglais(3)	français(1)
6e année	français(3)	anglais(1)	anglais(3)	français(1)
5e année	français(3)	anglais(1)	anglais(3)	français(1)
4e année	vernaculaire(1)	français(3)	vernaculaire(1)	anglais(3)
3e année	vernaculaire ou	français	vernaculaire ou	anglais
2e année	vernaculaire ou	français	vernaculaire ou	anglais
1e année	vernaculaire ou	français	vernaculaire ou	anglais

Nous avons intentionnellement limité le nombre d'années de scolarité primaire à sept, car ce chiffre correspond à la moyenne de la durée des enseignements français et britanniques actuels. En outre, après sept ans d'école primaire, la scolarité des enfants néo-hébridais devrait diverger. Quelques-uns seraient orientés vers l'enseignement secondaire classique ou technique. La majorité devrait suivre un cycle post-scolaire préparant à la vie active en milieu mélanésien.

10.3.2.2 L'enseignement post-scolaire

La durée moyenne de dix années des enseignements primaires en Europe semble un "luxe" de pays riches que les Nouvelles-Hébrides indépendantes ne pourront que difficilement imiter. Il faut cependant remarquer qu'au cours d'une scolarité de seulement sept années, les enfants très jeunes n'auront pas pu aborder un enseignement requérant une certaine maturité. Il semble donc nécessaire de faire un enseignement post-scolaire, complet ou à temps partiel, d'une durée de deux ou trois ans, orienté vers le monde mélanésien.

Les élèves ayant appris à écrire en langue autochtone ou en langue européenne, possèdent tous des connaissances assez solides de ces langues et en particulier de l'anglais pour pouvoir aborder le Bislama(n) sans trop de risques d'interférences.

Si les gouvernements retiennent l'idée d'enseigner le pidgin pour en faire une langue nationale d'union, nous pensons que c'est à ce niveau qu'un tel enseignement doit être assuré.

Il va sans dire qu'avant d'être enseigné et d'être employé comme moyen éducatif, le Bislama(n) devrait être standardisé comme il a été indiqué en 9.2.1.

Alors, au cours de cet enseignement post-scolaire, l'histoire des Nouvelles-Hébrides et du Pacifique sud-ouest, la géographie, l'instruction civique, l'hygiène, l'agriculture etc. sont autant de domaines que l'on pourrait aborder sous un angle national et en usant éventuellement entre autres du pidgin.

Après la normalisation par une commission ad hoc du pidgin écrit, tous les fonctionnaires écrivant en langue véhiculaire seraient tenus d'apprendre les normes établies et de s'y conformer.

Un enseignement de ces mêmes normes dans les établissements d'enseignement secondaire généraliserait la connaissance du Bislama(n) écrit qui deviendrait ainsi langue écrite commune à tous les nationaux.

10.3.2.3 L'enseignement secondaire bilingue

Comme nous l'avons précisé (voir conclusion 10.1), le bilinguisme, indispensable à l'élite, s'impose au niveau de l'enseignement secondaire.

Après leur septième année de scolarité, les élèves dirigés vers l'enseignement technique ou vers les établissements d'enseignement secondaire "classique" auraient tous étudié l'anglais et le français durant au moins trois années et seraient donc partiellement bilingues.

Ceux d'entre eux ayant fréquenté un établissement à dominante française (anciennes écoles françaises) fréquenteraient tout naturellement le lycée français (15), ceux ayant reçu une éducation à dominante anglaise le "Malapoa College". L'enseignement technique dispensé uniquement au lycée technique recevrait des élèves originaires des deux filières et serait entièrement bilingue.

Nous ne reviendrons pas sur les problèmes que soulève la mise en place d'un enseignement bilingue (voir 10.1.1). La formation des maîtres, l'élaboration des programmes requièrent des années d'effort. Nous pensons que toute réforme scolaire doit partir de la base, de l'enseignement primaire. Ce n'est qu'en fonction des résultats obtenus à ce niveau que l'aménagement du secondaire doit être envisagé. S'orientera-t-on vers un renforcement de l'enseignement en langues vernaculaires, vers un bilinguisme accru ou vers le pidgin langue nationale ?

Ignorant tout du type d'enseignement que les gouvernements néo-hébridais pourraient souhaiter au niveau de l'enseignement secondaire, nous nous garderons bien de proposer, dans l'immédiat, un quelconque schéma. Nous estimons que tout projet serait prématuré et inutile, la réforme de l'enseignement primaire n'ayant pas été elle-même arrêtée.

Conclusion

Le système éducatif qui vient d'être décrit tient compte de toutes les données sociales et de toutes les aspirations culturelles et linguistiques qui se sont manifestées dans l'archipel néo-hébridais au cours des dix dernières années et dont nous avons été témoin . Ce plan qui se veut réaliste ne traduit pas l'intérêt et l'attachement de l'auteur de ces lignes pour les langues mélanésiennes.

Afin de faciliter la tâche des Dirigeants néo-hébridais, qui attendent plus du linguiste des solutions ou tout au moins des propositions que des critiques et des théories scientifiques, nous avons résumé ce programme élaboré à leur intention, sous forme d'un schéma.

Comme il nous semble maladroit, pour ne pas dire impossible, de ne pas maintenir les écoles anglophones et francophones là où les populations ont souhaité leur installation, nous avons conservé deux filières. L'une serait à dominante française, l'autre à dominante anglaise. Cela permettrait de continuer à utiliser tous les établissements et d'employer tous les enseignants déjà formés, tant anglophones que francophones.

Les expressions "à dominante anglaise" ou "à dominante française" marquent l'abandon du caractère nationaliste qui caractérisait les deux systèmes d'enseignement anglais et français. L'une des taches de l'enseignement primaire étant de préparer certains éléments à poursuivre des études secondaires, il était donc indispensable, dans un premier temps, de former les élèves en fonction de l'établissement qu'ils fréquenteront dans le secondaire. Ceux qui, éventuellement, iront au "Malapoa College" devront avoir l'anglais comme première langue et donc recevoir l'essentiel de leur formation en langue étrangère en anglais. Dans la filière à dominante française, le français sera privilégié afin de permettre aux enfants de suivre sans encombre une éducation secondaire au Lycée.

Les qualificatifs "à dominante anglaise" et "à dominante française" précisent en outre que les langues anglaise et française auraient perdu toute exclusivité dès l'enseignement primaire.

En effet, les parents auraient le choix entre plusieurs options. Dans des villages où existe une école "anglaise", les en-

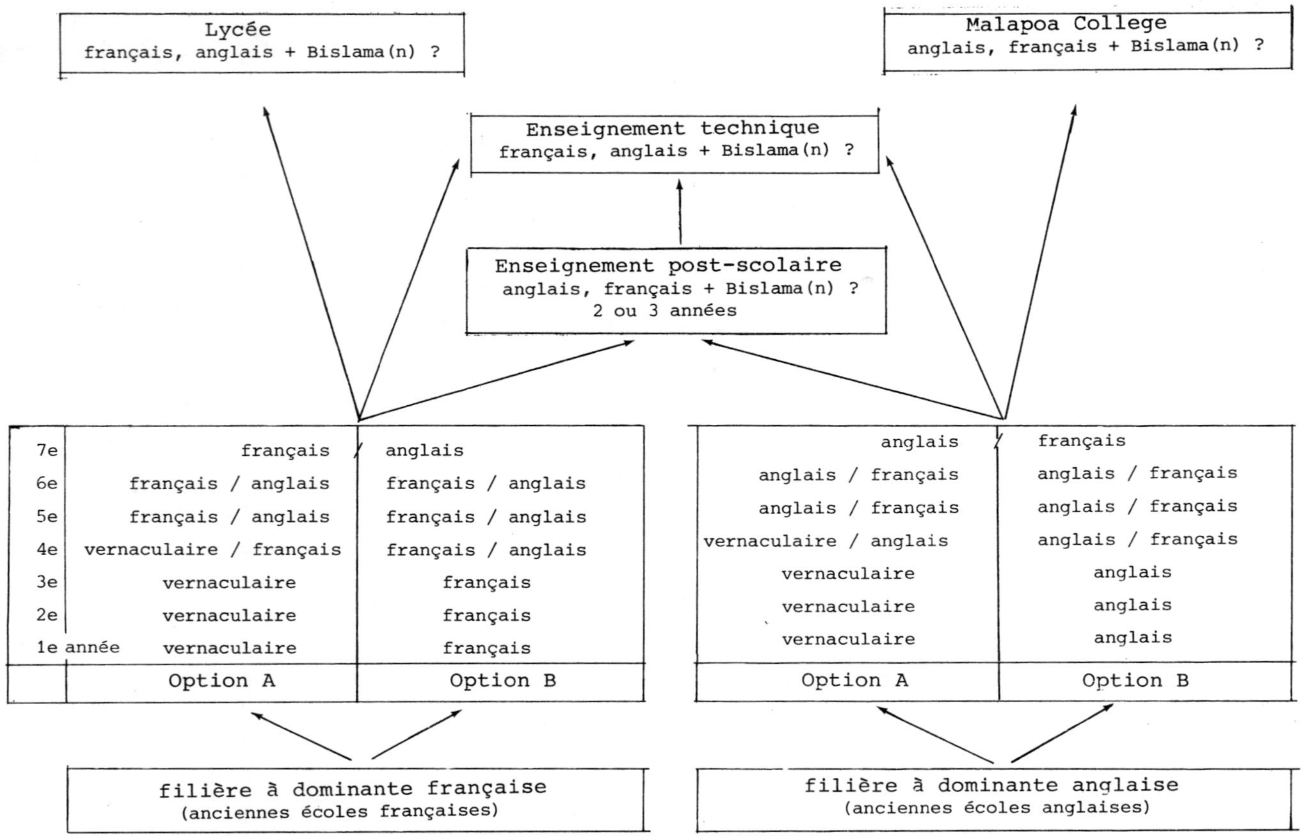
Lycée
français, anglais + Bislama(n) ?
Malapoa College
anglais, français + Bislama(n) ?
Enseignement technique
français, anglais + Bislama(n) ?
Enseignement post-scolaire
anglais, français + Bislama(n) ?
2 ou 3 années
7e
6e
5e
4e
3e
2e
1e année
français / anglais
français / anglais / anglais
français / anglais / anglais
vernaculaire / français / français / anglais
vernaculaire / français
vernaculaire / français
vernaculaire / français
Option A
Option B
anglais / français
anglais / français / anglais / français
anglais / français / anglais / français
vernaculaire / anglais / anglais / français
vernaculaire / anglais
vernaculaire / anglais
vernaculaire / anglais
Option A
Option B
filière à dominante française
(anciennes écoles françaises)
filière à dominante anglaise
(anciennes écoles anglaises)

fants pourraient être alphabétisés en langue vernaculaire ou en anglais ; dans d'autres villages en langue vernaculaire ou en français. Le choix s'agrandit pour les communautés jouissant déjà d'une école "anglaise" et d'une école "française" comme Erakor, Mele, Pango sur l'île d'Efate, l'alphabétisation pouvant se faire alors au choix dans l'un des trois idiomes suivants : langue autochtone locale, anglais, français.

En offrant la possibilité aux enfants de chaque communauté d'être alphabétisés dans leur langue maternelle et d'être instruits dans cette dernière pendant plus de trois années scolaires, les dirigeants néo-hébridais répondraient aux souhaits d'une partie de la population (voir 10.3.1.3) et éviteraient des remises en cause ultérieures d'un système entièrement "européen".

A partir de la quatrième année, les enfants des options A commenceraient l'étude de leur première langue étrangère, cette étude serait largement facilitée par le fait qu'ils sauraient déjà lire et écrire. Le seconde langue étrangère s'y ajouterait dès la cinquième année et serait étudiée conjointement avec la première langue en sixième et en septième années. Au cours de cette ultime année d'enseignement primaire, contrairement à ce qui a été présenté dans le précédent tableau (voir 10.3.2.1), les élèves des options A et B pourraient être regroupés. Ils possèderaient ainsi un niveau et un acquis similaires pour leur éventuelle entrée dans l'enseignement secondaire.

Les enfants terminant leur septième année de classe auraient tous appris l'anglais et le français pendant trois années. Ces connaissances permettraient à ceux qui poursuivraient des études ou à ceux qui iraient travailler en ville de devenir bilingues. Il est certain que pour les élèves qui resteraient dans leurs villages, ces connaissances seraient assez vite oubliées, seules celles acquises en langue vernaculaire s'avérant utiles resteraient en mémoire et seraient utilisées.

Cet enseignement bilingue anglais-français, au cours des trois dernières années de scolarité primaire, serait indispensable pour découvrir les éléments les plus aptes à faire de longues études et pour permettre aux enfants de s'adapter au monde moderne s'il en était besoin.

L'enseignement du Bislama(n), s'il était décidé par les gouvernants, serait possible, dans ce système, à trois niveaux : enseignement post-scolaire, enseignement technique et enseignement secondaire "classique".

Grâce à des matières choisies (voir 10.3.2.2), le Bislama(n) enseigné ferait figure de langue nationale et l'on ferait de ce pidgin l'instrument de l'unité nationale.

Il est permis d'envisager que les meilleurs éléments de l'enseignement post-scolaire seraient admis à entrer dans l'enseignement technique.

Les élèves des institutions secondaires, partiellement bilingues en fin d'école primaire, vivant en ville, n'auraient aucun mal, si telle était leur volonté, d'accéder à une bonne connaissance des deux langues officielles. Ces jeunes bilingues pourraient servir efficacement dans les administrations centrales et dans les milieux économiques et financiers.

L'éducation, la pédagogie sont, dans tous les pays, des domaines changeants qui évoluent avec plus ou moins de retard, parallèlement aux structures sociales et politiques. Il s'ensuit qu'un plan d'éducation ne peut être valable qu'en un temps et en un lieu donnés. Celui que nous avons présenté pour les Nouvelles-Hébrides est le reflet du multilinguisme présent et des tendances socio-culturelles actuelles.

Le renforcement du sentiment national dans les années à venir rendrait indispensable une intensification de l'enseignement en pidgin. De la même façon, l'extension du nombre des communautés rurales et l'accroissement de leurs pouvoirs augmenteraient l'importance des langues vernaculaires. L'apparition de très nombreux individus bilingues, faisant suite à l'application de ce schéma, susciterait sans nul doute, chez beaucoup, l'apiration à un système éducatif unifié faisant une plus large place au français et à l'anglais.

N'étant pas spécialiste de pédagogie et notre expérience d'enseignement en milieu mélanésien s'étant limitée à quelques années, nous avons conscience que ce plan d'éducation réalisable d'un point de vue purement linguistique, peut présenter des failles certaines sur le plan pédagogique.

Très probablement, ce plan ne verra jamais le jour, d'autres options nombreuses comme le choix d'une langue mélanésienne en tant que langue nationale ou du pidgin comme langue d'alphabétisation etc. lui ayant été préférées. Malgré cela, notre démarche ne se sera pas avérée inutile, si elle a amené un certains nombre de responsables politiques et une partie de l'opinion à prendre conscience de la complexité du problème linguistique et de la prudence avec laquelle il convient d'aborder toute solution en la matière.

SECONDE PARTIE

PIGDIN ET SUBSTRATS

La seconde partie de cet ouvrage consacré au Bislama(n) et au multilinguisme néo-hébridais se différencie de la précédente, tout d'abord, par son caractère moins sociologique, ensuite par le sujet qui y est traité, sujet que l'on peut intituler : "Pidgin et substrat.

Aux Nouvelles-Hébrides, tout chercheur, qui transcrit et traduit la tradition orale mélanésienne, s'aperçoit très vite combien il est plus facile de faire une traduction mot à mot du texte mélanésien en pidgin qu'en toute autre langue. De ce fait, nombre d'ethnologues sont tentés d'attribuer au Bislama(n) des vertus, qu'à notre sens, il n'a pas toujours.

La facilité avec laquelle on traduit une langue vernaculaire en pidgin n'apparaît plus lorsque l'on veut passer du pidgin au vernaculaire. Travail que tout linguiste fait lorsqu'il veut étudier la grammaire d'une langue mélanésienne.

Le contenu sémantique des lexèmes mélanésiens trouve presque toujours une résonance dans le signifié recouvert par un terme pidgin. A l'inverse, ce même lexème du Bislama(n) peut être traduit de maintes façons en une quelconque langue vernaculaire et le pidgin semble alors pauvre et vague.

Ces constatations empiriques nous amenèrent à nous interroger sur le rapport qui, de toute évidence, existe entre le champ sémantique des lexèmes mélanésiens et celui, souvent plus large, des termes pidgin, pourtant d'origine étrangère. En fait, sans le savoir, nous soulevions là tout le problème du processus de pidginisation que nous avons tenté de décrire dans les paragraphes qui vont suivre.

Comme nous avions travaillé dans une région où les parlers locaux, bien que différents, n'en forment pas moins un domaine linguistique homogène d'un point de vue catégoriel et syntaxique, nous avions pu constater que le pidgin qui y était parlé, tenait l'essentiel de ses particularités à des emprunts massifs faits au substrat commun mélanésien.

De tels emprunts expliquaient pourquoi traduire une langue mélanésienne en pidgin s'avérait aussi facile, le pidgin s'était constitué en partie par relexification des langues locales.

Dans cette seconde partie, nous allons nous attacher à décrire les rapports nombreux qui existent entre le pidgin d'une région donnée et les langues autochtones qui y sont parlées. Nous verrons que l'influence des langues mélanésiennes, qui dure depuis plus d'un siècle, a été déterminante sur les plans phonologique, morphologique, lexico-sémantique et syntaxique.

Ce pidgin régional, rural, directement issu de celui ramené du Queensland par les anciens, a été façonné en fonction d'un milieu linguistique exclusivement mélanésien. Ces pidgins régionaux, que l'on rencontre dans d'autres aires géographiques, divergent les uns des autres car ils ont subi l'influence de substrats différents.

Il n'en existe pas moins un pidgin commun, plus pauvre, commun dénominateur entre ces variantes régionales, ce qui maintient les possibilités d'intercompréhension.

11. LE LEXIQUE DU BISLAMA(N)

11.1. GÉNÉRALITÉS

Comme il n'existe pas de tradition écrite, le lexique du Bislama(n) correspond au vocabulaire utilisé actuellement par chaque individu, vocabulaire employé par le locuteur ou compris par ce dernier. Il s'agit alors, dans ce dernier cas, de la somme des vocabulaires des locuteurs de la communauté dans laquelle vit le sujet parlant. L'absence d'un Bislama(n) écrit reconnu comme norme et la multiplicité de ces mêmes formes écrites, font qu'il n'existe pas un lexique du Bislama(n) mais des variétés lexicales qui évoluent très rapidement.

Hjemslev écrivait à cet égard, bien que parlant de langues beaucoup plus stabilisées que ne le sont les pidgins :

> Une liste de signes, un dictionnaire sera toujours nécessairement incomplet, ne serait-ce parce que des signes nouveaux prennent naissance pendant qu'on rédige le dictionnaire et bien davantage encore pendant qu'on l'utilise. (Hjemslev, 1966, p.191)

Nous pensons qu'en l'état présent, toute tentative pour définir des limites lexicales au Bislama(n) est vouée inéluctablement à l'échec. Tout locuteur peut, par affixation, composition, créer des mots nouveaux. Il peut emprunter aux deux langues officielles. La seule limite à de tels procédés est la compréhension de la personne à qui est adressé le message. Suivant l'origine géographique de l'auditeur, son passé, son éducation, certaines innovations grammaticales, certains néologismes lexicaux seront compris et acceptés. Avec un anglophone, on n'hésitera pas à faire des emprunts fréquents à l'anglais, avec un francophone au français.

Pour exprimer certaines nuances de pensée, la connaissance de l'île d'origine de l'auditeur, de sa langue maternelle sont de toute première importance : le redoublement de la racine verbale afin d'exprimer telle ou telle nuance est connu ici, ignoré là etc.

Malgré ces difficultés, deux dictionnaires du pidgin néo-hébridais ont été compilés, ainsi qu'un petit lexique intitulé : "Apprenons le Bichelamar" (Ed. SOCOM S.A., Imp. Hébridaise, 1978, Port-Vila).

11.1.1. Les dictionnaires existants

Chaque tentative pour écrire un dictionnaire du pidgin des Nouvelles-Hébrides a largement porté la marque de son auteur. Le dernier en date, celui du pasteur B. Camden (A descriptive dictionary Bislama to English, Maropa Bookshop, Port-Vila, 1977) se présente comme l'oeuvre d'un anglophone presbytérien, dans laquelle nombre d'entrées ne sont connues que des membres influents de l'église presbytérienne.

Il s'agit d'un dictionnaire d'anglophone, car des emprunts récents faits à l'anglais ne peuvent être compris que par des autochtones ayant fréquenté l'école anglaise. Nous avons relevé quelques exemples de ces néologismes issus d'une partie de la population et qui ne se sont pas généralisés.

ademap "additionner". Généralement, le terme **kantem** est préféré pour exprimer ce concept, il signifie également "compter".

aedia "idée". Ce signifié est connu partout sous la forme **tingting**, qui désigne à la fois les concepts "idée" et "pensée".

agyu "argumenter". La périphrase suivante est d'usage beaucoup plus général :

em i strong long toktok blong em
/il/*mod. pers.*/fort/à/parler/à/lui/
"il est ferme sur ce qu'il avance"

De la même façon, **smol buluk** /petit/boeuf/, partout en usage, a été remplacé par **kaf**, "veau" en français. Ce terme nouveau ne peut être compris que des anglophones.

De tels exemples d'anglicisation abusive, très nombreux dans ce dictionnaire, pourraient être multipliés facilement. Ils montrent comment les anglophones cherchent à faire coïncider un signe anglais et un lexème pidgin unique, monosémique, quitte à créer un néologisme.

Plus que le choix des entrées, sans cesse plus proches de l'anglais standard, l'introduction de certains morphèmes grammaticaux, spécifiques de cette dernière langue, trahit le caractère hyper-anglicisé de ce dictionnaire.

adopted "adopté". Cette entrée se termine par le morphème *-ed*, complètement étranger au pidgin. Qui plus est "adopter" peut être traduit en Bislama(n) par :

sujet + *mod. pers.* **lukaot long wan pikinini**
/sujet/ *mod. pers.*/surveiller/à/un/enfant/

ou par :

sujet + *mod. pers.* **tekem pikinini ya long** + sujet
/sujet/ *mod. pers.*/prendre/enfant/*dém.*/à/ sujet/

banded "bandé" est exprimé en pidgin traditionnel par : sujet + *mod. pers.* **pas-em** + compl. d'objet, **pas-em** signifiant "entourer q.q. chose", "attacher q.q. chose".

L'introduction d'un suffixe, marque de participe passé, transposition abusive d'un morphème anglais au pidgin, ne peut trouver sa justification au niveau du signifié puisque cette modalité temporelle n'existe ni en pidgin ancien ni dans les langues constituant le substrat.

L'orthographe choisie, fondée sur l'étymologie et la prononciation anglaises, fait perdre au pidgin une large part de l'autonomie qu'il avait acquise face à sa langue-source principale, l'anglais.

Des occlusives sonores, existant dans les étymons anglais, inconnues dans le Bislama(n) ancien, sont introduites. Plus que des variantes phonétiques, elles sont présentées dans ce dictionnaire comme des phonèmes puisque nous avons pu, à partir des entrées proposées, dégager les paires minimales suivantes :

p/b

pas	"passe de jeu"	**bas**	"bus"
pos	"poteau"	**bos**	"maître"

t/d

bet	"appât"	**bed**	"lit"
plet	"assiette"	**bled**	"lame"

k/g

kres	"cresson"	**gres**	"grâce"
dok	"dépot"	**dog**	"chien"

L'affriquée sonore anglaise /dʒ/ inconnue dans le Bislama(n) employé par les anciens est réintroduite dans les termes du pidgin issus d'étymons anglais présentant ce phonème.

aborijini en anglais : *aborigine* [æbəˈridʒini] "aborigène"

aotenjin en anglais : *outengine* [ˈautˈendʒin] "moteur hors-bord"

ajenda en anglais : *agenda* [əˈdʒendə] "agenda"

etc.

La prononciation anglaise a souvent dicté le choix en matière d'orthographe.

angry [æŋgri] "en colère" est traduit par le lexème Bislama(n) **anggri**. Dans le terme Bislama(n) se retrouve, orthographiée différemment, la suite /ŋ/ + /g/. En fait, ce concept est généralement exprimé par le terme, connu dans tout l'archipel, **kros** "être en colère".

L'influence de la prononciation anglaise a entraîné une complication de l'orthographe, qui ne correspond pas à ce qu'entendent et prononcent la plupart des Néo-Hébridais.

angka	étymon	*anchor* [ˈæŋkər]	"ancre"
angkejif		*hankerchief* [ˈhæŋkətʃi(:)f]	"mouchoir"
angkel		*uncle* [ˈʌŋkl]	"oncle"
blangket		*blanket* [ˈblæŋkit]	"couverture"

etc.

Tous ces lexèmes sont prononcés par les locuteurs n'ayant pas subi l'influence anglaise : [anka], [ankesif], [ankel], [planket].

Nous avons en outre qualifié le dictionnaire de B. Camden d'oeuvre presbytérienne car, nombre de termes avancés restent incompréhensibles à toute autre confession.

deleget ... *a member of the Presbyterian Assembly,* ..."un membre de l'assemblée presbytérienne"

elda *an elder within the Presbyterian Church,* "un ancien au sein de l'église presbytérienne"

karismatik *to be "charismatik", of individuals and groups who claimed to have received a special giving of the Holy Spirit with attendant gifts,* "être charismatique, d'individus ou de groupes qui proclament avoir reçu des dons spéciaux de l'Esprit Saint et des pouvoirs qui l'accompagnent"

lodsapa *Communion in the Presbyterian Church,* "communion dans l'église presbytérienne"

moderata *Moderator, as an address to the moderator of the Presbyterian Assembly,* "Modérateur, comme adresse au Président de l'Assemblée Presbytérienne"

etc.

Vouloir écrire un dictionnaire "universel" du Bislama(n) compréhensible et utilisable par tous les Néo-Hébridais reviendrait à ajouter tous les sociolectes, toutes les variantes dialectales. Il faudrait considérer les deux éducations séparées, reçues par les Néo-Hébridais, la grande variété d'idiomes qu'ils parlent, les structures sociales différentes dans lesquelles ils vivent. Tout dictionnaire qui ignorerait toutes les divisions et différences qui ont rendu l'usage du pidgin indispensable ne pourrait qu'être entaché de subjectivité et, par là, non scientifique. Seule une commission assez large d'experts permettrait de refléter toutes ces divergences et serait en mesure d'établir un dictionnaire "universel" du Bislama(n), (voir 9.2.1).

Le dictionnaire de B. Camden est remarquable à beaucoup d'égards. Il est le plus complet existant actuellement, nous serions tenté de dire qu'il est trop riche. En effet, on y trouve des termes comme :

elefen	"éléphant"	étymon anglais	*elephant*
kamel	"chameau"	étymon anglais	*camel*
puriko	"zèbre"	étymon français ?	bourricot ?
raeno	"rhinocéros"	étymon anglais	*rhinoceros*
taega	"tigre"	étymon anglais	*tiger*

etc.

Toutes ces entrées tendraient à faire croire au lecteur que la faune de la forêt néo-hébridaise est très riche en gros mammifères or, au contraire, elle est d'une rare pauvreté puisqu'on y rencontre comme mammifères locaux que le porc, le rat et la roussette. En fait, ces termes ont été abordés au cours de traductions, activité linguistique principale de l'auteur et des gens qui l'ont assisté. Ce travail de traduction a privé la plupart de ces auteurs d'une approche scientifique directe, qui, seule, aurait permis de fixer une limite entre le vocabulaire du pidgin et celui de l'anglais. On est amené à se demander, pourquoi des signes Bislama(n) signifiant "buffle", "gazelle", "hippopotame", etc. n'ont pas également été inclus dans ce dictionnaire. Est-ce parce que ces concepts ne sont pas apparus dans les textes à traduire ?

D'un point de vue sémantique, ce dictionnaire constitue une oeuvre remarquable. Chaque entrée a été replacée dans des phrases expliquant l'étendue du champ sémantique de chaque lexème. Réalisé et critiqué avec beaucoup de soins par des "pastors" et des "elders" presbytériens, ce dictionnaire reste localisé et partisan. Aucun de ces responsables religieux ne pouvait être originaire d'îles comme Pentecôte, Aoba, Maewo ou de l'archipel constitué par les îles Banks. De toutes ces îles, l'église presbytérienne est complètement absente. Tous les particularismes lexicaux et morphologiques du pidgin du nord-est de l'archipel néo-hébridais dus au substrat mélanésien se trouvent exclus de cet ouvrage.

Alors que la moitié de la jeunesse néo-hébridaise a fréquenté ou fréquente des établissements d'enseignement francophones, ce qui n'est pas sans incidence sur le pidgin, ce dictionnaire fait par des anglophones est présenté comme un dictionnaire "du Bislama(n) des Nouvelles-Hébrides", écartant du même coup la réalité sociolinguistique fort complexe de cet archipel.

L'ouvrage collectif présenté par B. Camden aurait beaucoup gagné sur le plan scientifique, si, pour chaque entrée avait été indiquée l'aire d'utilisation. Nous devons reconnaître que cette démarche aurait été à l'encontre de l'un des buts recherchés qui est d'affirmer le caractère "national et unificateur" du Bislama(n), B. Camden s'étant contenté d'indiquer les différences phonétiques et lexicales qui existent entre le Bislama(n) des centres urbains et celui parlé dans les zones rurales.

Malgré une somme de travail et d'efforts évidente, l'ouvrage de B. Camden et de la hiérarchie presbytérienne ne pouvait remplacer ce que seule une commission est en mesure d'établir, c'est-à-dire un dictionnaire général du Bislama(n) qui ne serait ni localisé ni partisan.

Nous avons analysé avec le plus grand soin le dictionnaire de J.B.M. Guy ("Manuel de Bichelamar", Pacific Linguistics, 1974, Canberra). Cet auteur n'ayant travaillé que dans le nord de l'archipel a décrit une variante régionale du pidgin. Cette localisation, loin d'enlever une quelconque valeur scientifique à ce travail, a permis les comparaisons qui vont suivre.

Sur quelques 1330 entrées que compte cet ouvrage, 75 nous sont apparues incompréhensibles aux locuteurs du Sud-Malakula soit 5,63% du lexique. De plus, 56 termes sont inemployés au Sud-Malakula et ne peuvent être compris que des autochtones ayant des contacts fréquents avec l'île d'Espiritu Santo. Cela représente 4,2% du lexique proposé par J.B.M. Guy. Nous voyons donc que c'est environ 10% des entrées qui varient entre Espiritu Santo et le Sud-Malakula. Si l'on ajoute les particularismes déjà mentionnés en 9.1.1 que présente le pidgin du Sud-Malakula comme : **tabernakœl** "abri de brousse", **natamav** "cochon hermaphrodite" etc., c'est une large proportion du lexique qui ne peut pas être considérée comme "universelle", c'est-à-dire trans-régionale.

Des différences semblables à celles présentées entre le pidgin du nord de l'archipel et celui du sud de Malakula pourraient être attestées entre les autres îles : l'expression **yu gud long sop** /toi/bon/à/savon/ "tu mérites un (bon savon)!" n'est utilisée qu'à Port-Vila et dans sa région. **mi go sak-em wata** /je/aller/jeter-*trans.*/eau/ "je vais uriner" est une phrase prononcée uniquement par les hommes de Tanna, etc.

Cette dialectalisation du Bislama(n) échappe souvent à l'utilisateur non averti car il se trouve que, quel que soit l'endroit où l'on séjourne, les variantes locales du pidgin ont toujours de 80 à 85% d'entrées communes avec le pidgin que l'on parle, ce qui est amplement suffisant pour maintenir l'intercompréhension.

En résumé. Sur le plan lexical, le Bislama(n) se caractérise par l'absence de limites définies, par une extrême souplesse permettant de créer sans cesse des néologismes et enfin par d'innombrables variantes individuelles et dialectales.

11.1.2. Les étymons constituant le lexique

Après avoir longuement tenté de montrer, dans la première partie, combien l'origine du Bislama(n) pouvait être complexe et controversée, nous nous sommes efforcé de quantifier l'importance sur le lexique actuel, des strates successives qui l'ont constitué. C'est-à-dire de fournir les pourcentages d'étymons anglais, mélanésiens, français et autres qui constituent un dictionnaire donné. Pour ce faire, nous avons analysé le dictionnaire de J.B.M. Guy qui est francophone de naissance et celui de B. Camden qui est anglophone.

Parmi les 1330 entrées que compte le dictionnaire de J.B.M. Guy, nous avons :

1224	étymons anglais	soit :	91,63% du lexique
60	étymons mélanésiens		4,51%
38	étymons français		2,85%
8	étymons d'origines diverses (portugais, polynésien, inconnu)		0,59%

Dans le dictionnaire de B. Camden, nous avons retenu 2964 entrées.

2757	étymons anglais	soit :	93,01% du lexique
112	étymons mélanésiens		3,77%
83	étymons français		2,80%
12	étymons divers		0,40%

Pour que la comparaison entre ces deux tableaux soit possible, nous avons dû considérer les mêmes catégories grammaticales.

Nous avons donc été amené à éliminer du dictionnaire de B. Camden les noms suivis d'un possessif lorsqu'ils étaient déjà inclus sans cette marque. Ainsi rencontre-t-on des couples d'entrées du type suivant :

ae blong mi	étymon :	*my eye*	"mon oeil"
ae		*the eye*	"l'oeil"
bak blong mi		*my back*	"mon dos"
bak		*the back*	"le dos"

etc.

Cette dualité s'explique par le fait que les équivalents vernaculaires, correspondant à ces entrées, présente un suffixe possessif obligatoire, ce qui est traduit en pidgin par : *Nom* + **blong mi** /Nom/+/à/moi/.

En Bislama(n), ces lexèmes peuvent se présenter sous les deux formes, celle d'un radical sans affixe et celle d'un lexème avec suffixe marquant la possession. C'est la raison pour laquelle B. Camden en a fait, fort logiquement, une catégorie grammaticale à part, propre au Bislama(n).

Comme nous recherchions les pourcentages d'étymons constitutifs du pidgin, nous n'avons retenu pour toutes ces doubles entrées qu'une origine car le même étymon est à la base de ces deux "catégories grammaticales", établies par B. Camden et passées sous silence par J.B.M. Guy. Il s'ensuit que le nombre d'entrées avancées dans le dictionnaire de B. Camden est sensiblement supérieur à celui que nous avons retenu.

Une étude comparative des pourcentages inscrits dans ces tableaux fait ressortir une grande similitude quant à la composition étymologique de ces dictionnaires. Dans les deux cas, les lexèmes Bislama(n) tirés de l'anglais représentent plus de 90% du lexique.

Ces étymons anglais sont légèrement plus nombreux dans le travail de B. Camden, 93,01% contre 91,63%. En plus du fait que cet auteur soit anglophone, cette différence peut avoir pour cause le caractère essentiellement rural, donc moins soumis à la pression de l'anglais officiel, du travail de J.B.M. Guy. Malgré ces données presque semblables, le dictionnaire de B. Camden est beaucoup plus anglicisé, car, comme nous l'avons montré en 10.1.1, entre deux lexèmes d'origine anglaise, l'un ayant subi des transformations sémantiques et appartenant au pidgin ancien, l'autre création nouvelle, le second a toujours été retenu si son signifié se rapprochait le plus de la pensée anglaise. Notre comparaison ne peut se situer qu'au niveau des signifiants, celle des signifiés ne s'avérant pas possible étant données les disparités nombreuses qui existent dans ces dictionnaires tant en ce qui concerne le nombre d'entrées que la nature sémantique de ces dernières.

J.B.M. Guy, ayant travaillé uniquement en région rurale, a inclus plus d'étymons d'origine mélanésienne que ne l'a fait B. Camden, soit respectivement : 4,51% et 3,77%.

Quant aux étymons français, on les retrouve à égalité dans les deux dictionnaires : 2,80% et 2,85%. Ces chiffres montrent combien l'apport français a été accessoire dans la composition du pidgin.

Tous ces termes d'origine étrangère, composés de phonèmes ou de groupes de phonèmes inconnus des populations mélanésiennes, allaient être perçus et réemployés par les autochtones en fonction des langues qu'ils connaissaient, un système phonologique original allait en découler et des signifiés nouveaux allaient être associés aux étymons étrangers.

11.1.3. Le bislama(n) et les langues vernaculaires

L'écrasante supériorité numérique des étymons anglais pourrait laisser supposer que le Bislama(n) n'est qu'un anglais abâtardi, qui aurait perdu la plupart des structures syntaxiques anglaises et, dont, le lexique très réduit serait mal prononcé. Or, tant sur le plan phonologique, que morphologique et aussi sémantique, toutes les transformations apportées aux étymons étrangers et, plus particulièrement anglais, l'ont été en fonction de critères réguliers, pour la plupart hérités des langues autochtones.

Après s'être développé en terre étrangère, le pidgin réintroduit aux Nouvelles-Hébrides devait répondre aux besoins de communication dans un environnement nouveau. L'apparition de néologismes lexicaux en fonction du milieu, très courante dans les parlers véhiculaires, existe également pour les langues vernaculaires.

> L'aspect le plus perceptible et le moins discutable du changement linguistique est, en effet, la naissance de relations lexicales nouvelles entre des signifiants et des signifiés en référence à des choses, à des créations, à des pensées nouvelles. (L. Guilbert, 1975, p.15)

Le Bislama(n) des Nouvelles-Hébrides est une adaptation au milieu de l'ancien pidgin ramené des plantations du Queensland. Ce Bislama(n) utilisé par des autochtones enracinés à un terroir, ayant comme moyen de communication une ou plusieurs langues mélanésiennes, allait être adapté, modelé en fonction de la société mélanésienne locale. L'influence du milieu naturel, des organisations sociales locales, s'est d'abord fait sentir sur le lexique. Les nuances de pensée, la psychologie des locuteurs qui étaient exprimées par des sèmes mélanésiens dans les différents parlers de ces îles vont être transposées aussi souvent que possible sur une racine européenne, base lexicale du Bislama(n). Nous verrons que beaucoup d'affixes mélanésiens, de procédés tel que le redoublement total ou partiel de la racine verbale ont été appliqués, par analogie, aux racines d'origine étrangère du Bislama(n). Les mêmes nuances sémantiques se trouvent ainsi exprimées par les mêmes marques formelles en langue mélanésienne et en Bislama(n). Ce sont ces calques et ces analogies entre les langues locales et le pidgin qui sont en grande partie responsables des variantes dialectales du parler véhiculaire.

Le lexique du pidgin, sous ses différentes variantes, a subi l'influence déterminante des langues autochtones sur divers plans : phonologique, morphologique, catégoriel et sémantique.

11.2. LA GENESE DU SYSTEME PHONOLOGIQUE DU PIDGIN

11.2.1. La formation du système consonantique du bislama(n)

Tout d'abord, c'est le système phonologique des langues autochtones qui a été retenu comme référence pour le ou les système(s) phonologique(s) du ou des pidgin(s). Beaucoup de phonèmes anglais ou français étrangers aux langues mélanésiennes, ont été mal ou partiellement perçus par les Mélanésiens. Ces derniers ont entendu en premier lieu, dans les mots étrangers, les phonèmes proches de ceux qui leur étaient familiers. Les autres phonèmes ont été assimilés à des phonèmes qu'ils connaissaient déjà ou ont disparu. En confrontant les systèmes phonologiques d'une région donnée avec les systèmes phonologiques des langues-cibles comme l'anglais ou le français, on peut obtenir un système phonologique réduit commun à l'ensemble d'où ont été exclus les phonèmes étrangers aux langues locales. C'est ce système phonologique moyen, commun à toutes les langues concernées qui est à la base du système phonologique du pidgin parlé dans une région donnée. Il s'ensuit que le système phonologique du Bislama(n), directement influencé par le ou les système(s) phonologique(s) utilisé(s) dans les langues autochtones va varier sensiblement selon les régions en fonction de ces mêmes langues.

Pour le Sud-Malakula que nous prenons comme région de référence, nous allons comparer le système phonologique reconstitué de 18 parlers de la région avec le système phonologique anglais et voir comment le système phonologique du Bislama(n) de cette région peut être considéré comme un système mixte, commun dénominateur entre ces systèmes.

*Système consonantique des parlers du Sud-Malakula

	labiales	labio-vél	apicales	palatales	vélaires
occlusives	p	pw	t	č	k
mi-nasales	mb	mbw	ndr		ŋg
nasales	m	mw	n		ŋ
fricatives	v	vw	s		x
vibrantes			r		
latérales			l		
semi-voyel.	w			j	

Système consonantique anglais (Tableau emprunté à H. Gleason)

	bilab.	lab.dent.	dent.	alvéol.	alv.pal.	vél.	glot.
occl. sourdes	p			t		k	
occl. sonores	b			d		g	
affr. sourdes					č		
affr. sonores					ž		
fric. sourdes		f	θ	s	ʃ		
fric. sonores		v	ð	z	ʒ		h
nasales	m			n		ŋ	
latérales				l			
semi-voyelles	w			r	j		

Lorsque l'on compare les occlusives des langues mélanésiennes et de l'anglais, seuls les phonèmes /p/, /t/, /k/ apparaissent communs et par là, ils ont seuls été retenus dans le système phonologique du Bislama(n).

L'affriquée /č/ que l'on ne rencontre que dans les langues côtières du sud-est de l'île n'a pas été incluse dans le système phonologique du pidgin de l'ensemble du sud de l'île.

Les affriquées sourdes et sonores de l'anglais /č/ et /ž/ ne rencontrant pas d'homologue dans la majorité des langues mélanésiennes de la région ont été souvent assimilées à des fricatives dentales /s/ ou se sont transformées en affriquée /ts/ ou en occlusive dentale sourde /t/.

to change "changer" a donné en Bislama(n) tsenis
charcoal "charbon de bois" .... sakol
july "juillet" .... tsulae
just "juste" .... tes
etc.

Les mi-nasales des langues du substrat ont disparu du Bislama(n), parce qu'elles n'étaient pas connues partout et par suite, elles se trouvaient très isolées dans un ensemble à base lexicale presque entièrement étrangère. Dans les lexèmes du Bislama(n) issus d'étymons mélanésiens, seule la mi-nasale labiale /mb/

s'est maintenue dans le pidgin ; mais elle y est prononcée comme une suite C + C, /m/ + /b/. **navimba** "pigeon" (*ducula pacifica*) se prononce : [na-vim-ba], de même l'arbre (*calophyllum morphyllum*), **nambakura** en Bislama(n) est prononcé : [nam-ba-ku-ra].

Parmi les neuf fricatives de la langue anglaise, seuls les phonèmes /f/ (v) et /s/ sont communs avec les parlers autochtones de la région considérée ; ce sont donc les seuls phonèmes que l'on puisse rencontrer dans le pidgin local et en Bislama(n) en général.

Les fricatives dentales de l'anglais /θ/ et /ð/ sont devenues en Bislama(n) des occlusives dentales sourdes /t/ comme on peut le vérifier dans les exemples suivants :

thank you [θæŋk ju] "merci" est devenu **tankyu** [tankju]
something [sʌmθiŋ] "q.q. chose" ..... **samting** [samtiŋ]
this year [ðis jə:r] "cette année" ... **tis ya** [tis ja:]
etc.

La fricative alvéolaire sonore de l'anglais /z/ est devenue sourde en Bislama(n) /s/.

nose [nous] "nez" s'est transformé en **nos**
bulldozer [ˈbuldouzər] "buldozer" ... **pultos** [pultos]
etc.

Les fricatives alvéo-palatales de l'anglais /ʃ/ et /ʒ/ ont été remplacées en Bislama(n) par la fricative alvéolaire /s/.

ashes [æʃœz] "cendres" correspond au signe Bislama(n) **asis**.
shore [ʃɔ:r] dans l'expression : **solwata i kam so** /mer/*mod. pers.*/venir/grève/ "la mer monte" présente la transformation qui vient d'être décrite.

La fricative glottale de l'anglais /h/ existe également dans plusieurs parlers néo-hébridais. Son emploi reste facultatif en pidgin même pour les étymons qui présenteraient ce phonème. Les anglophones ne l'omettent jamais, les francophones la prononcent dans un discours qu'ils veulent appliqué, moins relâché. La phrase suivante peut être prononcée de deux façons sans que cela gêne la compréhension.

[u i elp-em em blong ol-em pig ya]

/qui/*mod. pers.*aider-*trans.*/lui/pour/tenir-*trans.*/cochon/
dém./
ou
[hu i help-em hem blong hol-em pig ya]
"qui l'aide à tenir ce cochon ?"

Les nasales /m/, /n/, /ŋ/ sont communes aux langues mélanésiennes considérées et à l'anglais, on les retrouve donc en pidgin.

De même, les phonèmes /w/, /r/, /l/, /j/, à la fois "mélanésiens" et anglais sont entrés dans le système phonologique du pidgin.

Il n'existe pas un lexique du Bislama(n) en usage dans tout l'archipel. Cela a pour conséquence de rendre impossible la description d'un système phonologique stable et universel. Les variantes d'un même mot se rencontrent dans une aire géographique relativement réduite. Dans le pidgin du Sud-Malakula, se rencontrent des variantes telles que : skul, sekul, sikul "religion", "école" ; tsalus, salus, jalus "jaloux" ; skin, sekin, sikin "peau" etc.

Comme le note J.B.M. Guy (p.61), dans de nombreux mots, il y a confusion entre /p/ et /f/, entre /b/ et /f/ ou entre /v/ et /f/. Dans la région où nous avons vécu, on prononce indifféremment :

[(h)em i poel-em rod] ou [(h)em i foel-em rod]
/il/*mod. pers.*/suivre-*trans.*/piste/
"il suit la piste"
ou
[wan banis, wan fanis] /une/barrière/

L'étymon dans le premier exemple était le verbe anglais (*to foil*), dans le second exemple (*one fence*).

Le système phonologique du Bislama(n) s'est créé à partir d'étymons divers. Les étymons mélanésiens ne représentant que moins de 5% du lexique, les phonèmes spécifiques aux langues mélanésiennes n'avaient que peu de chances d'être retenus et ceci d'autant plus que ces lexèmes issus d'étymons mélanésiens entrèrent probablement dans le lexique du Bislama(n) après réintroduction de ce dernier aux Nouvelles-Hébrides. A cette époque, le système phonologique général du pidgin né sur les plantations étrangères était suffisamment stabilisé pour ne pas être profondément transformé. Il s'ensuivit que la nasale labio-vélaire /mw/ existant dans les langues autochtones n'a pas été intégrée au pidgin car les signes dont elle faisait partie étaient trop rares ou d'usage trop réduit. Il en fût de même pour la fricative vélaire /x/.

Les signes français n'entrèrent également dans le pidgin qu' après stabilisation de celui-ci au Queensland et, à un degré moindre, à Fiji (voir 2.2.2.3). Les consonnes que le français avait en commun avec l'anglais furent perçues de la même façon par les autochtones. Ces derniers leur firent donc subir les mêmes transformations.

Ainsi, les fricatives alvéo-palatales sourdes et sonores /ʃ/ et /ʒ/, communes à l'anglais et au français, devenues après pidginisation des fricatives alvéolaires sourdes /s/ dans les étymons anglais, subirent la même mutation dans les lexèmes français passés au pidgin.

loche [loʃ] (espèce de poisson) a donné : **los**
pistache [pistaʃ] (arachide en français local) ... **pistas**
bouchon [buʃɔ̃] ..... **busong** [busɔŋ]

coquillage [kɔkija:ʒ] s'est pidginisé en : **kokeas**
aubergine [obɛrʒin] .... **obesin**
gendarme [ʒɑ̃ndaRm] .... **sondam**

La fricative alvéolaire sonore /z/ de l'anglais est devenue sourde en Bislama(n). Des lexèmes français entrèrent dans le lexique du pidgin après avoir subi la même perte de sonorité.

mazout [mazut] est devenu en Bislama(n) : **masut**
Nouvelles-Hébrides [nuvɛlzebrid] ...... **nuvelsebrid**

Les lexèmes français, qui présentaient une consonne n'ayant pas d'équivalent dans le système phonologique des langues autochtones, perdirent ce phonème.

Ainsi, la vibrante uvulaire /R/ a-t-elle disparu des termes français assimilés par le pidgin.

carton [kaRtɔ̃] fut transformé en : **katon**

kermesse [keRmɛs] .... kemes
sorbet [soRbe] .... sobe

Système(s) consonantique(s) du pidgin du Sud-Malakula

	labiales	dentales	vélaires	alvéo-pal.	glottales
occlusives	p(b)	t	k(g)		
nasales	m	n	ŋ		
fricatives	f(v)	s			(h)
latérales		l			
vibrantes		r			
semi-voy.	w			j	

Les phonèmes mis entre parenthèses sont des variantes locales ou individuelles. Les jeunes Mélanésiens ayant fréquenté l'école anglaise retrouvent beaucoup d'étymons issus de cette langue. Ils prononcent inconsciemment ces mots Bislama(n) comme il leur a été enseigné de le faire pour les équivalents anglais. Ainsi a-t-on, par exemple, diverses prononciations pour le syntagme nominal suivant : [big-fela kenu] /grande/pirogue/. Les générations précédentes, illettrées, prononçaient : [pik-fala kanu].

La sonorité n'ayant que très rarement un rendement phonologique dans les langues autochtones, les anciens n'entendaient pas les oppositions du type p/b, t/d, k/g, f/v. Avec la généralisation de la scolarisation, la prononciation Bislama(n) tend à introduire les distinctions phonologiques des langues européennes ; mais ces différences de prononciation liées aujourd'hui aux différentes générations ne sont pas toujours pertinentes. La tendance est à abandonner les prononciations telles que [poj] pour [boj] "garçon" ; [presfrut] pour [bredfrut] "arbre à pain" ou encore [kut] pour [gud] "bon" etc. Il s'ensuit qu'aujourd'hui, les néologismes d'origine européenne sont toujours introduits avec une prononciation très proche de celle de l'étymon. Le terme vilits tend à supplanter au Sud-Malakula l'ancien signe steson, tous deux désignent "le village" et personne ne prononce [filits], ce qui serait conforme à l'usage phonétique ancien. Certains locuteurs peuvent, à l'aide de néologismes, faire apparaître des oppositions phonologiques inconnues jusque là en pidgin. **poel-em** [pojl-ɛm] "suivre q.q. chose" s'oppose pour certains locuteurs au néologisme **boel-em** [bojl-ɛm] "faire bouillir q.q. chose". Si de telles oppositions se généralisent et se maintiennent, ce sera tout le système consonantique Bislama(n) qui sera affecté. Ce système nouveau ressemblera à celui décrit par B. Camden (voir 11.1.1), il sera très proche du système consonantique anglais.

En Résumé. Le système consonantique actuel du Bislama(n) n'est ni unifié ni stabilisé. Ramené du Queensland à la fin du 19e siècle, ce système consonantique a subi, jusqu'à la fin de la seconde guerre mondiale, l'attraction des langues du substrat. Durant cette longue phase marquée par l'influence prépondérante des langues vernaculaires, le système consonantique du pidgin a tendu à épouser les divisions dialectales et les variations régionales des parlers autochtones. En maints endroits, pratiquement coupé de l'anglais, le pidgin a perdu nombre des traits pertinents qui caractérisaient sa langue-source.

Après la seconde guerre mondiale, l'effort d'alphabétisation (voir 5.) a permis à l'anglais de redevenir la langue-cible prestigieuse qu'il était sur les plantations du Queensland et de Fiji. L'élite anglophone, les habitants de la Capitale réintroduisent progressivement des oppositions consonantiques que les anciens, ignorant l'anglais, n'avaient pas retenues.

Suivant l'aire linguistique à laquelle appartient le locuteur, suivant son degré d'alphabétisation, le système consonantique qu'il utilise en pidgin tend à se confondre avec celui des langues mélanésiennes ou avec celui de l'anglais.

Cette instabilité caractéristique du système consonantique n'apparaît pas dans le système vocalique du pidgin qui, à l'opposé, est à la fois simple et unique.

11.2.2. La mise en place du système vocalique du pidgin

Le système vocalique du pidgin s'est également constitué à partir du système anglais qui a été perçu par les Mélanésiens en fonction des voyelles auxquelles ils étaient habitués. Comme pour les consonnes, ce sont les voyelles phonétiquement proches, communes aux systèmes vocaliques anglais et "mélanésiens" qui ont servi de base au système vocalique du Bislama(n).

Dans une telle étude, il aurait été préférable de prendre pour référence le système vocalique , quelque peu particulier, de l'anglais du Queensland. C'est à cet anglais que les travailleurs recrutés ont dû s'habituer. A l'heure où nous écrivons, n' ayant ni documents écrits ni sonores sur cet anglais régional, nous utiliserons comme modèle un anglais plus standard. Nous ne pensons pas que les particularités vocaliques de l'anglais de l' état du nord-est de l'Australie ont pu influer de façon profonde sur la nature même du système vocalique du Bislama(n). S'il y a eu changement, c'est au niveau des diphtongues, si variables dans les différents anglais parlés dans le monde.

Le système vocalique anglais selon H. Gleason

	antérieure	centrale	postérieure
haute	i	ɨ	u
moyenne	e	ə	o
basse	æ	a	ɔ

Le système vocalique anglais présente neuf voyelles qui diffèrent sensiblement de toutes les voyelles des langues austronésiennes du Pacifique. A cause de cette spécificité, les Mélanésiens, en particulier ceux des Nouvelles-Hébrides, n'ont pu rencontrer de correspondant exact entre les voyelles des langues vernaculaires et celles de l'anglais.

Précédemment, nous avions reconstitué le système consonantique des parlers du Sud-Malakula, nous avons donc également cherché quelles étaient les voyelles communes à tous les parlers de cette région. Le système vocalique commun aux parlers du Sud-Malakula coincide avec celui généralement en usage dans l'ensemble des Nouvelles-Hébrides (D.T. Tryon, 1976, p.35-50). Par conséquent, le système vocalique du pidgin, synthèse des systèmes vocaliques anglais et de ceux des langues du substrat, va présenter à l'inverse du système consonantique, une très grande homogénéité du nord au sud de l'archipel.

*Système vocalique des parlers du Sud-Malakula

	antérieure	centrale	postérieure
faible aperture	i		u
moyenne aperture	e		o
grande aperture		a	

La voyelle antérieure de faible aperture /i/ des langues autochtones est d'aperture nettement plus grande que la voyelle anglaise /i/, appelée "antérieure haute" par H. Gleason. Cette différence d'aperture se retrouve pour les voyelles /u/ et sur l'ensemble des deux systèmes vocaliques. Les voyelles Bislama(n) d' aperture moyenne /e/ et /o/ sont toujours plus ouvertes que leurs correspondants approximatifs /e/ et /o/ anglais. Il en va de même pour la voyelle centrale /a/ de la plupart des parlers autochtones par rapport à la voyelle basse centrale de l'anglais /a/.

Malgré des différences phonétiques nombreuses, individuelles et régionales, qui rendent difficile une approche globale des voyelles des langues autochtones, nous pouvons affirmer qu'aucune de ces voyelles ne correspond exactement aux voyelles de l'anglais. Un anglophone de naissance aura donc beaucoup de difficultés à prononcer les termes pidgin d'origine anglaise ; il aura souvent tendance à diphtonguer des voyelles qui ne le sont pas obligatoirement en Bislama(n).

A la suite de la grande homogénéité des systèmes vocaliques des parlers autochtones constituant le substrat, les voyelles du pidgin vont être celles communes à tous ces parlers.

Système vocalique du Bislama(n) du Sud-Malakula et des Nouvelles-Hébrides

	antérieure	centrale	postérieure
faible aperture	i		u
moyenne aperture	e		o
grande aperture		a	

Les voyelles anglaises /æ/, /ɨ/, /ə/, /ɔ/ différant trop des cinq voyelles connues des autochtones n'ont pas été perçues par ceux-ci ou ont été confondues avec l'une de celles qu'ils connaissaient.

La voyelle antérieure basse /æ/ est devenue en pidgin une centrale de grande aperture /a/.

axe [æks] "hache" a donné en pidgin akis
ant [ænt] "fourmi" .... anis
back [bæk] "arrière" .... bak
bastard ['bæstəd] "bâtard" .... bastet
etc.

La voyelle centrale haute anglaise /ɨ/, très courante selon H. Gleason (H. Gleason, 1969, p.31), serait difficilement identifiable, même pour les anglophones qui lui substituent la voyelle haute antérieure /i/. Une telle assimilation a bien sûr été faite par les Mélanésiens qui n'avaient pas deux phonèmes distincts dans leurs langues. Ils ont parfois changé cette voyelle /ɨ/ en /e/ ou /a/.

just [dʒɨst] "juste" a donné en pidgin tses ou tsas
sister [sɨstər] "soeur" .... sista
(exemples et transcriptions phonétiques empruntés à H. Gleason)

La voyelle centrale moyenne de l'anglais /ə/ a été remplacée en Bislama(n) par la centrale de grande aperture /a/ existant dans les langues autochtones.

banana [bə'nɑ:nə] "banane" a donné banana
banian ['bænian] "banian" .... banian
cacao [kə'kɑ ou] "cacao" .... kakao
canal [kə'næl] canal" .... kanal
etc.

En anglais, une voyelle postérieure moyenne /o/ s'oppose à une voyelle postérieure basse /ɔ/. Une telle opposition phonologique n'apparaît pas dans les langues vernaculaires des Nouvelles-Hébrides. Elle ne pouvait donc pas entrer dans le système phonologique du pidgin dans lequel seule la voyelle postérieure de moyenne aperture /o/, commune aux langues autochtones, a été retenue.

shore [ʃɔ:r] "rivage" est devenu en pidgin **so**
walk [wɔ:k] "promenade" est devenu **wok** dans l'expression Bislama(n) **wok-baot** "se promener".
born [bɔ:n] "né" fut transformé en **bon**
sore [sɔ:r] "mal" .... **so**
etc.

L'accent d'intensité, que l'on trouve dans la prononciation de nombreux signes anglais, a toujours disparu au cours de la pidginisation de ces termes.

canoe [kə'nu] "pirogue" a donné **kanu**
december [di'sembə] "décembre" **disemba**
enough i'nʌf] "assez" **inaf**
etc.

La durée des voyelles, qui joue un rôle démarcatif très important en anglais, n'a pas été maintenue dans le système phonologique du pidgin car elle ne remplit aucune fonction distinctive dans les langues autochtones.

work [wə:k] "travail" a donné **wok**
war [wɔ:r] "guerre" .... **wo**
heart [ha:t] "coeur" .... **(h)at**
week [wi:k] "semaine" ..... **wik**
too [tu:] "aussi" .... **tu**
etc.

Les diphtongues retenues en pidgin ancien semblaient limitées à quatre : **ae, ao, ea, oe.**

ae [aj] "oeil" étymon : *eye*
bambae [bambaj] "à l'avenir" étymon : *by and by* [baj ən baj]

aos [aos] "maison" de l'anglais *house* [haus]
aot [aot] "hors de " .... *out* [aut]

wea [wɛə] "où" .... *where* [wɛə]
tsea [tsɛə] "chaise" ... *chair* [tsɛə]

boe [boj] "garçon" ..... *boy* [boj]
boela [bojlə] "furoncle" ... *boil* [bojl]

etc.

Deux autres diphtongues sont d'emploi moins fréquent /ia/ et /ua/. Nous pensons que leur origine est plus récente. Elle serait due au retour de l'influence prépondérante de la langue-source ; car beaucoup d'autochtones n'ayant pas appris l'anglais prononcent, sans les diphtonguer, les lexèmes où peuvent être relevées ces diphtongues.

bia "bière" de l'étymon anglais *beer* [biə]
yia "année" .... *year* [jə:]

pua "pauvre" a pour origine *poor* [puə]
doa "porte" .... *door* [dɔ:]

etc.

Souvent les prononciations [bi], [ya], [pu] peuvent être entendues dans les zones où les anciens n'ont pas été alphabétisés en anglais. A mesure que s'affirment les connaissances en anglais, le pidgin tend à s'angliciser sur le plan phonétique : des diphtongues inconnues jusqu'alors apparaissent. Ainsi les jeunes anglophones prononcent-ils :

[aji] dans **aim** "but" du lexème anglais *aim* [eim]

[eji] dans les lexèmes Bislama(n) suivants :
beitwin [bejitwin] "entre" étymon anglais *between* [bi:twi:n]
dei [deji] "jour" étymon anglais *day* [dei]
dilei [dileji] "délais" .... *delay* [di'lei]
etc.

11.2.3. Les changements phonologiques spécifiques apportés aux voyelles françaises

Le Bislama(n) s'est enrichi, stabilisé, dans des territoires colonisés par les Britanniques (voir 2.2). Le système phonologique du pidgin, essentiellement synthèse des systèmes anglais et "mélanésiens", présente des correspondances régulières entre les phonèmes anglais et les phonèmes pidgin. Tout lexème anglais peut donc être pidginisé en suivant des critères anciens établis lors de la formation même du Bislama(n).

Ce n'est qu'à la fin du 19e siècle que le pidgin, élaboré depuis peu, s'est trouvé confronté au français, aux Nouvelles-

Hébrides même (voir 3.). Le français apparut phonétiquement trop éloigné de l'anglais pour que les correspondances phonologiques qui s'étaient laborieusement mises en place entre l'anglais et le pidgin aient pu servir à l'endroit de cette "nouvelle" langue européenne qu'était le français.

Les lexèmes français composés de phonèmes n'ayant pas d'équivalent en anglais sont souvent difficilement intégrés dans le pidgin. Ils sont alors conservés avec leur prononciation française, apparaissant ainsi comme autant d'éléments étrangers (voir 8. 2.2.1).

Lorsque les lexèmes français se composaient de phonèmes proches de ceux connus en pidgin et présentaient une distribution que les Mélanésiens connaissaient dans leurs langues, ces néologismes ont été pidginisés.

Il s'agit en fait d'une sorte de pidginisation au second degré. Les phonèmes anglais avaient été perçus en fonction des phonèmes des langues autochtones. Les phonèmes des lexèmes français, considérés comme nouveaux et par là étrangers, ont été abordés par rapport au pidgin seule "langue" étrangère que les autochtones, vivant au début du siècle, prétendaient connaître. Face aux lexèmes français, le pidgin a joué le même rôle que le substrat mélanésien avait rempli face à l'anglais ; seuls les phonèmes communs au français et au pidgin ont été entendus.

Les lexèmes français dont la composition phonologique et la distribution des phonèmes correspondaient à celles connues en pidgin sont devenus des lexèmes Bislama(n), chaque fois que leur signifié répondait à un besoin nouveau d'expression.

arier "en arrière"
bebet "insecte"
gato "gateau"
kale "caler"
etc.

Les lexèmes français dont la composition phonologique se rapprochait de celle de signes anglais ont subi les mêmes transformations phonologiques que les étymons anglais (voir 11.2.2).

Des phonèmes français inconnus en pidgin furent assimilés à

un phonème ou à un groupe de phonèmes du Bislama(n) que les autochtones avaient cru reconnaître dans la prononciation française.

En finale, les voyelles nasales françaises /ɔ̃/ et /ã/ ont été perçues comme une suite Voyelle + /ŋ/ ou Voyelle + /n/.

boulon [bulɔ̃] a donné en pidgin **bulon**
bouchon [buʃɔ̃] .... **buson**
caleçon [kalsɔ̃] .... **kalson**
camion [kamjɔ̃] .... **kameon**

carton [kaRtɔ̃] .... **katon**

franc [frã] .... **fran**
piment [pimã] .... **piman**

A l'initiale, la voyelle nasale /ã/ a été transformée en une suite o + n.

gendarme [ʒãdaRm] a donné **sontam**
centime [sãtim] .... **sontim**
centimètre [satimɛtR] .... **sontimet** (anglophones : **sontimita**)

La voyelle française antérieure de faible aperture /ü/ a été perçue /i/ dans les lexèmes suivants :

légume [legüm] a été transformé en pidgin en **ligim**
culotte [külot] est devenu **kilot**

Conclusion. Au moment de sa formation le système phonologique d'un pidgin se compose des lexèmes communs à la langue-cible et aux différentes langues du substrat.

Les phonèmes de la langue-cible sans équivalent dans les langues du substrat sont assimilés à des phonèmes des langues autochtones dont le point d'articulation semble très proche sinon identique.

Quant aux phonèmes spécifiques des langues du substrat, ils n'apparaissent pas dans le pidgin. Jamais employés, l'essentiel du lexique se composant de termes étrangers, ils restent ignorés.

Le système phonologique d'un pidgin issu du contact d'une langue européenne et de langues autochtones est donc plus simple que les différents systèmes phonologiques en présence.

12. LES ÉTYMONS ANGLAIS

Ces étymons sont les plus anciens, si l'on exclut les quelques lexèmes d'origine portugaise. Ils sont la base même du lexique puisqu'ils représentent plus de 90% de ce dernier.

Avant d'entrer dans le lexique du Bislama(n), les étymons anglais ont, pour la plupart, subi des transformations d'ordre phonologique auxquelles sont venues se greffer des mutations sémantiques. Ayant pour souci constant, dans cette seconde partie, de montrer les liens étroits qui existent entre le Bislama(n) et le substrat mélanésien, nous avons classé les lexèmes Bislama(n) d'origine anglaise en deux catégories.

1° Ceux qui, transformés phonologiquement, ne présentent aucune marque formelle.

2° Ceux qui présentent une marque formelle issue du substrat.

12.1. LES LEXEMES BISLAMA(N) NE PORTANT PAS DE MARQUE FORMELLE

Il s'agit de racines simples monosémiques ou polysémiques.

12.1.1. Les étymons n'ayant subi aucune modification

Ces signes anglais étaient composés de phonèmes ayant leurs équivalents dans les langues mélanésiennes et leurs signifiés correspondaient à des signifiés mélanésiens. Le transfert de langue à pidgin a pu, dans ce cas, être opéré par simple transposition de signes. Ces lexèmes sont avant tout des substantifs concrets désignant des réalités communes aux mondes européen et mélanésien. Entrent dans cette catégorie les lexèmes suivants :

ae "oeil" (angl. *eye*)
(h)aŋ "pendre" (angl. *hang*)
(h)at "chapeau" (angl. *hat*)
(h)il "colline" (angl. *hill*)
etc.

Etant données les grandes différences qui existent entre les systèmes consonantiques et surtout vocaliques des langues mélanésiennes et de l'anglais le nombre de lexèmes de ce type est très limité.

Certains de ces lexèmes ont été directement empruntés à l'anglais. La pensée ou l'expérience exprimée étant spécifique du monde européen, aucun correspondant ne pouvait exister dans les langues mélanésiennes. Le terme anglais a alors été accepté comme tel car sa composition phonologique correspondait à la distribution phonématique des langues composant le substrat. Exemples :

aes "glace" (angl. *ice*)
ayan "fer" (angl. *iron*)
kopa "cuivre" (angl. *cooper*)
etc.

Même avec l'apport de ces néologismes, les étymons anglais assimilés ainsi, sans transformation, par les Mélanésiens restent rares. Aux raisons phonologiques et sémantiques avancées précédemment, il convient d'ajouter les facteurs dus aux contacts culturels. Plus des sociétés mises en contact brutalement sont étrangères l'une à l'autre - c'est-à-dire moins elles ont d'objets, de techniques, de pensée en commun - plus les lexiques des langues qu'elles utilisent vont diverger. Il s'ensuit que le lexique du pidgin, qui naît du contact de ces sociétés, sera, dans un premier temps, d'autant plus pauvre que les convergences lexicales des langues en contact seront rares. Pour que des lexèmes, comme ceux qui viennent d'être décrits, fassent partie du lexique du pidgin, il faut qu'il y ait concordance sémantique et phonologique entre les signes de la langue-cible et ceux des langues constituant le substrat.

Les différences entre les systèmes phonologiques de la langue-cible (l'anglais) et des langues constituant le substrat, font que la catégorie des étymons anglais transformés phonologiquement est de beaucoup la plus importante en Bislamà(n).

12.1.2. Les étymons anglais ayant subi des transformations phonologiques

Nous ne rappellerons pas ici les transformations phonologiques qui ont suivi le passage de termes étrangers au Bislama(n). Ce travail a été fait dans le chapitre 11. Ici, nous préciserons les changements distributionnels que le phénomème de pidginisation a pu entraîner, plus précisément la disparition de phonèmes ou au contraire l'adjonction de certains phonèmes.

12.1.2.1 Elimination de certains phonèmes

Certains phonèmes anglais n'ayant pas d'équivalent dans les langues mélanésiennes des Nouvelles-Hébrides ou se trouvant dans un environnement différent de celui que présentent les signes mélanésiens ont été éliminés du pidgin. Par exemple, on ne rencontre jamais dans ces langues mélanésiennes de /d/ final, ce phonème n'existant souvent même pas, il n'a pu passer au pidgin.

island [ailand] "île" a donné en pidgin aelan
hand [hænd] "main" est devenu en Bislama(n) (h)an
end [end] "fin" .... en
kind [kaind] "sorte" .... kaen
etc.

Le phonème /ɹ/ anglais très différent de la vibrante roulée mélanésienne /r/ a toujours disparu de la position finale qu'il occupait en anglais dans les équivalents mélanésiens.

answer [ˈɑ:nsəɹ] "réponse" a donné en Bislama(n) ansa
after [ɑ:ftəɹ] "après" .... afta
hair [hɛəɹ] "cheveu" .... (h)ea
year [jə:ɹ] "année" .... ia
corner [kɔ:nəɹ] "coin" .... kona
etc.

12.1.2.2 Elimination des groupes de consonnes

Les groupements de consonnes dans les langues du Sud-Malakula sont presque inexistants. On ne les trouve que dans d'anciens composés aujourd'hui complètement amalgamés. Les groupements de consonnes de l'anglais que l'on ne peut rencontrer dans les parlers vernaculaires mélanésiens ont disparu du Bislama(n) régional. Etant mal perçus et difficiles à reproduire pour des gens peu accoutumés à de tels sons, les Mélanésiens les ont escamotés.

Le mot anglais *accident* ['æksid(ə)nt] "accident" présente un groupement de consonnes à la finale qui n'existe dans aucune des langues mélanésiennes du Sud-Malakula, il s'ensuit que ce groupement a disparu en pidgin : **aksiden**.

Le groupement /n/ + /d/, que l'on rencontre dans le terme *underneath* ['ʌndə'ni:θ] "en dessous de", a disparu du pidgin : **ananit**.

La suite consonantique /t/ + /l/, que l'on trouve dans le mot anglais *little* au sein de l'expression *little bit* ['litl bit] "petit morceau", n'est plus attestée dans le mot Bislama(n) **lelvet**.

12.1.2.3 Insertion de voyelles épenthétiques dans les groupes de consonnes de l'étymon

Afin de respecter la succession Consonne Voyelle caractéristique de tous les parlers vernaculaires que nous avons étudiés, là où il y avait groupement consonantique en anglais, une voyelle épenthétique a été intercalée, ce qui a permis de conserver et les anciennes consonnes groupées et l'ordre distributionnel du substrat.

against [ə'genst] "contre" a donné en Bislama(n) : **akenis** avec inclusion de la voyelle /i/.
ax [æks], étymon du nom Bislama(n) **akis**, en passant au pidgin, s'est vu adjoindre la voyelle /i/.
ant [ænt] a donné **anis** en Bislama(n).
orange ['ərin(d)ʒ] "orange" a été transformé en pidgin en **oranis**.
close up [klous ʌp] est devenu **kolosap** "près de" en Bislama(n).
launch ['lɔ:ntʃ] "chaloupe" a donné **lanis** "petit bateau à moteur".
etc.

Les exemples de chaque type ne constituent pas, loin s'en faut, une liste exhaustive. Notre propos était de montrer que la distribution des phonèmes dans les étymons étrangers d'un pidgin était, tout comme ces mêmes phonèmes, directement déterminée par les langues constituant le substrat.

Ces changements phonologiques, première déviation par rapport à la langue-source, soulèvent des problèmes para-linguistiques qu'il convient de préciser ici, avant d'aborder des transformations plus complexes.

1° Tous ces changements d'ordre phonologique sur des signes n'ayant pas changé de sens en passant de la langue-source au pidgin sont autant de difficultés et de sources de confusion pour les Mélanésiens qui tentent de devenir anglophones. Lorsqu'ils abordent la scolarisation en sachant le pidgin, il leur est difficile de placer sur un signifié un signe sonore étranger. Après avoir appris à "bien" prononcer l'anglais, pour tous les lexèmes du pidgin du type de ceux que nous venons de voir, les Mélanésiens ont tendance à remplacer le signe sonore du pidgin par celui de l'étymon anglais. Ce processus a crée un pidgin que nous avons qualifié d'anglophone, le lexèmes Bislama(n) n'arrivant pas à être entièrement détachés des étymons anglais.

Si un jour, il devait y avoir alphabétisation, dès les premières années d'école primaire, en pidgin, les pressions du pidgin et de l'anglais se feraient réciproquement, ce qui donnerait probablement naissance à un "Bislamenglis" ne répondant pas du tout aux buts que l'on se serait fixés, comme l'alphabétisation plus rationnelle etc.

2° C'est ce type de lexèmes qui gênent le plus les Britanniques dans leurs tentatives pour apprendre le pidgin. Ils se trouvent en présence de lexèmes dont le signifié leur est familier mais dont le signe est phonologiquement altéré. Cette seule transformation suffit pour que le pidgin soit considéré comme tout autre chose que de l'anglais mal prononcé, car les transformations sont dues à une prépondérance du substrat.

Les lexèmes qui viennent d'être décrits ont conservé le même signifié en pidgin qu'en anglais, cette correspondance découle d'une identité de concepts entre les mondes mélanésien et européen.

En l'absence de correspondances aussi parfaites, des mutations sémantiques se sont opérées, tendant à faire recouvrir une expérience, un concept mélanésien par un signe d'origine étrangère.

12.1.3. Les étymons anglais ayant subi une mutation sémantique en bislama(n)

Cette mutation liée au signifié peut porter aussi bien sur les signes transformés phonologiquement que sur ceux n'ayant subi aucun changement d'ordre phonologique. La mutation sémantique des étymons anglais correspond à un besoin d'expression. Il faut exprimer une pensée, un objet, une expérience typiquement mélanésiens par un signe qui ne couvrait pas ce champ sémantique. Avec des signifiés communs, mais ayant des signes différents pour les exprimer, les Mélanésiens ont pris des signes étrangers pour exprimer leurs similitudes de pensée. La pensée mélanésienne est la raison et l'origine de ces mutations, le signe d'origine européenne a été dépouillé de son contenu sémantique primitif et s'est vu associer un nouveau signifié, mélanésien cette fois.

Ces mutations sémantiques, opérées au moment du passage de la langue-source au pidgin peuvent être ou ne pas être accompagnées d'un changement de nature grammaticale.

12.1.3.1 Etymons anglais ayant changé de signifié en Bislama(n) tout en gardant la même nature grammaticale

launch "chaloupe" a donné en Bislama(n) lanis "petit bateau à moteur"

me "moi" (*pro. compl.*) .... mi "je, moi"

pigeon "pigeon" .... pidsin "oiseau"(en général)

from "de" .... prom "parce que, à cause de"

power "pouvoir" .... pawa "force humaine"

salt water "eau salée" .... solwata "mer"

snow "neige" .... sno "brouillard"

account "acompte" .... kaun "dette"

to shake "agiter, secouer" ...... sek "trembler" (la terre)

station "place, position" .... steson "village"

scratch "égratignure, éraflure" ..: sikras "gale, eczéma" *etc.*

12.1.3.2 Etymons anglais ayant changé de signifié en Bislama(n) et de nature grammaticale

Les changements de nature grammaticale peuvent s'expliquer par les différences catégorielles qui existent entre l'anglais et les parlers du substrat. Par exemple, l'adjectif n'existant pas dans les langues mélanésiennes, les étymons anglais appartenant à cette catégorie ou les syntagmes nominaux dans lesquels entre un adjectif, au cours du processus de pidginisation ne pouvaient qu'être "naturalisés" en une catégorie austronésienne : nom, verbe etc. (ces changements catégoriels dus à la pidginisation seront étudiés dans le chapitre suivant).

clever (adj.) a donné en pidgin kleva *(n.)* "sorcier, voyant"

man ya i ded long poeson, ol i go luk kleva blong
/homme/là/*mod.pers.*/mort/de/poison/ils/*mod.pers.*/aller/voir/voyant/pour/

save hu ya i poison-em em.
/savoir/qui/ça/*mod.pers.*/empoisonner-*trans.*/lui/

"cet homme est mort empoisonné, ils sont allés voir le sorcier pour savoir qui l'a empoisonné."

small canoe (adj. nom) s'est pidginisé en smol-kanu *(n.)* "balancier de la pirogue"

smol-kanu i brok long rif
/balancier/*mod.pers.*/casser/sur/récif/

"le balancier s'est brisé sur le récif"

sold meat (adj. nom) .... sol-mit *(n.)* ou *(v.)*

woman ya i sol-mit, wan sol-mit tru !
/femme/là/*mod.pers.*/se prostituer/, /une/prostituée/vrai/

"cette femme se prostitue, elle est une prostituée de la pire espèce !"

sweet mouth (adj. nom) .... swit-maot *(v)* "être mielleux"

luk aot ! ol-fela blong em i swit-maot tumas.
/attention/! /vieillard/ à /lui/*mod.pers.*/mielleux/très/

"Fais attention ! Son père est très mielleux"

etc.

Ces mutations sémantiques ont été facilitées parfois par une confusion et une interprétation erronées des étymons. L'adverbe anglais *together* "ensemble" a servi de signe en Bislama(n) pour traduire le pronom personnel troisième personne du duel des langues mélanésiennes et est devenu **tugeta**. La syllabe "to" de *together* [tə'geðəɹ] a été assimilée au numéral anglais *two* "deux". Par extension, l'expression adverbiale anglaise *all together* "tous ensemble" a donné naissance à un pronom personnel en Bislama(n) **olgeta** "ils, elles" *(troisième personne du pluriel)*.

Toutes ces mutations sémantiques peuvent être considérées comme autant de naturalisations d'un signe européen qui, privé de son sens, a été associé à un signifié mélanésien devenant ainsi un sème en pidgin. Bien souvent, cette mise en concordance d'un signe étranger et d'un signifié mélanésien s'est faite sans mutation sémantique, uniquement par un choix parmi les sèmes de l'étymon européen.

12.1.4. Etymons polysémiques, dont seuls certains sèmes ont été retenus en pidgin

Ayant à décrire des expériences vécues dans un contexte mélanésien, pensant comme leurs pères en mélanésien, les Néo-Hébridais, même en terre étrangère ont privilégié, dans les étymons anglais, les sèmes correspondant à leurs préoccupations. Certains étymons polysémiques en anglais sont devenus monosémiques ou ont perdu certains de leurs signifiés. Tous les sèmes ainsi passés au pidgin sont ceux qui, bien sûr, existent dans les parlers mélanésiens.

Mais souvent, ils ont dû transposer des sèmes mélanésiens existant dans les langues autochtones sur des étymons d'origine étrangère, leur attribuant ainsi un nouveau sens en pidgin.

12.1.4.1 Les étymons anglais ayant perdu certains sèmes en Bislama(n)

L'étymon anglais *custom* "coutume, usage, douane, clientèle" est devenu en Bislama(n) **kastom**. Ce nom est le terme générique pour tout ce qui a trait au monde coutumier : coutumes, objets, croyances etc.

kastom blong mi-fela i no save lus
/coutume/à/nous *pl.excl.*/elle/*nég.*pouvoir/perdre/
"notre coutume ne peut pas se perdre"

olgeta man-kastom bae ol i stret-em trabol ya
/eux/homme-coutume/*futur*/ils/*mod.pers.*/droit-*trans.*/querelle/*dém.*/
"les chefs coutumiers régleront ce conflit"

man ya i stap wok-em kastom yet
/homme/*dém.*/*mod.pers.*/*aspect*/travailler-*trans.*/tradition/encore/
"cet homme fait des objets coutumiers ou n'est pas encore converti"

Le mot Bislama(n) **kastom** exprime bien, dans les centres urbains, la douane ; mais il ne peut jamais faire référence à une quelconque clientèle.

Le nom anglais *fashion* "façon (d'un habit etc.), forme (d'un objet), manière de faire quelque chose, polysémique en anglais est devenu monosémique en Bislama(n). En pidgin le mot **fasin** fait uniquement référence à la façon d'être, de se comporter.

fasin blong woman ya i no stret
/manière/de/femme/*dém.*/*mod.pers.*/*nég.*/correct/
"le comportement de cette femme n'est pas normal, correct"

Le verbe *run* est employé en anglais avec une multitude de sens différents. Devenu monosémique en Bislama(n), on ne peut le rencontrer qu'avec le sens suivant :

wata i ran
/eau/*mod.pers.*/courir/
"l'eau coule"

Le nom *mark* "but, cible, marque, preuve, signe, point ou note scolaire" a perdu beaucoup de sèmes en pidgin. On ne le trouve que dans l'expression **i pitim mak** "il dépasse la norme" ou avec le sens suivant :

kaliko ya i flas kud i kat mak
/étoffe/*dém.*/*mod.pers.*/briller/bien/*mod.pers.*/avoir/marque/
"ce calicot paraît beau, il a des chamarrures ou des couleurs"

Le verbe anglais *to charge* recouvre les signifiés suivants en français : "charger, accuser, imputer, fixer un prix à quelqu'un". En Bislama(n), comme dans les langues mélanésiennes que nous connaissons, seul le dernier signifié est exprimé par un lexème ; mais là encore une mutation sémantique s'est opérée.

> **blandi samting ol i sas tumas nao ya**
> /beaucoup/chose/elles/*mod.pers.*/cher/trop/maintenant/*dém.*/
> "beaucoup de choses sont trop chères maintenant"

(Parfois le verbe **sas-em** "demander un prix excessif à quelqu'un" est utilisé)

Le nom anglais *stump* "tronçon, souche, chicot, moignon" est à l'origine du terme Bislama(n) **stamba** qui peut désigner également une souche d'arbre mais dont l'emploi suivant est plus fréquent.

> **stamba blong laen blong yu-fela olsem wanem ?**
> /origine/ de /lignage/ à / vous / comme /quoi/
> "quelle est l'origine de votre famille ?"

Ces quelques exemples, auxquels il serait facile d'en rajouter, montrent comment le glissement sémantique d'une langue-cible à un pidgin se fait en fonction du substrat et de la vision du monde qu'il renferme. Le dernier exemple cité **stamba** laissait apparaître qu'en plus d'un choix d'un ou de plusieurs signifiés de l'étymon, ce dernier pouvait se voir adjoindre un sème nouveau issu du substrat. C'est ce type de néologie historique que nous allons considérer dans le paragraphe suivant.

12.1.4.2 Les étymons anglais ayant acquis un sème mélanésien en Bislama(n)

Nous pensons que ce processus s'est fait à la suite d'une mauvaise interprétation des énoncés étrangers que les Mélanésiens entendaient. Tout comme pour la phonologie, où ils ont assimilé les phonèmes étrangers à ceux des leurs qui leur paraissaient semblables, ils ont associé certains signes étrangers à des sèmes auxquels ils étaient familiers, pensant que les signifiés émis et les leurs étaient identiques. C'est la méconnaissance de la langue-cible et par conséquent la mauvaise interprétation des messages qui ont entraîné ces associations nouvelles :

signe d'origine étrangère - sème mélanésien.

L'étymon anglais *half* "moitié, demi" a donné en Bislama(n) **af** qui signifie bien "la moitié ou l'adverbe demi" ; mais en plus ce lexème Bislama(n) traduit un inaccompli mélanésien. **af** associé à un verbe indique l'atténuation de l'état.

pikinini blong em i af mat
/enfant/à/lui/il/*mod.pers.*/demi/fou/
"son enfant est simple d'esprit"

mi mi kakae af finis
/je/*mod.pers.*/manger/moitié/*accompli*/
"j'en ai mangé la moitié"

em i sik tumas i af ded finis
/il/*mod.pers.*/malade/trop/il/*inaccompli*/mort/*accompli*/
"il est très malade, il est évanoui ou il est dans le coma"

af, dans le dernier exemple, est un préverbe indiquant l'imperfection de l'action. Dans les langues mélanésiennes que nous avons étudiées, cette nuance est exprimée par un post-verbe ou par un redoublement de la racine.

En aulua : i mesmes "il est évanoui"
/il/mortmort/

En ninde : i mes tiktik "il est évanoui"
/il/mort/*inaccompli*/

L'étymon anglais *eye* "oeil" a été associé aux sèmes mélanésiens suivants :

ae blong ara i brok
/pointe/de/flèche/*mod.pers.*/casser/
"la pointe de la flèche est brisée"

ae blong ol "l'orifice"
/oeil/de/trou/

ae blong wata "fontaine ou source"
/orifice/de/eau/

Dans les langues mélanésiennes du Sud-Malakula, la pointe, l'orifice, la source, suivis d'un déterminant sont exprimés par le lexème désignant l'oeil.

En naha'aj : na-meta-n tumbal /le-oeil-son/flèche/

na-meta-n n-imbul /le-oeil-son/le-trou/

na-meta-n n-ooj /le-oeil-son/la-eau/

En mbotkóte : na-met-i na-lua /le-oeil-son/la-flèche/

na-met-i na-mandrua /le-oeil-son/le-trou/

na-met-i n-ejiemb /le-oeil-son/la-eau/

Parmi le champ sémantique de l'étymon, certains sèmes communs à l'anglais et aux parlers vernaculaires ont été retenus.

sori, ol-fela ae blong em i no kud
/regret/vieillard/oeil/à/lui/*mod.pers.*/*nég.*/bon/

"c'est regrettable, mais le vieillard ne voit pas"

ae blong yam i brok
/oeil/à/igname/*mod.pers.*/casser/

"la pousse de l'igname est cassée"

L'étymon anglais *belong*, marquant la possession dans cette langue, a vu son champ sémantique étendu en Bislama(n) à la fonction et au but.

em i want-em wan naef blong kat-em wud ya
/il/*mod.pers.*/vouloir-*trans.*/un/couteau/pour/couper-*trans.*/bois/*dém.*/

"il veut un couteau pour couper ce bois"

emya kakae blong pik
/cela/nourriture/pour/cochon/

"c'est bon pour les cochons"

L'ajectif anglais *deep* indiquant qu'un objet est profond a donné deux sèmes en Bislama(n).

wata ya em i tip tru
/eau/*dém.*/elle/*mod.pers.*/profond/vraiment/

"cette rivière est vraiment profonde"

laplap blong yu i no tip inaf
(végétaux râpés)/à/toi/*mod.pers.*/*nég.*/profond/assez/

"ton laplap n'est pas assez épais"

Dans aucune des langues que nous ayons abordées, n'est faite la distinction européenne entre épaisseur et profondeur. Cette assimilation mélanésienne a été projetée sur le pidgin et s'est soldée par un lexème unique.

Le mot anglais *devil* est à l'origine d'un lexème Bislama(n) au domaine sémantique plus étendu que celui de l'étymon. En Bislama(n), **devil** désigne : le diable, le démon, mais aussi les statues et objets coutumiers dans les villages presbytériens. Les catholiques du Sud-Malakula utilisent toujours un terme mélanésien pour désigner les objets coutumiers : ramač à Port-Sandwich, natamas à Dixon reef, gardant au mot Bislama(n) **devil**, le sens de diable, démon. Comme cet exemple le montre, des différences d'ordre social ou religieux peuvent entraîner des variantes sur le plan linguistique, au niveau du pidgin entre autres. Les deux exemples qui vont suivre ne peuvent être prononcés au Sud-Malakula que dans des villages de confession presbytérienne.

blandi waet-man ol i pe-em devil
/beaucoup/européen/ils/*mod.pers.*/payer-*trans.*/(objet coutumier)/
"beaucoup d'Européens paient des objets coutumiers"

long ples ya mi-fela i skul, mi-fela i no save wok-em devil
/à/endroit/*dém.*/nous/*mod.pers.*/église/,/nous/*mod.pers.*/*nég.*/pouvoir/faire-*trans.*/diable/
"ici, nous sommes chritianisés, nous ne pouvons faire des objets coutumiers"

De l'étymon anglais *fast* "ferme, solide, tenace" est issu le lexème Bislama(n) **fas** dont le champ sémantique est très différent.

uk blong mi i fas long ston
/hameçon/à/moi/*mod.pers.*/accrocher/à/pierre/
"mon hameçon est accroché à une pierre"

em i sik, sitsit i fas
/il/*mod.pers.*/malade/, /excrément/*mod.pers.*/coincer/
"il est malade, il est constipé"

fight "combat, combattre", à la fois nom et verbe en anglais, l'est également en Bislama(n) ; mais **faet** a aussi le sens de "piquant" en pidgin.

ol smosmol pimang ol i faet
/*pl.*/"petpetit"/piment/ils/*mod.pers*./piquer/
"les tout-petits piments piquent"

L'expression *go down*, en passant au pidgin, s'est également enrichie d'un sème. En koliveu, i vi-pan /il/*directionnel*/bas/ indique l'état d'une personne qui maigrit, s'affaiblit. Ce signifié est exprimé de la même façon dans les autres parlers vernaculaires ; aussi en pidgin a-t-on :

em i sik i go daon
/il/*mod.pers.*/malade/*mod.pers.*/aller/bas/
"il est malade, il maigrit"

Comme dans les langues mélanésiennes, le mot Bislama(n) **kruked** issu du participe passé anglais *crooked*, en plus des sens de courbé, crochu, exprime les nuances suivantes :

bubu blong em i ol-fela tumas i kruked finis
/aïeul/à/lui/*mod.pers.*/(vieux)/trop/*mod.pers.*/bossu/*accompli*/
"son grand-père est très vieux, il est complètement bossu"

En navwien l'on dit : ne-taxu-n e-kambux /le-dos-son/il-courber/

En faraun : axaj mandr-œn i-ku /il/dos-son/il-courber/

toktok blong yu i kruked kranki
/discours/à/toi/*mod.pers.*/tordu/aberrant/
"ton discours est tordu, aberrant"

En port-sandwich, la même phrase serait :

n-üc-ian esa-m e-kamkambux e-lilaj
/le-parler-*nominalisateur*/à-toi/*mod.pers.*-"courcourber"/*mod.pers.*/idiot/

Dans les autres langues vernaculaires de la région, la traduction serait calquée sur ce dernier exemple.

En plus des sèmes hérités de l'étymon anglais *road*, ce nom passé en Bislama(n) sert à l'expression d'un sème purement mélanésien.

yu faet, yu kar-em kil, nao-ya yu save rod
/tu/battre/,/tu/porter-*trans.*/blessure/,/(maintemant)/tu/savoir/voie/
"tu t'es battu, tu es blessé, tu sais à quoi t'en tenir maintenant"

En aulua, l'on dit :

xen i-ndroŋg-pose-a xovila
/il/*mod.pers.*-(connaître)-*trans.*/chemin/
"il connaît le processus, il sait à quoi s'en tenir"

La même chose se dirait en axamb :

ŋa-novlœkare na-ser /il-savoir/le-chemin/ etc.

Le nom anglais *rope* recouvre en pidgin plusieurs réalités : **rop** est la corde mais aussi la liane. Dans les langues autochtones, un seul lexème sert à exprimer ces deux réalités, cordes et lianes étant très souvent tirées l'une de l'autre dans ce pays.

Le verbe anglais *stop* est devenu en Bislama(n) **stap**, ce dernier terme présente un champ sémantique beaucoup plus large que celui de l'étymon.

brata blong yu i stap we ?
/frère/à/toi/*mod.pers.*/être/où/
"où ton frère se trouve-t-il ? ou bien où ton frère habite-t-il ?"

Toutes les langues mélanésiennes de la région considérée possèdent un lexème pour exprimer le fait de résider.

En avok : o-tox /il-se trouver/
En nahava : ej i-to' /il/*mod.pers.*-se trouver/
etc.

yu yu stap !
/tu/*mod.pers.*/être/
"tu te poses là, tu es quelqu'un d'important"

Cette expression familière, souvent employée sur un ton ironique, sert à indiquer à une personne que l'on sait qu'il faut compter sur elle ou au contraire que son avis n'a qu'une importance très relative. Nous ne connaissons pas l'origine de tels usages du mot **stap**.

em i stap slip
/il/*mod.pers.*/être en train de/dormir/
"il est en train de dormir"

Dans ce dernier cas, **stap** est un préverbe aspectuel indiquant que l'action se déroule en ce moment. Cet aspect existe dans de nombreuses langues mélanésiennes mais y est souvent exprimé par un préfixe verbal.

En banam bay : ŋaji ma-pat "il est en train de dormir"
/il/*préf.asp.*-dormir/

En aulua : xen i-ndam-ien "il dort en ce moment"
/il/*mod.pers.*-*préf.asp.*-dormir/

etc.

L'étymon anglais *plaster*, verbe transitif est devenu intransitif en Bislama(n) et par là son sens est altéré, mais il correspond à l'expérience mélanésienne.

tete, sof-mat i plasta long leg
/aujourd'hui/, /(boue)/*mod.pers.*/coller/à/jambe/
"aujourd'hui, la boue adhère aux jambes"

En vetmbao, l'argile se dit : nœ-ran mbümbülüč
/la-terre/coller/

En naha'aj, on a : na-tan i-mbülmbül "l'argile"
/la-terre/*mod.pers.*-coller/

etc.

Le nom Bislama(n) **boe**, issu de l'anglais *boy*, a conservé le sens que nous lui connaissons en anglais, mais il a longtemps désigné également l'ensemble de la population masculine des Nouvelles-Hébrides. En termes paternalistes, le mot Bislama(n) **boe** est équivalent du mot français "autochtone", il est encore employé par les anciens.

pas-taem, olgeta boe ol i go wok long ostrelya
/passé-temps/, /tous/Mélanésien/ils/mod.pers./aller/travailler/à/Australie/
"autrefois, tous les autochtones allaient travailler en Australie"

12.2. ÉTYMONS ANGLAIS AUXQUELS EST AJOUTÉ UN SEME MÉLANÉSIEN REPRÉSENTÉ PAR UNE MARQUE FORMELLE

Cette marque formelle existait dans les parlers du substrat mélanésien, elle est passée au Bislama(n). Nous verrons tout d'abord le redoublement de la racine puis les affixes communs aux langues vernaculaires et au pidgin.

12.2.1. Le redoublement de la racine des étymons anglais

Beaucoup d'étymons anglais se présentent en Bislama(n) avec un redoublement de la racine. Nous avons pensé, comme Margaret S. Steffensen p. 603 , que ces redoublements devaient être dus au substrat mélanésien qui, lui aussi, présenterait pour chaque cas les mêmes caractéristiques. Or, nous avons pu observer que, dans toutes les langues du Sud-Malakula et plùs particulièrement en port-sandwich (J.M. Charpentier, 1974, p.137 et suivantes), le redoublement partiel ou entier d'un lexème, nom ou plus souvent radical verbal apporte une nuance sémantique complémentaire.

Pour chaque lexème du pidgin comportant un redoublement, nous avons donc cherché à voir si le substrat mélanésien représenté par les dix-huit parlers que nous avons abordés présentait lui aussi ce trait morphologique. Nous avons en outre vérifié si les nuances sémantiques apportées par ces changements coincidaient en "mélanésien" et en pidgin.

12.2.1.1 Le redoublement apporte une nuance de durée, de continuité

Nous trouvons ce sème dans les exemples Bislama(n) suivants : **lukluk** "regarder, chercher des yeux". L'étymon anglais est le verbe *to look*. En pidgin, le radical verbal simple **luk** existe. On le retrouve dans l'exclamation **yu luk!** "tu vois!", indiquant que l'interlocuteur a pu vérifier un fait auquel il ne voulait croire. Le composé **luk-save** présente également le radical verbal simple **luk** "voir" et **save** "savoir". L'ensemble **luk-save** signifie : "connaître, savoir après avoir vu".

Dans beaucoup de parlers du Sud-Malakula, l'équivalent mélanésien de **luk** présente également un redoublement qui ajoute le même sème.

En axamb : +karkarœv "regarder longuement" +karœv "regarder vite"

En port-sandwich : risris-i "regarder q.q.chose" +ris-i "voir q.q. chose"

En nahava : +leseles "regarder" +les "voir"

En mbotkót$_e$: +lœslœs "regarder" +lœs "voir"

etc.

Le verbe Bislama(n) **singsing** "chanter" est issu du verbe anglais *to sing*, ce lexème comporte un redoublement qui est la transposition de la morphologie des signes mélanésiens au pidgin.

En port-sandwich, en axamb, en avox, en koliveu +kakaj "chanter"

En nasariána, en mbotkóte +iaiára "chanter"

En natangan +ierier "chanter"

En ninde +ialaiala

En naha'aj +ialial

Le fait de penser, de réfléchir est exprimé en Bislama(n) par le terme **tingting**, transformation de l'étymon anglais *to think*. Le redoublement apporte une nuance de continuité, de durée ; elle est absente dans l'expression Bislama(n) **yu yu ting**! "toi tu crois ça!"

Les signes mélanésiens exprimant ces nuances sont à nouveau à l'origine de ces traits morphologiques du pidgin.

En ajiauleiána, en mbotkóte +ndramndram "penser"

En nahava +ndrimndrim "penser"

En naha'aj, en navwien +neuneu "penser"

En port-sandwich +mičmiče "penser"

Les longues discussions, les palabres autochtones, si importantes dans la vie sociale néo-hébridaise, sont traduites par le mot Bislama(n) **toktok**. A la fois nom et verbe **toktok** signifie : discuter, palabrer et discussion, palabre. Ce terme sous-entend toujours une notion de durée, de complexité qui est toujours absente du lexème simple **tok**, que l'on retrouve dans l'énoncé :

tu-fela ya wan tok nomo
/(eux-deux)/*dém.*/un/parler/seulement/
"ces deux-là parlent le même langage, disent la même chose".

Le redoublement dans ce dernier exemple aurait été illogique puisqu'étant d'accord, l'échange verbal ne pouvait qu'être de courte durée. Ce sème indiquant la durée exprimée par un redoublement semble bien issu des parlers autochtones.

En ninde +ioxoxo "discourir" +ioxo "parler"

En nasariána +sœsera-k "discuter q.q. chose" +séra "parler"

En navwien +serservar "discourir" +servar "parler"

En natangan +wátawáta "discourir" +wáta "parler"

12.2.1.2 Le redoublement fonctionne comme procédé diminutif, il apporte une nuance hypocoristique.

Parfois le redoublement atténue le sens de l'étymon étranger jugé inadéquat pour exprimer des faits réservés aux enfants ou marqués d'interdits dans la société traditionnelle.

Le verbe Bislama(n) **pleple** signifie : jouer, s'amuser pour de jeunes enfants. Lorsqu'il s'agit d'un sport pratiqué par des adultes, le diminutif exprimé par le redoublement disparaît et l'on dira :

ol boe ol i ple futbol
/*pl.*/garçon/ils/*mod.pers.*/jouer/football/
"les adolescents jouent au football"

Dans toutes les langues de la partie sud-est de l'île, le signe symbolisant le fait de jouer, le jeu, activités toujours réservées aux jeunes enfants, présente un redoublement.

En mbwenelaŋ +lislis

En banam bay +resres

En avox, en axamb et en faraun +lavlavwis

En port-sandwich et en koliveu +ramramwe

Les locuteurs des autres langues, spontanément, ne redoublent pas l'étymon *to play* en parlant pidgin. Eux aussi transposent la structure du signe de leur langue dans laquelle la nuance hypocoristique n'est pas exprimée. Lorsqu'ils redoublent la racine, c'est intentionnellement, afin d'ajouter une note affective ou pour exprimer la durée. Ces différences d'emploi restent entièrement indépendantes de la structure du signe anglais, car beaucoup de gens sont encore illettrés et rares sont ceux qui maîtrisent l'anglais.

Dans les sociétés mélanésiennes traditionnelles de cette région, il est tout à fait interdit de parler du fait de déféquer ou d'uriner. Il est d'usage pour évoquer cet acte, d'user d'une périphrase du type : "aller en forêt, aller au jardin etc." Seul le substantif pour exprimer les excréments existe en "mélanésien". Le redoublement de l'étymon anglais *shit* "merde" en **sitsit** apporte en Bislama(n) une nuance diminutive qui est censée atténuer le sens jugé indécent par la société traditionnelle. Ce redoublement apparaît dans certains parlers du substrat.

En axamb +tambtamb

En koliveu + kekev

En port-sandwich +tatamb

Cette nuance diminutive apparaît également dans le verbe Bislama(n) **pispis** "uriner" qui est une pidginisation du verbe français "pisser". La plupart des lexèmes mélanésiens indiquant ce signifié sont redoublés.

En aulua, en mbwenelaŋ, en banam bay, en ajiauleián$_a$ et en mbotkót$_e$: +meme "uriner"

En avox, en koliveu, en axamb et en nataŋgan : +mismis "uriner"

En ninde : +müsmüs "uriner"

En nahava et en naha'aj : +mimim "uriner"

12.2.1.3 Le redoublement peut être un véritable augmentatif marquant l'intensité.

Le terme **sopsop** "être détrempé, mou" est extrapolé de l'anglais soft. Il est souvent employé dans l'énoncé suivant :

i ren we i ren mi sopsop finis
/il/pleuvoir/*exclamatif*/il/pleuvoir/je/moumou/*accompli*/
"il a plu tellement que je suis transi jusqu'aux os"

En mbwenelaŋ : +malümlüm, +mbaxambax

En vetmbao : +mœndrmœndrao

En axamb : +menmendrao

En faraun : +lomblomb

En avox : +manmandao

En ninde : +mülümülüm

En nasarian$_a$ et en ajiauleian$_a$: +wowo

En mbotkot$_e$ et en nataŋgan : +kœrkœr

Le lexème Bislama(n) **wetwet** "être humide" correspond aux lexèmes redoublés mélanésiens suivants :

En vetmbao, en port-sandwich, en avox, en axamb et en faraun : +müčmüč

En aulua : +ndimbtimb

En mbwenelaŋ : +ndembtemb

En naha'aj et en navwien : +ndombdomb

En nahava : +milmil

En nasarián$_a$ et en ajiauleián$_a$: +wowór$_a$

Il arrive que la racine anglaise ayant servi d'étymon ne soit que partiellement redoublée. Là aussi l'explication est fournie par le substrat mélanésien. Les signes mélanésiens sont composés le plus souvent de trois syllabes, plus rarement de quatre. C'est pour répondre à cette norme que beaucoup d'étymons redoublés perdent une syllabe.

En axamb : +karœv "voir" donne +karkarœv "regarder"

En ninde : +ioxo "parler" donne +ioxoxo "discourir"

etc.

La morphologie du lexème Bislama(n) **smosmol** correspond aux cas qui viennent d'être décrits. L'étymon étant l'adjectif anglais *small*. **smosmol** signifie : "très petit, minuscule", alors que **smol** indique une petitesse moindre.

12.2.1.4 Le redoublement peut également exprimer le nombre, la pluralité dans les parlers mélanésiens

Ce sème transposé au Bislama(n) est exprimé par le même processus.

Le terme **paspas** "être enchevêtré, emmêlé" a pour origine l'adjectif anglais *fast* "ferme, fixe, solide". Certaines racines mélanésiennes présentant le même sème sont également redoublées.

En nasarián$_a$: +tuotuo-k

En mbotkót$_e$: +vœlvœl-œk

Certains objets introduits dans le monde coutumier se sont vu attribuer un lexème qui en Bislama(n) est redoublé du fait de leur multiplicité. Le nom anglais *bead* "perle de verroterie" a donné en Bislama(n) le nom **pitpit**. Ce terme ne sert qu'à désigner les perles achetées, celles fabriquées par les anciens ne peuvent être nommées que par l'ancien terme mélanésien.

En mbwenelaŋ et en banam bay : nasom "perle coutumière en coquillage"
En avox : navisom
En nahava : nahum
En ninde : num
etc.

12.2.1.5 Le redoublement traduit en mélanésien et en Bislama(n), la répétition d'une action

mukmuk "remuer, secouer" est dérivé de l'étymon anglais *to move*. Tous les parlers du Sud-Malakula présentent, pour ce concept, une racine redoublée marquant la répétition du mouvement.

En koliveu : +kurukur
En nasarian$_a$: +iaŋgianŋgœl
En aulua : +ŋgurxur axn-a
etc.

L'action de trembler qui est un mouvement répété, implique un signe comportant un redoublement de la racine verbale comme le veut le schéma de pensée mélanésien.

En aulua : +mbulvul
En banam bay : +titit
En koliveu : +vurvur
En ajiauleián$_a$: +daodao
etc.

Ces redoublements dans les langues mélanésiennes, ont eu, bien sûr, une influence sur la structure du signe en Bislama(n). Le verbe anglais *to shake* "remuer, secouer" s'est transformé en Bislama(n) en **seksek** "trembler". Lorsque le mouvement est unique le redoublement disparaît :

em i sek "il sursaute"
/il/*mod.pers.*/sursauter/

12.2.1.6 Le redoublement exprime la succession de l'action.

Un à un se dit en Bislama(n) **wanwan**, l'étymon étant le numéral anglais *one* "un". Les signes mélanésiens d'où est issu le signifiant Bislama(n) sont composés de façon similaire.

En port-sandwich : čičika "un à un" čika "un"
En koliveu : susua "un à un" sua "un"
En banam bay : soxsoa "un à un" soxa "un"
En nahava : sisi "un à un" isi "un"
etc.

12.2.1.7 L'état par opposition à l'action qui est exprimée par une racine simple, est traduit dans certaines langues vernaculaires par un redoublement

em i brek-em kanu, kanu i brokbrok nao ya
/il/*mod.pers.*/briser-*trans.*/pirogue/, /pirogue/*mod.pers.*/cassécassé/ (maintenant)/
"il a cassé la pirogue, maintenant la pirogue est cassée"

En port-sandwich : +tavax "fendre" +tavtavax "être fendu"
En vetmbao : +mbur "briser" +mburmbur "être délabré"
En faraun : +mbur "briser" +ma-mburmbur /*act.*/brisé-brisé/

12.2.1.8 La réciprocité est traduite, tant en mélanésien qu'en Bislama(n), par un redoublement de la racine verbale

Les verbes suivants du Bislama(n) traduisent la réciprocité :

laeklaek-em "s'aimer l'un l'autre" laek-em "aimer quelqu'un"
kiskis-im "s'embrasser réciproquement" kis-im "embrasser quelqu'un"

La réciprocité est traduite dans les lexèmes à redoublement mélanésiens suivants :

En aulua : xaro maxavmaxavs-a xaro "tous les deux s'aiment"
/eux 2/aimeraimer-*trans.*/eux 2/
En navwien : arar ara-ndroŋroŋ arar "ils s'aiment"
/eux 2/*mod.pers.*-aimeraimer/eux 2/
En port-sandwich : u-sambusamb "ils sont ennemis"
/eux 2-mal eux 2 mal/

Tous les exemples qui viennent d'être analysés montrent la relation très étroite qui existe entre la morphologie des signes en mélanésien et en pidgin. Le redoublement est un processus très employé dans les langues vernaculaires de Malakula. Les changements sémantiques ainsi ajoutés sont trop multiples et variés pour ne pas être passés au pidgin.

12.2.2. Etymons anglais affixés par décalque d'une structure mélanésienne

12.2.2.1 Etymons anglais affixés ayant conservé le signifié de l'étymon

La plupart des langues dites austronésiennes se caractérisent par un suffixe marquant la transitivité. Ce suffixe existe parmi les langues mélanésiennes du Sud-Malakula.

En nasarián$_a$, en ajiauleián$_a$, en mbotkót$_e$, en natangan, c'est-à-dire pour toutes les langues et dialectes du centre de l'île, ce suffixe de transitivité est -k. Pour les langues de la partie sud-est de l'île : en avox, en axamb, en koliveu, en port-sandwich, en banam bay, en mbwenelaŋ, le suffixe de transitivité est -i. En aulua, il apparaît sous la forme -a.

Un certain nombre de parlers de cette région sont dépourvus de toute marque de transitivité. Il s'agit des langues ninde, nahava, naha'aj, navwien, faraun, vetmbao. Cette absence de transitivité marquée est assez rare dans l'archipel néo-hébridais (Tryon, 1976) et, semble-t-il, tant aux îles Salomon qu'en Nouvelle-Guinée. Cette marque formelle s'est imposée en Bislama(n), ce qui tendrait à prouver que ce concept était très généralisé parmi les autochtones partis travailler en Australie et à Fiji. Elle existe également en créole Bamyili, créole anglais parlé par les aborigènes près de Katherine dans le "northern territory of Australia" (Margaret S. Steffenson, 1978), or les langues aborigènes sont ergatives et ne possèdent pas de telle marque. Il faut en conclure que la grande majorité des travailleurs autochtones ayant séjourné au Queensland possèdaient cette marque de transitivité dans leurs langues et l'ont transmise au pidgin.

En Bislama(n) actuel des Nouvelles-Hébrides, tous les verbes transitifs sont suivis d'un suffixe marquant la transitivité. Il faut noter que cette marque est générale et est utilisée par tous les Néo-Hébridais, que ceux-ci aient ou n'aient pas un tel suffixe dans leur langue maternelle. Cette généralisation entraîne, en fait, une déperdition du signifiant. Beaucoup de jeunes Mélanésiens de toutes origines ne peuvent pas dissocier l'action et la transitivité d'où l'orthographe en un seul mot que l'on rencontre généralement. Par souci d'analyse, nous séparerons par un trait d'union le radical verbal et le suffixe de transitivité. Mais nous pensons que pour la plupart des Mélanésiens parlant Bislama(n), tous les termes de terminant en -em, -im, -um sont ressentis comme monosémiques, le Bislama(n) s'étant, dans ce cas, sémantiquement détaché des modèles mélanésiens.

Le suffixe de transitivité le plus répandu en Bislama(n) est **-em**. Exemples : **ar-em** "sentir, entendre q.q. chose", **ask-em** "demander q.q. chose etc.

Il existe également des variantes **-im, -um**. Les suffixes **-em, -im, -um** sont d'anciens calques des lexèmes mélanésiens sur le pidgin. A partir de l'anglais surtout, les locuteurs auraient pratiqué une relexification à la lettre de leurs parlers mélanésiens, le verbe européen équivalent prenant la place du verbe transitif mélanésien, le pronom anglais *him* remplaçant le suffixe de transitivité mélanésien.

Par exemple :

+ta-i /couper-*trans.*/ en koliveu a donné d'abord ***kat him**, puis **kat-em** "couper q.q. chose"

+ndamo-k /autoriser-*trans.*/ en nasarián$_a$ a été transposé en ***let him** puis en la forme actuelle **let-em** "autoriser q.q. chose"

L'usage du suffixe **-em**, comme celui des autres suffixes de transitivité en Bislama(n), est déterminé par la voyelle du radical verbal qui précède.

On rencontre le suffixe **-em** après la voyelle /a/.

bang-em "heurter q.q. chose"

kar-em "porter q.q. chose"

-em après /e/

brek-em "briser q.q. chose"

ber-em "enterrer q.q. chose"

-em après /o/

bon-em "brûler q.q. chose"
fogot-em "oublier q.q. chose"

Il est rare de trouver le suffixe **-em** après la voyelle /i/, il faut qu'un groupe consonantique se situe entre le suffixe et la voyelle du radical.

mist-em "manquer q.q. chose"
miks-em "mélanger q.q. chose"

On trouve le suffixe **-em** après les diphtongues /aj/ et /oj/.

aed-em "cacher q.q. chose"
laek-em "aimer q.q. chose"
boel-em "bouillir q.q. chose"
spoel-em "abîmer q.q. chose"

Les verbes anglais, étymons présentant comme noyau syllabique la voyelle /i/ sont suivis du suffixe de transitivité **-im**.

giv-im "donner q.q. chose"
liv-im "laisser q.q. chose"

Lorsque la voyelle centrale ou finale du verbe est /u/, le suffixe de transitivité est **-um**.

kuk-um "cuire q.q. chose"
pul-um "tirer q.q. chose"
pus-um "pousser q.q. chose"
uk-um "pêcher q.q. chose"

Les associations vocaliques et les harmonies vocaliques qui viennent d'être décrites ne sont pas facultatives ou interchangeables. Tout changement ou toute confusion entraînent l'hilarité du locuteur. Le Bislama(n) présente quelques règles impératives qu'il convient de respecter. Il ne suffit pas pour parler le pidgin, d'ajouter des "em" ou des "um" aux verbes anglais, comme nous l'affirmait en 1970 un administrateur de la France d'outremer. L'exemple suivant le montre fort bien :

em i faet "il se bat"
/il/*mod.pers.*/battre/

em i faet-em "il se masturbe"
/il/*mod.pers.*/battre-*trans.*/

12.2.2.2. Etymons anglais affixés ayant subi en plus une mutation sémantique

Au cours de cette description des étymons anglais, nous sommes passé du cas le plus simple, c'est-à-dire où le lexème anglais est passé inchangé au pidgin. Puis nous avons vu les changements phonologiques opérés sur l'étymon, les mutations sémantiques qui pouvaient s'y ajouter.

Maintenant, nous allons aborder une catégorie d'étymons qui, en pidgin, ont pris une marque formelle de transitivité après avoir été transformés phonologiquement et avoir subi une mutation sémantique. Comme il n'existe pas toujours d'équivalent sémantique aux verbes transitifs mélanésiens, certains verbes anglais ont été utilisés avec un signifié nouveau.

blok-em signifie : "arrêter, interdire q.q. chose". En plus du sens "arrêt physique" contenu dans l'étymon anglais *to block*, le terme Bislama(n) exprime un interdit verbal lié aux nombreux "tabous" que connaît la société mélanésienne traditionnelle.

bae mi mi blok-em marid ya
/*futur*/je/*mod.pers.*/interdire-*trans.*/mariage/*dém.*/
"j'interdirai ce mariage"

Le lexème Bislama(n) **kar-em** issu du verbe anglais *to carry* signifie porter quelque chose, mais aussi être enceinte.

em i kar-em pikinini finis
/elle/*mod.pers.*/porter-*trans.*/enfant/*accompli*/
"elle était enceinte"

Le lexème Bislama(n) **stik-im** a conservé l'un des sens de l'étymon anglais *to stick* "piquer", il s'est vu adjoindre en outre des sèmes typiquement mélanésiens : pousser la pirogue avec une perche, abattre les fruits en les poussant avec une gaule.

em i stik-im kanu long rif
/il/*mod.pers.*/piquer-*trans.*/pirogue/sur/récif/
"il pousse la pirogue sur le récif"

pikinini blong em i stap stik-im oranis
/enfant/à/lui/*mod.pers.*/*actualisateur*/piquer-*trans.*/orange/
"son fils est en train de piquer les oranges avec une gaule"

L'étymon anglais *to turn* a donné naissance au lexème Bislama(n) **tan-em** qui signifie également "tourner quelque chose", mais qui peut être employé dans le sens de "tisser, tresser". Le choix de cet étymon a certainement été déterminé par le mouvement des mains qui ont l'air de tourner les fibres lorsque l'on tisse.

ol-fela woman ya i tan-em mat
/(vieille)/femme/*dém.*/*mod.pers.*/tourner-*trans.*/natte/
"cette vieille femme tisse une natte"

To kill, verbe anglais polysémique, devenu **kil-im** en Bislama(n) est utilisé dans des contextes purement mélanésiens et a le sens de "frapper, battre le tamtam, ravager".

em i kil-im woman blong em
/il/*mod.pers.*/frapper-*trans.*/femme/à/lui/
"il bat sa femme"

wan pikinini i kil-im tamtam
/un/enfant/*mod.pers.*/taper-*trans.*/tamtam/
"un enfant frappe le tamtam"

ariken i kil-im steson blong mi-fela
/cyclone/*mod.pers.*/frapper-*trans.*/village/à/nous/
"le cyclone a détruit notre village"

12.2.2.3 Création de verbes transitifs Bislama(n) à partir de noms, de participes passés ou de prépositions européens.

Lorsque le lexème mélanésien, verbe transitif, ne pouvait être exprimé par un verbe anglais, même enrichi de mutations sémantiques, des verbes transitifs Bislama(n) ont été créés à partir de catégories grammaticales européennes diverses.

Le verbe **melek-em** signifie "arroser la nourriture avec du "lait" de noix de coco". Le lexème **melek** transformation du mot anglais *milk* désigne le lait en général. A ce nom a été adjoint un suffixe de transitivité **-em**. Il faut noter que dans ce cas le Bislama(n) retrouve la particularité austronésienne qui veut que nom et verbe servent également de "base" dans des phrases.

De même le verbe **sikin-im**, synonyme du verbe **faet-em** "se masturber" a pour centre un nom **sikin** "peau". Le nom anglais *stone* "pierre" a donné **ston-em** en Bislama(n) et signifie "abattre quelque chose avec des pierres". Le verbe transitif Bislama(n)

tos-em "éblouir quelqu'un" a pour origine le mot anglais *torch light* et **sak-em** "jeter quelque chose", l'expression anglaise *to give the sack to somebody* "mettre quelqu'un à la porte".

Ce changement de catégorie grammaticale au cours du processus de pidginisation a porté également sur d'autres catégories grammaticales : participe passé, préposition.

Le verbe Bislama(n) **kraon-em** "râper quelque chose" a pour base le participe passé du verbe *to grind, ground* "moulu".

La préposition anglaise marquant l'accompagnement *with* "avec" est devenu en Bislama(n) la préposition **wetem** "avec", adaptation en pidgin des termes anglais *with him*, les transformations phonologiques et l'affixation se sont opérées de façon identique à celle présentée pour les verbes.

12.2.3. Autres étymons suffixés, le suffixe servant à exprimer un sème mélanésien

Les prépositions et les adverbes anglais ont souvent été assimilés par les Néo-Hébridais aux post-verbes des langues mélanésiennes, certains signifiés étant très proches (voir chapitre 15). Or, ces post-verbes, lorsqu'ils indiquent la manière, sont toujours immédiatement précédés du radical verbal et aucun morphème ne peut les en séparer. En Bislama(n), des adverbes anglais, après avoir changé de nature grammaticale, ont été associés de façon identique aux radicaux verbaux dont ils sont devenus inséparables, fonctionnant même comme des suffixes. Ces mutations grammaticales sont à l'origine de nombreuses entrées lexicales du Bislama(n).

Le fait "d'extraire, d'arracher, de sortir de" est exprimé par les post-verbes suivants au Sud-Malakula :

En nasarián$_a$, en ajiauleián$_a$, en mbotkóte, en nataŋgan :
Verbe + lua
En ninde : Verbe + luo
En nahava, en naha'aj, en navwien : Verbe + kas

Dans tous les parlers du sud-est de l'île, à l'exception de l'aulua et du mbwenelaŋ, on a le post-verbe kuvi. En aulua et en mbwenelaŋ : Verbe + ndruaxe. Tous ces lexèmes mélanésiens ont pour équivalent en Bislama(n) le terme aot, transformation de l' adverbe anglais *out*. Ainsi a-t-on :

pel-aot	"écoper"	étymons	*to bail out*
sel-aot	"décortiquer"		*to shell out*
ser-aot	"diviser"		*to share out*
siŋ-aot	"appeler"		*to sing out*
kam-aot	"apparaître"		*to come out*
etc.			

Nous avons introduit un trait d'union entre ces termes pour marquer qu'il s'agit d'éléments de composés qui ne peuvent être utilisés séparément sans que le signifié soit autre ou inconnu : kam "venir", *sing ?, *sel ?, *ser ?

La direction vers le haut, la perfection du procès qui sont exprimées par des post-verbes différents dans les langues mélanésiennes sont traduites en Bislama(n) par le suffixe ap, déviation de l'adverbe anglais *up*, d'où les lexèmes :

faer-ap "exploser"
ful-ap "être plein"
som-ap "coudre"
sal-ap "enfler"
stand-ap "être debout"
etc.

Pour cette série de dérivés, il ne nous a pas été possible de trouver des lexèmes équivalents sémantiquement présentant une structure semblable. Cela ne prouve pas que ce type de lexèmes soit propre au Bislama(n) et détaché de toute influence due au substrat. Le Bislama(n) a pris naissance dans un contexte multilingue fort complexe et ce type de construction peut exister dans des parlers des Salomon, de Nouvelle-Guinée ou d'ailleurs.

Des dérivés semblables ont été construits avec les adverbes anglais *away*, *over* et *down*.

ran-awe "fuir, se sauver"
pas-ova "enjamber"
pul-taon "tomber"

rol-taon "rouler en bas"
nil-taon "s'agenouiller"
etc.

Tous les lexèmes du pidgin que nous venons de décrire avaient pour centre un verbe intransitif, c'est-à-dire sans suffixe marquant la transitivité. Les suffixes que nous venons de décrire peuvent être associés à des verbes Bislama(n) transitifs, le résultat est un étymon anglais auquel ont été ajoutés deux sèmes mélanésiens.

12.3. LES LEXEMES BISLAMA(N) DANS LESQUELS DEUX SEMES MÉLANÉSIENS ONT ÉTÉ AJOUTÉS A L'ÉTYMON ANGLAIS

12.3.1. L'étymon anglais est suivi de deux suffixes

Ces termes Bislama(n) se composent d'un étymon anglais suivi de deux suffixes, l'un représente la transitivité du verbe sous-entendant ainsi un complément d'objet direct, l'autre les signifiés exprimés par les suffixes ap, aot, taon.

ful-um-ap	"remplir q.q. chose"	étymons	*to full up*
fix-im-ap	"réparer q.q. chose"		*to fix*
ip-im-ap	"entasser q.q. chose"		*to heap*
kavr-em-ap	"couvrir q.q. chose"		*to cover*
left-em-ap	"lever q.q. chose"		*to lift*
meks-em-ap	"mélanger q.q. chose"		*to mix*
open-em-ap	"ouvrir q.q. chose"		*to open*
pik-im-ap	"ramasser q.q. chose"		*to pick up*
win-im-ap	"remonter (une montre)"		*to wind up*

etc.

Dans le composé kik-im-ap, l'étymon anglais *to kick* a en sus subi une mutation sémantique. kik-im-ap signifie "conjurer un mauvais sort". kik-im seul veut dire "donner un coup de pied à quelqu'un.

Dans tous les exemples précédemment cités, le suffixe n'est utilisé que lorsque l'on veut ajouter une nuance sémantique ; parfois sa présence est obligatoire, on a alors affaire à un vrai composé.

sol-em-taon "avaler q.q. chose" *sol-em (*to swallow*)

Par contre le suffixe -taon est employé facultativement dans :

kat-em-taon "abattre q.q. chose en coupant" *to cut*

put-um-taon "déposer q.q. chose par terre" *to put*

Le suffixe -aot affixé à un verbe portant une marque de transitivité est toujours d'emploi facultatif.

rav-em-aot "effacer q.q. chose complètement" *to rub*

tal-em-aot "dénoncer q.qu'un" *to tell*

pul-um-aot "arracher q.q. chose" *to pull*

rol-em-aot "rouler q.q. chose et enlever" *to roll*

sak-em-aot "jeter q.q. chose" *to "sack"*

etc.

Nous avons expliqué au cours des paragraphes qui précèdent comment de tels dérivés ont pu se créer en partant des langues autochtones et prendre un suffixe de transitivité. Ce serait en vain que l'on chercherait des lexèmes avec deux suffixes semblables dans les langues vernaculaires du Sud-Malakula. Le fait que l'emploi du second suffixe soit facultatif dans la majorité des exemples qui précèdent suffit à montrer que le pidgin a atteint là une autonomie sémantique, un génie propre ou que ce type de lexèmes est calqué sur un autre substrat, langues mélanésiennes des Salomon ou de Nouvelle-Guinée.

12.3.2. Etymon anglais redoublé suivi d'un suffixe de transitivité

Ce type de lexèmes Bislama(n) présente deux marques formelles exprimant deux sèmes mélanésiens, la première d'entre elles est également d'usage facultatif. Dans les exemples qui vont suivre, l'étymon anglais se trouve redoublé, ce redoublement est suivi d'un suffixe de transitivité. Tous ces redoublements marquent la répétition de l'action ou son imperfection.

katkat-em "hacher q.q. chose étymons *to cut*

mukmuk-um "ébranler q.q. chose" *to move*

olol-em "tâter, tâtonner q.q. chose" *to hold*

saksak-em "éparpiller q.q. chose" *to "sack"*
speser-em "sonder q.q.chose(avec un bois)" *to spear*
tantan-em "retourner q.q.chose(sans cesse)" *to turn*
etc.

Ces lexèmes Bislama(n) sont souvent des calques parfaits des langues autochtones.

En aulua : "couper q.q. chose est traduit par +nde-a, hacher q.q. chose (avec répétition du mouvement de couper)+ndende-a.

En nasarián$_a$, "remuer q.q. chose" est +mbœrta-k, secouer q.q. chose +mbœrmbœrta-k.

En koliveu, "lancer q.q. chose" +pülan-i ; "éparpiller q. q. chose" +pülpülan-i

En port-sandwich, "harponner q.q. chose" +car-i ; "sonder q.q. chose à la perche" +čačar-i.

La création lexicale par ce double processus, copiée des parlers mélanésiens, a acquis en Bislama(n) une complète autonomie. Au Sud-Malakula, il est toujours possible de redoubler la racine d'un verbe transitif du pidgin pour exprimer l'imperfection ou la répétition de l'action.

em i meks-em "il mélange q.q. chose" ; em i mekmeks-em " même action répétée ou faite sans ardeur".

yu yu mek-em "tu fais q.q. chose" ; yu yu mekmek-em "tu fais q.q. chose tant bien que mal".

A l'inverse du pidgin de Nouvelle-Guinée où le suffixe issu de l'adverbe anglais est placé avant le suffixe de transitivité : *lif-ap-im* "lever q.q chose", *sing-aut-im* "appeler q.qu'un", en Bislama(n) la transitivité reste toujours accolée au radical verbal comme il est d'usage dans les langues autochtones des Nouvelles-Hébrides.

12.3.3. Dans de très rares cas, le lexème bislama(n) comporte trois sèmes mélanésiens

Il s'agit d'un redoublement du radical verbal qui exprime la répétition ou l'imperfection de l'action, du suffixe de transitivité et d'un suffixe issu d'un adverbe anglais.

tektek-em-aot "arracher par lambeaux"
pulpul-um-aot "extraire par petits morceaux"
etc.

12.4. AUTRES COMPOSÉS PAR DÉRIVATION DU BISLAMA(N)

Ces composés, d'un point de vue structural, restent très proches des lexèmes décrits en 12.2.2, ils se composent d'une base et d'un suffixe.

Alors que le suffixe représentait un sème mélanésien ajouté à l'étymon, dans les exemples qui vont suivre, c'est le synthème, la résultante sémantique de la base et du suffixe qui recouvre le concept mélanésien. Ce type de composition additive est venu compenser l'absence de lexèmes anglais pour traduire des termes existant déjà dans les langues vernaculaires. Les suffixes qui vont être décrits dans ce paragraphe sont d'anciens lexèmes anglais, qui n'ont perdu en Bislama(n) que partiellement leur contenu sémantique primitif. Il s'agit d'une catégorie de composés intermédiaires propres aux pidgins, où les suffixes conservent une certaine existence autonome, un signifié propre.

Le système des pronoms personnels du Bislama(n), directement calqué sur les langues vernaculaires, fournit la meilleure illustration qui puisse être de ce type de composition.

12.4.1. Les pronoms personnels du bislama(n)

Les langues mélanésiennes des Nouvelles-Hébrides présentent toutes un riche système de pronoms personnels, système toujours plus complexe que celui d'aucune langue européenne, en particulier de l'anglais. Dans tous ces parlers mélanésiens, on trouve un inclusif et un exclusif à la première personne du pluriel et du duel, certaines langues possèdent en plus un triel.

Tous ces concepts exprimés par des signes mélanésiens ne pouvaient être couverts par des lexèmes anglais puisque ces notions sont étrangères aux langues européennes. C'est au moyen de la composition que les Mélanésiens ont pu pallier l'insuffisance de la langue-source en ce domaine.

12.4.1.1 Les pronoms personnels des trois personnes du singulier

Trouver des équivalents dans la langue anglaise était chose facile, ce sont les pronoms personnels compléments qui ont été retenus comme étymons.

me "moi" a donné **mi**
you "toi" **yu**
him "lui" **(h)em**

mi mi kakae "je mange"
/je/*mod.pers.*/manger/

yu yu slip "tu dors"
/tu/*mod.pers.*/dormir/

em i go "il va"
/il/*mod.pers.*/aller/

La structure des langues mélanésiennes est en tout point semblable. Il existe également un pronom personnel indépendant, qui, post-posé par rapport au verbe devient complément d'objet et des modalités personnelles.

En koliveu : kinau nu-xan "je mange"
/je/*mod.pers.*-manger/

En ninde : kœnœ ka-ka'an "je mange"
/je/*mod.pers.*-manger/

En mbotkót$_e$: naŋgœnœ nau-taotao "je mange"
/je/*mod.pers.*-manger/

etc.

12.4.1.2 Les pronoms personnels de la première personne du pluriel, du duel et du triel

Pour exprimer la dualité, la trialité et la pluralité, le pronom personnel première personne du singulier **mi** a été repris et associé à des étymons anglais.

Afin de préciser la multiplicité des actants, les autochtones ont repris le mot anglais *fellow* "compagnon, confrère" qui est devenu en pidgin un collectif.

mi-fela /je-*collectif*/ "nous" (*pluriel exclusif*)

La dualité a été rendue par l'insertion du numéral anglais *two* "deux", qui a été transformé en **tu** en pidgin.

mi-tu-fela /je-deux-*collectif*/ "nous deux" (*duel*)

Le triel a été traduit par le même processus, à l'aide du numéral anglais *three* devenu **tri** en Bislama(n).

mi-tri-fela /je-trois-*collectif*/ "nous trois" (*triel*)

Le triel n'étant pas connu dans toutes les langues autochtones, certains locuteurs répugnent à employer **mi-tri-fela**, ils lui préfèrent **mi-fela-tri** qui est un syntagme composé d'un pronom personnel et d'un numéral déterminant. Sur le même type de construction, on pourrait dire : **mi-fela ten** "nous dix".

Ces composés ont été calqués en partie sur la structure des pronoms personnels des langues autochtones dans lesquelles le duel et le triel sont exprimés par des composés formés sur la modalité personnelle à l'aide de numéraux.

nous (*pluriel exclusif*)... **mi-fela**

En koliveu	En ninde	En navwien
kinamito	kamem	namüt

nous (*duel*) mangeons ... **mi-tu-fela i kakae**

En koliveu	En ninde	En navwien
kinamœru namœru-xan	kamax ax-ka'an	namör namör-kanxan
(aru "deux")	(oxuo "deux")	(indru "deux")

nous (*triel*) mangeons ... **mi-tri-fela i kakae**

En koliveu	En ninde	En navwien
kinamito namtu-tœtœr namœto-xan	kamet et-ka'an	namüt namü-tiltül namü-kanxan
(itœr "trois")	(tœl "trois)	(indül "trois")

Afin de distinguer l'exclusif de l'inclusif, il a, de nouveau, été fait appel à la composition. L'inclusion sous-entend que l'on situe la personne à qui l'on parle dans l'énoncé ; à l'exclusif, on en fait une personne étrangère au discours.

Pour exprimer la première personne du pluriel inclusif, on a fait précéder le pronom **mi** "je" par le pronom de la seconde personne **yu** "tu".

yu-mi "nous" (*pluriel inclusif*)

Le duel, comme précédemment, a été exprimé par l'adjonction

du numéral anglais *two*.

yu-mi-tu ou yu-mi-tu-fela "nous" (*duel inclusif*)

Au triel, c'est le numéral anglais *three* "trois" pidginisé en tri, qui entre dans la composition du pronom personnel.

yu-mi-tri ou yu-mi-tri-fela "nous" (*triel inclusif*)

Dans les langues vernaculaires, les numéraux marquant le duel et le triel servent également dans la composition des pronoms personnels.

nous (*pluriel inclusif*) dormons ... yu-mi slip

En nasarián$_a$	En banam bay	En ninde
kœndat dat-món$_a$	ndrato ndrit-ma-pat	kœte ta-mitox

nous (*duel inclusif*) dormons ... yu-mi-tu slip

En nasarián$_a$	En banam bay	En ninde
kœndar dar-món$_a$	ndraru ndri-ma-pat	kœtax tax-mitox
(irua "deux")	(eru "deux")	

nous (*triel inclusif*) dormons ... yu-mi-tri slip

En nasarian$_a$	En banam bay	En ninde
kœndatœ-tœl datœn-món$_a$	ndrato eter ndrit-ma-pat	kœtet tet-mitox
(itœl "trois")	(eter "trois")	

12.4.1.3 Les pronoms personnels de la seconde personne du pluriel, du duel et du triel

Ce sont également des composés, les mêmes déterminants ne sont utilisés que pour les pronoms personnels de la première personne.

vous (*pluriel*) ... yu-fela
vous (*duel*) ... yu-tu-fela
vous (*triel*) ... yu-tri-fela

12.4.1.4 Les pronoms personnels de la troisième personne du pluriel, du duel et du triel

Ces trois cas connus des langues mélanésiennes apparaissent en Bislama(n), mais le pluriel et le duel sont issus des étymons anglais *all together* et *together*, qui ont été mal interprétés (voir 12.1.3.2).

all together "tous ensemble" est devenu en Bislama(n) **olketa**, pronom personnel troisième personne du pluriel.

olketa oli resis "ils courent"
/ils/*mod.pers.*/courir/

En Bislama(n) du Sud-Malakula, il n'est pas dans les habitudes de dire **olketa i + Verbe**, comme l'indique Bill Camden dans son dictionnaire(p.xvi).

together devenu **tuketa** en Bislama(n) est le pronom personnel de la troisième personne du duel : "eux deux".

tuketa i pul "tous les deux pagaient"
/(eux deux)/*mod.pers.*/pagayer/

ou plus courant semble-t-il :

tuketa oli pul
/(eux deux)/*mod.pers.*/pagayer/

Pour Bill Camden "**tufala**" serait le pronom personnel de la troisième personne du duel, "**tugeta**" n'étant plus employé. Au Sud-Malakula, "**tu fela**" fonctionnerait plutôt comme un groupe syntagmatique numéral + nom. D'ailleurs ce groupe est généralement suivi d'un démonstratif, catégorie assez rarement associée aux pronoms personnels : **tu fela ya** "ces deux-là". J.B.M. Guy cite les deux formes de pronoms personnels, "**tuketa**" s'opposerait à "**tufala**" car ce terme ajouterait une nuance de collectivité absente du second.

En pidgin de la région dans laquelle nous avons travaillé, il est de plus en plus courant d'employer les deux formes de pronoms personnels duels, les "mass medias" ayant popularisé l'emploi de **tu fela** comme pronom. Cependant, tout comme J.B.M. Guy, qui n'en mentionne pas, nous n'avons jamais rencontré de pronom personnel troisième personne triel. Bill Camden avance le terme **trigeta**. Cet auteur précise que ce terme serait comme **tugeta**, du vieux Bislama(n) originaire de Wallis. Nous ne pouvons encore une fois que regretter que Bill Camden n'ait pas précisé ses sources et situé géographiquement les entrées de son dictionnaire. Quant au terme **trifala** qu'il analyse comme un pronom personnel troisième personne du triel, nous pensons qu'il s'agit là d'un groupe syntagmatique, non d'un pronom.

Toutes les langues du Sud-Malakula offrent des systèmes pronominaux où la troisième personne est représentée au duel et au pluriel.

Le triel semble n'être qu'une extension récente car, sauf en ninde, il est toujours traduit par un composé.

ils(*pluriel*) viennent ... **olketa oli kam**

En axamb	En mbotkót$_e$	En ninde
ato ata-komaj	dœl al-vul	naxa xa-ul

ils(*duel*) viennent ... **tuketa i kam**

En axamb	En mbotkót$_e$	En ninde
aru ara-komaj	ndrœ ar-vul	rax rax-vul

ils(*triel*) viennent ...

En axamb	En mbotkót$_e$	En ninde
ato ata-rür komaj	ala-tœl al-vul	ret ret-ul

Nous avons noté de nombreuses différences entre les auteurs quant à l'analyse du système pronominal du Bislama(n). Plus que des variantes dues au fait que le Bislama(n) est un parler encore en formation et par là non fixé, ces différences nous semblent correspondre à des systèmes divergents dans le substrat mélanésien. L'absence d'une étude de synthèse sur les pronoms dans le monde néo-hébridais et mélanésien nous oblige à rester au stade des hypothèses. Il peut sembler étrange qu'un pidgin qui a vocation d'universalité et d'intercompréhension dans une aire donnée, présente des variantes sur le plan sémantique. En fait, ces différences n'empêchent pas l'intercompréhension. Tout Mélanésien est né et a vécu dans un environnement multilingue, d'où une capacité à comprendre beaucoup de langues, de variantes dialectales, même si souvent il est incapable de les réutiliser. Entendant les différences que nous avons notées pour les pronoms, un locuteur mélanésien en concluera simplement :

toktok ya i defren
/parler/*dém.*/*mod.pers.*/autre/
"cette façon de parler est inhabituelle"

12.4.2. Lexèmes nominalisés par dérivation

12.4.2.1 L'étymon est un adjectif anglais, le suffixe est "-wan" (étymon : *one* "un")

las-wan	"le dernier"	étymons	*last*	"dernier"
long-wan	"le long"		*long*	"long"
ol-wan	"le vieux"		*old*	"vieux"
pas-wan	"l'ancien"		*past*	"passé"
sekon-wan	"le second"		*second*	"second"
sot-wan	"le court"		*short*	"court"
yang-wan	"le jeune"		*young*	"jeune"
etc.				

Les causes de ce changement de nature grammaticale, processus caractéristique de la pidginisation, seront étudiées dans le chapitre 15.

Ici, nous nous contenterons de placer quelques-uns de ces exemples dans des phrases, comme il a été fait en 12.1.3.2, montrant ainsi que nous avons bien affaire à des noms.

yu kat planti yam, kiv-im sot-wan long mi
/tu/avoir/beaucoup/igname/, /donner-*trans.*/(court-un)/à/moi/
"tu as beaucoup d'ignames, donne-moi la courte"

em i ol-fela, em i kam las-wan
/il/*mod.pers.*/vieux/,/il/*mod.pers.*/venir/(dernier-un)/
"il est vieux, il vient le dernier"

yang-wan blong buluk i ran awe long fanis
/(jeune-un)/de/vache/*mod.pers.*/courir/loin/de/barrière/
"le veau s'est échappé de l'enclos"

12.4.2.2 L'étymon est un adjectif anglais, le suffixe est -fela, -fala (étymon : *fellow* "confrère")

Les étymons cités en 12.4.2.1 peuvent prendre soit le suffixe -wan, soit le suffixe -fela. Au Sud-Malakula, où il existe dans les langues du substrat une opposition humain/non humain en particulier au niveau des possessifs (voir J.M. Charpentier, 1974, p.64), on a tendance à employer le premier préfixe en se référant aux choses et aux animaux, le second étant réservé aux humains.

Choses, animaux	Humains
big-wan	big-fela
long-wan	long-fela
ol-wan	ol-fela
sot-wan	sot-fela
yang-wan	yang-fela
etc.	

Dans cette seconde liste, nous n'avons pas repris las-wan "le dernier", pas-wan "l'ancien", sekon-wan "le second", car il s'agit là de numéraux ordinaux. Le premier en Bislama(n) est fas-wan ou namba-wan, le second namba-tu ou sekon-wan etc.

Il est impossible de traduire ces concepts par : *fas-fela et *sekon-fela, même s'il s'agit d'humains.

Cette opposition humain/non humain existant dans les langues vernaculaires de Malakula a été transposée dans le Bislama(n) local, d'où les emplois suivants :

em i kat-em wan wud, wan big-wan
/il/*mod.pers.*/couper-*trans.*/un/bois/,/un/(gros-un)/
"il coupe un bois, un gros"

Dans ce dernier cas, on ne dira pas **wan big-fela**

ol-fela i pe-em wan naef, wan gud-wan
/(vieillard)/*mod.pers.*/payer-*trans.*/un/couteau/,/un/(bon-un)/
"le vieillard a payé un couteau, un bon"

Dans cette phrase, il est très difficile de remplacer ol-fela par ol-wan ou wan gud-wan par wan gud-fela, bien que la seconde solution soit moins rare dans le langage courant. Il s'agit d'une tendance ancrée dans le Bislama(n) de cette région. Les échanges avec les autres îles, la radio, font que ces deux formes sont comprises et pour certains jeunes qui connaissent mal les langues mélanésiennes, elles apparaissent comme librement interchangeables.

12.5. LES LEXEMES BISLAMA(N) NÉS A LA SUITE D'UN PHÉNOMENE DE COMPOSITION

Nous abordons là l'un des points de divergence du point de vue de la structure entre un pidgin et une langue ou un dialecte. Nous allons voir que les composés comme ceux que l'on peut observer dans les langues européennes ou mélanésiennes ont une place relativement réduite dans le lexique du Bislama(n). Un pidgin comme le Bislama(n) est un parler jeune, les grands-parents de nos vieux informateurs l'ont appris sur les plantations australiennes ou fijiennes et l'ont réintroduit dans l'archipel. Faire une étude diachronique du pidgin actuel revient à étudier des phénomènes qui se sont déroulés, il y a au plus 100 à 130 ans. A la suite de ce manque de maturité, le pidgin n'a pas pu effectuer un cycle de développement et d'érosion sémantique complet, comparable à ce que l'on connaît pour les grandes langues de cultures européennes ou autres. Beaucoup de composés du Bislama(n) apparaissent très particuliers, les composants n'ayant pas perdu comme dans les vieilles langues leur contenu sémantique. Tout un chacun, locuteur de Bislama(n) peut analyser les parties de tels composés. Bien souvent, les deux composants sont associés sans que leur somme ait donné naissance à un synthème différent de la somme des deux composants. Nous avons appelé ces groupes de lexèmes : associations figées, car l'un des deux membres ou les deux n'ont pas d'existence indépendante.

Le processus de composition additive n'a pas été des plus utilisés en Bislama(n). Nous pensons que la raison en est la différence dans l'ordre de l'énoncé qui existe dans les langues autochtones. Au nord d'Espiritu Santo, l'ordre est déterminant-déterminé. En sakao, olom-akat /voiture-maison/ "garage", aró-tin /ouvrir-boîte/ "ouvre-boîte" (J.B.M. Guy, 1974, p.39), il s'ensuit qu'en pidgin l'ordre est le même on dit pig-man "verrat", sipsip-man "bêlier" etc.

Au Sud-Malakula, l'ordre s'établit ainsi déterminé-déterminant, par exemple en port-sandwich n-öaŋg na-ran /la-pirogue-la-terre/ "l'automobile", en banam bay na-im na-mbu /la-case le-bambou/ "maison de bambou" etc. En pidgin du Sud-Malakula, "la truie" se dit **woman-pig**, "le verrat" **man-pig** etc.

Ces différences syntaxiques n'ont pu que gêner au début l'apparition de composés, l'intercompréhension n'étant pas assurée. De nos jours, on dira en pidgin, selon son origine géographique **kastom sif** ou **sif kastom** "chef coutumier", sans que la compréhension en soit altérée.

12.5.1. Les associations figées

Il s'agit de deux lexèmes qui ont été associés l'un à l'autre afin de rendre mieux la pensée du locuteur. Comme pour tous les types de composés, il s'agit de pallier l'insuffisance du vocabulaire et de créer, par association, de nouveaux signifiés ou de faire apparaître de nouvelles catégories grammaticales (voir chapitre 15, catégories grammaticales).

12.5.1.1 adjectif + nom = nom

Le déterminant, composé d'un étymon adjectif anglais, est associé à un nom d'origine anglaise qu'il est censé déterminer. Le résultant Bislama(n) est un nom. Mais ce nom à l'inverse de ce que l'on peut observer pour les synthèmes résultant de composés endocentriques, c'est-à-dire où le résultant est de même nature grammaticale que le monème centre, n'est pas différent de la somme des composés. Ces associations figées doivent être considérées comme des composés inachevés se situant entre une suite syntagmatique et un synthème. Dans une suite syntagmatique, chaque monème peut être employé librement et par conséquent peut être dissocié de celui auquel il a été volontairement accolé. Il n'en est pas ainsi dans les associations que nous allons voir.

-Les deux composants ne se trouvent jamais seuls.
wael-ken "roseau" (*wild* "sauvage") + (*cane* "canne")
sof-mat "boue" (*soft* "mou") + (*mud* "boue")
etc.

-L'un des composants, le déterminé, a une existence autonome et peut être employé seul.
bol-ed "chauve" (*bald* "chauve") + (*head* "tête")
nar-saed "côté opposé" (*another* "autre") + (*side* "côté")
raet-an "main droite" (*right* "droite") + (*hand* "main")
lef-an "main gauche" (*left* "gauche") + (*hand* "main")
etc.

12.5.1.2 nom + nom = nom

Dans les suites déterminant-déterminé qui vont suivre, les

déterminants ou les déterminés ne peuvent jamais former des lexèmes à eux seuls.

-Déterminants sans existence autonome

level-ples "plaine" (*level* "niveau") + (*ples* "endroit").
*level n'apparaît jamais seul.
stik-faea "tison" (*stick* "baguette") + (*fire* "feu"). ***stik** n'existe pas dans le Bislama(n) traditionnel, on rencontre ce terme dans le composé **stik-tabak** "bâton de tabac".
so-fis "espadon" (*saw* "scie") + (*fish* "poisson"). Le terme **so** n'entre que dans le lexique des Néo-Hébridais d'éducation britannique.

-Déterminés sans existence indépendante

gras-ket "jupe de fibres" (*grass* "herbe") + (*skirt* "jupe").
***ket** n'est pas un lexème en Bislama(n).
boskru "matelot" (*boss* "patron") + (*crew* "équipage"). J. B.M. Guy donne une existence indépendante à un lexème Bislama(n) qui serait **kru**, nous ne pensons pas qu'un tel lexème existe au Sud-Malakula. Bill Camden cite les deux termes **boskru** et **kru**, avec pour signifié unique "équipage". Il s'agit là sûrement d'une des nombreuses variantes locales du pidgin issues de divers stades de scolarisation.

-Déterminants et déterminés n'existent pas l'un sans l'autre

san-bis "plage, sable" (*sand* "sable") + (*beach* "plage")
Dans les langues vernaculaires, le concept "plage" ne peut être exprimé par un monème lexical unique. On le traduit par une suite : *Préposition + Nom*.

En nahava : li-mbinuen /sur/sable/
En axamb : na-li-mbaŋan /le-sur-sable/
etc.

12.5.1.3 verbe + verbe = verbe

Le déterminant et le déterminé sont toujours des étymons anglais, le résultant de l'association est un verbe en pidgin.
le-go "libérer, lâcher" (*to let* "laisser) + (*to go* "aller"). Seul le déterminé **go** peut être employé séparément.

tok-ple "plaisanter" (*to talk* "parler") + (*to play* "jouer"). Le terme **tok** n'est employé que comme nom, le verbe Bislama(n) correspondant à "parler" est **toktok** (voir 12.2. 1.1).

12.5.1.4 verbe + nom = nom

Ce type d'association est beaucoup plus rare, le verbe d'origine anglaise précise la nature du nom qu'il précède, jouant ainsi un rôle d'adjectif.

stink-ri "raie" (*to stink* "puer") + (*ray* "raie"). ***ri** ne peut jamais être rencontré seul.

12.5.1.5 adjectif + nom = (ad-)verbe (préverbe ou post-verbe) (voir 15 "catégories grammaticales")

Dans tous les exemples qui vont suivre l'adjectif anglais déterminant ne peut jamais constituer un monème lexical à lui seul.

eli-moning "tôt le matin" (*early* "tôt") + (*morning* "matin")
pas-taem "autrefois" (*past* "passé") + (*time* "temps")
long-taem "longtemps" (*long* "long") + (*time* "temps")
sot-taem "temps court" (*short* "court") + (*time* "temps)
etc.

12.5.1.6 Autres associations figées

adverbe + adverbe = adverbe

ol-baot "partout" (*all* "tout") + (*about* "autour de"). Aucun de ces composants ne peut être employé seul.

Ces associations figées, typiques des pidgins, c'est-à-dire de parlers qui ne sont pas stabilisés, sont dues, nous l'avons vu, à la jeunesse de ces idiomes. Le Bislama(n) n'a pas eu le temps d'évoluer et de subir les distorsions sémantiques qui, à la longue, par érosion du signifié, amènent inévitablement à des composés. Dans ces associations, l'un des termes ou les deux conservent leur signifié et leur somme, bien souvent, n'exprime que le champ sémantique de l'un des composants. Ces associations étaient le fait d'illettrés ignorant tout de la sémantique anglaise. Les jeunes Mélanésiens éduqués à l'école anglaise vont très souvent supprimer un des termes qui leur paraît superflu. Ainsi préféreront-ils :

bis à sand-bis "plage"
mat à sof-mat "boue"
tak à wael-tak "canard"
raet à raet-an "(la) droite"
bak à bak-saed "dos"
etc.

12.5.2. Les composés proprement dit

Nous allons retrouver les mêmes catégories grammaticales associées mais le résultant sémantique est différent de la somme des signifiés des composants. Ce type de composés fait apparaître de nouveaux lexèmes qui recouvrent des réalités appartenant au monde dans lequel vivent les Mélanésiens. La composition est, en pidgin, comme dans beaucoup de langues, un procédé pour créer des néologismes.

12.5.2.1 adjectif + nom = nom

Ce schéma est identique à celui décrit au paragraphe 12.5.1.1, mais ici l'adjectif sert à décrire la caractéristique principale de l'objet déterminé, créant ainsi un signe.

big-ae "gecko, coquillage(burgos)" (big "gros") + (eye "œil")
big-bol "crabe de cocotier" (*big* "gros") + (*ball* "balle")
big-leg "éléphantiasis à la jambe" (*big* "gros") + (*leg* "jambe")
big-si "tempête en mer" (*big* "gros") + (*sea* "mer")
blak-bokis "roussette" (*black* "noir") + (*fox* "renard")
blak-pam "fougère arborescente" (*black* "noir") + (*palm* "palme")
dabol-bun "géant" (*dobel* "double") + (*bone* "os")
dabol-sekin "peau qui lève" (*doble* "double") + (*skin* "peau")
dip-sekin "lourdaud, rustre" (*deep* "profond") + (*skin* "peau")
long-maot "poisson barracuda" (*long* "long") + (*mouth* "bouche")
sot-leg "tourterelle *(chalcophaps indica)*" (*short* "court") + (*leg* "patte")
etc.

12.5.2.2 nom + nom = nom

Nous reconnaissons l'équation décrite en 2.5.1.2. Les noms d'origine anglaise, déterminant + déterminé, ont pour résultant un synthème, nouveau lexème.

faea-wud "bois de chauffage" (*fire* "feu") + (*wood* "bois")
ok-tri "arbre"(*casuarina aqusetifolia*) (*oak* "chêne") + (*tree* "arbre")
kanu-tri "arbre"(*gyrocarpus americanus*) (*canoe* "pirogue") + (*tree* "arbre")
melek-tri "arbre"(*antiaris toxicaria*) (*milk* "lait") + (*tree* "arbre")
sel-finga "ongle" (*shell* "coquille") + (*finger* "doigt")
etc.

12.5.2.3 verbe + nom = nom

Il s'agit d'une association assez rare.

wok-naet "chouette" (*to walk* "marcher") + (*night* "nuit")
stink-pili "punaise" (*to stink* "puer") + (*flea* "puce")

12.5.2.4 Autres composés

adjectif + nom = verbe
at-blok "être serré" (*hard* "dur") + (*block* "bloc")

préposition + adjectif = nom
tu-tak "soir, tombée de la nuit" (*to* "à") + (*dark* "sombre")

adjectif + nom = verbe
sot-wind "être asthmatique" (*short* "court") + (*wind* "vent")

Le Bislama(n) étant un parler jeune et très peu flexionnel, l'amalgame qui peut être considéré comme le stade final de la composition en est pratiquement absent. Nous n'avons relevé qu'un seul amalgame : banara "arc". Il est composé des lexèmes anglais *bow* "arc" et de *arrow* "flèche". Les anglophones prononcent généralement [bonaro] et certains jeunes, aujourd'hui, rétablissent les étymons et disent bo an aro. Nous retrouvons ici l'une des caractéristiques essentielles des pidgins : l'instabilité.

12.5.3. Les synapsies

Les synapsies se présentent comme des groupes de lexèmes reliés entre eux par un élément de liaison, chaque membre gardant sa possibilité d'expansion. Le résultant de l'association de ces trois termes est monosémique.

Dans toutes les langues vernaculaires ces groupes lexicaux intermédiaires entre les composés et les syntagmes auxquels ils s'identifient, si ce n'est par leur trait monosémique, étaient très employés pour nommer toute innovation. Ainsi a-t-on :

En navwien : na-mbœtav tœnen moniel "papaye"
/ le-(fruit à pain)/de/Européen/

na-vembwi tœnen kambat "bouteille"
/le-bambou/de/Européen/

En port-sandwich : mbwelaxex sa xambat "grenouille"
/gecko/du/Européen/

mbuas sa xambat "bovin"
/cochon/du/Européen/

En Bislama(n), des constructions identiques ont été introduites afin de désigner en particulier tous les apports européens. Mais la supplantation quasi générale des objets autochtones par des produits européens fait que l'on précise plus volontiers ce qui appartient au monde coutumier. A la suite du nom on ajoute **blong blakman**, **blong netiv**. Ainsi a-t-on :

akis blong blakman "hache de pierre"
/hache/de/autochtone/

medisin blong netiv "remède coutumier"
/remède/de/autochtone/

etc.

Parfois, lorsqu'un objet existe à la fois dans le monde coutumier et chez les Européens, on ajoute **blong waetman** /de/Blanc/, afin de préciser l'origine de l'objet.

sitrap blong waetman "ceinture de cuir"
/ceinture/de/Européen/

Aujourd'hui, le procédé s'est généralisé et sert à désigner toute réalité qui ne serait pas déjà exprimée par un monème lexical. La préposition Bislama(n) **blong**, marquant la possession, le rapport de dépendance, est l'élément de liaison privilégié dans les synapsies de ce pidgin.

basket blong titi "soutien-gorge"
/panier/à/seins/

laos blong pig "tique à cochons"
/pou/à/cochon/

rus blong nabanga "racine aérienne de banian"
/racine/de/banian/

sel blong kokonas "coque de noix de coco"
/coque/de/(noix de coco)/

etc.

13. LES ÉTYMONS MÉLANÉSIENS

Ils ne représentent qu'environ 4% du lexique du Bislama(n). Au départ, le pidgin servait aux échanges inter-ethniques, essentiellement entre maîtres anglo-saxons et autochtones venus des différents archipels de Mélanésie. Même si des termes austronésiens présentaient une racine connue dans l'ensemble des parlers des recrutés, ces lexèmes ne pouvaient entrer dans le parler véhiculaire car ils étaient incompris des maîtres européens.

Nous pensons que les entrées mélanésiennes du lexique du Bislama(n) sont apparues lorsque le pidgin a cessé d'être "exogène", c'est-à-dire au moment où il a été réintroduit dans l'archipel (voir 2.3). Bien que restant un parler inter-ethnique, entre planteurs européens et autochtones (voir 3.), les cadres géographiques, naturels étant les mêmes pour tous, il fut possible aux Mélanésiens d'utiliser des termes locaux et d'être compris de leurs nouveaux voisins européens. Une étude sémantique de ces étymons mélanésiens faisant partie du lexique Bislama(n) permet de sérier ces étymons en quatre catégories : lieux géographiques, flore et faune, parenté, société. Ce sont là des domaines où l'anglais, langue-source principale, n'offrait pas de signe permettant de traduire ces concepts. Les phonèmes constituant les noms présentés ici sont ceux communs aux langues autochtones de la région que nous avons pris comme référence, le Sud-Malakula. Ailleurs, les mêmes noms prononcés en pidgin peuvent être quelque peu différents.

13.1. LIEUX GÉOGRAPHIQUES

Noms en pidgin	Noms en français(local)
ambrem	Ambrym (île)
anaejam	Anatom (île)
aniwa	Aniwa (île)
efate	Efate (île)
epi	Epi (île)
eromanga	Erromango (île)
fila	Port-Vila
futuna	Futuna (île)
lamen	Lamen (îlot)
maevo	Maewo (île)
makura	Makura (île)
malakula	Mallicolo (île)
malo	Malo (île)
nguna	Nguna (île)
omba	Aoba (île)
pama	Paama (île)
sakao	Sakao (île)
santo	Espiritu Santo (île) ou Luganville
tana	Tanna (île)
tongariki	Tongariki (îlot)
tongoa	Tongoa (île)
etc.	

13.2. NOMS DÉSIGNANT LA FAUNE ET LA FLORE

13.2.1. Etymons mélanésiens désignant la faune locale, entrés dans le pidgin

Chaque fois que ces termes pidgin nous ont semblé provenir d'un signe mélanésien rencontré parmi les langues autochtones que nous avons étudiées, nous l'avons signalé. Les autres étymons proviennent de l'un des 105 autres parlers mélanésiens restant dans l'archipel.

nakarae "roussette"

en naha'aj : namangurej ; en mbwenelang : garaj-sumb

nakatof ou **nakato** "bernard l'ermite".
en avox : nambwerxato ; en navwien : nambwirxatu
etc.
nalakalak "oiseau sp." selon B; Camden
namalao "mégapode de Freycinet"
namarae "anguille"
en mbwenelang : marit ; en port-sandwich : marir
etc.
nambamba "ver des troncs d'arbre" selon B. Camden
nambembe "papillon"
en vetmbao : nambœmb ; en nasarián$_a$: nambámb$_a$
etc.
nameme "limace"
en koliveu : namimeu ; en faraun : namümüu
etc.
naova "héron de récif" selon B. Camden
napilake "oiseau, râle"
napiru "héron"
narave "cochon hermaphrodite en pidgin du nord de l'archipel"
nasiho ou **nasiko** "oiseau" *(Halcyon Farquhari)*
en port-sandwich, en banam bay : nasix
etc.
nasise "petit coquillage blanc vivant dans le sable"
en port-sandwich, en koliveu : nasis
nasivi ou **nasiviru** "perruche"
en naha'aj, en koliveu : nasivir
etc.
natalae "coquillage, bénitier"
en koliveu : natalaj ; en nahava : nitalaj
etc.
natamap "cochon castré"
nataroa "un oiseau" selon B. Camden
naura "crevette de rivière, langouste"
en nasarián$_a$: naúr$_a$; en axamb : naur
etc.
navemba ou **navimba** "pigeon *(ducula pacifica)*

en avox : noxoimb ; en mbotkóte : nakœmba
etc.

nawita "pieuvre"
en navwien : noxoit ; en banam bay : naxit
etc.

13.2.2. Les noms autochtones de végétaux passés en bislama(n)

.kava *(piper methisticum)* "plante mâchée pour faire un breuvage"

naeve "arbre" poussant dans les régions basses et humides

nagarya "arbuste dont les rameaux sont symboles de paix"

nakatambol *(dracontomelon vitiense)* "arbre et fruit"

nakavika *(syzygium malaccensis)* "fruit comestible"
en vetmbao : naxavœx ; en aulua : naxavxa
en ninde : nevüke ; en port-sandwich : xavix

nalake *(pangium edule)* arbre dont les fruits secs servent de grelots pour les danses"

nalumlum "lichen"
en ninde : nilum ; en naha'aj : natamlum

namalaus *(garuga floribunda)* "arbre"

namambe *(inocarpus edulis)* "arbre"
en banam bay : namamb ; en nahava : namamp

namariu *(acacia spirorbis)* "arbre"
en aulua : nœmari ; en ajiauleiána : namaru

namatal *(kleinhovia hospita)* "arbre"
en aulua : mendel ; en nahava : niminda'

nambangura *(calophyllum inophyllum)* "arbre"
en mbotkóte : nœmbaúra ; en nasariána : nambaŋbaŋarua

nambangga "banian"
en naha'aj, en faraun, en axamb, en avox, en banam bay, en port-sandwich : nambaŋg
en nasariána, en mbotkóte, en nataŋgan : nambaŋga
etc.

namemiwa "arbre utilisé pour faire des poteaux"

nandao *(pometia pinnata)* "arbre", "fruit comestible"
en aulua : nindo ; en banam bay : nandao

en nahava : nendeu

nangae *(canarium indicum)* "arbre", "fruit comestible"

en vetmbao : niŋge ; en port-sandwich : niŋaj

en axamb : niŋe etc.

nanggalat *(dendrocnide spp.)* "arbre à feuilles urticantes"

narara *(erythrina indica)* "arbre"

en banam bay : nandrar ; en mbotkóte : nandra

en ninde : nare

naru *(casuarina equisetifolia)* "arbre"

en axamb : *niar* ; en banam bay : nier etc.

natanggura *(metroxylon spp.)* "sago"

natora *(intsia bijuga)* "arbre"

natongtong "palétuvier"

en mbwenelang, en banam bay, en navwien : natoŋ

en port-sandwich, en vetmbao, en avox, en faraun, en axamb : naroŋ

naus *(spondias dulcis)* "arbre", "fruit comestible"

navara "noix de coco germée"

en port-sandwich : navi ; en koliveu : nœval

navele *(barringtonia asiatica)* "arbre"

navelwud *(barringtonia edulis)* "arbre", "fruit comestible"

navenwe (waetwud) "arbre utilisé en construction"

navisa ou **naviso** "roseau dont les pousses sont comestibles"

en nasarian$_a$: navise ; en aulua : nevsa

popile "igname douce"

samsam "petite noix de coco à l'enveloppe douce et comestible"

en aulua : samsam ; en koliveu : samsam

etc.

13.3. LES TERMES DE PARENTÉ MÉLANÉSIENS AYANT SERVI DE BASE LEXICALE AU BISLAMA(N)

kasi "frère en pidgin du sud de l'archipel" selon B. Camden

palika blong mi "mon beau-père, mon beau-frère dans les îles du nord" selon B. Camden

papa blong mi "mon oncle utérin"

en port-sandwich, en koliveu : vocatif tata
etc.

bubu "grand-père, grand-mère, grand-oncle, grande-tante"
en port-sandwich, en axamb, en avox : vavu
etc.

tavean blong mi "mon beau-frère"
en banam bay : tevan ; en port-sandwich : tauian
etc.

tata blong mi "mon père en pidgin du Sud-Malakula"
en port-sandwich, en koliveu : ita, vocatif : tata
etc.

tua-k "frère", vocatif employé dans la région de Paama, selon B. Camden

etc.

13.4. LES ASPECTS DE LA VIE SOCIALE EXPRIMÉS EN PIDGIN PAR D'ANCIENS LEXEMES AUTOCHTONES

lisufsuf "petits esprits vivant dans les banians" selon B. Camden

nagriamel "un mouvement politique" dont le nom est composé de nagirya "plante symbole de paix" et de namele "palme indiquant les lieux interdits"

nakaemas "diable, esprit"
en koliveu : natamat ; en navwien : nœtœmas
etc.

nakamal "maison des hommes"
en aulua : naxamel ; en axamb : naxamal
etc.

nambas "étui pénien"
en aulua, en koliveu : nambas
etc.

namele "plante aux feuilles palmées, symbole de paix, marque les "tabous"

narave "cochon hermaphrodite jouant un rôle important dans les échanges traditionnels"

narova "grand plat de bois dans les îles du Nord"
nasara "place de danse"
en nahaa'aj : nasaran ; en nasariána : nasára
etc.
natamap "cochon hermaphrodite (voir narave), nom employé dans les îles du centre
navonda ou navota "plateforme de pierre sur laquelle le "Chef" tuait les cochons
en port-sandwich : "mur de pierres" navondr
risefsef ou lisefsef "petits esprits malins jouant dans les banians"
en port-sandwich, en koliveu : lisevsev
etc.
sangalingali "esprit vivant dans les marais" selon B. Camden

13.5. AUTRES ÉTYMONS MÉLANÉSIENS

konkon "amer"
en nahava, en axamb : konkon
etc.
laplap "tubercules râpés cuits dans les pierres chaudes"
malmal "nu"
en koliveu : malmal ; en aulua : malamal
etc.
masing "sortilège"
nakorom blong mi "poils du pubis" selon B. Camden
nakwa voir laplap selon B. Camden
nalnal "casse-tête"
nalot "tubercules écrasés dans du lait de coco" dans les îles du Nord
nasama "balancier de la pirogue"
en banam bay : nasam ; en koliveu : nœsam
etc.
parpar "pièce de tissu enserrée autour de la taille"
purumbut "marcher sur"

en vetmbao : mbürmbür ; en port-sandwich : mbürmbür i ni
etc.

rasras "râper" les tubercules
en navwien : ndraras ; en nahava : rahrah
etc.

tuluk "tubercules râpés et morceaux de porc cuits ensemble", îles du centre

14. LES ÉTYMONS FRANÇAIS

Ces étymons représentent à peine 3% du lexique du Bislama(n), lexique composé d'apports lexicaux successifs se complétant les uns les autres. Parmi ceux-ci, les étymons français constituent une strate riche en enseignements historiques.

Comme les étymons mélanésiens, les termes pidgin d'origine française sont apparus à la fin du 19e siècle, au moment où les Néo-Hébridais recrutés revenaient nombreux dans l'archipel et où les premiers colons arrivèrent(voir 3.).

Tous ces néologismes issus du français avaient pour fonction d'exprimer des concepts liés à la vie et à la société de ces Européens nouvellement arrivés. Parfois la langue française a servi à exprimer des concepts connus en anglais, mais que les premiers missionnaires anglophones, très puritains, avaient volontairement omis. D'un point de vue sémantique, les étymons français du Bislama(n) peuvent être regroupés en différents thèmes, conséquences de l'évolution historico-culturelle de l'archipel.

14.1. ÉTYMONS AYANT UN RAPPORT AVEC LES PLANTATIONS ET LE COMMERCE (voir 3.)

14.1.1. Lexèmes du bislama(n) liés au travail sur les plantations néo-hébridaises

arier "en arrière, reculer"

em i mek-em arier ou em i arier "il recule"
/il/*mod.pers.*/faire-*trans.*/arrière/ ou /il/*mod.pers.*/arrière/

bebet "insecte"

bramin "barre à mine"
bulong "boulon"
busi "bougie" (synonyme plak)
kale "caler"
kameong "camion"
kaojuk "caoutchouc"
korosol "fruit", nom probablement amené par les planteurs dont les familles étaient originaires de l'île de la Réunion(voir R. Chaudenson, 1974, p. 659 et p.952)"
kolta "colta"
laflat "bateau à fond plat" (étymon : la plate)
legim "légume"
loto "l'auto"
manuvel "manivelle"
masut "mazout"
obesin "aubergine"
piko "plante épineuse poussant dans les plantations" "poisson local"
pitas " arachides ou graines séchées", nom ramené probablement de la Réunion via la Nouvelle-Calédonie"
pyos ou lapyos "pioche"
rato "rateau"
sinema "cinéma", sur beaucoup de plantations, le planteur projetait des films pour distraire et retenir la main-d'oeuvre sous contrat. A Port-Vila comme à Luganville deux cinémas existent, tous sont gérés par des Français.
sudar-em "souder quelque chose"
susu "chouchoute", fruit probablement amené par les planteurs originaires de la Réunion(voir R. Chaudenson, 1974)"
tongkin man-tongkin "nom donné aux Indochinois travaillant sous contrat avant la seconde guerre mondiale"

14.1.2. Les lexèmes bislama(n) d'origine française utilisés dans les «sto» sur les plantations

les "sto" sur les plantations

katon "carton (de marchandises)"

em i trink wan katon bia em wan
/il/*mod.pers.*/boire/un/carton/de/bière/il/un/
"il boit un carton de bière à lui seul"

lakol "la colle"

lapul "l'ampoule"

14.2. ÉTYMONS DÉSIGNANT DES ACTIVITÉS OU DES CONCEPTS PROPRES A LA COMMUNAUTÉ FRANÇAISE

14.2.1. Lexèmes bislama(n) issus du vocabulaire administratif et officiel français

delegei "administrateur dans les îles" (étymon : délégué)

duan "douanes" (synomyme kastom)

frang "franc"

futbol "football", aux Nouvelles-Hébrides, ce sport (angl. *soccer*) est traditionnellement dirigé par des Français ; les Anglais s'occupant de l'athlétisme.

kamarad "camarade", nom dont se servaient les Tonkinois pour s'interpeller ou pour s'adresser aux Mélanésiens.

kilo "kilogramme"

kilometa "kilomètre"

lekol "l'école"

lita "litre"

mil "mille". Ce lexème désigne le billet de mille FNH (francs néo-hébridais)

mita "mètre"

nuvelsebrid "Nouvelles-Hébrides"

sontimita "centimètre"

sondam "gendarme"

sontim "centime"

tan "tonne"

14.2.2. Lexèmes français passés au bislama(n) ayant un rapport avec la religion catholique (voir 4.2.3 et 5.3.2)

kermes	"kermesse"
lames	"la messe"
lepap	"le pape"
pentekos	"pentecôte", nom d'une île du nord des Nouvelles-Hébrides découverte par J.B. Bougainville le jour de la Pentecôte 1768.
per	"le père missionnaire"

14.3. LEXEMES FRANÇAIS ENTRÉS DANS LE PIDGIN DÉSIGNANT DES ALIMENTS OU AYANT UN RAPPORT AVEC LA CUISINE

gato	"gateau"
kokot	"cocotte", le terme suspen(angl. *sauce pan*) est plus répandu
lae	"l'ail"
lasup	"la soupe", le lexème Bislama(n) lasup désigne tout bouillon ayant servi à cuire des aliments
neskafe	"nescafé", tout café soluble vendu dans les îles
piko	"poisson à la chair très estimée des Européens"
pimang	"piment"
pomdeter	"pomme de terre" (synonyme : poteto)
sobe	"glace, sorbet" (synonyme : aes krim)

14.4. ÉTYMONS FRANÇAIS DONT LES ÉQUIVALENTS ANGLAIS N'ONT PAS ÉTÉ UTILISÉS PAR LES MISSIONNAIRES ANGLOPHONES

Tous les termes qui vont suivre sont entrés dans le lexique du Bislama(n) parce que les premiers Européens à les avoir prononcés furent les planteurs d'origine française. Ce serait en vain que l'on chercherait dans le vocabulaire du Bislama(n) des termes synonymes d'origine anglaise. Très puritains, les premiers missionnaires anglophones avaient banni de leurs conversations les lexèmes correspondants aux concepts qui vont suivre.

busong	"bouchon", seuls les Français buvaient du vin
kalsong	"caleçon"

kilot "culotte"
konyak "cognac"
lafet "la fête"
pispis "pisser, uriner"

14.5. EXPRESSIONS FRANÇAISES FAISANT PARTIE DU LEXIQUE BISLAMA(N)

ale "expression servant à relancer un discours. Elle relie des actions successives et sert à maintenir une unité au récit." (étymon : "allez")

bonane "bonne année", selon B. Camden

saye "expression employée lorsqu'une action vient d'aboutir soudainement." Par exemple au football, lorsque le ballon entre dans les buts, les spectateurs crient **saye**!

si "approbation dite à la suite d'une question interro-négative"

yu no kam "tu ne viens pas ?"
/tu/*nég.*/venir/
si!

14.6. AUTRES ÉTYMONS FRANÇAIS

La plupart de ceux-ci possèdent des synomymes d'origine anglaise.

kanal "rue principale de Luganville ou la ville elle-même"

mi mi go long kanal
/je/*mod.pers.*/aller/à/canal/
"je vais à Luganville ou en ville, suivant le lieu où l'on se trouve"

klaket "va-nu-pieds en caoutchouc" (syn. **raba**)

kokeas "coquillage" (syn. **sel**)

los "loche, espèce de poisson genre mérou"

me "mais" (syn.**pe**, **be**, **bat**)

pik "pique aux cartes" (syn. **sped**)

saval "chaussure" (syn. **sus**)

sinwa "chinois" (syn. **saenis**)
varisel "varicelle", selon B. Camden

15. LA PIDGINISATION OU LA TENTATIVE D'ALIGNEMENT DES CATÉGORIES GRAMMATICALES DE LA LANGUE-SOURCE SUR CELLES DU SUBSTRAT

Le Bislama(n), pidgin à base lexicale anglaise est apparu à la suite d'un besoin soudain de communication entre des Européens anglophones et des autochtones polynésiens mais surtout Mélanésiens(voir 1. et 2.).

Alors que dans la zone caraïbe et dans l'Océan Indien, principales aires créolophones, les langues-cibles furent tour à tour le portugais, le français, l'anglais et l'espagnol pour les Antilles ; dans le Pacifique, la langue-cible du pidgin fut uniquement l'anglais.

Dans le Sud-Pacifique, les langues du substrat, polynésiennes et surtout mélanésiennes, appartenaient au même groupe linguistique : la famille austronésienne. Aux Antilles et aux Mascareignes, les langues autochtones mises en présence furent des plus variées, les influences de chacune d'elles restent de nos jours difficiles à déterminer, ainsi que parfois la nature de ces langues même.

Le pidgin Bislama(n), quant à lui, est né il y a seulement un siècle, ce qui permet de bien connaître les contextes historiques et sociologiques dans lesquels il prit naissance. Cet ensemble de faits permet de comparer aisément la langue-cible et les langues du substrat et de voir selon quels principes s'est faite la pidginisation.

Les locuteurs de langues austronésiennes ont perçu les messages de leurs maîtres anglophones en fonction des langues qu'ils connaissaient.

Les catégories grammaticales de l'anglais ayant des équivalents dans les langues austronésiennes ont été réutilisées en pidgin en conservant leur nature. Quant aux catégories grammaticales anglaises, inconnues des autochtones, elles ont été assimilées à des catégories qu'ils connaissaient déjà. Le processus de pidginisation décrit pour les phonèmes(voir 11.2.) s'est reproduit au niveau catégoriel, il y a eu "naturalisation" d'un élément étranger(européen) en une catégorie austronésienne connue de tous. Pour illustrer ce processus de pidginisation, nous continuerons à prendre pour exemple, le pidgin parlé au Sud-Malakula et les langues mélanésiennes de cette région.

15.1. LES CATÉGORIES GRAMMATICALES ANGLAISES AYANT UN ÉQUIVALENT DANS LES LANGUES DU SUBSTRAT

Nous avons vu dans le paragraphe 12.4.1 comment le système des pronoms personnels du pidgin a été établi en partant des pronoms anglais mais en fonction de ceux existant dans les langues du substrat. Pour les autres catégories grammaticales communes à la langue-cible et aux langues autochtones, le processus de pidginisation fut identique.

L'emploi de ces catégories(communes) dans des phrases anglaises par les maîtres anglo-saxons correspondait à celui auquel les autochtones étaient habitués dans leurs propres langues. Ces catégories ont donc constitué, dès le début, les premiers éléments du pidgin en formation.

15.1.1. La pidginisation du nom et de ses déterminants

Aux substantifs anglais, lexèmes désignant, entre autres, des objets concrets, il était facile aux autochtones de trouver des correspondants dans leurs propres langues. Au moment d'une première approche avec une langue étrangère, la morphologie de ses lexèmes et en particulier des noms échappe au non-initié. Monèmes simples, dérivés, composés n'étant pas différenciés sont réutilisés tels qu'ils sont perçus. Ainsi, les composés anglais comme *sauce pan* "cocotte", *grass skirt* "jupe de fibres" etc. sont-ils devenus en Bislama(n) **suspen, grasket**, monèmes uniques d'où les étymons composants ont disparu.

Si le réemploi du nom anglais par les autochtones a dû se faire sans problème majeur, il n'en fut pas de même des déterminants de ce nom ; beaucoup de déterminants anglais ne trouvant pas de vis-à-vis(sémantiques) dans les langues autochtones.

Dans les langues européennes et dans la plupart des langues mélanésiennes et en particulier celles du Sud-Malakula, le nom se trouve associé à des possessifs, des démonstratifs, des numéraux et des quantitatifs. Tous ces déterminants allaient donc être représentés en Bislama(n).

15.1.1.1 Le rapport de possession et la pidginisation

Les déterminants possessifs indiquent le rapport de dépendance qui existe entre l'objet possédé et la personne qui le possède, cette dernière pouvant être désignée par les pronoms personnels(voir 12.4.1).

Dans les langues vernaculaires le nom possédé est suivi du possessif qui porte toujours la marque personnelle, il est souvent composé du pronom personnel affixé.

En port-sandwich, en avox, en axamb : *nom* + isa-ŋg "nom + à moi"

En banam bay, en vetmbao : *nom* + sa-m "nom + à toi"

En nasarián$_a$, en ajiauleián$_a$, en mbotkót$_e$: *nom* + te-kœnœ "nom + à moi" (kœnœ pronom personnel, première personne "je")

Aux différentes personnes du pluriel, du duel, du triel, le schéma présenté pour les trois derniers parlers cités : *nom + possessif + pronom personnel* est généralisé.

En aulua	:	*nom* + tax-ndara	"*nom* + à nous(*duel incl.*)
En vetmbao	:	*nom* + sa-ru	"*nom* + à eux 2"
En port-sandwich	:	*nom* + sa-xate	"*nom* + à eux"
En naha'aj	:	*nom* + ti-amwil	"*nom* + à vous"
En ninde	:	*nom* + ane-kamet	"*nom* + à nous 3(*excl.*)"
En mbotkót$_e$	:	*nom* + te-kœndal	"*nom* + à nous(*pl.*)"

etc.

Les langues autochtones ne connaissant pas d'opposition masculin/féminin, portant entre autres sur les pronoms, comme en anglais où l'on distingue *he*, *she* et un neutre *it*, les possessifs anglais *his*, *her*, *its* n'auront pas d'équivalent sémantique, il s'ensuit que le pidgin ne comportera qu'un seul possessif pour la troisième personne du singulier.

Les distinctions entre possesseur humain et non-humain, (en port-sandwich : nave naxan : "son manche" ; nave esa-n : "sa main") ou les différences de possessif en fonction du caractère aliénable ou inaliénable de l'objet possédé, les premiers étant suivi d'un possessif autonome, les seconds étant obligatoirement suffixés (en koliveu : naim isa-ŋg "ma maison" ; nakandü-ŋg "ma tête") ont disparu du pidgin parce que ces traits n'étaient pas appliqués partout aux mêmes signifiés.

Le rapport de possession en pidgin est exprimé selon un schéma en tout point semblable à celui en usage dans les langues vernaculaires soit : *nom + possessif + pronom personnel.*

Nous avons vu en 12.4.1 quels étaient les pronoms personnels du pidgin. La particule reliant l'objet possédé du possesseur, tax en aulua, sa en vetmbao et en port sandwich, ti en naha'aj etc. est en Bislama(n) **blong**, l'étymon étant le verbe anglais *to belong* "appartenir à". Il y a donc eu changement de catégorie grammaticale, un verbe anglais étant devenu une particule possessive en pidgin. Bien qu'il soit difficile de donner une explication définitive à ce changement, nous risquerons des explications que nous savons partielles. Tout d'abord, le schéma anglais *possessif + nom : your knife* etc., différait de l'ordre (inverse) des langues autochtones. Le maître anglais ne se sentant pas compris ne pouvait qu'émettre des énoncés ou des paraphrases synonymes : *knife of yours* ou **knife belong to you*. Le verbe *to belong* "appartenir à" n'a pas d'équivalence dans les langues mélanésiennes où le sens passif est inconnu. Dans les deux expressions proposées *of* et *belong to* associent l'objet possédé au possesseur comme les particules possessives des langues mélanésiennes d'où l'assimilation. En Bislama(n), *knife of yours* et **knife belong to you* sont traduits par le même groupe nominal **naef blong yu** /couteau/à/toi/.

L'expression formelle de la possession en pidgin est donc directement calquée sur l'ordre de déterminaison des langues du substrat *nom + possessif + pronom personnel*.

nom + blong mi	"mon + *nom*"
nom + blong yu	"ton + *nom*"
nom + blong (h)em	"son + *nom*"
nom + blong mi-fela	"notre (*pl. excl.*) + *nom*"
nom + blong yu-mi	"notre (*pl. incl.*) + *nom*"
nom + blong mi-tu-fela	"notre (*duel excl.*) + *nom*"

etc.

15.1.1.2 Les démonstratifs et la pidginisation

Comme pour les possessifs, l'ordre de détermination en anglais est : déterminant-déterminé, *démonstratif + nom* : *this boy, that house, etc.*

Dans les langues autochtones, l'ordre est à nouveau inverse, *nom + démonstratif*, en port-sandwich : na-im ixa "cette maison".

La distinction existant en anglais entre démonstratifs singuliers et démonstratifs pluriels, *this/these, that/those* est sans équivalent dans les langues autochtones, elle n'a pas connu de prolongement en pidgin. Par contre l'opposition *this/that*, qui sert à distinguer les objets en fonction de la distance qui les sépare du locuteur, apparaît dans les langues du substrat.

	objet proche	objet plus éloigné
En naha'aj	*nom* + ajih	*nom* + ajaŋ
En mbotkot$_e$	*nom* + naŋ	*nom* + tiwa
En faraun	*nom* + ŋœn	*nom* + nœsao
En banam bay	*nom* + ŋia	*nom* + ŋemuaŋ
En ninde	*nom* + ŋe	*nom* + ŋeve

etc.

Cette distinction commune à la langue-cible et aux langues du substrat existe dans le pidgin du Sud-Malakula.

(h)aos ya "cette maison" s'oppose à (h)aos (h)emya "cette maison-là (plus loin)". Lorsqu'un locuteur dit (h)aos (h)emya, il désigne une maison autre que celle qui est immédiatement devant lui, il demande à l'interlocuteur un surcroît d'attention ; cela peut être traduit en français populaire par "cette maison, celle-là".

Il semble que l'usage qui vient d'être décrit, directement lié aux particularités des langues du substrat, soit inconnu dans d'autres parties de l'archipel. J.B.M. Guy et B. Camden présentent (h)emya uniquement comme un pronom "ce, ceci, cela", fonction que ce terme a également au Sud-Malakula : (h)emya wan sak "c'est un requin".

Les jeunes Mélanésiens emploient de plus en plus le démonstratif disfela (étymon : *this fellow*, disfela kanu "cette pirogue". Ce démonstratif probablement appris aux Salomon ou en Nouvelle-Guinée est employé suivant l'ordre de l'énoncé anglais. Il s'agit là d'un des nombreux cas de dépidginisation du Bislama(n).

15.1.1.3 Les numéraux, les quantitatifs comme déterminants du nom et la pidginisation

Les systèmes numériques dans les langues autochtones des Nouvelles-Hébrides sont très variés, certains sont décimaux, quinaires, décimaux imparfaits (D.T. Tryon, Honolulu, 1974). Les parlers du Sud-Malakula n'échappent pas à cette disparité, certains sont décimaux, d'autres vingésimaux. De telles différences doivent également exister entre les langues mélanésiennes des autres archipels. Il s'ensuit que, sur les plantations australiennes, aucun système numérique autochtone ne pouvait s'imposer, tous acquirent la numération anglaise. Celle-ci fut transformée phonologiquement selon les critères décrits en 11.2.1 et en 11.2.2. L'ordre anglais *numéral + nom* s'est imposé à tous et fut le seul retenu dans le pidgin.

tu boe (étymons : *two boys*) "deux garçons"
twelev pig (étymons : *twelve pigs*) "douze cochons"
twenti tri yam (étymons : *twenty three yams*) "vingt trois ignames"
etc.

Dans toutes les langues du substrat, l'ordre est *nom + numéral*.

En banam bay : nato ŋavur evet "quarante poules"
/poule/dix/quatre/

andam entœmwi ilavutœl "dix huit ans"
/année/dizaine/ huit /

En naha'aj : mar namaratin ivas "quatre vingt hommes"
/homme/vingtaine/quatre/

etc.

Le nom, en anglais, peut être précédé de déterminants indiquant le nombre, la quantité.

-numéraux et quantitatifs anglais :

all	"tout, tous"	*the fewest*	"le moindre"
not all	"pas tous"	*too few*	"trop peu"
any	"n'importe"	*less*	"moins"
any more	"n'importe lequel en plus"	*much less*	"beaucoup moins"
a few	"un peu"	*many*	"beaucoup de"
a little	"un peu"	*many more*	"beaucoup plus de"
a little less	"un peu moins"	*much*	"beaucoup de"
a little more	"un peu plus"	*only*	"seul"
enough	"assez"	*some*	"quelques"
few	"quelques"	*too much*	"trop de"
many few	"assez de"	*too many*	"trop de"

Parmi ces déterminants anglais, seuls ceux qui ont un sens proche ou supposé tel par les autochtones des déterminants des langues vernaculaires qu'ils connaissaient, ont été retenus comme étymons du pidgin. La sélection s'est faite au niveau sémantique en fonction des langues du substrat.

Au niveau phonologique, seuls les lexèmes communs à la langue-cible et aux langues du substrat ont été retenus. Ici, seuls les déterminants anglais, présentant ou supposés présenter des sèmes communs avec ceux des déterminants du nom dans les langues autochtones, ont été pidginisés.

Dans toutes les langues du Sud-Malakula, le nom peut être suivi des déterminants suivants : *pluralisateur, totalisateur, numéral, démonstratif, possessif, limitatif, altératif.*

"*pluralisateur, totalisateur, numéral* et *limitatif*" ont pour fonction de préciser le nombre et la quantité. Ces concepts étant connus des autochtones, ces derniers ont cherché à reconnaître dans la chaîne parlée anglaise les signes qui expriment le même signifié. Parmi la liste de déterminants anglais cités précédemment, ceux qui vont suivre ont été retenus et ont servi d'étymons.

all "tous, toutes", transformé en Bislama(n) en **ol** a été perçu comme un pluriel et non comme un totalisateur, cet étymon est devenu marque du pluriel en pidgin. Un pluralisateur existe également dans les langues vernaculaires, il y suit le nom.

En nasaraián$_a$: na-burman rat "les chiens"
/le-chien/plural./

En Bislama(n) : **ol dog**

En nahava : ni-mbunoŋ ar "les enfants"
/le-enfant/pl./

En Bislama(n) : **ol pikinini**

all together, expression adverbiale anglaise, a été assimilée au totalisateur des langues mélanésiennes et est devenu en pidgin **olketa** "tout, tous".

En naha'aj : na-naŋg ral mah "toutes les pirogues"
/la-pirogue/pl./tot./

En Bislama(n) : **olketa kanu**

En banam bay : ndœmare ŋaer mbutei "tous les enfants"
/enfant/ pl. / tot. /

En Bislama(n) : **olketa boe**
etc.

Lorsque l'on veut exprimer la totalité absolue en Bislama(n), on précise : **olketa avriwan** "tous sans exception".

little "peu de", déterminant anglais que l'on rencontre dans l'expression *a little money* "un peu d'argent" a vu son sens conservé en pidgin mais exprimé par le terme **smol**, dont l'étymon *small* [smɔ:l] "petit", synonyme de *little*, présentait une structure phonologique plus proche de celles auxquelles les autochtones étaient accoutumés.

mi mi ķat smol mani nomo "je n'ai que peu d'argent"
/je/*mod.pers.*/avoir/peu/argent/*limit.*/

En port sandwich : na-var evis "peu d'argent"
/le-argent/peu/

En ninde : **na-le vie** "peu de trocas"(coquillage)
/le-trocas/peu/

Le déterminant anglais *small* dont le signifié était connu des autochtones est devenu en pidgin un déterminant nominal mais aussi verbal. Il modifie le sens du verbe qui le précède.

pikinini ya i kakae smol "cet enfant mange peu"
/enfant/*dém.*/*mod.pers.*/manger/peu/

Le déterminant nominal anglais *only*, qui a dans cette langue un sens limitatif, restrictif, a vu son signifié retenu en pidgin, mais exprimé par le lexème **nomo** (étymon : *no more*). En pidgin, le terme **nomo** peut également déterminer un nom ou un verbe.

ol boe nomo ya, olketa oli kranki nomo
/*pl.*/garçon/*limit.*/*dém.*/, /ils/*mod.pers.*/fou/*limit.*/
"ce ne sont que les enfants, ils sont stupides, c'est tout"

Les exemples qui précèdent montrent qu'en pidgin, le même déterminant (*limitatif* dans le cas présent) peut entrer dans la composition du syntagme nominal et du syntagme verbal. Cette dualité fonctionnelle apparaît dans les langues autochtones où un seul terme restrictif est associé aux noms et aux verbes.

Au moment de la pidginisation, les signifiants anglais *only* et *no more*, tous les deux *limitatifs* mais appartenant à des catégories grammaticales anglaises différentes : adjectif pour le premier, adverbe pour le second, ont été assimilés au lexème de même signifié des langues autochtones. L'étymon anglais retenu fut celui dont la nature grammaticale et la position par rapport au déterminé semblaient être les plus proches de celles du limitatif des langues du substrat. *Only* n'a pas été retenu comme étymon car il s'agit d'un adjectif, catégorie n'existant pas dans les langues mélanésiennes. Il est en plus antéposé par rapport au terme qu'il détermine, position assez peu commune dans les langues des Nouvelles-Hébrides. L'adverbe anglais *no more* lui a été préféré car les autochtones ont pensé avoir affaire à un postverbe limitatif comme dans leurs langues.

pig nomo oli spol-em garen
/cochon/*limit.*/*mod.pers.*/abîmer-*trans.*/jardin/

"seuls les cochons ont abîmé le jardin"

En ajiauleián$_a$:

ambuas lua-me i-esiaŋata-k arakián$_a$
/cochon/*limit.*/*mod.pers.*-abîmer-*trans.*/jardin/

En nahava :

ni-mbues ohoj-te i-ŋgieo ne-heu
/le-cochon/*limit.*/*mod.pers.*-abîmer/le-jardin/

etc.

olketa oli kakae nomo
/ils/*mod.pers.*/manger/*limit.*/

"ils ont seulement mangé"

En ajiauleián$_a$:

ndrar ar-taotao lua-me
/ils/*mod.pers.*-manger/*limit.*/

En nahava :

ar ra-a'an ohoj-te
/ils/*mod.pers.*-manger/*limit.*/

etc.

some, any "quelques". Ces deux déterminants nominaux, synomymes, sont employés différemment en anglais. Seul le second apparaît dans les phrases interrogatives, *some* étant réservé aux énoncés affirmatifs. Le signifié de ces deux termes anglais est exprimé dans les langues autochtones, mais rien n'y rappelle les différences d'emploi que nous venons de résumer. Un seul de ces deux termes suffisait donc pour exprimer le concept de "pluralité limitée". Seul *some* a été retenu comme étymon et a donné en Bislama(n) **sam**.

sam (h)aos "quelques maisons"

En port sandwich :

na-im indres
/le-maison/quelques/

En naha'aj :

ni-um tuan
/le-maison/quelques/

etc.

too much, too many "trop de", synomymes en anglais, déterminent des signifiés différents. Le premier de ces déterminants est associé à un concept indivisible, alors que le second est placé devant un signe exprimant un concept ou une chose divisible en unités distinctes. Cette différenciation propre à la langue anglaise et par là étrangères aux langues mélanésiennes ne fit pas partie du pidgin. A l'image des langues du substrat, un seul signifiant en pidgin était nécessaire pour exprimer l'excès de quelque chose. *Too much* fut retenu comme étymon et donna **tumas** en Bislama(n). Ce terme en pidgin ancien est un post-verbe, il correspond à la catégorie grammaticale du signe recouvrant le même signifié dans les langues autochtones.

ol man oli blandi tumas "les hommes sont trop nombreux"
/*pl.*/homme/*mod.pers.*/nombreux/*augmentatif*/

En vetmbao :

nœ-ren ari ara-kos xambat
/le-homme/*pl.*/*mod.pers.*-nombreux/*augmentatif*/

En ninde :

nœ-mukut oxo re-lapwe ras
/le-homme/*pl.*/*mod.pers.*-nombreux/*augmentatif*/

etc.

La correspondance entre les catégories de la langue-cible et celles du substrat qui s'est opérée au moment de la pidginisation s'est maintenue jusqu'à ce que l'anglais redevienne la langue-cible des jeunes anglophones. Ces derniers emploient le signe pidgin **tumas** à la place qu'occupe l'étymon dans un énoncé anglais.

long ples ya i kat tumas man
/à/endroit/*dém.*/*mod.pers.*/avoir/trop/homme/
"à cet endroit, il y a trop de monde"

En anglais :

At this place, there are too many men

L'emploi nouveau fait par les jeunes du terme **tumas** pose le problème de la nature grammaticale de cet augmentatif. Pour les anciens, il s'agit d'un post-verbe modifiant le sens du verbe **kat** "avoir". Pour les jeunes, il s'agit d'un déterminant du nom **man**, comme *too many* est celui de *men* dans la phrase anglaise.

Nous retrouvons là, au niveau des catégories grammaticales, l'une des caractéristiques essentielles des pidgins : l'instabilité. Pour un même signifié, suivant ses connaissances, on associe un signe du pidgin à une catégorie grammaticale ou à une autre. Pour les uns, l'influence des langues autochtones est prédominante ; pour les autres, les catégories de la langue-cible, devenues celles auxquelles on est le plus familiarisé, s'imposent.

Ces influences contradictoires, qui font que pour beaucoup de termes l'appartenance à une catégorie donnée est ambiguë, amènent des emplois variés, individuels, que seule la compréhension du message peut censurer. Ainsi, pour certains, le terme **tumas** peut même être un verbe.

15.1.1.4 Autres déterminants anglais et la pidginisation

Les déterminants, *both*, *either*, *neither* indiquant la dualité n'ayant aucun équivalent dans les langues autochtones, n'ont pas été repris dans le vocabulaire pidgin.

Ceux marquant la totalité *whole*, *each*, *every* présentent des signifiés inconnus dans les langues du substrat, ils n'ont donc pas servi d'étymons dans le pidgin ancien. Les jeunes, par contre, éduqués à l'école anglaise sont familiarisés avec les signifiés exprimés par *each* et *every*, ils ont transposé ces signes en Bislama(n) après les avoir phonétiquement pidginisés : **its** ou **ij** "chaque", **avri** "chaque".

De même, pour des raisons sémantiques, les déterminants anglais *very*, *such* et autres n'ont pas été pidginisés.

L'altératif, qui fait partie de l'un des sept déterminants du nom dans les langues vernaculaires et qui existe dans la langue-cible, a trouvé sa place dans le pidgin, l'étymon étant *another* "autre". Ce lexème peut être, en anglais, un pronom ou un adjectif.

Dans les langues vernaculaires, l'altératif suit le nom qu'il détermine : *nom + altératif*

En port sandwich :

na-im minač "l'autre maison"
/la-maison/*alt.*/

En mbotkóte :

na-imo tœtlak "l'autre maison"
/la-maison/*alt.*/

En pidgin, l'altératif est exprimé par un préfixe : **nar-**, forme pidginisée de *another* [ə'nʌðər].

Lorsque les maîtres anglophones employèrent ce terme comme adjectif, c'est-à-dire antéposé par rapport au nom qu'il déterminait, son signifié fut compris, mais cet adjectif ne fut pas perçu comme un monème autonome. La position et la nature de ce terme ainsi que sa composition phonologique étaient étrangères à tout ce que connaissaient les Mélanésiens. L'altératif *another* et le nom qu'il précédait furent interprétés comme un composé, d'où l'emploi préfixé de l'altératif en pidgin.

nar-fala n., v. "l'autre", "être autre"
nar-wan n., v. "l'autre", "être autre"
nar-kaen n. "une autre espèce"
nar-ples n. "un autre endroit"
nar-saed n. "l'autre côté"

Ces lexèmes Bislama(n) préfixés appartiennent à des catégories grammaticales typiques des langues du substrat : nom et verbe.

nar-fala i kam "l'autre vient"
/l'autre/*mod.pers.*/venir/

man ya i nar-fela "cet homme est bizarre"
/homme/*dém.*/*mod.pers.*/autre/

Il est important de noter que le sens d'un déterminant du nom existant dans les langues vernaculaires s'impose en pidgin quelle que soit la catégorie grammaticale à laquelle appartiennent les signifiants correspondants de la langue-cible. Il y a prédominance du signifié du substrat dans le phénomène de pidginisation. Cette importance déterminante du fait sémantique apparaît également au niveau du syntagme verbal.

15.1.2. La pidginisation du verbe et de ses déterminants

Les verbes d'action anglais peuvent être traduits par des racines verbales dans les langues autochtones. Ces verbes anglais ne présentant pas d'originalité catégorielle et sémantique par rapport à leurs homologues du substrat ont très largement servi d'étymons à des lexèmes, verbes de même signifié en pidgin. Mais beaucoup de composants du syntagme verbal anglais n'ont pas été pidginisés.

15.1.2.1 Disparition des morphèmes grammaticaux anglais

Les flexions verbales anglaises sans équivalent dans les langues austronésiennes ont disparu du pidgin.

Ont disparu :

- la marque de la troisième personne du singulier *-s* au présent
- le suffixe *-ed*, marque du prétérit et du participe passé
- le suffixe *-ing* du participe présent
- la différenciation présent/passé par alternance vocalique comme dans *get/got, come/came etc.* ou par changement consonantique *bend/bent, build/built, have/had etc.*

Les verbes *to have* et *to be* employés comme auxiliaires ne pouvaient être compris des autochtones tout comme les verbes modaux *will, shall, can, may* et leurs flexions.

Les temps des verbes anglais étaient des concepts étrangers, les autochtones étant familiarisés uniquement avec la notion d'aspect. C'est de nouveau en fonction de la pensée mélanésienne que s'est ébauché le syntagme verbal du pidgin, les Mélanésiens ont cherché à rétablir en Bislama(n) les aspects de leurs langues, notions qu'ils jugeaient indispensables.

15.1.2.2 Le rétablissement en pidgin des aspects mélanésiens

Les Mélanésiens ont cherché à identifier dans la chaîne parlée anglaise quels étaient les monèmes qui pouvaient correspondre à chaque aspect qu'ils connaissaient.

Dans les langues du Sud-Malakula, l'aspect est exprimé par des post-verbes ou des préverbes parfois associés à un morphème affixé au radical verbal.

L'aspect duratif présent est attesté dans la plupart des langues mélanésiennes. Il est traduit en Bislama(n) par la particule **stap** "être, se trouver, être en train de". L'étymon est le verbe *to stop*.

En nasarián$_a$:

iej i-ndaŋ-lualua na-ndam
/il/*mod.pers.-duratif*-arracher/igname/

"il est en train d'arracher les ignames"

En Bislama(n) :

em i stap pik-im yam
/il/*mod.pers.*/*duratif*/arracher-*trans.*/igname/

En vetmbao :

ŋaji ŋu-xœl ndram
/il/*mod.pers. duratif*-arracher/igname/

"il est en train d'arracher les ignames"

(ŋaji ŋa-xœl "il arrache", ŋaji ŋu-xœl "il est en train d'arracher")

En Bislama(n) :

em i stap pik-im yam
/il/*mod.pers.*/*duratif*/arracher-*trans.*/igname/

En banam bay :

ndraru ndri-ma-xan
/nous *duel incl.*/*mod.pers.-duratif*-manger/

"nous sommes en train de manger"

En Bislama(n) :

yu-mi-tu yu-mi-tu stap kakae
/nous *duel incl.*/*mod.pers.*/*duratif*/manger/

etc.

L'aspect dubitatif des langues autochtones a été repris en Bislama(n). Il est exprimé en pidgin par le terme **mebi** venant directement de l'étymon *maybe* dont le signifié indique l'incertitude.

En nasarian$_a$:

iej i-mbœ-mas "il est peut-être mort"
/il/*mod.pers.-dubitatif*-mort/

En Bislama(n) :

mebi em i ded
/*dubitatif*/il/*mod.pers.*/mort/

En banam bay :

rato ar-tœ-xan "ils mangent peut-être"
/ils/*mod.pers.-dubitatif*-manger/

En Bislama(n) :

mebi olketa oli kakae
/*dubitatif* /ils/*mod.pers.*/manger/

L'accompli en pidgin est exprimé par le radical verbal **finis** que l'on place à la suite du verbe, il y joue le même rôle que les post-verbes aspectuels mélanésiens. L'étymon est le verbe anglais *to finish*.

En vetmbao :

xajing ka-mün mœŋg "tu as bu"
/tu/*mod.pers.*-boire/*accompli*/

En Bislama(n) :

yu yu trink finis
/tu/*mod.pers.*/boire/*accompli*/

En nahava :

ej i-mes ndroh "il est mort"
/il/*mod.pers.*-mort/*accompli*/

En Bislama(n) :

em i ded finis
/il/*mod.pers.*/mort/*accompli*/

etc.

L'aspect futur, irréel des langues mélanésiennes est exprimé en pidgin par le préverbe **bambae** provenant de l'étymon *by and by* "tout à l'heure".

En nasarián$_a$:

kaj kœnœ na-mbœr-mas "je mourrai"
/*futur*/je/*mod.pers.*-*aspect*-mourir/

En Bislama(n) :

bambae mi mi ded
/*futur*/je/*mod.pers.*/mort/

En banam bay :

vaxsoxa xajuŋg ku-tœ-xan "tu mangeras"
/*futur*/tu/*mod.pers.*-*aspect*-manger/

En Bislama(n) :

bambae yu yu kakae
/*futur*/tu/*mod.pers.*/manger/

etc.

Dans les langues autochtones du Sud-Malakula existent également un aspect passé proche traduit en pidgin par **tes** (étymon *just*) et un aspect futur proche exprimé en Bislama(n) par **go** (étymon *to go*).

En vetmbao :

ŋaji ŋa-mandrxa mün "il vient de boire"
/il/*mod.pers.-aspect*-boire/

En Bislama(n) :

em i tes trink
/il/*mod.pers.*/*aspect*/boire/

etc.

En nasarián$_a$:

kœnœ nak-kœr-mas "je vais mourir"
/je/*mod.pers.-aspect*-mourir/

En Bislama(n) :

mi mi go ded
/je/*mod.pers.*/*aspect*/mourir/

etc.

Dans la région de la capitale Port-Vila et parmi les jeunes éduqués à l'école britannique, un aspect passé duratif est en usage. Il est exprimé dans ce pidgin régional par **bin** (étymon *been*). Nous ignorons s'il s'agit d'un emprunt ou si cet emploi est dû à l'éducation ou à une caractéristique des langues locales.

mi bin stap long aeland ya
/je/*aspect*/rester/à/île/*dém.*/
"j'ai vécu sur cette île là"

Jamais les vieux Mélanésiens du Sud-Malakula ne prononceraient une telle phrase. Cette marque aspectuelle **bin** ne fait pas partie du lexique du pidgin qu'ils parlent. Un tel aspect n'existe pas dans les langues vernaculaires de cette région.

Dans le pidgin ancien, le verbe était toujours précédé d'un nom ou d'un pronom sujet, d'une modalité personnelle en accord en nombre avec le sujet comme il est en usage dans les langues autochtones.

olketa oli go "ils partent"
/ils/*mod.pers.*/aller/

Aujourd'hui, le pronom personnel tend à être abandonné, la modalité personnelle et le radical verbal composant seuls un énoncé.

oli go "ils partent"

Ce second schéma rapproche à nouveau le pidgin de la structure de la phrase anglaise.

Les marques aspectuelles du pidgin ont toutes pour étymons des composants du syntagme verbal anglais, verbes : *to finish* (finis), *to stop* (stap), *to go* (go) ou des adverbes : *maybe* (mebi), *by and by* (bambae), *just* (tes).

Ces lexèmes anglais ont été retenus comme étymons, car dans chacun d'entre eux, les autochtones ont cru reconnaître des sèmes qui correspondaient aux aspects de leurs langues.

Noms et verbes, catégories grammaticales communes à la langue-cible et aux langues du substrat sont entrés dans le pidgin, leurs déterminants et leurs flexions n'ont été pidginisés que dans la mesure où ils correspondaient à des sèmes mélanésiens.

C'est la pensée mélanésienne qui a fixé les composantes et les limites des syntagmes nominaux et verbaux. Comme au niveau phonologique, ce sont les éléments communs dénominateurs aux langues européennes et mélanésiennes qui ont seuls été retenus.

Certaines catégories grammaticales anglaises ont été confondues avec des catégories existant dans les langues du substrat, d'autres étrangères aux langues mélanésiennes ont changé de catégorie au cours de la pidginisation, comme les verbes (*finish, stop* et *go*) qui sont devenus des particules aspectuelles en Bislama(n).

15.2. LES CHANGEMENTS CATÉGORIELS PAR PIDGINISATION

La langue-cible présentait des catégories grammaticales qui différaient de celles existant dans les langues du substrat, mais le signifié exprimé par ces termes était connu des autochtones. Voulant réutiliser ces signifiés qui leur étaient familiers, les autochtones l'ont fait en usant des moyens qui leur semblaient naturels, ceux utilisés dans leurs propres langues. L'emploi fait par les maîtres, difficile à saisir et à répéter, a été abandonné au profit de l'usage connu. De nouveau, nous devons considérer qu'il y a prédominance du signifié, ces termes ont été pidginisés parce que leurs sèmes correspondaient à des sèmes connus dans le substrat. Au niveau catégoriel, la pidginisation se présente comme une adaptation, un alignement des catégories grammaticales de la langue-cible en fonction de celles du substrat.

15.2.1. Les catégories grammaticales anglaises ayant été assimilées à des catégories «mélanésiennes»

L'emploi qui était fait de ces catégories grammaticales par les Européens a paru semblable à celui des sèmes correspondants en usage dans les langues autochtones.

15.2.1.1 Le traitement des articles européens en fonction du substrat

Dans les langues autochtones, l'article se présente souvent sous forme d'une marque nominale, préfixe indissociable de la racine des noms.

En vetmbao :

na-xre "l'enfant" *xre ?

En banam bay :

ne-x sa-ŋg "mon nom" *x sa-ŋg ?
/le-nom/à-moi/

etc.

Les articles anglais *the, a, an,* facultatifs et de signifiés différents en anglais, ne pouvaient être que difficilement pidginisés. Comme le nom pouvait être employé sans article dans la langue-cible, ces éléments sans correspondant direct dans les langues du substrat ont disparu au cours de la pidginisation.

Paul is at work "Paul est au travail"
En Bislama(n) :
Paul i stap long wok
/Paul/*mod.pers.*/être/à/travail/

Paul works in the garden "Paul travaille au jardin"
En Bislama(n) :
Paul i wok long garen
/Paul/*mod.pers.*/travailler/à/jardin/

Si l'opposition article défini/article indéfini des langues européennes ne pouvait que passer inaperçue aux yeux de Mélanésiens dont les langues ne présentaient pas une telle distinction, l'article indéfini connu de ces derniers allait prendre place dans le pidgin.

En faraun : na-xpalux avœn "une fille (quelconque)"
/la-fille/*art.ind.*/

En axamb : ne-ren aven "un homme (quelconque)"
/le-homme/*art.ind.*/

En nahava : ni-mbunoŋ tuan "un enfant (quelconque)"
/le-enfant/*art.ind.*/

etc.

ce concept repris en Bislama(n) est exprimé par **wan** dont l'étymon est le lexème anglais *one*.

wan gel "une fille", **wan man** "un homme" etc.

Le numéral "un" dans les langues autochtones citées est : ačakaj en axamb, icœkaj en faraun, isi′ en nahava. Le terme Bislama(n) **wan** appartient à deux catégories distinctes : article indéfini et numéral, ce sont à ces mêmes catégories que se rattachent ses équivalents sémantiques dans les langues du substrat.

En pidgin, pour différencier l'article indéfini du numéral, on fait suivre le second du limitatif **nomo**.

mi mi kas-em wan fis "j'ai pris un poisson (quelconque)"
/je/*mod.pers.*/attraper-*trans.*/*art.ind.*/poisson/

mi mi kas-em wan fis nomo "je n'ai pris qu'un poisson"
/je/*mod.pers.*/attraper-*trans.*/*numéral*/poisson/*limitatif*/

Comme ces derniers exemples le confirment, le numéral anglais *one* a été assimilé à un article indéfini "mélanésien".

Les articles définis français "le, la", employés par les planteurs français alors que le Bislama(n) était déjà stabilisé, ont été confondus avec les préfixes na-,ni-,ne-, marque nominale des noms mélanésiens. L'article français n'a pas été perçu comme une catégorie grammaticale séparée du nom. C'est l'association *article + nom* du français qui a souvent servi d'étymon à un lexème unique en Bislama(n). La morphologie du nom dans les langues autochtones a déterminé la composition de nombreux lexèmes Bislama(n) d'origine française.

Etymons : *article + nom*	Bislama(n) : *nom*
l'auto	**loto**
la colle	**lakol**
la messe	**lames**

la soupe	lasup
l'école	lekol
le pape	lepap

Dans beaucoup de créoles français, en particulier celui parlé en Guyane, l'article a été amalgamé avec le nom pour ne plus former qu'un synthème.

legliz "église"
lespri "esprit"
lanẅit "nuit"
etc. (Marguerite Saint Jacques Fauquenoy, p.132)

15.2.1.2 Les adverbes anglais assimilés aux préverbes et post-verbes mélanésiens

Cette assimilation était d'autant plus aisée que la fonction des adverbes anglais qui est de modifier le sens des verbes correspondait en grande partie au rôle joué par les préverbes et post-verbes mélanésiens.

Ces catégories traduisent : la manière, le lieu, la direction, le temps, la durée, la fréquence, la répétition etc.

Parmi les centaines d'adverbes de la langue anglaise, de nouveau ce sont ceux qui offraient des signifiés connus dans les langues mélanésiennes qui ont été pidginisés.

Les adverbes de lieu anglais, comme *closed up, down, inside, outside etc.* dont le signifié était connu des Mélanésiens sont devenus des post-verbes en Bislama(n). Cette position particulière par rapport au verbe est celle qu'occupent leurs correspondants dans les langues autochtones.

(h)aos blong mi i stap kolosap nomo
/maison/à/moi/*mod.pers.*/se trouver/près/*limit.*/
"ma maison est toute proche"

En ninde :

nə-mwi ane kœnœ i-tox saŋasaŋa sejme
/la-maison/à/moi/*mod.pers.*-se trouver/près/*limit.*/

En banam bay :

na-im sa-ŋg ma-tox morkon ŋambo
/la-maison/à/moi/*aspect*-se trouver/près/*limit.*/

etc.

em i go daon long solwata
/il/*mod.pers.*/aller/en bas/à/mer/

"il descend à la mer"

En aulua :

xen i-mben pux le-tes
/il/*mod.pers.*aller/en bas/à-mer/

En nasarián$_a$:

iej i-ván$_a$ tenawat le-tas
/il/*mod.pers.*-aller/en bas/à-mer/

etc.

L'ordre de l'énoncé en pidgin -et par là la nature du déterminant verbal : préverbe ou post-verbe- est directement calqué sur celui existant dans les langues du substrat.

Les adverbes de manière anglais comme *quickly, slowly etc.* ont été pidginisés pour les raisons précédemment exposées. Ils apparaissent dans la phrase Bislama(n) à la même place que les signes de même signifié occupent dans les langues autochtones, c'est-à-dire à la suite du verbe.

bae em i kam kwik "il viendra vite"
/*aspect*/il/*mod.pers.*/venir/vite/

En port sandwich :

roxpaj ŋaji e-vanima mbrias
/*aspect*/il/*mod.pers.*-venir/vite/

En aulua :

mbaxvoxol xen i-mbene mbwilmbwiltax
/*aspect*/il/*mod.pers.*-venir/vite/

etc.

yu yu wok slo apsaed "tu travailles lentement dehors"
/tu/*mod.pers.*/travailler/doucement/dehors/

En mbotkót$_e$:

naŋgu u-ra-k mesmas vara
/tu/*mod.pers.*-travailler-*trans.*/doucement/dehors/

En navwien :

xaj i-ndrar sœsœrav vivere
/il/*mod.pers.*-travailler/doucement/dehors/

etc.

En pidgin, comme dans les langues du substrat, l'ordre des expansions dans l'énoncé qu'il soit exprimé par des groupes nominaux compléments ou par des post-verbes est toujours *verbe + manière + lieu*.

Les adverbes de temps anglais, étymons de termes pidgin, occupent également en Bislama(n) une place déterminée par le substrat : préverbes lorsque le terme de même signifié est devant le verbe dans les langues autochtones, post-verbes lorsqu'il est placé après dans ces mêmes langues.

Alors qu'en anglais les adverbes font référence au temps, de façon accessoire certes, puisque ce rôle est assumé principalement par les flexions verbales, dans les langues mélanésiennes, l'aspect est exprimé par les post-verbes et les préverbes. Les adverbes anglais pidginisés se sont vu allouer en pidgin le rôle de particules aspectuelles. Afin de traduire fidèlement leur pensée par le biais du pidgin, les autochtones maintiennent antéposé ou post-posé un signifiant correspondant à celui qui occupe cette position dans leurs langues.

bifo "avant", finis *"accompli"*, yet "encore" etc. ne précèdent jamais le verbe en pidgin.

> mi mi no go long ples ya yet
> /je/*mod.pers.*/*nég.*/aller/à/endroit/*dém.*/encore/
> "je ne suis pas encore allé à cet endroit"

En port sandwich :

> inau nö-sba-van vi na-ur ixa andrön
> /je/*mod.pers.*-*nég.*-aller/vers/le-lieu/*dém.*/encore/

En faraun :

> anaŋg na-su-val va-ur ŋœn roxčer
> /je/*mod.pers.*-*nég.*-aller/vers-endroit/*dém.*/encore/

etc.

De même l'accompli ne peut-il être que post-posé par rapport au verbe tant dans les langues mélanésiennes qu'en pidgin.

> ol-fela i ded finis "le vieillard est mort"
> /vieillard/*mod.pers.*/mourir/*accompli*/

En navwien :

> xajvut i-mas iav
> /vieillard/*mod.pers.*-mourir/*accompli*/

En mbotkóte :

matién$_e$ i-mas sœ́ŋg$_e$
/vieillard/*mod.pers.*-mourir/*accompli*/

etc.

Les adverbes anglais pidginisés dont les équivalents dans les langues autochtones sont tantôt antéposés, tantôt post-posés pour des raisons stylistiques, suivent les mêmes variations en Bislama(n), ils peuvent donc être préverbes ou post-verbes. Font partie de cette catégorie : **tete** "aujourd'hui", **yestete** "hier", **tumora** "demain", **nao** "maintenant" etc.

nao mi mi slip "maintenant, moi je dors"

mi mi slip nao "moi, je dors maintenant"

Dans le premier exemple, l'accent est mis sur l'instant présent (cela rompt avec l'action qui précède), dans le second exemple, l'accent est mis sur l'action (**nao** apparaît comme la conséquence de ce qui précède).

En aulua :

avaxal xunau na-ien
/maintenant/je/*mod.pers.*-dormir/

xunau na-ien avaxal
/je/*mod.pers.*-dormir/maintenant/

En ajiauleián$_a$:

ietete aŋgœnœ nau-món$_a$
/maintenant/je/*mod.pers.*-dormir/

aŋgœnœ nau-món$_a$ ietete
/je/*mod.pers.*-dormir/maintenant/

etc.

tumora yu yu go "demain tu pars"

yu yu go tumora "tu pars demain"

De même dans cet exemple, l'élément sur lequel on veut attirer l'attention est mis en début d'énoncé. En pidgin, ce processus de différenciation sémantique par changement dans l'ordre des composants de l'énoncé est un emprunt fait aux langues du substrat.

En port sandwich :

pean xajiŋg ki-van
/demain/tu/*mod.pers.*-aller/

xajiŋg ki-van pean
/tu/*mod.pers.*-aller/demain/

En mbwenelaŋ :

mavük xajuŋg u-mben
/demain/tu/*mod.pers.*-aller/

xajuŋg u-mben mavük
/tu/*mod.pers.*-aller/demain/

etc.

Au moment de la pidginisation, l'influence des langues du substrat a été déterminante au niveau du choix des étymons et de la place que ceux-ci pidginisés allaient occuper dans la syntaxe du parler en formation. L'ignorance que l'on avait de la langue-cible permit, comme nous venons de le voir, d'emprunter des signes étrangers de signifiés connus ou au moins partiellement et de les utiliser comme l'on avait coutume de le faire. Cette relexification s'est faite sans qu'il soit tenu compte des catégories grammaticales de la langue-cible, catégories implicitement supposées identiques à celles des langues autochtones.

Lorsqu'un signifié connu apparut exprimé dans la langue-cible par un signe appartenant à une catégorie grammaticale que les Mélanésiens ignoraient, le réemploi souhaité de ce terme étranger fit problème.

15.2.2. Les catégories grammaticales anglaises ayant été «naturalisées» en une catégorie «mélanésienne»

Dans les langues mélanésiennes les verbes exprimant la qualité et les verbes d'action forment une seule et unique catégorie grammaticale qui est associée aux mêmes modalités personnelles..

En aulua :

xer ar-kakas pe xer ar-ndrov mbwilmbwiltax
/ils/*mod.pers.*-petit/mais/ils/*mod.pers.*-courir/vite/

"ils sont petits mais ils courent vite"

En port sandwich :

xaü u-sba-vanima xaü u-pramač
/eux 2/*mod.pers.*-*nég.*-venir/eux 2/*mod.pers.*-paresseux/

"ils ne sont pas venus, ils sont paresseux"

Les lexèmes mélanésiens kakas "petit" et ndrov "courir" sont précédés de la même modalité personnelle ar-, dans le second exemple, vanima "venir" et pramač "paresseux" sont associés à la même modalité personnelle u-, tous ces termes sont des verbes.

Les signes exprimant les mêmes signifiés dans la langue-cible appartiennent à deux catégories grammaticales distinctes : adjectifs (*small* "petit", *lazy* "paresseux"), verbes (*to come* "venir", *to run* "courir").

L'adjectif anglais, qu'il se trouve devant le nom ou en position d'attribut, formait une catégorie grammaticale inconnue, difficile à réutiliser. Les signifiés exprimés par cette catégorie grammaticale étaient trop nombreux et correspondaient trop à des sèmes connus dans les langues autochtones pour qu'ils n'entrent pas dans le parler véhiculaire.

Ces adjectifs anglais allaient subir des transformations morphologiques diverses, toutes avaient pour effet de ramener ces termes à une catégorie grammaticale connue, "mélanésienne".

Au moment de la formation d'un pidgin, le processus de pidginisation tend à réduire les catégories grammaticales de la langue-cible à celles existant dans les langues constituant le substrat. Dans le cas présent, la pidginisation de l'anglais a consisté à "naturaliser" les adjectifs anglais en trois catégories communes à toutes les langues mélanésiennes : en noms, en verbes et en préverbes ou post-verbes.

15.2.2.1 Changements catégoriels par affixation

Les adjectifs anglais ont été transformés principalement en noms et en verbes au cours du processus de pidginisation.

-L'étymon est un adjectif anglais, le suffixe est **-wan** (voir 12.4.2.1)

ol-wan	"l'ancien"	étymons :	*old* "vieux"
sot-wan	"le court"		*short* "court"
etc.			

Nous pensons que cette suffixation a pour origine les suites syntagmatiques anglaises *adjectif + semi-pronom* (terminologie empruntée à H. Palmer, p.65, 66). Elle s'est généralisée dépassant de beaucoup en pidgin, la fréquence du syntagme originel en anglais. Cette suffixation a permis aux adjectifs anglais, catégorie inconnue dans les langues du substrat, d'être "naturalisée" en une catégorie connue, celle des noms. L'alignement des catégories grammaticales du pidgin sur celles des langues du substrat s'est fait par l'extension d'un procédé expressif propre à la langue-cible : *short one, old one, etc.*

Ces adjectifs anglais nominalisés en pidgin constituent une liste finie, très limitée en nombre.

big-wan	"le gros"	étymons :	*big*	"gros"
gud-wan	"le bon"		*good*	"bon"
long-wan	"le grand"		*long*	"long"
ol-wan	"le vieux"		*old*	"vieux"
smol-wan	"le petit"		*small*	"petit"
sot-wan	"le petit (de taille)"		*short*	"court"
strong-wan	"le fort"		*strong*	"fort"
yang-wan	"le jeune"		*young*	"jeune"

Sur ce modèle sont construits les numéraux ordinaux : **sekon-wan** "le second", **las-wan** "le dernier", **etc.** (voir 12.4.2.2). Bill Camden avance les lexèmes **raet-wan** "le convenable", **wos-wan** "le mauvais". Bien qu'il soit toujours possible en Bislama(n) de créer des néologismes sur un modèle de composition préexistant, nous pensons qu'il s'agit là d'anglicismes abusifs. ***raet** ne fait pas partie du lexique du Bislama(n) auquel nous avons été habitué, le terme **stret** "droit, juste" recouvrant ce signifié et **wos** (étymon : *worse* , comparatif irrégulier anglais compris par une minorité), n'a jamais constitué un lexème en Bislama(n).

Il convient de remarquer que tous ces adjectifs anglais ayant servi d'étymons décrivent l'aspect physique, la qualité des individus. Nous pensons que cette liste finie représente les premiers adjectifs anglais ayant été entendus par des locuteurs autochtones. Les recruteurs voulant définir ou interpeller les autochtones recrutés ne pouvaient que s'exprimer que comme suit : *(the) big one, (the) old one, etc.*

Cette explication par des faits socio-historiques du nombre restreint (huit) d'adjectifs anglais qui sont traditionnellement associés au suffixe **-wan** semble confirmée par l'analyse que J.B. M. Guy a fait des adjectifs du Bislama(n). Cet auteur a distingué une catégorie qu'il a intitulée "adjectifs vrais", les autres types d'adjectifs avancés par ce spécialiste du Bislama(n) ne seraient "adjectifs" qu'accessoirement.

> Le Bislama(n) n'a que très peu d'adjectifs vrais. Les plus courants sont :
>
> **big** "grand, gros"
> **long** "long"
> **sot** "court"
> **ol** "vieux"
> **yang** "jeune" (J.B.M. Guy, §55, p.79)

Dans cette liste nous retrouvons les adjectifs anglais, étymons qui, en pidgin du Sud-Malakula, sont obligatoirement suivis du suffixe **-wan**. Premiers adjectifs auxquels les travailleurs autochtones ont été confrontés, ils les ont pidginisés selon des processus particuliers qui font, qu'aujourd'hui encore, ils constituent une catégorie à part tant dans le Bislama(n) du Sud-Malakula que dans celui décrit par J.B.M. Guy, pour le nord de l'archipel.

A l'inverse de ce qu'avance J.B.M. Guy, ces monèmes issus d'étymons adjectifs en anglais ne se présentent jamais seuls, dans le pidgin du Sud-Malakula ils sont toujours associés aux suffixes **-wan** et **-fela**.

-L'étymon est l'un des adjectifs anglais venant d'être cités, le suffixe est **-fela**.

Nous avons précisé en 12.4.2.2 que les huit adjectifs précédemment énumérés pouvaient être suivis dans le pidgin du Sud-Malakula des suffixes **-fela** ou **-wan**, le premier faisant référence à l'humain, le second au non humain, selon une distinction existant dans toutes les langues du substrat.

Nous n'avons cependant pas trouvé dans le pidgin régional qui nous est familier d'opposition du type de celle décrite par J.B.M. Guy, §57, p.80 de son ouvrage sur le pidgin. Des adjectifs simples s'opposeraient à des adjectifs emphatiques, ces derniers seraient suivis d'un suffixe **-vala** (équivalent au Sud-Malakula **-fela** ou **-fala**).

Afin d'illustrer cette distinction, J.B.M. Guy avance des

énoncés comprenant ces différents adjectifs.

ol i [wokem] [wan bigfala nakamal] ils ont construit un GRAND nakamal (pas un petit)

ol i [wokem] [wan big nakamal] ils ont construit un grand nakamal (mais il aurait pu aussi bien être petit)

L'emphase annoncée par cet auteur, sous-entendue dans la première phrase, n'apparaît bien sûr jamais dans le pidgin de nos informateurs pour l'unique raison que la seconde phrase ne sera jamais prononcée. On lui préférera les énoncés :

olketa oli wok-em wan nakamal i big-wan
/ils/*mod.pers.*/faire-*trans.*/un/"nakamal"/*mod.pers.*/gros-un/

ou

olketa oli wok-em wan nakamal wan big-wan
/ils/*mod.pers.*/faire-*trans.*/un/nakamal/un/gros-un/

Ces deux énoncés, seuls possibles au Sud-Malakula, sont sémantiquement identiques au dernier exemple cité par J.B.M. Guy.

La seconde opposition présentée par J.B.M. Guy entre "adjectifs simples" et "adjectifs emphatiques" ne correspond pas plus aux nuances du pidgin qui nous est familier.

[wan kut trak] une bonne voiture différerait de :

[wan kutfala trak] une voiture qui se distingue par sa qualité, une BONNE voiture.

Jamais le premier exemple cité ne serait prononcé par un vieux Mélanésien du Sud-Malakula. Il dirait :

wan trak i gud-wan
/un/voiture/*mod.pers.*/bon-un/

Cet énoncé a un signifié identique à **wan gud-fela trak**. Dans ce dernier exemple, le syntagme **wan gud-fela trak** peut être analysé *num.+ adj.+ nom* ou *num.+ nom + nom* ou encore *num.+ verbe + nom*, ces deux dernières analyses nous semble correspondre à des schémas plus anciens.

Il convient de remarquer que **big-wan** et **gud-wan**, dans les exemples-types du pidgin du Sud-Malakula, fonctionnent comme des verbes, ils prennent une modalité personnelle et peuvent être précédés d'un nom ou d'un pronom.

big-fela ya em i sot-fela "ce gros n'est pas grand"
/le gros/*dém.*/il/*mod.pers.*/court/

Ces dérivés du type **big-fela**, **sot-fela**, provenant de huit adjectifs qualificatifs anglais, sont à la fois *noms* et *verbes* dans le Bislama(n) parlé au Sud-Malakula, ils correspondent à deux catégories grammaticales essentielles des langues mélanésiennes.

Notre analyse tendrait à montrer que, comme dans les langues mélanésiennes composant le substrat, il n'y aurait pas d'adjectif en Bislama(n).

Historiquement, nous pensons en effet que cette catégorie a été évitée et "mélanésianisée" comme le montre les exemples venant d'être cités. Les jeunes, connaissant parfois assez superficiellement la langue des ancêtres et étant de plus, pour beaucoup alphabétisés en anglais, utilisent souvent en Bislama(n) les adjectifs anglais sans les suffixer. Il est probable que c'est à la suite d'une évolution récente du pidgin, liée à l'influence scolaire, que l'adjectif est apparu comme une catégorie grammaticale en usage seulement chez certains locuteurs.

15.2.2.2 Changements de catégorie grammaticale par composition

Il s'agit principalement de l'association d'une catégorie propre à la langue-cible, inconnue dans les langues du substrat et d'une autre catégorie. Dans le cas du Bislama(n), cela concerne uniquement la pidginisation de l'adjectif anglais.

-adjectif + nom = nom

big-ae	"coquillage (burgos) ou gecko"	*big* "gros"; *eye* "œil"
big-(h)ed	"oiseau"	*big* "gros" ; *head* "tête"
big-leg	"éléphantiasis"	*big* "gros" ; *head* "tête"
big-si	"haute mer"	*big* "gros" ; *sea* "mer"
blak-anis	"grosse fourmi"	*black* "noir"; *ant* "fourmi"
blu-fis	"poisson"(perroquet)	*blue* "bleu"; *fish* "poisson"
blu-wata	"arbre"	*blue* "bleu"; *water* "eau"
dip-si	"océan"	*deep* "profond"; *sea* "mer"
flat-fis	"poisson (plat)	*flat* "plat"; *fish* "poisson"
grin-pisin	"tourterelle"	*green* "vert"; *pigeon* "pigeon"
lef-(h)an	"gauche"	*left* "gauche"; *hand* "main"
lef-saed	"droite"	*left* "gauche"; *side* "côté"

etc. (voir 12.5.2.1)

Tous ces composés sont des noms car ils peuvent être sujets ou compléments de verbes. Ils peuvent en outre être remplacés par des pronoms.

big-leg i kas-em blu-fis fulap long dip-si
/"la grosse jambe"/*mod.pers.*/attraper-*trans.*/"perroquet"/beaucoup/à/océan/
"l'homme à la grosse jambe a attrapé beaucoup de "perroquets" au large"

Le terme **big-leg** qui précède la modalité personnelle **i** et le verbe **kas-em** est un nom, sujet de ce verbe. Le composé **blu-fis** qui suit la marque de transitivité **-em** est un nom, complément d'objet du verbe.

Ces composés peuvent être remplacés par des pronoms.

em i kas-em olketa fulap long dip-si
/il/*mod.pers.*/attraper-*trans.*/ils/beaucoup/à/océan/
"il en a attrapé beaucoup à l'océan"

Les adjectifs anglais, catégorie grammaticale inconnue des autochtones, étaient difficiles à réemployer. Ne pouvant être compris sans le nom qu'ils déterminaient, très vite l'adjectif déterminant et le nom déterminé ont formé une paire indissociable qui a fonctionné en pidgin comme un monème unique entrant dans la catégorie des noms (ou celle des verbes).

-adjectif + nom = verbe et nom

big-bel "un gros, être ventru" *big* "gros" ; *belly* "ventre"
big-man "un chef, être chef" *big* "gros" ; *man* "homme"
big-maot "un hâbleur, être h." *big* "gros" ; *mouth* "bouche"
big-san "soleil, être ensoleillé" *big* "gros" ; *sun* "soleil"
fas-bon "l'aîné, être l'aîné" *first* "premier" ; *born* "né"
(h)af-kas "le métis, être métis" *half* "moitié" ; *caste* "caste"
strong-(h)ed "l'entêté, être têtu" *strong* "dur" ; *head* "tête"
waet-man "l'Européen, être eur." *white* "blanc" ; *man* "homme"
etc.

Placés devant un verbe ces termes sont sujets de celui-ci, post-posés par rapport à un verbe transitif, ils en sont les compléments d'objet direct. Ces composés qui peuvent être en outre précédés de l'article indéfini **wan** sont des noms.

wan (h)af-kas i stap wok long sto ya
/un/métis/*mod.pers.*/*aspect*/travailler/à/magasin/*dém.*/

"c'est un métis qui gère ce magasin"

long saed long politik mi-fela stap long (h)an blong ol big-
/à/côté/de/plitique/nous *pl. excl.*/*aspect* /dans/main/de/ *pluriel*/chef/

man blong mi-fela
à /nous/

"Pour ce qui est de la politique, nous nous en remettons à nos leaders (autochtones)"

Dans ce second exemple, le composé **big-man** "chef" qui est précédé du pluralisateur **ol** est un nom.

Ces termes précédés d'un pronom et d'une modalité personnelle deviennent des verbes en pidgin.

kapten blong sip ya em i (h)af-kas
/capitaine/de/bateau/*dém.*/il/*mod.pers.*/métis/

"le capitaine de ce bateau est métis"

em i big-man finis nao
/il/*mod.pers.*/chef/*accompli*/maintenant/

"il est devenu un personnage important maintenant"

-adjectif + nom = post-verbe ou préverbe

eli-moning	"tôt"	*early*	"tôt"	;	*morning*	"matin"
long-taem	"longtemps"	*long*	"long"	;	*time*	"temps"
long-we	"au loin"	*long*	"long"	;	*way*	"voie"
sam-taem	"parfois"	*some*	"quelques"	;	*time*	"temps"
sam-we	"à peu près"	*some*	"quelques"	;	*way*	"voie"
smol-taem	"vite"	*small*	"petit"	;	*time*	"temps"
wan-ples	"ensemble"	*one*	"un"	;	*place*	"endroit"
wan-taem	"soudain"	*one*	"un"	;	*time*	"temps"

etc.

yu-fela stap wan-ples smol-taem nomo
/vous/rester/ensemble/peu de temps/seulement/

"vous restez ensemble un peu seulement"

eli-moning mi mi go long-we
/tôt/je/*mod.pers.*/aller/au loin/

"très tôt, je partirai au loin"

Ces composants de la phrase pidgin qui ne peuvent être précédés ni d'un article, ni d'un pluralisateur ne sont pas des noms. Ne pouvant pas être post-posés par rapport à une modalité personelle, ce ne sont pas des verbes. Ces termes, ni noms ni verbes qui modifient le signifié de ces derniers sont des préverbes lorsqu'ils devancent le verbe dans la chaîne parlée, des post-verbes lorsqu'ils suivent le verbe.

-adjectif + nom = verbe (voir 12.5.2.4)

at-blok	"être entassés"	*hard* "dur" ; *block* "bloc"
tu-tak	"faire nuit"	*to* "vers" ; *dark* "noir"
sot-wind	"être asthmatique"	*short* "court" ; *wind* "vent"

ples i tu-tak em i resis em i sot-wind
/endroit/*mod.pers.*/vers-sombre/il/*mod.pers.*/courir/il/*mod.pers.*/asthmatique/
"la nuit tombe, il court, il est essoufflé (ou asthmatique)"

Dans cet exemple, **tu-tak** et **sot-wind** qui sont précédés de la modalité personnelle **i** et qui ne peuvent être associés à aucun autre déterminant sont des verbes.

Associations figées, composition, dérivation ont permis d'aligner les catégories grammaticales de la langue-cible sur celles des langues du substrat. A cause de ce même substrat, où, nous l'avons vu, les verbes de qualités sont précédés des mêmes modalités personnelles que les verbes d'action, les adjectifs anglais dont le signifié est exprimé par un verbe dans les langues autochtones ont été associés en pidgin à des modalités personnelles et sont devenus des verbes.

black	"noir"	a donné en pidgin :	**blak**	"être noir"
empty	"vide"		**emti**	"être vide"
free	"libre"		**fri**	"être libre"
hot	"chaud"		**(h)ot**	"être chaud"
cold	"froid"		**kol**	"être froid"
lazy	"paresseux"		**les**	"être paresseux"
plenty	"nombreux"		**plenti**	"être nombreux"
tired	"fatigué"		**taed**	"être fatigué"
white	"blanc"		**waet**	"être blanc"
etc.				

olketa oli plante oli blak
/ils/*mod.pers.*/nombreux/*mod.pers.*/noir/

"ils sont nombreux, ils sont noirs"

En nasariána :

rat rat-ŋgas rat rat-mœ́te
/ils/*mod.pers.*-nombreux/ils/*mod.pers.*-noir/

En nahava :

ar ra-lamb ar ra-metemet
/ils/*mod.pers.*-nombreux/ils/*mod.pers.*-noir/

etc.

olketa oli les ples i (h)ot
/ils/*mod.pers.*/paresseux/endroit/*mod.pers.*/chaud/

En koliveu :

kalito lu-petœmas na-ut e-pünd
/ils/*mod.pers.*-paresseux/le-lieu/*mod.pers.*-chaud/

En ninde :

naxa ra-vaxmorüt n-oute i-owo
/ils/*mod.pers.*-paresseux/le-endroit/*mod.pers.*-chaud/

etc.

Parfois, exceptionnellement, au cours de la pidginisation un adjectif anglais a été transformé en trois catégories grammaticales distinctes en Bislama(n).

small "petit" a été nominalisé par suffixation.

smol-wan i kam "le petit vient"
/le petit/*mod.pers.*/venir/

Post-posé par rapport au verbe qu'il modifie, c'est un post-verbe.

mi mi kakae smol "je mange peu"
/je/*mod.pers.*/manger/peu/

Associé à des modalités personnelles, **smol** est un verbe en pidgin.

trak ya i smol "cette voiture est petite"
/voiture/*dém.*/*mod.pers.*/petite/

En résumé :

Nous avons distingué les catégories grammaticales de la langue-cible connues dans les langues du substrat de celles qui n'y sont pas attestées, ces catégories ayant subi un traitement différent au cours du processus de pidginisation.

1° Les catégories grammaticales communes à la langue-cible et aux langues du substrat

Chaque monème de la langue-cible appartenant à ces catégories grammaticales a été pidginisé si son signifié répondait à un sème connu dans les langues du substrat.

La catégorie des pronoms :

-Les pronoms de la langue-cible (anglais) :

1ère pers. sing.	3ème pers. masc.	1ère pers. pl.
2ème pers. sing.	" " fém.	2ème pers. pl.
	" " neutre	3ème pers. pl.

-Les pronoms personnels des langues du substrat :

1ère pers. sing.	1ère pers. pl.	2ème pers. pl.	3ème pers. pl.
2ème " "	" " duel	" " duel	" " duel
3ème " "	" " triel	" " triel	" " triel

-Les pronoms personnels du pidgin :

1ère pers. sing.	1ère pers. pl.	2ème pers. pl.	3ème pers. pl.
2ème " "	" " duel	" " duel	" " duel
3ème " "	" " triel	" " triel	" " triel

Le système pronominal du pidgin est tiré directement du système présenté dans le substrat. C'est en fonction de la pensée mélanésienne qu'ont été fixés l'inventaire et la nature des pronoms, l'insuffisance de la langue-cible en la matière ayant été palliée par recours à des composés.

La catégorie des articles :

-Dans la langue-cible (anglais) :
articles indéfinis (*a*, *an*) ; articles définis (*the*)

-Dans les langues du substrat :
articles indéfinis - -

-En Bislama(n) :
articles indéfinis - -

De nouveau, il y a prédominance du substrat, seule la catégorie ayant une existence dans les langues autochtones fut reprise en pidgin.

La catégorie des noms et leurs déterminants :

-Langue-cible (anglais), *déterminants + noms*
déterminants (dém., num., poss., qualificatifs, quantitatifs etc.)

-Langues du substrat, *noms + déterminants*
déterminants (alt., augm., dém., limit., num., pl., poss., quant., tot.)

-En pidgin, des déterminants antéposés ou post-posés par rapport au nom
déterminants (alt., augm., dém., limit., num., pl., poss., quant., tot.)

A chaque déterminant du nom des langues autochtones correspond un déterminant de même fonction en pidgin. Le nombre et la nature des déterminants du pidgin dépendent entièrement des déterminants du substrat.

Les verbes et leurs "déterminants" :

-Langue-cible :
verbes auxiliaires et verbes modaux
flexions verbales indiquant le temps

-Langues du substrat :
notion d'aspect exprimée par des préverbes ou des post-verbes

-En Bislama (n) :

Seuls les aspects connus dans les langues du substrat sont exprimés par des préverbes ou des post-verbes. La position par rapport au verbe est fixée selon que l'équivalent sémantique dans les langues autochtones est placé avant ou après le verbe. Les adverbes ou les verbes anglais de signifié jugé proche ont servi d'étymons.

2° Les catégories grammaticales n'existant que dans la langue-cible (adjectifs) et la pidginisation

Exprimant des signifiés connus, les adjectifs de la langue-cible ont été retenus comme étymons, mais ils ont été transformés par divers procédés linguistiques en des catégories propres aux langues du substrat.

Les adjectifs et la pidginisation :

-Langue-cible :
adjectifs numéraux
adjectifs qualificatifs
adjectifs comparatifs
adjectifs possessifs
etc.

-Langues du substrat :
pas d'adjectif

-En pidgin :
Les adjectifs anglais étymons ont été "naturalisés" en noms, en verbes, en préverbes et post-verbes après recours à l'association, à l'affixation ou à la composition. La pidginisation a alors abouti à une identité complète entre les catégories grammaticales du pidgin et celles des langues autochtones.

Conclusion : Dans cette seconde partie que nous avons intitulée "pidgin et substrat", nous n'avons pas cherché à faire une monographie exhaustive de ce parler, travail qui bien souvent n'aurait fait que répéter les excellentes analyses de notre collègue J.B.M. Guy. Profitant des conditions historiques et géographiques exceptionnelles dans lesquelles est né et s'est perpétué le Bislama(n), nous avons voulu montrer combien nombreuses et variées pouvaient être les influences des langues du substrat sur le pidgin.

Au niveau phonologique, l'inventaire des phonèmes, leur nature sont déterminés par les caractéristiques phonologiques communes aux langues du substrat.

La morphologie des lexèmes de la langue véhiculaire provient en partie de calques faits à partir de lexèmes des langues autochtones.

Les catégories grammaticales, leur place dans l'énoncé en pidgin dépendent souvent des schémas déjà établis dans les langues vernaculaires.

Au niveau de l'ensemble de la phrase, le message émis en pidgin est toujours identique à celui qu'auraient avancé les autochtones dans leurs propres langues, les mêmes sèmes, les mêmes catégories étant employés.

En faraun :

... o mundr-vwinvwinu mbœl ndrat-mbi-mœčœ-xan nœsvaŋ ndruan
/oh/*mod.pers.*(vous)-fou/mais/nous *pl.incl.-irréel-aspect*-manger/quoi/avec/

kanin na-ur ŋœn
/nourriture/le-temps/*dém.*/

"...Oh! vous êtes fous, mais qu'allons-nous manger avec ces légumes maintenant ?"

En Bislama(n) :

... o yu-fela i kranki be bae yu-mi tes kakae wanem wetem kakae
/oh/vous/*mod.pers.*/fou/mais/*irréel*/nous *pl.incl.*/*aspect*/manger/quoi/avec/

nao ya
manger/maintenant/*dém.*/

Cette phrase est extraite d'une légende qui nous fut contée par un natif de Faraun, Ajleŋgiao, en août 1976. Beaucoup d'autres exemples, dans d'autres parlers vernaculaires, auraient pu être retenus.

Nous voyons que chaque composant de cette phrase relativement complexe dite en langue de Faraun a été traduit en pidgin. On retrouve dans les deux énoncés, les mêmes catégories grammaticales, les mêmes sèmes, les mêmes aspects ; seul l'ordre de ces éléments diffère d'une phrase dans l'autre.

Les correspondances et la symétrie entre ces deux phrases expliquent pourquoi bon nombre de Mélanésiens considéraient le pidgin (avant son anglicisation) comme un idiome "mélanésien" leur appartenant.

Plus qu'à tout autre niveau, c'est au plan syntaxique que le pidgin a été le plus "façonné" en fonction de la pensée mélasienne. La comparaison des syntaxes des langues vernaculaires et de celle du pidgin reste à faire. Il conviendrait également d'analyser le pidgin parlé par les créolisants vivant en milieu citadin multilingue, pidgin qui, bien sûr ne subit pas l'influence directe d'un substrat quelconque. Cela permettrait de voir si en en se créolisant un pidgin change.

Le pidgin régional que nous avons partiellement présenté n'est âgé que d'un siècle à peine, né exogène, il est devenu endogène après le rapatriement des autochtones recrutés. Il a donc subi l'influence continuelle et presque exclusive des langues mélanésiennes pendant quelque 80 ans.

Nous pensons que ces faits spécifiques du Bislama(n), qui ont entraîné une influence très importante du substrat, n'empêchent pas d'appliquer les hypothèses et conclusions de cette étude à d'autres parlers véhiculaires appartenant à des aires géographiques différentes.

Au moment de leur formation, pidgins et créoles sont nés de l'affrontement de systèmes phonologiques, catégoriels, morphologiques et syntaxiques différents. Ayant eu à faire face aux mêmes problèmes soudains de communication, il est plus que probable que les différents locuteurs autochtones ont emprunté des voies et des moyens similaires.

DEFINITIONS

(1) Namanggi. Ancienne organisation sociale, caractérisée par une hiérarchie dont on acquiert les grades en sacrifiant des cochons à dents retournées, principale richesse des anciens au Sud-Malakula.

(2) Big Nambas. Population habitant le nord de l'île de Malakula. Cette appellation est due à leur étui pénien (le nambas), plus volumineux que celui porté par les autres habitants de l'île (les Small Nambas).

(3) Propos tenus à l'auteur du présent ouvrage au cours d'une discussion à Dixon Reef (Ouest-Malakula), en juin 1977.

(4) Bernard Vienne, Maître de recherche à l'O.R.S.T.O.M, entretien avec l'auteur en octobre 1978.

(5) Elder. Responsable religieux chargé de surveiller la bonne marche de l'église presbytérienne.

(6) Nakamal. Grande case où se réunissent les hommes.

(7) Natanggura. Sago, ses feuilles sont utilisées comme toiture.

(8) Entretien personnel avec M. L. Surcoux, Directeur de l'enseignement aux Nouvelles-Hébrides, en mars 1975.

(9) J. Higginson (1839-1904). Homme d'affaires dont l'action aboutit à la création de la "Société Française des Nouvelles-Hébrides", société qui racheta les plantations des ressortissants anglais en difficulté.

(10) Gens ne s'étant soumis à aucune confession d'origine européenne. Ils se rattachent uniquement aux langues et cultures mélanésiennes.

(11) Entretien radiodiffusé avec Agnes Kaltonga du service britannique de l'information, mars 1977.

(12) Propos tenus à l'auteur, à Luganville, en mai 1975.

(13) Précision fournit à l'auteur par J. Bonnemaison, Maître de recherche à l'O.R.S.T.O.M.

(14) Renseignement donné par M. Auffray, I.T.A, C.N.R.S, en février 1979.

(15) Depuis le 9 mai 1979, le "Lycée français" a changé de nom, il s'appelle maintenant "Lycée Louis Antoine de Bougainville".

Version originale des citations anglaises traduites et insérées dans cet ouvrage par l'auteur

p. 33 R. Hall Jr.

A pidgin normally owes its origin to relatively casual, short-term contacts between groups that do not have a language in common. It therefore does not, properly speaking, have a speech-community of its own. (R. Hall, 1966, p.127)

p. 33 R. Hall Jr.

On the other side of the world, the English established their first "factory" or trading post at Canton in 1664, and immidiately a variety of Pidgin English grew up there. (R. Hall, 1966, p. 8)

p. 33 P. Mülhaüsler

Whereas the formation of pidgins seems to be relatively uninfluenced by the duration of contact (as a result of the immediate need for communication pidgin's develop extremely quickly, generally within a few days)... (P. Mülhaüsler, 1974, p.33)

p. 34 K. Whinnom

I was able to demonstrate that the Phillipine Spanish contact vernaculars derives from a variety of Portuguese pidgin, which appeared to resemble that of Goa in India rather than those of Macao, Malaya or Java. There had been, obviously, a wholesale shift in the vocabulary, from Portuguese to Spanish, but a significant amount of the original Portuguese had survive not just the odd lexical item, but material in a far more significant area of the particles. (K. Whinnom, 1965, p.512)

p. 34 A. Hamilton

Along the sea coasts, the Portuguese have left a vestige of their language, tho much corrupted, yet it is the language that most Europeans learn first to qualify them for a general converse with one another, as well as with the different inhabitants of India. (Hamilton, 1727, p. 426, cité par R. Chaudenson, p. 387)

p. 37 Anthony J. Naro

I conclude, then, that Portuguese pidgin, later extensively used throughout West Africa, had its origin in Europe, not in Africa, beginning in the 1440's with the officially instituted training of translators. Its basic structural pecularities resulted primarily from conscious modifications of their speech by the Portuguese. In making these modifications, the Portuguese may well have been influenced by the earlier Eastern Sabir... (A.J. Naro, 1978, p.341)

p. 42 K. Hollyman

In the forties and fifties, New Caledonia and the Loyalty islands were visited by English speaking sandalwooders, whalers, bêche-de-mer fishermen, blackbirders and trochus divers. These men used a variety of pidgin English known as beach-la-mar. (K. Hollyman, 1963, p. 214)

p. 42 K. Hollyman

Despite the early arrival of French missionaries in the far north and then in the Isle of Pine in the south, beach-la-mar was well enough established for it to be the basis of French communication with the Melanesians for some time. And the French pidgin which gradually replaced it followed the beach-la-mar model, and included words of English origin. (K. Hollyman, 1963, p. 214)

p. 53 R. Hall

In the South Sea islands to the north and north-east of Australia, English-speaking sailors, traders, whalers, and recruiters of indentured labor ("blackbirders") were pursuing their activities and teaching a pidginized English to the natives, from the New Hebrides to the Carolines. This South Seas Pidgin came to be known as beach-la-mar, from the name of a kind of sea-slug, bêche-de-mer, *which was an object of extensive trade...* (R. Hall, 1966, p.10)

p. 79 D.L. Oliver

It has even been claimed that England's colonial policy was formulated out of the resolutions coming from Essex Hall, the site of the annual meeting of mission societies. The effect of this on British colonial policy was to support missions, morally and with naval force if necessary, though rarely with money, but to stay clear of other kinds of colonial adventures, including annexation ; the general argument was that colonies cost money and must be guarded, and that natives should be allowed to develop their own governments, aided by advice from missionaries. The only counters to this policy were the opportunities of nonmissionary colonials and the threats of annexation from other powers, chiefly France. (D.L. Oliver, 1961, p.99)

p. 172 S.A. Wurm

While the internal structure of New Guinea Pidgin contains quite powerful means of word formation and creation (Mülhäusler 1973, 1975a; Wurm, Mülhäusler, and Laycock 1977), the necessary expansion of its lexicon has unfortunately not taken place to any great extent through internal creation, but through wholesale borrowing from English. In many instances, the nexly introduced lexemes violate the rules underlying the lexicon of New Guinea Pidgin and seriouxly endanger its continued existence as an independant language. (S.A. Wurm dans A. Valdman ed., 1977, p. 335)

p. 194 Dennis R. Craig

In Curaçao, for exemple, where the climate for this kind of educational development has for a long time been more favorable than it still is in most other creole-language areas, it is only recently that a nationally financed program of early primary education in Papiamentu has been initiated. (D.R. Craig, 1977, p. 320 dans "Pidgin and creole linguistics", ed. A. Valdman) *p. 197* Edward Wolfers

Its vocabulary, its special expressions, even its grammatical structure, vary quite widely from place to place throughout the territory, very largely under the influence of the particular traditional local languages, and the special linguistic and social history of the local peaople. (Edward Wolfers, 1971, p. 413 dans "Pidginization and creolization of languages" éd. Dell Hymes)

p. 220 S.A. Wurm

New Guinea Pidgin has, in its main sociolectal forms and function (Mülhäusler 1975b, 1977a), typically become the vehicle of expression of a newly emerging, and in many places already emerged, subculture in Papua New Guinea that replaces the traditional, and whose domain lies between this culture (for which the vernacular is the linguistic vehicle) and the superimposed Western culture (whose means of expression is English). For this purpose, New Guinea Pidgin is fully adequate, and the power of expression of Pidgin has remained in step with the gradual evolution and increasing complexity of the subculture. In several areas, Pidgin is beginning to replace or has already replaced the local vernaculars on its way toward creolization. (S.A. Wurm, 1977, p.334 dans "Pidgin and Creole Linguistics éd. A. Valdman)

p. 222 Loreto Todd

The post-creole continuum situation may be illustrated by reference to Jamaica, where, between the "pure" creole described by Bailey (1966) and the standard Jamaican English, which is on a par with all other international forms of standard English, there is a wide range of varieties of English, some nearer the creole end of the spectrum, some nearer the standard end. (Loreto Todd, 1974, p.63)

p. 231 Dennis R. Craig

More recent research, however, such as that of Lambert and Tucker (1972), has tended to show that monolingual school programs in a language different from the home language of the child do not necessarily create any handicap... (D.R. Craig, 1977, p.317 dans "Pidgin and Creole linguistics" éd. A. Valdman)

APPENDICES

Carte 3

Migrations selon R.D. BEDFORD

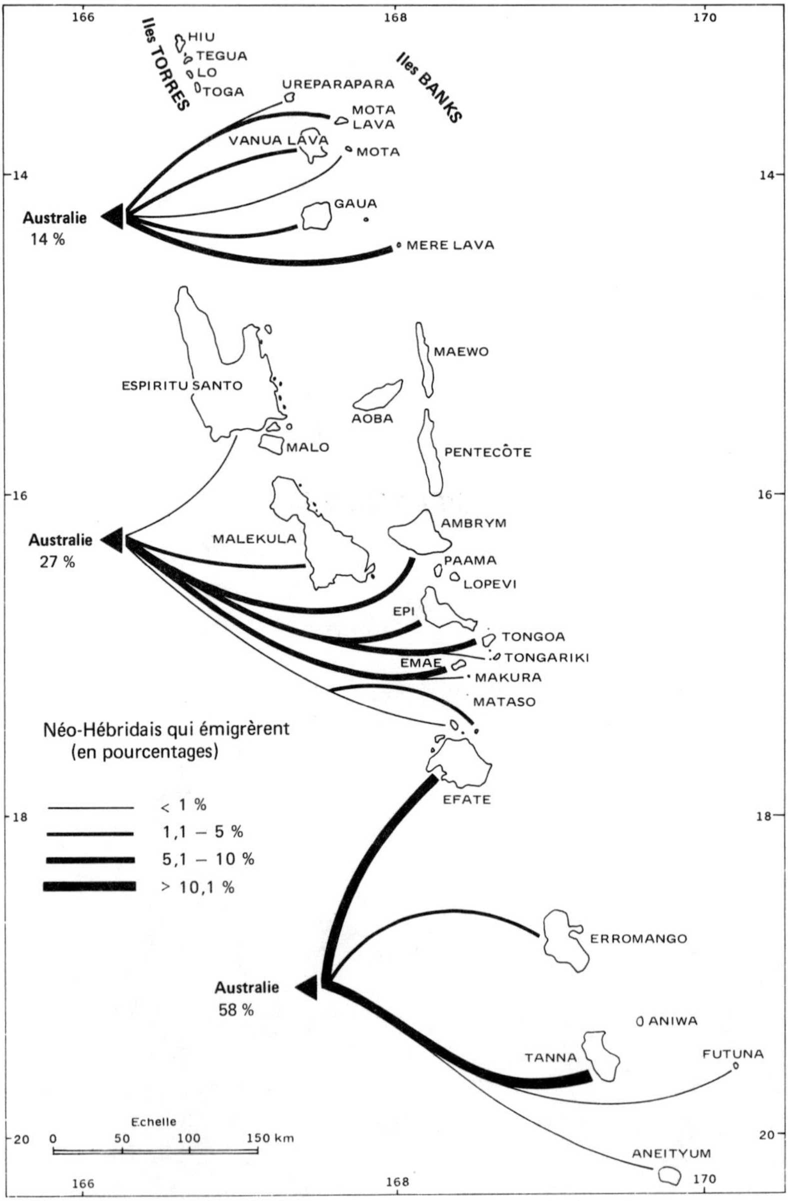

Migrations selon R.D. BEDFORD

Migrations selon R.D. BEDFORD

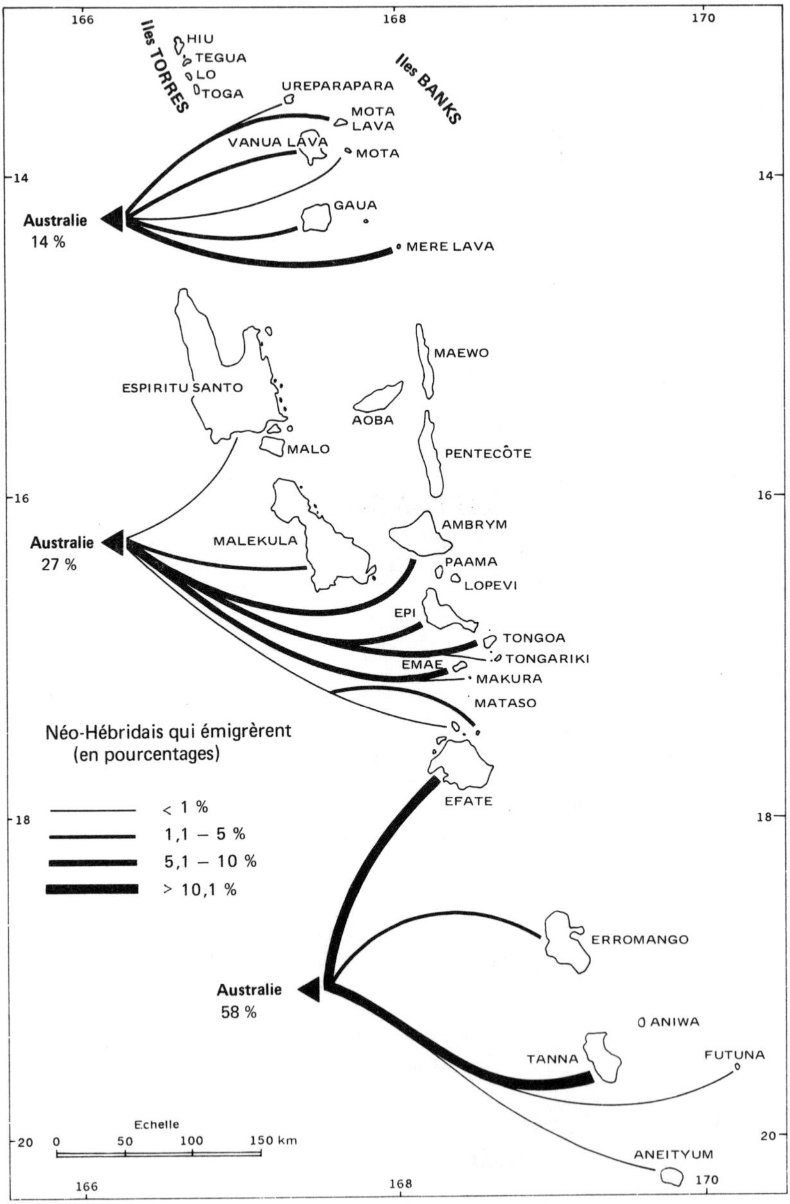

Migrations selon R.D. BEDFORD

VARIATIONS ORTHOGRAPHIQUES DU TERME *BISLAMA(N)*

Extrait de :

"On the origin and usage of the terme beach-la-mar",
Ross CLARK, University of Auckland, *Te Reo* 20, 1977,
pp. 73-74.

<u>bêche de mer</u> : 1805 (King to Camden, Historical Records of Australia, Series I, Vol. IV, 382)

<u>biche de mer</u> : 1783 (Forrest, Voyage to Mergui, cited in Yule and Burnell, 1903 : 883)

<u>beech de mer</u> : 1851 (Wallis, passim)

<u>beche le mer</u> : 1808 (Sydney Gazette, July 17, p.2)

<u>beech le mer</u> : 1814 (Deposition of P. Dillon; HRA, Vol.VIII, 105)

<u>beche de mar</u> : 1828 (Calcutta Gov't. Gazette, May 8, in Dillon 1829 (II) : 431)

<u>bich de mar</u> : 1817 (Raffles, I, 203)

<u>biche de mar</u> : 1809 (Calcutta Gazette, Oct. 26, in Im Thurm and Wharton 1925 : 205)

<u>beechley mar</u> : 1805 (Aickin to King, Historical Records of New South Wales, Vol. V, 620)

<u>beech le mar</u> : c. 1810 (Davies, in Im Thurn and Wharton 1925 : 129)

<u>beach le mar</u> : 1817 (Delano, 100)

<u>beach lamar</u> : 1824 (New Bedford Mercury, May 21, in Ward 1966, Vol.2, Fanning 8)

DEFINITIONS DES TERMES *BICHELAMAR* ET *BECHE-DE-MER* dans différents dictionnaires

- THE OXFORD ENGLISH DICTIONNARY

Bêche-de-mer (beʃ də mer). [Fr.; lit. "sea-spade"]. A marine animal, an echinoderm (*Holothuria edulis*), called also Trepang, Sea-cucumber, Sea-slug, eaten as a luxury by Chinese. Hence a Vb. To bêche-de-mer.
1814 Flinders Voy. Terre Austr. in penny cycl. XII 270/2. The beche-de-mer or sea-cucumber, which we had first seen on the reefs of the east-coast. 1847 Carpenter Zool. §1023. Those who go bêche-de-mer-ing, as the employment is commonly termed.

- THE IMPERIAL DICTIONNARY OF ENGLISH LANGUAGE by John Ogilvie London Blackie and Son. 1883.

Bêche-de-mer (bash-de-mar) n. [Fr., Lit. sea-spade because when dried and pressed they have a shape not unlike a spade]. The trepang, a species of holothuria or sea-slug.
See Trepang.

- TRESOR DE LA LANGUE FRANCAISE, CNRS, 1975.

Concombres de mer. ...Toute une flore vivante éponges, holothuries [sic], (...) des béroés, vulgairement connus sous le nom de concombres de mer (J. Verne 20 mille lieues sous les mers t.2 1870 p. 78.

- STANDARD DICTIONNARY OF THE ENGLISH LANGUAGE. International Edition combined with Britannica world language edition of Funk and Wagnalls. Standard Dictionnary Encyclopedia Britannica Inc. Chicago, Funk and Wagnalls Company New-York, 1960.

bêche-de-mer (bâsh-də-mâr′) n. 1. The trepang
2. A lingua franca of largely English vocabulary, used between Europeans and the natives of the S.W. Pacific : originally developed through commerce with trepang fishermen ; also called beach-la-mar [F, sea-spade]

- LAROUSSE 3 vol., 1970.

<u>biche-de-mer</u> n. f. (Esp. Bicho de mar, ver marin) Holothurie comestible dite aussi bêche-de-mer (syn. trépang)

<u>bichlamar</u> n. m. Langue commerciale composée d'un mélange de mots anglais et malais parlée dans les îles du Pacifique.

- GRAND LAROUSSE DE LA LANGUE FRANCAISE 1971

<u>bêche-de-mer</u> ou <u>bichlamar</u> n. m. (portug. bicho do mar, bête de mer XXe s.). Langue mixte composée d'anglais et de malais, utilisée pour les relations commerciales dans le Pacifique sud.

- LAROUSSE ETYMOLOGIQUE

<u>bichlamar</u> XXe s., du port. bicho do mar, bête de la mer (angl. beach la mar), pour désigner un sabir du Sud-Est asiatique.

METHODES ET MOTIFS DU RECRUTEMENT

Extrait de :

New Hebridean Mobility : A study of circular migration, R.D. BEDFORD, Australian National University, Canberra, 1973.

Méthodes et raisons du recrutement, 1873 et 1881, en pourcentages

	Estimations	
	1873	1881
Pris de force	10	5
Par tromperies, fausses promesses, ignorance	20	15
Obligés par les Chefs ou des relations de partir contre des fusils	20	15
Pour accompagner des Chefs ou des amis	5	-
Départ de travailleurs déjà recrutés	15	25
Par curiosité ou pour obtenir des fusils	20	25
Sécheresse ou manque de nourriture après le passage d'un cyclone	-	5
Défaite à la guerre ou pour fuir une punition après un crime	10	10
Par manque de femmes, ou en réponse à d'autres changements dans la communauté en partie à cause du recrutement	-	-

LE BISLAMA(N) ET LES PREMIERES PLANTATIONS

Extrait de :

Les Nouvelles-Hébrides, Dr. Ernest DOUILLE, Bibliothèque illustrée des voyages autour du monde, Paris, 1898 (p. 11 et 12)

On a signalé bien des fois la diversité des idiomes en Océanie ; il n'est pas rare, en effet de voir des Canaques d'un même archipel ne pas se comprendre d'île à île, et même de tribu à tribu dans une même île. Aussi est-il assez curieux de voir des indigènes nouvellement recrutés un peu partout arriver chez leur engagiste, ne pouvant se faire entendre de lui, et ne s'entendant pas entre eux. Ce qui n'est pas moins étonnant, c'est la rapidité avec laquelle ils apprennent le patois bizarre qui se répand de plus en plus dans les îles, et que l'on désigne sous le nom de "pitchin english", ou plus communément de bichelamare. C'est une sorte de sabir, composé d'un mélange extraordinaire de locutions françaises, anglaises, amalgamées entre elles et avec quelques mots canaques communs à presque toutes les tribus (1). Les indigènes s'assimilent très vite ce langage baroque, défigurant les mots qu'ils entendent et leur donnant souvent un sens détourné de l'acceptation première. Ils disent par exemple : "Me no save kakai" pour "je ne sais pas manger", savoir étant pris ici pour "pouvoir" - "Me no save you" - "Je ne vous connais pas".

Quand ils ne peuvent pas donner le nom exact d'un objet ou d'un animal, ils emploient parfois des tournures curieuses. Ils disent, par exemple, pour désigner un agneau : "pikinini fala (pour fellow) whose mother belong bêê. - Le petit compagnon dont la mère fait bêê. J'orthographie exprès les mots bichelamare en imitant la prononciation. Il va de soi qu'ils n'hésitent pas à fabriquer un mot, une expression, pour arriver à se faire comprendre. Et les gens chez lesquels ils se trouvent sont fréquemment obligés de recourir au même système pour leur faire saisir ce qu'ils demandent. Un habitant de là-bas ayant besoin d'une écumoire et ne pouvant se faire comprendre du Canaque qui le servait, finit par lui dire : "You no savé, something all same big fala spound belong trous. - Tu ne sais pas quelque chose comme une large cuillère avec des trous". Le Canaque part comme un trait et rapporte triomphalement l'écumoire, très fier d'avoir compris. Peu de jours après, tous les engagés de l'endroit connaissaient cette expression. On voit par conséquent qu'il n'est pas difficile de créer des néologismes dans la langue courante des îles. Cependant beaucoup de colons tiennent avec raison à user le moins possible de ce patois, et font tous leurs efforts pour leur apprendre notre langue ; aussi voit-on de plus en plus aux Nouvelles-Hébrides comme en Nouvelle-Calédonie, des Canaques qui parlent couramment le français".

---

(1) Les Indiens de l'Amérique du Nord emploient un patois annalogue, connu sous le nom de "chinouk"

Extrait du

BULLETIN D'INFORMATION de la RESIDENCE DE FRANCE

N°4, 1-15 juillet 1961

Franis Capman more British Capman two falla em i mekem one
/français/délégué/et/anglais/délégué/eux deux/il/*mod. Pers.*/faire/une/

law nowia i tabou long olgeta fresh meat blong pig long
/loi/maintenant/être/tabou/de/toute/fraiche/viande/de/cochon/de/

Australia em i came long New Hebrides bicose i gat very
/Australie/elle/*mod. pers.*/venir/à/Nouvelles-Hébrides/parce que/il/avoir/très/

bad sick long pig long Australia, Man em i brekem law
/mauvais/maladie/à/cochon/en/Australie/, /homme/il/*mod. pers.*/enfreindre/loi/

em i go long court olseme em i save catchem £ 50
/il/*mod. pers.*/aller/à/tribunal/ainsi/il/*mod. pers.*/pouvoir/attraper/50 livres/

fine. Tin meat long pig long Australia em i save came long
/amende/. /boîte/viande/à/cochon/de/Australie/il/*mod. pers.*/pouvoir/venir/à/

New Hebrides.
/Nouvelles-Hébrides/

2 Juillet, British man-o-war name belong em H.M.S. Cook, em
/2/juillet/britannique/navire de guerre/, /nom/à/lui/H.M.S. Cook,/il/

i came long Port-Vila
/*mod. pers.*/venir/à/Port-Vila/

4 Juillet plane belong French Army long Noumea em i cam long
/4/juillet/avion/de/française/armée/à/Nouméa/il/*mod. pers.*/venir/à/

Port-Vila withem Officers belong French Navy.
/Port-Vila/avec/officiers/de/française/flotte/

4 Juillet two falla Capmans, more Officers belong French Navy more
/4/juillet/eux deux/administrateurs/plus/officiers/de/française/flotte/plus/

British Navy, more Chefs de Service bilong Condominium, more Chefs de
/britannique/flotte/,/plus/chefs de service/du/Condominium/, /plus/chefs de

Service belong French Residency more British Residency, more masta
service/de/française/résidence/plus/britannique/résidence/, /plus/monsieur/

Roger Garrido more masta Roy Gubbay, olgeta mastas ia em i
/Roger/Garrido/plus/monsieur/Roy/Gubbay/, /tous/messieurs/là/il/*mod. pers.*/

mekem meeting long Port-Vila. Long meeting olgeta mastas ia em tellem finish
/faire/réunion/à/Port-Vila/. /à/réunion/tous/messieurs/là/il/dire/*accompli*/

wanem work man-o-war belong French Navy more man-o-war belong
/quel/travail/navire de guerre/de/française/flotte/plus/navire de guerre/de/

British Navy two falla i save mekem long New Hebrides
/britannique/flotte/eux deux/*mod. pers.*/pouvoir/faire/aux/Nouvelles-Hébrides/

this year more next year (1962). Olsem bambaye man-o-war
/cette/année/plus/prochaine/année/(1962). /ainsi/à l'avenir/navire de guerre/

em i lookout long dip long sea long Port-Vila, long Port sandwich (Male-
/il/*mod.pers.*/chercher/à/profond/de/mer/à/Port-Vila/, /à/Port-Sandwich/(Maleku-

kula long Port-Résolution (Tanna) ; man-o-war em i save look-
la)/à/Port-Résolution(Tanna)/;/navire de guerre/il/*mod. pers.*/pouvoir.cher-

out East coast long Malekula where i gat place olseme Port-Sandwich, Tisman,
cher/est/côte/de/Malekula/où/il/avoir/endroit/comme/Port-Sandwich/, /Tisman/,

Sarmettes, Crabe Bay, Bushman's Bay, Norsup, more Nord-Ouest coast long
Sarmettes/, /Crabe Bay/, /Bushman's Bay/,/Norsup/, /plus/Nord-Ouest/côte/de/

Erromago where i gat place olseme Elisabeth Bay.
Erromango/où/il/avoir/endroit/comme/Elisabeth Bay/

Les Délégués français et britannique ont fait une loi qui interdit l'importation de viande fraiche de porc en provenance d'Australie, parce qu'il y a une grave maladie porcine en Australie. Celui qui enfreindrait la loi serait traduit en justice, il pourrait ainsi attraper une amende de 50 livres. La viande de porc en boîte peut entrer aux Nouvelles-Hébrides.

....

Le 2 juillet, un navire de guerre britannique du nom de H.M.S Cook est venu à Port-Vila.

....

Le 4 juillet, un avion de l'armée française de Nouméa est venu à Port-Vila avec des officiers de la marine française.

....

Le 4 juillet, les deux Résidents, des officiers des marines française et britannique, des Chefs de Service du Condominium, des Chefs de Services des Résidences de France et de Grande-Bretagne, Monsieur Roger Garrido et Monsieur Roy Gubbay, tous ces Messieurs ont fait une réunion à Port-Vila. Au cours de cette réunion ces Messieurs ont dit quel travail les navires de guerre français et britannique pourraient faire cette année et l'année suivante (1962). Ainsi, les navires de guerre chercheront les eaux profondes à Port Vila, à Port-Sandwich (Malakula), à Port Résolution (Tanna) ; les navires de guerre pourront sonder la côte est de Malakula où il y a des mouillages comme Port-Sandwich, Tisman, Sarmettes, Crabe Bay, Buschman's Bay, Norsup, et la côte nord-ouest d'Erromango où il y a un ancrage comme Elisabeth Bay.

Extrait de

BRITISH NEWLETTER, 8 février 1972

RESIDEN KOMISNA I PAS LONG TANNA
/Résident/Commissaire/*mod. pers.*/à/Tanna/

Residen Komisna blong Britis emi mekem wan spesel trip
/Résident/Commissaire/de/britannique/il *mod. pers.*/faire/un/spécial/voya-

long plen i go long Tanna long 27 Janware blong lukluk trabol we harken
ge/en/avion/il/aller/à/Tanna/le/27/janvier/pour/regarder/dommages/que/cyclone/

"Carlotta" i mekem. Long trip ia tu i kat nambatu Franis
"Carlotta"/*mod. pers.*/faire/./à/voyage/là/aussi/il/avoir/numéro 2/français/

Gavman mo samfala hae man long ofis blong tufala.
gouvernement/plus/quelques/haut/homme/de/bureau/de/eux deux/.

Mista Allan we emi lukluk i go tru long olgeta
/Monsieur/Allan/qui/il *mod. pers.*/regarder/il/aller/directement/à/tous/

velej ia long Tanna mo olgeta olfala pipol oli talem long em se i
villages/là/à/Tanna/plus/tous/anciens/gens/ils *mod. Pers.*/dire/à/lui/que/il/

neva kat wan harken olsem we i kasem Tanna bifo. Long ol
jamais/avoir/un/cyclone/comme/qui/il/atteindre/Tanna/auparavent/./dans/les/

velej i kat tumas haos we win i spolem olgeta mo Mista Allan
village/il/avoir/trop/maison/que/vent/*mod. pers.*/abîmer/tous/et/Monsieur/Al-

i tokabaot tu se ol kokonas, brefrut mo banan
lan/*mod. pers.*/discuter/aussi/que/les/cocotiers/, /fruit à pain/et/bananier/

we oli no gud tumas.
que/ils *mod. pers.*/*nég.*/bon/très/.

Emi talem tu se wan wik afta long harken ia ol pipol
/il *mod. pers.*/dire/aussi/que/une/semaine/après/de/cyclone/là/les/gens/

wok strong tumas long ples blong gavman long Isangel mo ol narafala
travailler/fort/très/à/endroit/de/gouvernement/à/Isangel/plus/les/autre/en-

ples we emi klinim mo putum bak ol ruf blong ol haos.
droit/que/il *mod. pers.*/néttoyer/plus/mettre/encore/les/toit/de/les/maisons/.

Ol man Tanna oli bin wok from delait i go
/les/gens/Tanna/ils *mod. pers.*/*duratif*/travailler/de/petit jour/il/aller/

kasem long sapa blong klinim ol rabis.
/atteindre/à/souper/pour/nettoyer/les/détritus/.

Residen Komisna emi harem gud tumas from gudfala
/Résident/Commissaire/il *mod. pers.*/sentir/bien/très/parce que/excellent/

wok blong olgeta pipol long Tanna.
travail/de/tous/gens/ à /Tanna/.

....

SAK LONG NOT EFATE
/requin/à/nord/Efate/

Wan sak we i save kosem trabol i stap olbaot long
/un/requin/qui/*mod. pers.*/pouvoir/coûter/ennui/il/se trouver/partout/à/

solwara long pasis long Havana long not Efate.
mer/à/passe/Havana/à/nord/Efate/.

Ol pipol long Leleppa aeland, oli talem se i gat wan sak
/tous/gens/de/Leleppa/île/, /ils *mod. pers.*/dire/que/il/avoir/un/requin/

i stap wokbaot olbaot long solwara long pasis long Havana, long not Efate,
mod. pers./être/promener/partout/à/mer/à/passe/de/Havana/, /à/nord/Efate/,

mo oli talem tu se, sak ia, i save kosem
/et/ils *mod. pers.*/dire/aussi/que/, /requin/là/, /*mod. pers.*/pouvoir/causer/

trabol.
ennui/.

Sipos ol pipol i padel long kenu no swim long ples ia, ol-
/si/les/gens/*mod. pers.*/pagayer/à/pirogue/*nég.*/nager/à/endroit/là/,/par-

baotlong Havana pasis, oli mas lukaot long sak ia.
tout/à/Havana/passe/, /ils *mod. pers.*/devoir/faire attention/à/requin/là/.

Le 27 janvier, le Commissaire-Résident britannique a fait un voyage en avion à Tanna, pour voir les dégâts que le cyclone "Carlotta" y a faits. Au cours de ce voyage étaient présents le Numéro 2 français et quelques personnalités des deux Résidences.

Monsieur Allan alla directement visiter tous ces villages de Tanna et tous les anciens lui dire que jamais un tel cyclone n'avait atteint Tanna auparavent. Dans tous les villages, le vent a détruit beaucoup de maisons et Monsieur Allan a rapporté que les cocotiers, fruits à pain et bananiers sont en mauvais état.

Il a précisé également qu'une semaine après ce cyclone, les gens travaillaient très dur à Isangel sur le terrain de l'administration et dans les autres endroits, ils nettoyaient et remettaient les toits sur les maisons. Les gens de Tanna travaillaient du lever du soleil jusqu'au dîner nettoyant tous les détritus.

Le Commissaire-Résident fut très content pour l'excellent travail des gens de Tanna.

....

Un requin qui pourrait causer des ennuis se promène dans la mer, à la passe Havana, au Nord-Efate.

Les gens de l'île Leleppa ont dit qu'il y avait un requin qui se promenait dans la mer à la passe Havana au Nord-Efate, et ils ont dit aussi que ce requin pourrait causer des ennuis.

Si les gens pagaient à cet endroit en pirogue, ne pas se baigner ; ils doivent faire attention à ce requin.

LETTRE D'UN AUDITEUR DE "RADIO NOUVELLES-HEBRIDES"

Extrait du journal *New Hebrides News*, n° 105, p. 11 (19 juillet 1978)

PIDGIN NEWS ON RADIO

Dear Sir,

Plante taim me lisin long Pidgin News long Radio New Hebrides
/beaucoup/temps/je/entendre/à/pidgin/nouvelles/de/radio/Nouvelles-Hébri-

be sometime me no andastand gud from we olgeta radio man oli
des/mais/parfois/je/*nég.*/comprendre/bien/à cause/que/ tous/radio/homme/ils *mod.*

iusum plante English words we me no save mining blong olgeta.
pers./employer/beaucoup/anglais/mots/que/je/*nég.*/connaître/sens/à/eux/

Me man sikul me stap long town, be me wori from olgeta papa mo
/je/homme/église/je/rester/en/ville/, /mais/je/s'inquiéter/pour/tous/papa/et/

mama blong yumi long island, we mi bilif oli no save andastand
maman/à/nous/dans/île/, /qui/je/croire/ils *mod.pers.*/*nég.*/pouvoir/comprendre/

Pidgin News long radio. Me talem toktok ia from we i no long
pidgin/nouvelles/à/radio/./je/raconter/discours/là/à cause/de/il/*nég.*/long/

taim, i kat wan olfala blong yumi long island emi askem me from
temps/, /il/avoir/un/ancien/à/nous/dans/île/il *mod. pers.*/demander/moi/pour/

mining blong word "affectem" we emi harem long Pidgin news long radio.
sens/de/mot/"toucher"/que/il *mod. pers.*/entendre/à/pidgin/nouvelles/à/radio/.

Plante taim me harem olgeta words ia - possibility, organisem,
/beaucoup/temps/je/entendre/tous/mots/là/ - /possibilité/, /organiser/,

otherwise, declarem, recognisem, investigatem, mo plante words
/autrement/, /déclarer/, /reconnaître/, /investiguer/, /plus/beaucoup/mots/

mo - wanem mining blong olgeta words ia long pidgin! Me ting work blong
/plus/ - /quel/sens/de/tous/mots/là/en/ pidgin /! /je/ penser /travail/de/

olgeta Radio man emi blong talem gud klia news long olgeta pipol
tous/radio/homme/il *mod. pers.*/pour/dire/bien/claire/nouvelles/à/tous/gens/

long New Hebrides. Me bilif se ating word ia emi "tingbaot"
des/Nouvelles-Hébrides/. /je/croire/que/peut-être/mot/là/il *mod. pers.*/penser/

long narfala wei emi sound gud bitim "remember" mo "luk save"
de/autre/voie/il *mod.pers.*/sonner/bien/meilleur/"se souvenir"/plus/(connaître)/

emi gud bitim recognisem".
il *mod. pers.*/bien/meilleur/"reconnaître"/.

Ating emi gud blong olgeta Radio man oli traem
/peut-être/il *mod. pers.*/bon/pour/tous/radio/homme/ils *mod. pers.*/essayer/

raitem news blong olgeta long Pidgin, long narfala wei we olgeta pipol blong New
écrire/nouvelles/de/eux/en/pidgin/, /à/autre/voie/que/tous/gens/des/nouvelles-

Hebrides oli save harem save. Me save se youfala trae
Hébrides/ils *mod. pers.*/savoir/entendre/savoir/. /je/sais/que/vous/essayer/

had for gud blong folem every single word long English mo French long Pidgin,
dur/pour/bien/pour/suivre/chaque/isolé/mot/en/anglais/plus/français/en/pidgin/,

be ating sometime youfala i nomo mekem klia tumas long olgeta
/mais/peut-être/parfois/vous/*mod. pers.*/plus/faire/clairement/très/à/tous/

pipol i harem save.
gens/*mod. pers.*/entendre/savoir/.

So come on **fellas,** *avoid those long fancy English words*
/ainsi/venir/*duratif*/compagnons/, /éviter/ces/long/imaginaire/angl./mots/

and phrases by adding "EM" or what have you, just to impressed
et/expressions/en/ajoutant/"EM"/ou/que/avoir/vous/, /juste/pour/impressionner/

your educated listeners how clever you are by inventing new Pidgin words.
vos/éduqués/auditeurs/comme/adroit/vous/êtes/en/inventant/nouveau/pidgin/mots/.

Simple Pidgin words and phrases would be well understood by our people and
/simple/pidgin/mots/et/expressions/(serait) /bien/ compris/par/nos/gens/et/

young brothers and sisters at Grade Six Level in the islands.
jeune/frères/et/soeurs/au/ Grade /six/niveau/dans/les/îles.

I'm sure your old Pidgin News listeners all over the New
/je/suis/sûr/vos/vieux/pidgin/nouvelles/auditeurs/(partout)/les/Nouvelles-

Hebrides would be happy if you use simple Pidgin words in the local
Hébrides/(serait)/heureux/si/vous/employer/simple/pidgin/mots/dans/les/locales/

and overseas news.
et/étrangères/nouvelles/.

YOURS FAITHFULLY,

Souvent j'écoute les nouvelles en pidgin à "Radio Nouvelles-Hébrides" mais parfois je ne comprends pas bien parce que les gens de la radio utilisent beaucoup de mots anglais dont je ne connais pas le sens. Je suis christianisé, je vis en ville, mais je suis inquiet pour tous nos pères et mères dans les îles, qui je pense ne peuvent pas comprendre les nouvelles en pidgin à la radio. J'écris cela, parce qu'il n'y a pas longtemps, il y a un de nos anciens dans les îles qui m'a demandé le sens du mot "affectem" qu'il avait entendu dans les nouvelles en pidgin à la radio.

Souvent j'entends ces mots - possibilité, organiser, autrement, déclarer, reconnaître, investiguer et beaucoup d'autres mots encore - quel est le sens de tous ces mots en pidgin ! Je pense que le travail des gens de la radio est de dire bien des nouvelles claires à tous les habitants des Nouvelles-Hébrides. Je crois que peut-être ce mot qui est " tingbaot " dit autrement sonne mieux que " remember " et que "luk save" est mieux que "recognisem".

Je pense qu'il serait bien que les gens de la radio essaient d'écrire leurs nouvelles en pidgin d'une autre façon afin que les gens des Nouvelles-Hébrides puissent comprendre. Je sais que vous vous efforcez à bien suivre chaque mot anglais et français en pidgin, mais peut-être parfois vous ne vous exprimez plus très clairement pour que tous les gens puissent comprendre.

Allez les Amis, évitez ces longs mots et expressions anglais fantaisistes à la suite de l'adjonction d'un "EM" ou voulez-vous simplement impressionner vos auditeurs éduqués en montrant combien vous êtes habiles à inventer de nouveaux mots en pidgin ? Des mots et des expressions simples en pidgin seraient bien compris par nos gens et par nos jeunes frères et soeurs au niveau d'éducation numéro six dans les îles.

Je suis sûr que partout aux Nouvelles-Hébrides vos vieux auditeurs de nouvelles en pidgin seraient heureux si vous employiez des mot pidgin simples dans les nouvelles locales et internationales.

TEXTE EN BISLAMA(N) EXTRAIT DU JOURNAL *NABANGA*, n° 74, p. 6

EMI ROT BLONG OL INGENIEUR
/il être/route/pour/*pl.*/ingénieur/
"c'est la voie pour devenir ingénieur"

tis yea, Lycée i openem wan niufala klas rum blong
/cette/année/, /Lycée/*mod.pers.*/ouvrir/une/nouvelle/classe/pièce/pour/

"*Terminale*" T.C. (Mathématique). Tis yea i kat 3 stiuden nomo
"Terminale"/T.C./(Mathématique)/. /cette/année/il/avoir/3/élève/seulement/

i folem seksen ia be ... emi impoten tumas forom we
mod.pers./suivre/section/là/mais/.../elle être/important/très/à cause/de/

seksen ia i openem rot blong ol skul blong "*Ingénieur*".
section/là/*mod.pers.*/ouvrir/voie/pour/*pl.*/école/pour/"ingénieur"/.

Wetem ol niufala seksen o program we i open long Lycée
/avec/*pl.*/nouvelle/section/ou/programme/que/*mod.pers.*/ouvert/à/Lycée/

long 1978, yumi no mas tingbaot se naoia olketa stiuden blong Franis
pour/1978/, /nous/*nég.*/devoir/penser/que/maintenant/tous/élèves/de/française/

Edukesen i stap nomo long Niu-Hébridis! Olsem ol-
éducation/*mod.pers.*/rester/uniquement/aux/Nouvelles-Hébrides/! /comme/tou-

taem, long 1978 bakegen Niu-Hébridisi sendemaot 11 stiuden i
jours/, /en/1978/de nouveau/Nouvelles-Hébrides/envoyer/11/étudiant/*mod.pers.*/

ko long Niu-Kalédonia mo 9 iko stap long Franis. Samfala
aller/en/Nouvelle-Calédonie/plus/9/*mod.pers.*aller/rester/en/France/. /quel-

kulusap i kam bak blong holem wok en samfala
ques-uns/presque/*mod.pers.*/venir/retour/pour/prendre/emploi/et/quelques-uns/

i kat longfala taem yet blong spenem longwei, be taem we avriwan
il/avoir/ long /temps/encore/pour/séjourner/au loin/, /mais/temps/que/chacun/

i kam bak, yumi sua we bambai save blong olketa i sa-
mod.pers./venir/retour/, /nous/certain/que/à l'avenir/savoir/de/eux/il/pou-

ve helpem smol kaontri blong yumi. J.B.R.
voir/aider/petit/pays/à/nous/. J.B.R.

C'est la voie pour devenir ingénieur.

Cette année, une nouvelle classe de Terminale T.C. (Mathématiques) a été ouverte au Lycée. Cette année, il y a seulement trois élèves à suivre cette section là mais ... elle est très importante parce que, cette section ouvre la voie aux écoles d'ingénieurs.

Avec les nouvelles sections et programmes qui ont été ouverts au Lycée en 1978, il ne nous faut pas croire maintenant que tous les élèves de l'éducation française resteront simplement aux Nouvelles-Hébrides! Comme par le passé, en 1978, à nouveau les Nouvelles-Hébrides enverront 11 étudiants en Nouvelle-Calédonie et 9 iront séjourner en France. Quelques-uns sont sur le point de revenir prendre un emploi et d'autres ont encore longtemps à rester au loin, mais quand chacun sera revenu, nous sommes sûrs que le savoir de tous saura aider notre petit pays.

TEXTE EN BISLAMA(N) EXTRAIT DU JOURNAL *NABANGA*, n° 73, p. 3

WENISDE 15 FEBRUARI, BIKFALA LAFET BLONG OLKETA PIPOL BLONG JOHN
/mercredi/15/février/, /grande/ fête / de /tous / gens / de /John/

FRUM.
Frum/

... Long dei ia, ol man oli olsem toti nomo.
.../à/jour/là/, /*pl.*/homme/ils *mod.pers.*/comme/saletés/seulement/.

Olsem long prokram long dei ia, olketa man blong John Frum oli ko
/comme/à/programme/de/jour/là/, /tous/homme/de/John/Frum/ils *mod.pers.*/aller/

long church fas taem finis oli djest pulum flaik blong olketa
à/église/premier/temps/*accompli*/ils *mod.pers.*/juste/hisser/drapeau/de/eux/

iko antap. Taem flaik i hag finis, abaot
*mod.pers.*aller/en haut/. /quand/drapeau/*mod.pers.*/pendre/*accompli*/, /quelques/

100 man nao, oli mas wetem ol masket blong olketa we
100/homme/maintenant/, /ils *mod.pers.*/marcher/avec/*pl.*/fusil/ de / eux /que/

oli katem long bambou.
ils *mod.pers.*/couper/dans/bambou/.

Taem mas ia hemi finis, ol kastom tanis nao
/quand/marche/là/elle *mod.pers.*/finir/, /*pl.*/coutume/danse/maintenant/

oli kam antap. Ol olfalla, ol strong man, ol pikinini
/ils *mod.pers.*/venir/en haut/. /*pl.*/ancien/, /*pl.*/ fort /homme/, /*pl.*/enfant/

wetem ol woman tu oli djoin wan ples blong celebretem lafet
avec/*pl.*/femme/aussi/ils *mod.pers.*/joindre/un/endroit/pour/célébrer/ fête/

ia. Sipos yufalla i bin luk long tetaem ia, ol man we ol-
là/. / si / vous /*mod.pers.*/*aspect*/voir/ à /moment/là/, /*pl.*/homme/qui/ils

i mekem ol kastom tanis ia, oli pendem ol fes blong
mod.pers./faire/*pl.*/coutume/danse/là/, /ils *mod.pers.*/peindre/*pl.*/face/ à /

olketa long difren kalla. Sam, oli swim long pauta,
/eux/ de /différente/couleur/. /quelques-uns/ils *mod.pers.*/nager/dans/poudre/,

sam, narafalla oli rapem fes blong olketa wetem flaoa blong mekem
quelques/autres/ils *mod.pers.*/frotter/face/ à / eux / avec /farine/pour/faire/

queck.
gâteau/.

Olketa man we oli tanis, oli putum ol kras
/tous/homme/qui/ils *mod.pers.*/danser/, /ils *mod.pers.*/mettre/*pl.*/herbe/

ket, o sipos no, oli putum sam lif kokonas,
jupe/, /ou/ si /*nég.*/, /ils *mod.pers.*/mettre/quelques/feuille/cocotier/, /

blong raonem poti blong olketa.
pour/entourer/corps/ à / eux /.

Dei yia, ol tanis mo ol plei we oli mekem man i
/jour/là/, /*pl.*/danse/et/*pl.*/jeu/que/ils *mod.pers.*/faire/homme/*mod.*

laf, oli no stop nating. Long dei yia, evry man
pers./rire/, /ils *mod.pers.*/*nég.*/arrêter/rien/. /à/jour/là/, /chaque/homme/

oli happy, san hemi faerap strong, i kat plente
ils *mod.pers.*/heureux/, /soleil/il *mod.pers.*/exploser/fort/, /il/avoir/beau-

smok, ol man oli stap signaot olbaot, bat i
coup/poussière/, /*pl.*/homme/ils *mod.pers.*/*aspect*/appeler/partout/, /mais/il/

kat win tu, i mekem ol man oli no swet tumas.
avoir/vent/aussi/, /il/faire/*pl.*homme/ils *mod.pers.*/*nég.*/transpirer/très/.

Ol tanis we oli olem, sam, oli riprisen-
pl./danse/que/ils *mod.pers.*/tenir/, /quelques-uns/, /ils *mod.pers.*/représen-

tem olsem wanem, ol pipol oli stap kamaot long wol, sam
ter/comme/quoi/, /*pl.*/gens/ils *mod.pers.*/*aspect*/sortir/ de /monde/, /quelques-

oli storian abaot blak man mo wait man, mo i kat
uns/ils *mod.pers.*/raconter/ sur /noir/homme/et/blanc/homme/, /et/il/avoir/

plante mo we oli kivim sain long samfalla kastom storian.
beaucoup/plus/qui/ils *mod.pers.*/donner/signe/ de /quelques/coutume/histoire/.

Lafet hemi koet ko ko, kasem long aftanun.
fête /elle *mod.pers.*/continuer/aller/aller/, /atteindre/ à /après-midi/.

Long aftanun ia, hemi taem we, ol man oli
/ à /après-midi/là/, /il *mod.pers.*/temps/que/, /*pl.*/homme/ils *mod.pers.*/

ko wan ples blong drink kava. Ples hemi stap tudak, bat
aller/un/endroit/pour/boire/kava/. /endroit/il *mod.pers.*/*aspect*/sombre/, /mais

still, ol man oli stap yet blong tanis bakegen long
encore/, /*pl.*/homme/ils *mod.pers.*/*aspect*/encore/pour/danser/à nouveau/ à /

nait. Lafet ia hemi djes finis nomo long nait blong fraide
nuit/. / fête /là/elle *mod.pers.*/juste/finir/seulement/ à /nuit/de/vendredi/

17 february. Anna Kalo
17 février/. Anna Kalo

Ce jour là, les hommes étaient innombrables. Selon le programme de ce jour, tous les hommes de John Frum allèrent d'abord à l'église, puis aussitôt ils hissèrent leur drapeau. Quand le drapeau flotta, une centaine d'hommes se mirent à défiler avec des fusils qu'ils avaient coupé dans des bambous.

Quand la marche fut finie, les danses coutumières s'intensifièrent. Les anciens, les adultes, les enfants, les femmes également se groupèrent à un endroit pour célébrer cette fête. Si vous aviez vu ces moments, les hommes qui faisaient les danses coutumières s'étaient peints le visage de différentes couleurs. Quelques-uns étaient couverts de poudre, quelques autres s'étaient frottés le visage avec de la farine à faire les gâteaux.

Tous les hommes qui dansaient s'étaient mis une jupe de fibres, ou sinon, des feuilles de cocotier qui leur enserraient la ceinture.

Ce jour, les danses et les jeux qui réjouissaient les gens n'arrêtèrent pas. Ce jour là, chacun était heureux, le soleil frappait fort, il y avait beaucoup de poussière, les gens s'interpellaient de partout ; mais il y avait aussi du vent, ce qui faisait que l'on ne transpirait pas trop. Que représentaient les danses qu'ils exécutaient ? Certaines traitaient de l'apparition de l'homme sur la terre, d'autres se rapportaient aux Autochtones et aux Européens, beaucoup étaient la représentation d'histoires coutumières. La fête se poursuivit jusque pendant l'après-midi.

Durant l'après-midi, le moment vint où les hommes allèrent en un lieu pour boire le kava. La nuit tomba, les hommes restèrent pour danser à nouveau la nuit. Cette fête se termina juste seulement dans la nuit du 17 février.

Anna Kalo

VARIATIONS PHONETIQUES A LA LECTURE D'UN TEXTE ECRIT EN PIDGIN

Texte soumis pour lecture aux commentateurs de la radio.

Long, long taem bifo i gat wanfala man i stap long Lavalsal,
/long/, /long/temps/avant/il/avoir/un/ homme /*mod.pers.*/être/à/Lavalsal/,

wan village long Atchin Aelan, emi stap go out everi nait
/un/village/ de / Atchin/ île /il*mod.pers.*/*aspect*/aller/hors/chaque/nuit/

blong lukaotem ol faol we oli stap silip. Wan nait emi go
pour/ chercher /*pl.*/poule/qui/elles/*aspect*/dormir/./Une/nuit/il*mod.pers.*/al-

out bakegen, emi harem wan rusta i singaot antap long
ler/hors/ encore/,/il*mod.pers.*/entendre/un/coq/*mod.pers.*/chanter/en haut/de/

wan wud i stap kolosap long rot nomo. Taem man ia i
un/arbre/*mod.pers.*/être/près/de/route/seulement/./quand/homme/*dém.*/*mod.pers.*/

go klosap long wud ia emi luk wan big, bigfala rusta i staon
/aller/près/de/ arbre /*dém.*/il*mod.pers.*/voir/un/gros/gros/coq/*mod.pers.*/per-

i stap long wan han blong wud ia antap long tri nomo.
cher/*mod.pers.*/rester/à/une/branche/de/arbre/*dém.*/en haut/à/arbre/seulement/.

Afta emi tekem bo mo aro blongem, i makem rusta ia, i
/après/il*mod.pers.*/prendre./arc/et/flèche/àlui/,/*mod.pers.*/viser/coq/*dém.*/*mod.*

lego aro blongem long bigfala samting ia, samting ia i
pers./lâcher/flèche/àlui/ à / gros / chose / *dém.*/,/ chose/*dém.*/*mod.pers.*/

ded wan taem. Be man ia i saprais tumas, taem samting ia i
/mort/un/coup/./mais/homme/*dém.*/*mod.pers.*/surpris/très/, /quand/chose/*dém.*/*mod.*

fol daon, emi nomo faol be emi tanem hem
pers./tomber/en bas/, /il*mod.pers.*/plus/poule/mais/il*mod.pers.*/changer/lui/

i ko long wan ston, ale i go long wan big, bigfala snek,
mod.pers./aller/à/ une /pierre/,/allez/*mod.pers*/aller/à/un/gros/, /gros/ser-

ale snek ia i toktok long man ia i talem se
pent/,/allez/serpent/*dém.*/*mod.pers.*/parler/à/homme/*dém.*/*mod.pers.*/dire/que/

"You yu save mi?" Man ia i talem "No". Snek ia talem,
/tu/*mod.pers.*/savoir/moi/ homme /*dém.*/*mod.pers.*/dire/non/./serpent/*dém.*/dire/

"Mi, mi wan woman ia, mi wantem mi, mi waef blong yu from
/Je/,/*mod.pers.*/une/femme/*dém.*/,/je/vouloir/je/,/*mod.pers.*/femme/à/toi /parce

yu sutum hart blong mi finis wetem aro blong yu". Taem man
que/tu/tirer/coeur/ à / moi/*accompli*/avec/ flèche/ à / toi/. /quand/homme/

ia i tanem hem blong go hom, waef blongem, snek ia
dém./*mod.pers.*/tourner/lui/pour/aller/maison/, /femme/àlui/,/serpent/*dém.*/

folem hem tu, tufala i go stap long wan village nem blongem Lewen
/suivre/lui/aussi/,/eux 2/*mod.pers.*/aller/rester/à/un/village/nom/àlui/Lewen/

long menland.
/à/"Grande Terre"/

Note : L'orthographe et l'écriture de ce texte sont l'oeuvre d'un journaliste de l'ancien service britannique de l'information.

Il y a très longtemps, un homme habitait à Lavalsal, un village de l'îlot Atchin, il sortait chaque nuit pour chercher les poules(sauvages) qui dormaient. Une nuit il sortit à nouveau, il entendit un coq qui chantait en haut d'un arbre qui se trouvait tout près de la route. Quand cet homme s'approcha de cet arbre, il vit un gros gros coq qui était perché, il était sur une branche de cet arbre, tout en haut. Ensuite, il prit son arc et ses flèches et visa ce coq, il décocha sa flèche vers ce gros coq, celui-ci fut tué d'un coup. Mais cet homme fut très surpris quand la chose tomba, ce n'était pas une poule, elle changea en pierre, puis devint un gros, gros serpent. Ce serpent s'adressa à l'homme, il lui dit : "Tu me connais ?". L'homme dit : "Non!". Le serpent reprit : "Moi, je suis une femme, je veux être ta femme parce que tu m'as transpercé le coeur avec ta flèche". Quand cet homme fit demi-tour pour rentrer chez lui, le serpent le suivit. Tous les deux restèrent dans un village dont le nom est Lewen, sur la "Grande Terre".

Le texte qui précède fut lu par neuf employés de la radiodiffusion néo-hébridaise. Nous avons relevé les différences de prononciation.

Ambong Thomson (anglophone) : voyelle finale longue à **bifo** [bifo:], le terme **village** est devenu [vilits], le terme **silip** est devenu [slip], les mots suivants sont prononcés avec des voyelles longues : bifo:, fao:l, ru:sta, nomo:, fu:l, yu:, les lexèmes suivants sont précédés d'une fricative glottale très marquée : <u>h</u>em, <u>h</u>an, <u>h</u>om. Le lecteur a prononcé [bo and aro], alors qu'il était écrit **bo mo aro**.

Morisen Tangarasi (anglophone) : voyelles longues [wu:d, ha:t], l'aspiration est marquée dans : [<u>h</u>an, <u>h</u>a:t], **silip** est prononcé [slip], les mots suivants entre parenthèses ont été rajoutés au cours de la lecture **antap** (tru), (afta).

Godwin Ligo (anglophone) : voyelles longues dans : [bifo:, wu:d], aspiration à : [<u>h</u>an, <u>h</u>em], **silip** a été prononcé [slip].

Alice Subetofi (anglophone) : Aucune voyelle longue, **Lavalsal** est prononcé [lafalsal], les mots suivants entre parenthèses ont été rajoutés : (nomo), (A!), (woman ya).

Jonas Kalwitaray (anglophone) : voyelles longues : [wu:d et ha:t], le nom **wud** a été remplacé par un synomyme **tri**, le terme "se" a été rajouté à la suite de **talem**, talem se "dire que".

Caroline (francophone) : le mot **silip** est prononcé [slip], aucune aspirée initiale [an, em, at], aucune voyelle longue, **bo mo aro** est prononcé [banaro], **ded** est devenu [tet], un mot a été rajouté (smel).

Tade Atingting (francophone) : aucune voyelle longue et aucun /h/ aspiré à l'initiale des mots **han, hem, hat**, la prononciation [banara] est celle perçue pour l'expression graphique **bo mo aro**.

Masten Lolo (anglophone) : voyelles longues [ru:sta, wu:d], aspirées initiales dans : [han, hem], répétition de **mi**, mi (mi), le terme **menlan** est prononcé [minlan].

Jo Kalo (anglophone) : voyelles longues [bifo:, ha:t], deux mots sont ajoutés au cours de la lecture : (we), (E!).

Tous ont prononcé [kolosap], alors qu'il y a deux orthographe dans le texte : **kolosap et klosap.**

Tous ont pidginisé le nom **village** écrit dans le texte avec l'orthographe anglaise, ils ont prononcé : [vilits, vilids].

BIBLIOGRAPHIE

AUTEURS CITES DANS LE PRESENT OUVRAGE :

BEDFORD, R.D., 1973, *New Hebridean mobility : a study of circular migration*, Research School of Pacific Studies, Canberra, Australian National University.

Bislama(n), 1978, périodique entièrement écrit en pidgin; responsable Kaltot Matas, Port-Vila, B.P. 472.

BLOOMFIED, L., 1970, Bibliothèque scientifique, *Le langage*, Paris, Payot.

BONNEMAISON, J., 1977, *Système de migration et croissance urbaine à Port-Vila et Luganville (Nouvelles-Hébrides)*, Paris, O.R.S.T.O.M., Travaux et Documents de l'O.R.S.T.O.M. n° 60.

British Newsletters, 1972, bi-mensuel de la Résidence Britannique; responsable J. Favoa, Port-Vila, B.P. 120

BRUNTON, R., LYNCH, J.D. and TRYON, D.T. éd., 1978, *Man, Languis mo Kastom long Niu Hebridis*, Development Studies Centre, Canberra, Australian National University.

Bulletin d'information de la Résidence de France, 1961, fut remplacé par l'hebdomadaire *Nabanga*.

CAMDEN, B., 1977, *A descriptive dictionary Bislama to English*, Vila, Maropa Bookshop.

CAPPELL, A., 1954, *Un inventaire linguistique du Pacifique sud-ouest*, Nouméa, Commission du Pacifique Sud, Document Technique n° 70.

CHARPENTIER, J.M., 1974, *La langue de Port-Sandwich*, Introduction, Phonologie et Grammaire, Bordeaux. Thèse de 3° cycle, Université de Bordeaux III (Paris, SELAF, Tradition orale 34 - sous presse).

CHAUDENSON, R., 1974, *Le lexique du créole de la Réunion*, Paris, Champion.

CHURCHILL, W., 1911, *Beach-la-mar*, Washington, D.C., Carnegie Institution of Washington, Publication n° 154.

CLARK, R., 1977, On the origin and usage of the term Beach-la-mar, Auckland, *Te Reo* 20.

CRAIG, D.R., 1977, Creole languages and Primary Education, *Pidgin and Creole Linguistics*, Valdman, A., Ed., Bloomington and London, Indiana University Press.

DIKI-KIDIRI, M., 1977, *Le sango s'écrit aussi... Esquisse linguistique du sango*, Paris, SELAF.

DOUILLET, E., 1898, *Les Nouvelles-Hébrides*, Paris, Bibliothèque illustrée des voyages autour du monde.

Eklesia, 1979, mensuel, Bulletin d'information de l'Eglise Catholique aux Nouvelles-Hébrides; directeur de publication Fr. D. Finley, Port-Vila, B.P. 59.

FERGUSON, C.A., 1959, Diglossia, *Word* 15.

FISHMAN, J., 1971, *Sociolinguistics*, Rowley, Mass : Newbury House Publishers.

GLEASON, H.A., 1969, *Introduction à la linguistique*, Paris, Larousse.

Gudnyus bilong disas krais, 1971, *Les quatre Evangiles en bichelamar néo-Hébridais*, Hong Kong, The Bible Society in New Zealand.

GUILBERT, L., 1975, *La créativité lexicale*, Paris, Larousse, Collection "Langue et Langage".

GUY, J.B.M., 1974, *Handbook of bichelamar, Manuel de bichelamar*, Canberra, Australian National University, Pacific Linguistics, series C- n° 34.

—— 1974, *A grammar of the Northern dialect of Sakao*, Canberra, Australian National University, Pacific Linguistics, series B- n° 33.

HALL, R.A.Jr., 1966, *Pidgin and Creole Languages*, Ithaca and London, Cornell University Press.

HAMILTON, 1727, *A new account to the East Indies.*

HJEMSLEV, L., 1966, *Le langage*, Paris, Ed. de Minuit.

HOLLYMAN, K.J., 1963, Anglo-French contact in New Caledonia, *AUMLA, Journal of the Australasian Universities*, Language and Literature Association.

—— 1964, L'ancien créole français de Nouvelle-Calédonie, Paris, *Journal de la Société des Océanistes.*

HYMES, D., Ed., 1971, *Pidginization and Creolization of Languages*, Cambridge.

Islands News, mensuel d'information de l'Eglise Presbytérienne, Port-Vila.

JEPERSEN, O., 1924, *The philosophie of grammar*, Londres et New-York.

LE CHATRIER, H., 1885, *La Nouvelle-Calédonie et les Nouvelles-Hébrides*, Paris, Furne et Jouvet.

MAC ARTHUR et YAXLEY, 1967, *Condominium des Nouvelles-Hébrides, Rapport sur le Premier Recensement de la population*, Nouvelle-Galles du Sud, Blight, Imprimeur du gouvernement.

MACKEY, W.F., 1976, *Bilinguisme et contact des langues*, Paris, Klincksieck.

MARTINET, A., 1968, *La linguistique synchronique*, Paris, P.U.F.

MÜLHAÜSLER, P., 1974, *Pidginization and simplification of language*, Canberra, Australian National University, Pacific Linguistics, series B- n° 26.

—— 1978, *Papers in Pidgin and Creole linguistics*, Canberra, Australian National University, Pacific Linguistics, series A- n° 54.

Nabanga, hebdomadaire d'information de la Résidence de France; directeur de la publication J. Massias, Port-Vila; dépôt légal : Centre culturel.

NARO, A.J., 1978, A Study on the origins of pidginization, *Language*.

OLIVER, D.L., 1961, *The Pacific Islands*, New-York, The American Museum of Natural History.

O'REILLY, P., 1958, *Bibliographie des Nouvelles-Hébrides*, Publication de la Société des Océanistes n° 8, Paris.

PALMER, H., *Grammar of spoken English*, Cambridge University Press.

PEYREFITTE, A., 1976, *Le mal français*, Paris, Plon.

ROGGERO, J., 1974, *Dictionnaire de la linguistique*, Paris, P.U.F.

SAINT JACQUES FAUQUENOY, M., 1972, *Analyse structurale du créole guyanais*, Paris, Klincksieck.

SHINEBERG, D., 1967, *They came for sandalwood : a study of the sandalwood trade in the South-West Pacific 1830-1865*, Melbourne.

S.O.C.O.M. S.A., 1978, *Apprenons le Bichlamar*, Port-Vila, Imp. Hébridaise.

SOW A.I. Ed., 1977, *Langues et politiques de langues en Afrique noire*, Paris, Nubia.

STEFFENSEN, M.S., 1977, "Double talk when it means something and when it doesn't". Papers from the 13th Regional Meeting of the Chicago Linguistic Society, pp. 603-611.

TODD, L., 1974, *Pidgins and Creoles*, London and Boston, Routledge et Kegan Paul.

TRYON, D.T., 1972, *The languages of the New Hebrides : a checklist and general survey*, Camberra, Australian National University, Pacific Linguistics, series A-n° 35.

—— 1974, Linguistic Subgrouping in the New Hebrides. A Preliminary Approach, Honolulu, First international conference on comparative Austronesian linguistics.

—— 1976, *New Hebrides Languages : an internal classification*, Canberra, Australian National University, Pacific Linguistics, series C- n° 50.

VALDMAN, A., Ed., 1977, *Pidgin and Creole Linguistics*, Bloomington and London, Indiana University Press.

—— 1978, *Le Créole : structure, statut et origine*, Paris, Klincksieck.

VENDRYES, J., 1968, *Le langage*, Paris, Albin Michel.

WEBER, M., 1964, *L'éthique protestante et l'esprit du Capitalisme*.

WHINNOM, K., 1954, *Spanish Contact Vernaculars in the Philippine Islands*, Hong Kong University Press.

—— 1965, Origin of the European-based creoles and pidgins, *Orbis* 15.

WOLFERS, E., 1968, A report on Neo-Melanesian dans *Pidginization and creolization of Languages*, Ed. Dell Hymes, Cambridge University Press.

WURM, S.A., 1971, Pidgins, creoles, and Lingue Franche, The Hague-Paris, *Current Trends in Linguistics*,

1977, Pidgins, creoles, Lingue Franche, and National Development dans *Pidgin and Creole Linguistics*, Ed. Valdman A., Bloomington and London, Indiana University Press.

TABLE DES MATIÈRES

*

Duplication SELAF